北京市哲学社会科学"十一五"重点规划项目
（项目编号：09AbJG289）

中国都市经济系列研究2012

北京市产业空间结构研究
Research on Beijing Industrial Spatial Structure

北京市哲学社会科学规划办公室	刘 伟 主编
北京市教育委员会	黄桂田 副主编
中国都市经济研究基地	张 辉 等 / 著

图书在版编目(CIP)数据

中国都市经济系列研究 2012:北京市产业空间结构研究/张辉等著.—北京:北京大学出版社,2012.10
ISBN 978 - 7 - 301 - 21982 - 9

Ⅰ.①北… Ⅱ.①张… Ⅲ.①区域产业结构 - 研究 - 北京市 Ⅳ.①F127.1

中国版本图书馆 CIP 数据核字(2012)第 014919 号

书　　　　名：	中国都市经济系列研究 2012——北京市产业空间结构研究
著作责任者：	张　辉　等著
责 任 编 辑：	郝小楠
标 准 书 号：	ISBN 978 - 7 - 301 - 21982 - 9/F · 3486
出 版 发 行：	北京大学出版社
地　　　　址：	北京市海淀区成府路 205 号　100871
网　　　　址：	http://www.pup.cn
电 子 信 箱：	em@pup.cn　　QQ:552063295
新 浪 微 博：	@北京大学出版社　@北京大学出版社经管图书
电　　　　话：	邮购部 62752015　发行部 62750672　编辑部 62752926 出版部 62754962
印　　刷　　者：	三河市博文印刷厂
经　　销　　者：	新华书店
	965 毫米×1300 毫米　16 开本　25.25 印张　417 千字
	2012 年 10 月第 1 版　2012 年 10 月第 1 次印刷
印　　　　数：	0001—2000 册
定　　　　价：	62.00 元

未经许可,不得以任何方式复制或抄袭本书之部分或全部内容。
版权所有,侵权必究
举报电话：010 - 62752024　电子信箱：fd@pup.pku.edu.cn

课题组主要成员

（按姓氏笔画为序）

万 马　朱 成　刘 航　李东军
任抒杨　冉宇航　曾 宇　潘陈辰

前　言

2004年,为贯彻《中共中央关于进一步繁荣发展哲学社会科学的意见》,北京大学承担了北京市哲学社会科学规划办公室和北京市教委关于设立中国都市经济研究基地的任务。在北京大学哲学社会科学部的推荐和支持下,北京大学经济学院依托当时已有的十个研究所、中心和六个系的科研力量成立了中国都市经济研究基地。中国都市经济研究基地是一个开放型的研究机构,不仅包括经济学院和北京大学其他院系所与中心的科研力量,还广泛邀请北京市和全国乃至世界的相关科研机构、政府部门加入研究。中国都市经济研究基地首席专家为刘伟教授,负责人为黄桂田教授。自2004年设立以来,基地有力地带动了科研课题的增加,对课题研究起到了孵化作用;有力地推进了学科建设和人才队伍建设,促进了科研基础条件和支撑条件的改善;有力地融入到北京市社会经济发展之中,产生了一批有影响的成果。

中国都市经济研究基地自成立以来,积极开展中国都市特别是北京市都市经济发展方面的研究。目前,基地已经完成的典型科研项目包括:(1)北京在中国及世界都市经济中的今天与未来定位;(2)北京地区水资源短缺对策研究;(3)北京2008奥运融资研究;(4)北京地方产业集群发展研究;(5)中国都市房地产宏观调控研究;(6)全球价值链下北京地方产业升级研究;(7)北京市政债券问题研究。基地当前在研的典型项目有:(1)《北京产业结构优化调整路径研究》;(2)北京市"手工业化"的都市金融中心构建;(3)中小企业集群融资理论与创新设计研究;(4)中关村自主创新示范区深化发展路径研究;(5)北京市统筹城乡医疗保障制度对财政体系的影响研究;(6)北京城市公用事业价格规制及政府补贴管理研究;(7)北京市金融产业竞争力发展研究;(8)北京农产品价格形成机制研究。根据相关研究,自2005年以来,出版了中国都市经济系列年度研究报告,本书是中国都市经济系列研究中2012年的主要研究成果。

本书是以刘伟教授为负责人所承担的北京市哲学社会科学"十一

"五"重点规划项目"北京市产业空间研究"(课题号为 09AbJG289)的最终研究成果。该研究从 2008 年 6 月进行,严格按照研究任务书要求完成各阶段各项任务。2008 年 12 月之前完成已有或者可借鉴的理论成果的梳理,本课题理论框架的构建以及基础数据的初步收集,在《经济研究》和《经济学动态》2008 年第 11 期分别发表该阶段两篇关键成果。2009 年 1 月至 2009 年 12 月,将上述研究成果具体应用到北京,该阶段四篇重要阶段成果已分别发表在 2009 年《北京社会科学》第 3 期、《经济科学》第 4 期、《改革》第 5 期和《城市发展研究》第 11 期。2010 年主要阶段成果《从北京看我国地方产业结构高度化进程的主导产业驱动机制》发表在《经济科学》2010 年第 6 期。2011 年以来主要阶段成果分别发表在《经济学动态》2011 年第 3、第 8 期和 Contemporary Asian Economy Research 2012 年第 1 期。

课题在刘伟教授领导下,由张辉副教授具体负责,课题组经过多轮讨论统一了研究框架和研究思路。课题组主要成员有北京计算中心曾宇研究员,北京大学经济学院博士后李东军,美国明尼苏达大学硕士研究生任抒杨,北京大学经济学院硕士研究生万马,清华大学公共管理学院硕士研究生冉宇航,北京大学软件与微电子学院硕士研究生朱成和刘航,北京大学经济学院本科生潘陈辰。本专著主要在张辉副教授独立和合作完成的研究成果基础之上提炼而成。

2010 年,北京城市发展总体规划获得国务院批准,提出了"到 2050 年左右,建设成为经济、社会、生态全面协调可持续发展的城市,进入世界城市行列"的战略目标。尽管当前北京与世界城市还有很大的差距,特别是在国际交往和影响控制力方面,不过,随着北京市加大建设世界城市的步伐,北京将加速人才与国际接轨、将有效扩展投资业,带来新一轮的区域一体化,促进北京地区、京津唐地区乃至华北地区的经济繁荣。区域一体化的建设是世界城市的基础,与世界城市的建设方向是一致的。建设世界城市并不是建设巨型城市,并不是仅仅从世界各地吸引劳动力和人口,而是有序地将劳动力和资本在一个区域进行分配,通过地区经济协作合理配置生产资源,促进地区间贸易和地区间经济发展,同时促进城市的和谐和可持续发展。因此,世界城市是城市群之间有机联系,相互协作,在产业链条、市场等各方面的一体化发展,实现在经济有效集中和集聚的同时,城市和区域的和谐发展。

基于上述分析,本报告运用区域一体化理论,对我国四大经济区的

19个国家战略发展区域进行了系统研究,全面考察了国家区域发展战略实施以来,各战略区域内的一体化进程、协调发展程度,并对今后的发展趋势作了科学的研判。在此基础上,报告从经济地理的视角出发,通过密度、距离和分割三大经济地理特征,对北京市在区域经济一体化过程中的现状与问题进行了深入的分析,对调整北京产业空间结构提出了具有针对性的政策建议。例如,北京市要建设世界城市和推进区域经济一体化,就要缩短(时间)距离——加强交通规划和建设,紧密城区内以及与市外的联系;减少分割——调整经济结构,营造更加自由畅通的经济环境,以更加开放的姿态参与到区域经济的整合以及世界经济发展的大潮中;提高密度——推进城市化建设,消除城乡二元经济结构,实现城乡统筹。

本研究在北京产业空间结构方面主要涉及以下四个方面的内容。

第一,关于都市连绵区方面的分析。

区域是城市发展的载体。鉴于各经济区都市圈和城市群的自然地理条件、交通基础设施和政治区划状况存在巨大差异,加之改革开放后各区域市场化、国际化力量作用的时间和深度的不同,我国各区域在发展上既具有自身独特的优势,又不可避免地受到某些限制,区域之间存在着一定的差距。然而,"十一五"以来,区域经济一体化正逐步成为中国经济增长的可持续动力,经济增长日益从主要依靠东部地区"单一推动"向各大区域"多级推动"迈进。同时,国家也更加重视缩小区域发展的差距。截至2011年12月,我国已经正式确立了19个国家战略发展区域。"十二五"规划建议将"促进区域协调发展"也列为重要内容,提出要实施区域发展总体战略和主体功能区战略,构筑区域经济优势互补、主体功能定位清晰、国土空间高效利用、人与自然和谐相处的区域发展格局,逐步实现不同区域基本公共服务均等化。

在这样的大背景下,报告运用区域一体化理论,对四大经济区的19个国家战略发展区域进行了深入分析,以考察国家区域发展战略实施以来,各战略区域内的一体化进程、协调发展程度,以及今后的发展趋势。报告运用中心性指数模型、城镇等级—规模分形模型等理论框架,对四大经济区的19个国家战略发展区进行了综合研判。

珠三角地区经济腹地范围广阔,区内经济发展状况差异较大,沿海地区城市明显好于内陆城市地区。其中,核心区域(珠三角九市)的经济尤为发达,城市的空间联系也较为紧密,特别是广州与佛山已经基本实现了同城化,可以预见未来该区域会向更大范围的一体化方向演进。而与珠三角地区毗邻的海峡西岸经济区涉及范围过广,导致部分城市相聚较远,目前各城市在经济属性上相互影响较小,不宜作为一个联系紧密的城市群来考虑,而应在更小的区域范围内整合各城市的社会经济资源。尽管由于空间距离的增加,珠江三角洲对长株潭城市群的影响力衰减,但长株潭凭借地处中部地区的地理优势,依靠交通枢纽的作用形成了经济高地。未来,进一步优化交通设施、交通枢纽的作用,将对区域经济的长足发展有着重要意义。

长三角地区经济发展形势良好,在全国经济中居于绝对领先地位(无论从经济密度还是经济总量来看),也是其他经济区所无法动摇的,将引领我国2000—2020年的经济发展。从各城市的中心性指数来看,安徽皖江城市带的计算值较小,该区域在地理位置上位于武汉城市群与上海城市群之间,极化效应使得地区经济的发展较为滞后,在今后的发展中宜发挥区域优势,发展地区特色产业,摆脱经济洼地的发展窘境。依托长江航运的优势,长三角及其腹地地区均在大力发展港口经济,这使得交通在城市的空间分布形态中起着主导作用,并进一步影响着城市的规模。浙江海洋经济区、鄱阳湖生态经济区以及湖北武汉城市群的城镇等级模型均显示城市呈交通型分布,可以预见,未来的几年中,在水运发达的长三角经济区,港口经济将助推城市的经济发展达到全新的高度。

与珠三角和长三角相比,环渤海经济区及其腹地范围之广阔是前两者难以企及的,城市群之间的经济差异也最大,发展也最不均衡。从城市中心性指数的计算结果来看,距离核心区域京津地区越远,城市群城市的中心性指数的总体数值也越小,关中—天水经济带以及甘肃循环经济区等广阔的西北地区,在经济发展程度上较环渤海核心区域尚有较大的差距。地理空间位置上与环渤海核心区域的遥远距离,加之经济发展与核心区域的巨大差距,使关中—天水经济带以及甘肃循环经济区在发展过程中不宜过快地向核心区域靠拢。就目前的情况来看,西安对于整个西北地区经济的影响力可能更大。从城镇等级分形模型的实证研究来看,环渤海经济区及其腹地的城镇空间分布影响因素较为复杂,不像长三角经济区那样以交通因素为主。得力于十多年来颇有成效的国有经济改革,东北平原城市的等级并没有受到行政因素的严重制约。

相比之下,成渝经济区国有经济比重较高,市场化进程过于缓慢已经成了制约该区域发展的一大难题。要从根本上打破行政区划对成渝地区经济发展的限制,就必须壮大成渝两地的非国有经济。随着双方的密切分工协作和市场化程度的进一步深化,成渝经济区有望成为西部地区产业经济增长的重要核心。

综观四大经济区的19个国家战略发展区域,其在脉络上与我国确立的广州、上海、北京、天津、重庆五大中心城市相吻合,又暗含了一条我国宏观经济规划的百年发展之路:珠三角经济区是改革开放的先行者,引领着我国市场化进程,由此也成为地方经济发展主力,有力地驱动了我国20年的经济发展(1978—1998年),这一阶段不但初步解决了我国的温饱问题,而且完成了工业化的前期准备工作,促使我国在1998年之后进入工业化加速阶段;长三角经济区以浦东新区的建立为契机,在国内引领着开放向更深的国际分工领域进军,依托比较高端的国际化水平和相对比较广泛的腹地范围,该区域作为地方经济发展的主力,将在工业化和国际化方面对我国完成工业化加速进程(1998—2020年)起到有力促进作用;以京津唐为中心的环渤海经济区,将在实现区域一体化方面,对于我国工业结构调整实现从后工业化阶段向现代化阶段(2020—2050)的有力过渡起到关键驱动作用,此外该区域还承担着振兴东北老工业基地和驱动西北地区持续高速发展的重任;最后,以重庆为中心的成渝经济区,将借助后发优势支撑我国西南地区新型工业化和城乡一体化发展进程,有力驱动整个西南地区经济的发展,最终实现全国范围内的共同富裕。因此,北京建设世界城市,顺应了我国区域一体化发展的潮流,把握了环渤海经济区将引领中国经济新一轮发展的历史契机。

第二,审视发展的视角——经济地理三大特征。

经济密度指每单位土地的经济总量,亦即每单位土地经济活动的地理密度,反映的是每单位土地的经济产出水平以及收入的记录。改革开放以来,经济密度的提高成为我国社会主义建设主旋律。生产力和生产资料也从不同层面受到经济密度的牵引:时间上从低劳动生产率到了高劳动生产率,从低资本积累到了高资本积累;空间上从稀疏的散落式分布到了稠密的集聚式分布。城市化从本质上讲就是一个地区经济密度提高的过程,在这一过程中,城镇人口比例迅速上升、收入水平日益提高,但同时也表现出空间上断裂的特征,这在北京也得到了明显的体现。随着经济的不断增长,北京市的经济结构也在相应地发生变化,经济呈现出越来越集中的趋势,财富也越来越聚集到某些区域,然而,各区县的经济发展速度和经济密度均存在着很大的差异,并且这二者之间也不存在明显的相关关系,这说明目前阶段北京市的区域经济一体化还远未成形。

所谓距离尺度,从微观角度也就是单位时间能通过交通工具到达的空间范围,宏观的表现为经济协作的空间范围,主要影响因素包括时间成本、货币成本、制度和政策因素等。1978年以来,率先对外开放拉近了沿海地区与国际市场的距离,吸引资金技术、输出商品,出口导向性工业带动沿海地区再次繁荣起来,而内陆地区的发展则受到了牵绊。城市化,简言之就是通过资本和劳动力的空间集聚,使得经济活动的外部性得以有效利用:距离的缩小会带来交易成本的显著下降,使得经济效益更高,促进了经济的发展和经济密度的提高;距离尺度的扩张使得交易可以在更为广阔的范围内进行,促进区域一体化,实现地区共同繁荣;此外,距离尺度的扩张带来了经济协作范围的扩张,有助于改善城市环境,缓解城市问题。当前,由于土地制度和区域一体化的原因,在北京市的城市化过程中,出现了城市拥堵、房地产问题和一系列的城市病,以及城乡经济的分层。因此,提高经济发展的空间尺度,促进北京市及周围地区的区域一体化水平,以及改良土地使用制度对于解决北京市的城市问题有着重要的意义。

分割指的是地区与周边的联系(主要是经济活动)被某些因素影响乃至隔断了,正如在市中心逐渐向外围走的过程中,我们会观察到城乡经济的显著差距,观察到城乡结合部变动的经济结构,即显著的分割现象。历经三十多年的改革开放后,中国尽管在政治上是一个统一的国家,但从经济的角度来看,地区间、城乡间仍旧存在着严重的分割,一个全国性的自由畅通的市场尚远未形成:在商品市场上,由于存在地方保护主义等严重的国内市场分割,许多企业宁愿做出口贸易;在要素市场上,户籍管理制度严格限制了劳动力的流动,城乡二元土地制度限制了土地的流转,而欠发达地区在基础设施、政策以及商业理念方面的较大落差,也一定程度上遏制了外部资本的流入。北京市在城市化过程中,也存在许多显著的分割现象,可以体现在城市建成区与远郊农村在土地及房产价格、交通网络、产业结构、产业链的连续性、市场结构等多个方面的巨大差异上,它们的存在不利于经济的交流,进而会拖累地区的发展,也不利于产业的合理布局。未来,北京可以通过加强交通设施建设的途径来缩短主城区与周边区县乃至河北省临近区县的距离,这样既可以吸引周围的生产要素向北京集聚,实现规模经济效应,提高经济密度,又能通过辐射影响带动周边地区的经济发展,进而实现区域经济一体化。

第三,重塑经济地理——经验比较与特色道路。

在第二部分从密度、距离和分割三大特征对经济地理进行静态描述的基础上,第三部分进入动态分析,从集中和集聚、要素流动以及专业化生产三个方面,挖掘我国经济地理的发展经验和特色道路。

首先,集中和集聚描述的是资源、要素向少数地区的流动,是经济对规模效应的反应,是经济生产的动态过程,这与密度更多强调了生产中的静态指标相呼应。通过企业内部、同一行业的企业和多行业的相互合作等众多形式的集聚,规模经济效应产生并推动着全球工业化、城市化的快速发展。目前,在全国范围内,北京市的第三产业集中较为明显,尤以科学研究事业和综合技术服务业以及信息传输、计算机服务和软件业更为突出,可谓全国第三产业发展的一个核心。但同时,北京市第三产业集聚程度弱于第二产业,即第三产业集中更多地是依托于集中经济带来的巨大市场来提高经济效益,而非与其他行业之间的交流合作。此外,不可忽视的是,随着集中和集聚的不断进行,北京市提高城市化率的成本也在不断上升,出现了包括社会问题、城市问题、经济结构失调以及政府投入建设的一级投入在内的一系列问题。在考虑集中和集聚的过程中,我们必须考虑集中和集聚的成本。目前,许多发达国家都依托现代交通工具带来的距离尺度的提升,建立起了城市间,或者郊区的发达交通网络,从而实现了城乡一体化,由此带动"去城市化"的发展,该发展模式对于改善北京等特大型人口密集城市的城市病是有特殊意义的。

其次,要素流动也是重塑经济地理的重要力量之一。1978年以来,随着旨在分割城乡劳动力市场的若干制度的不同程度的改革,劳动力就业逐渐市场化,加之北京市道路交通建设的不断发展,北京市与周边地区的经济距离大幅缩减,北京市成为中国农村劳动力大规模流入的几大地区之一。2008年年末全市外来人口达465.1万人,占常住人口的比重超过了1/4。劳动力的流动,以及伴随而来的知识和技术的流动,带来了生产力的总体提升,促进了北京工业化进程的发展。当然,劳动力的涌入也对北京市的土地使用、资源使用以及城市拥堵等都造成了影响。从产业间要素的流动来看,目前北京市经济发展仍然依赖于重工业,重工业的产出对各个行业都有较高的支持,而第三产业对其他行业的分配则相对较少;房地产业对金融保险业、住宿与餐饮业和通信设备、计算机及其他电子设备制造业等多个产业有明显的拉动作用,但是联动的作用并不明显;相比而言,金融保险业的相关行业有所增加,但各行业之间的关联系数仍然较小,且尚未形成行业间的紧密合作,产业一体化尚未完全发展。未来，在建设北京市与周围区域的经济一体化的过程中，北京市在吸引劳动力的同时，应该注意改善民生。在产业间要素流动方面，要改善产业结构，发挥技术带动生产，发展技术密集型产业，从而以高新装备制造业、第三产业替代资源依赖型的重工业作为领导行业，同时应谨慎地发展房地产业。

最后，专业化生产是贸易的动力源泉。随着改革开放的深入，资源配置逐渐地由市场来调节，经济距离和市场分割大幅减少，产业的布局更趋合理，专业化生产也发展起来，表现为产业链条内部的各部门的专业分工以及产业间的地区生产专业化。1992年以来，北京市全力发展第三产业，目前已经达到较高的专业化水平，处于第三产业全国领先和出口的地位。第三产业的专业化程度在第三产业的各个生产环节中都有体现，特别是信息传输、计算机服务业、科学研究事业等产业。同时，除了部分能源型行业外，北京市绝大多数第二产业都在向外转移，但在全国仍处于技术输出地位。就北京市内来看，第一、二产业基本位于郊区县，而第三产业则多位于建成区，产业在各区之间的分布不平衡，在空间上城区与郊区发展不连续，在产业结构上各个区之间差异较大：以第三产业为主的建成区相对专业化水平更高，而第一产业和第二产业份额更高的郊区县则产业发展更为多样化。未来，考虑到北京建设世界城市以及区域一体化建设的需求，北京市的特色产业——第三产业应该在具有专业化优势的同时发展多样性，同时在北京市周围地区合理发展多样化的第三产业，全面发展第二产业，使得北京市第三产业更具有竞争优势，第二产业更具有支持力。

第四，政策依托与发展体系。

经济的发展离不开政策依托，北京市的区域一体化建设以及世界性城市建设都离不开政策的支持和贯彻。在处于转轨进程中的中国，这一点尤为重要。在前面城市群和都市圈研究以及经济地理的静态描述和动态分析的基础上，第四部分将通过对政策依赖的分析，以及对几个目前的产业空间发展政策的分析，确定北京市的区域一体化建设以及世界城市建设的政策依托和发展体系。

首先，建设区域一体化，实现和谐的城市化。区域一体化的具体建设包含了城乡经济一体化、产业结构一体化、产业链条发展一体化和贸易一体化等四个部分，主要目标是使得北京市的城市发展与周围地区相协调，北京市建成区的发展与郊区县发展相协调，北京市产业间发展相协调。区域一体化的建设能够有效地改善房地产行业的刚性需求，使其转入周边地区,还能够转移房地产行业的剩余资本,合理地投入需要剩余资本的行业和地区,更快地促进地区的经济发展。同时,通过区域一体化的建设,改变城市增长模式,能有效缓解北京市的交通压力,促进城市经济和人居更好的发展。同样,区域一体化的建设对环境也有非常积极的作用。一方面,合理的经济布局带来交通污染和交通能耗下降;另一方面,区域一体化的建设使得产业在全球价值链中更容易升级,生产更为标准化,便于政府实行环境规制与环境保护。此外,区域一体化的建设对于北京市经济发展也具有重要作用:使得北京市城区的经济密度更为协调,促进产业在地区间合理集聚;提高空间距离尺度,缩小交易成本,便于劳动力流动和要素流动;促进专业化生产之间的协作,进一步推动专业化。

其次,打造自由通畅的资源配置体系,促进北京市和谐发展。根据北京市现有的产业结构,制定合理通畅的投入产出配置和能源配置方案,能有效促进行业的发展,对整个城市的经济发展都具有重要意义。从投入产出关联来看,邮政业、金融保险业、房地产业和科学研究事业等第三产业的最终使用较大,更容易受到需求拉动的影响,但行业间的关联较弱,对于产业间的资源配置作用不大;而房地产业、金融保险业等部门的最终消费比重日趋上升,服务对象在向居民、政府消费或资本增加等方面转移,但在结构上以投资者热钱为主导,应增加投资者热钱的投资渠道;同时,房地产业、建筑业的固定资本形成和库存增加比重最大,增长显著,行业产出没有得到有效合理的利用,带来了虚高的房地产需求;特别地,高新技术产业的调出及出口比重较高,并呈现明显的上升趋势,显示出北京市的经济发展中具有区域合作的能力的潜力,这些行业的更好发展有助于推进区域一体化的发展。行业间配置一方面表现在行业的投入产出关联上,另外也表现在行业的主导性上。主导产业是区域经济发展的支撑力量,能带动整个国民经济的发展,合理选择主导产业,确定其发展方向,将推动工业化的快速发展。当前,北京市前十位的主导产业大多是第三产业部门,包括金融保险业、房地产业以及租赁和商务服务业等。近年来新兴的或获得长足发展的行业也主要是以现代服务业为代表的第三产业。第三产业对地方经济的引领和辐射带动作用呈现不断增强的趋势,而第二产业无论是轻工业还是重化工业都处于不断削弱的过程中,与此对应,天津市则基本呈现出与其相反的产业发展趋势。因此,未来北京和天津只有走一体化发展的道路,在紧密分工合作中加强区域整合力度,才能最终克服双方第二产业和第三产业不平衡发展的窘境。在京津"双头联动发展模式"下,主要由天津来完成钱纳里等所界定的工业化内容,而由北京来完成后工业化乃至现代化阶段的主要内容,如此,以京津为核心的环渤海经济圈,将走出一条有别于长江三角洲上海单核驱动的大都市连绵区模式。此外,在能源配置方面,考虑到交通运输业、化学工业、金属冶炼及压延加工业和建筑业等部门是影响我国能源和资源消耗的大部门,如果要降低整个国民经济对能源和自然资源的单位消耗水平,应使这些能源和资源消耗较大的部门进一步降低单位消耗,同时在经济增长中,降低对能源和自然资源依赖较大的产品在出口产品中所占的比重,促进对能源和资源依赖较低的产业的发展,通过产业结构的调整和升级逐步降低整个国民经济中单位产出中的能源和资源消耗。

最后,积极迎接各种挑战,建设和谐发展的世界城市。目前,北京市还面临着一系列挑战,例如城乡二元结构、交通拥堵以及区域分割等问题,这些问题在相当程度上抑制了要素的流动,限制了北京市区域一体化和和谐发展的进程。对于城乡二元结构,必须从制度上入手,放开管制,让市场自行调节农产品价格和农业生产;赋予农民土地产权,让其能够在城市化过程中得到收入,分享改革开放的成果;加速改革户籍制度,完善社会保障体系,促进劳动力的自由流动。针对交通拥堵,应加快北京周边区县的发展,将建设卫星城尽快提上议事日程。同时,不论从区县角度还是区域角度,北京都存在着自身的特色:区县间经济结构未形成明显的一体化,京津唐地区的经济发展达到的新一轮高度,都注定着北京市和谐发展的特色道路。就北京个体而言,应该在现有产业结构的基础上,刺激地区之间的贸易,促进区域之间的联系,以此提高北京内部区县间一体化程度,同时大力发展北京市特色产业,特别是第三产业,进一步铸就北京市第三产业在全国范围内的比较优势。另一方面,为了提高北京经济建设的全面能力,也需要第二产业的全力支撑。有效的地理位置以及经济发展背景,都奠定了天津成为北京市经济依托的地位。建设以区域一体化为目标,有特色的北京经济发展道路是北京市和京津唐地区发展的重要途径。

张 辉

2012 年 9 月

目 录

概　述 | **北京市的发展蓝图**
　　　　——世界城市及区域经济一体化 …………………（1）

第一部分　中国区域发展战略分析

第1章 **总体概况及研究理论方法** ………………………（7）
　　1.1　总体概况 ………………………………………（7）
　　1.2　文献综述及研究方法 …………………………（10）

第2章 **珠江三角洲经济区及其腹地** ……………………（19）
　　2.1　珠三角城镇群 …………………………………（19）
　　2.2　海峡西岸经济区 ………………………………（29）
　　2.3　湖南长株潭城市群 ……………………………（39）
　　2.4　横琴岛地区 ……………………………………（48）
　　2.5　小结 ……………………………………………（48）

第3章 **长江三角洲经济区及其腹地** ……………………（50）
　　3.1　浙江海洋经济发展示范区 ……………………（50）
　　3.2　鄱阳湖生态经济区 ……………………………（59）
　　3.3　湖北武汉城市群 ………………………………（68）
　　3.4　安徽皖江城市带承接产业示范区 ……………（77）
　　3.5　江苏沿海地区 …………………………………（85）
　　3.6　小结 ……………………………………………（86）

1

第4章	环渤海经济区及其腹地	(87)
	4.1 大小兴安岭地区	(87)
	4.2 辽宁沿海经济带	(96)
	4.3 山东半岛蓝色经济区	(104)
	4.4 河南中原城市群	(112)
	4.5 山西太原城市圈	(121)
	4.6 关中—天水经济区	(125)
	4.7 甘肃循环经济区	(133)
	4.8 河北沿海地区	(141)
	4.9 图们江区域	(142)
	4.10 小结	(142)
第5章	成渝经济区及其腹地	(144)
	5.1 样本选取与数据来源	(145)
	5.2 中心性指数	(145)
	5.3 城镇等级—规模分形模型的实证研究	(148)
	5.4 城市聚类分析	(150)
	5.5 小结	(155)
	专题1 塑造中国区域经济的三种力量：市场化、国际化和一体化	(155)

第二部分 审视发展的视角
——经济地理三大特征

第6章	密度	(175)
	6.1 密度的概念	(175)
	专题2 区域一体化是当前的大趋势	(178)
	6.2 密度的特点	(179)
	专题3 北京市城乡二元结构	(181)

第7章	距离	(185)
	7.1 距离的概念	(185)
	专题4 距离衰减原理和引力模型	(186)
	7.2 影响距离的因素	(188)
	7.3 距离的影响	(189)
	专题5 江浙两省县域人均GDP和与上海之间公路距离间的关系	(190)
第8章	分割	(197)
	8.1 分割的概念	(197)
	8.2 分割的成因	(199)
	8.3 分割的后果	(200)
	专题6 世界贸易中的市场准入	(201)

第三部分 重塑经济地理
——经验比较与特色道路

第9章	集中和集聚	(207)
	9.1 集中和集聚的测度	(208)
	9.2 规模经济效应	(212)
	9.3 北京市集中和集聚	(213)
	9.4 集中和集聚的成本	(218)
	专题7 三次产业的集中和集聚——北京市产业结构高度分析	(223)
第10章	劳动力流动与要素的流动	(236)
	10.1 北京市劳动力流动分析	(236)
	10.2 产业间要素的流动——产业间关联	(244)
	专题8 中国工业化增长和集中伴随着地区间的大规模劳动力移动	(255)

第 11 章	专业化与产业结构分析 ……………………………… (257)
	11.1 生产专业化 ……………………………………… (257)
	11.2 产业多样化 ……………………………………… (273)
	专题 9 北京市优势产业区 ……………………………… (278)
	专题 10 产业相似度 …………………………………… (279)

第四部分 政策依托与发展体系

第 12 章	和谐的城市化和区域一体化 ………………………… (285)
	12.1 区域一体化与房地产 ……………………………… (285)
	12.2 区域一体化与城市交通 …………………………… (287)
	12.3 区域一体化与环境 ………………………………… (289)
	12.4 区域一体化与经济发展 …………………………… (290)
	专题 11 技术进步对工业化进程的推动 ……………… (291)
	专题 12 产业链分析 …………………………………… (296)

第 13 章	合理畅通的资源配置 ………………………………… (298)
	13.1 北京市产业投入产出配置——最终消耗和主导产业 ……………………………………………… (300)
	13.2 北京市能源的配置——节能减排 ………………… (331)
	专题 13 全国产业结构的变迁对经济效率的影响 …………………………………………………… (335)

第 14 章	建设和谐发展的世界性城市 ………………………… (340)
	14.1 高速发展的北京——经济密度的提高与城市化 ………………………………………………… (340)
	14.2 自由发展的北京——开放畅通的城市发展 ………………………………………………… (341)
	14.3 特色发展的北京——区县一体化与京津唐一体化 ……………………………………………… (342)
	14.4 京津唐城市群一体化进程研究 …………………… (345)

第 15 章	结论 ……………………………………………（359）
	附　表 ……………………………………………（361）
	参考文献 …………………………………………（375）

Table of Contents

Overview	**Blueprint of Beijing** —World Ctiy and Regional Economic Integration ········ (1)

Part Ⅰ Strategic Analysis of Regional Development

Chapter 1	**General Overview and Research Theories** ············ (7)
	1.1 An Overall Review ································ (7)
	1.2 Literature Review and Research Methods ········ (10)
Chapter 2	**Pearl River Delta (PRD) Economic Zone and Its Hinterland** ·· (19)
	2.1 PRD Urban Group ································ (19)
	2.2 Western Taiwan Straits Economic Zone ············ (29)
	2.3 Chang-Zhu-Tan (C-Z-T) Urban Agglomeration of Hunan Province ································ (39)
	2.4 Hengqin Island Region ·························· (48)
	2.5 Summary ······································· (48)
Chapter 3	**Yangtze River Delta Economic Zone and Its Hinterland** ·· (50)
	3.1 Marine Economic Development Demonstration Area of Zhejiang Province ························ (50)
	3.2 Poyang Lake Ecological Economic Zone ········ (59)
	3.3 Wuhan City Cluster ···························· (68)
	3.4 Wanjiang Megalopolis with Undertaking Industrial Transfer ···································· (77)

	3.5 Costal Areas of Jiangsu Province	(85)
	3.6 Summary	(86)
Chapter 4	**Bohai Economic Zone and Its Hinterland**	**(87)**
	4.1 Xing'an Mountains Region	(87)
	4.2 Coastal Economic Zone of Liaoning	(96)
	4.3 Blue Economic Zone of Shandong Peninsula	(104)
	4.4 Henan Zhongyuan Urban Agglomeration	(112)
	4.5 Taiyuan Conurbation of Shanxi	(121)
	4.6 Guanzhong-Tianshui Economic Zone	(125)
	4.7 Circular Economic Zone	(133)
	4.8 Costal Area of Hebei	(141)
	4.9 Tumen River Area	(142)
	4.10 Summary	(142)
Chapter 5	**Chengdu-Chongqing Economic Area and Its Hinterland**	**(144)**
	5.1 Sample Selection and Data Sources	(145)
	5.2 Centrality Index	(145)
	5.3 An Empirical Study of Town Level—Scale Fractal Model	(148)
	5.4 Cluster Analysis of Cities	(150)
	5.5 Summary	(155)
	Topic 1 Three Forces Shaping China's Regional Economy: Market-oriented, Internationalization and Integration	(155)

Part Ⅱ Perspective of Development
—Three Characteristics of Economic Geography

Chapter 6	**Density** ··································	(175)
	6.1　The Concept of Density ····················	(175)
	Topic 2　Regional Integration is the Present Trend ···	(178)
	6.2　The Characteristics of Density ················	(179)
	Topic 3　Urban-rural Dual Structure of Beijing ······	(181)
Chapter 7	**Distance** ·································	(185)
	7.1　The Concept of Distance ····················	(185)
	Topic 4　Distance Decay Principle and Gravity Model ································	(186)
	7.2　Factors of Distance ························	(188)
	7.3　The Influence of Distance ····················	(189)
	Topic 5　The Relationship Between Average County-level GDP of Jiangsu Province and Zhejiang Province and the Highway Distance Between Shanghai and the Countries in those Two Provinces ···	(190)
Chapter 8	**Segment** ·································	(197)
	8.1　The Concept of Segment ····················	(197)
	8.2　Factors of Segment ························	(199)
	8.3　Results of Segment ························	(200)
	Topic 6　Market Access of World Trade ············	(201)

Part Ⅲ Restruction of Economic Geography
—Experience Comparision and Characterized Road

Chapter 9	Concentration and Agglomeration ·············	(207)

9.1　Measurement of Concentration and Agglomeration ………………………………………………… (208)
9.2　Scale Economies Effect ……………………… (212)
9.3　Concentration and Agglomeration of Beijing … (213)
9.4　The Cost of Concentration and Agglomeration ……………………………… (218)
Topic 7　Three Industrial Concentration and Agglomeration
　　　　　—An Analysis of Beijing Upgrade of Industrial Structure ………………………………… (223)

Chapter 10　Labor Mobility and other Product Factors Flow ……………………………………………… (236)
10.1　Labor Mobility in Beijing ………………… (236)
10.2　Factors Flow Between Industries—Relevance among Industries ……………………… (244)
Topic 8　The Development and Concentration of Chinese Industry Go along with Mass Labor Mobility across Regions ……………………………… (255)

Chapter 11　Specialization and Industry Structure Analysis … (257)
11.1　Specialization of Production ……………… (257)
11.2　Industrial Diversity ………………………… (273)
Topic 9　Competitive Industrial District in Beijing … (278)
Topic 10　Industry Comparability ……………………… (279)

Part IV　Support Policies and Development System

Chapter 12　Harmonious Urbanization and Regional Integration ……………………………………… (285)
12.1　Regional Integration and Real Estate ………… (285)
12.2　Regional Integration and Urban Transport …… (287)
12.3　Regional Integration and Environment ………… (289)

12.4　Regional Integration and Economic Development ……………………………………（290）
Topic 11　Technological Progress Promotes Industrialization ………………………………（291）
Topic 12　Industrial Chain Analysis …………………（296）

Chapter 13　Effective Allocation of Resources ………………（298）
13.1　Industrial Input-output of Beijing
　　　　—Final Consumption and Leading Industries ……………………………………（300）
13.2　Energy Distribution of Beijing—Energy-saving and Emission Reduction …………………（331）
Topic 13　The Influence of National Industrial Structure Changing on Economic Efficiency ………（335）

Chapter 14　The Development of Harmonious World City ……（340）
14.1　Rapid Developed Beijing—Improved Economic Density and Urbanization ……………………（340）
14.2　Beijing with Freedom—City Development with Open Heart …………………………………（341）
14.3　Beijing with Unique Development Pattern
　　　　—The Integration of Districts and Counties and Beijing-Tianjin-Tangshan Integration ………（342）
14.4　A Research on Beijing-Tianjin-Tangshan Integration ………………………………（345）

Chapter 15　Conclusion ……………………………………（359）

Attached Table ………………………………………（361）

References ……………………………………………（375）

概述　北京市的发展蓝图
——世界城市及区域经济一体化

按照2010年提出并得到国务院批复的北京城市发展总体规划,北京市的战略建设目标为:第一阶段,全面推进首都各项工作,努力在全国率先基本实现现代化,构建现代国际城市的基本构架;第二阶段,到2020年左右,力争全面实现现代化,确立具有鲜明特色的现代国际城市的地位;第三阶段,到2050年左右,建设成为经济、社会、生态全面协调可持续发展的城市,进入世界城市行列。

世界城市是国际城市的高端形态,而国际城市是指那些具有较大规模且城市现代化和国际化职能效应都达到"极强"或"较强"程度,在全球经济中具有重要地位作用的国际性城市。依据城市国际化职能的"强度",一般可将国际城市分为全球性国际城市或世界城市、区域性国际城市或国际化大都市、地区性国际城市3个层级。也就是说,世界城市是国际城市的最高端,是在全球政治、经济、文化、社会等方面具有最高影响力的城市。

关于世界城市或者国际城市,在国内外并没有一个权威的统一概念和衡量标准。综合各方面研究,一般认为,世界城市的标准主要体现在城市现代化和国际化职能效应两个方面。其中,城市规模和现代化水平是基础,而国际化职能效应则主要体现在其世界性的经济职能作用和竞争力上,同时也体现在社会、文化等领域的综合竞争力上。从量化的标准看,基本上可以分为经济发展、基础设施水平、控制力和影响力、国际交往水平等四个方面。北京在经济实力、国际化功能、创新能力、生态环境等方面,与国际发达城市相比,差距还相当明显。

从表1的比较中可以看出,北京与世界城市还有很大的差距,特别是在国际交往和影响控制力上,但北京市建设成为世界城市将有效改变北京市的发展形态。一方面,从劳动力资源而言,世界城市的发展使得北京市的人才发展更加与世界接轨,北京市将有更多的外来劳动力。而这些劳动力将难以在北京现有的城市增长模式下发展。因此北京郊区的发展,建设城乡一体化将成为北京新一轮的城市增长模式。

表1 世界城市指标比较

类别	指标	区域性国际城市	全球性国际城市	北京（2002年）	北京（2008年）
经济发展	人均GDP(美元/人)	15 000	25 000	3 437	9 075
	第三产业占GDP的比重(%)	75	80	62.2	73.2
	第三产业就业人口比重(%)	65	75	55.4	72.4
	进出口占GDP比重(%)	50	60	36	56（2006年）
基础设施水平	信息化1:电话线/100人	50	70	51	51
	信息化2:每100人互联网用户数	40	60	23	26
	国际航空港年旅客吞吐量（万人次）	2 000	3 000	605	5 594
	国际航线货邮吞吐量（万吨）	80	100	33.7	56
控制力与影响力	国际组织总部(个)	20	50	2	3
	跨国公司总部或区域性总部(家)	100	200	25	42（其中商务部认定20个）
	外资银行(家)	50	100	24	28
国际交往水平	举办大型国际会议(个)	100	200	51	782（住宿业）、69（展览场馆）
	入境海外游客(万人次)	500	1 000	310	379
	常住外国人数量(万人)	30	100	0.4	6.5（2007年）

资料来源:赵峰、和朝东(2010)。

另一方面,北京市的投资将有效扩张。所谓有效扩张,指的是北京地区将有更多的实际投资进入,伴随着第三产业的发展,对第二产业的要求也将进一步增加。这样的投资对北京或者北京周围地区的第二产业发展将起到非同寻常的作用。作为第二产业发展的重要直辖市,天津将承担起重要的责任。由此带来的新一轮区域一体化将促进北京地区、京津唐地区乃至华北地区的经济繁荣。

建设世界城市并不是建设巨型城市,并不是仅仅从世界各地吸引劳动力和人口,而是有序地将劳动力和资本在一个区域进行分配。所谓的世界城市并不是一个城市的发展,而是区域一体化的整体建设。如图1所示,不同于大都市区,世界城市是城市群之间有机联系,相互协作,在产业链条、市场等各方面一体化发展。紧密的交通联系使得各城市群之间的联系异常紧密,城市与城市之间各有所长,互有所依,通过紧密的贸易和人才流动,实现经济的整体发展。这样的城市发展途径是可持续的,避免了中心城市的大规模增长带来的城市病,也避免了区域经济增长极所带来的经济极化效应。中心城市的市场压力和就业压力都由周围城市群所分担。由此实现了在经济有效集中和集聚的同时,城市和区域的和谐发展。

● 变单中心为多中心,城市各组团之间有效联结,真正形成网状共生的世界城市。

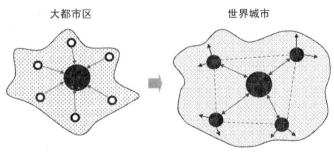

世界城市战略模式
强化区域间合作,构筑多中心网络型战略发展体系格局,形成功能互补、市场互联、密切互动的城市发展区域网络,共同建构一个辐射能力强、开发程度高,具有世界影响力的城市极点,从而将国家城市转变成为世界城市。

——弗里德曼《世界城市的未来亚太地区城市和区域政策的作用》

图1 依附—共生,世界城市的战略诉求

资料来源:约翰·弗里德曼、陈闵齐(2005)。

世界城市与区域经济一体化的建设方向是一致的。通过地区经济协作合理配置生产资源,促进地区间贸易,提高地区间经济发展。在建设世界城市与区域一体化经济的同时,城市的和谐发展应该作为城市与区域建设的指向标。在保证经济增长的同时,要实现城市可持续发展,提高人居环境满意度,减少环境污染和能源消耗。区域一体化的建设是世界城市的基础,建设区域一体化一方面包括城市内部区域一体化和城乡区域一体化,另一方面还包括城市与城市间的经济一体化和地区与地区间的经济一体化。建设区域一体化与和谐的城市发展是互利互补的,发展区域一体化的同时能促进城市和谐发展,和谐的城市发展能加快区域一体化经济的建设。区域一体化是一个内涵丰富的概念,包含区域市场一体化、产业结构一体化、产业链一体化以及人才市场一体化等。

要建设世界城市和推进区域经济一体化需要做到:缩短距离——加强交通规划和建设,紧密城区内以及与市外的联系;减少分割——调整经济结构,营造更加自由畅通的经济环境,以更加开放的姿态参与到区域经济的整合以及世界经济发展的大潮中;提高密度——推进城市化建设,消除城乡二元经济结构,实现城乡统筹。这些都是北京在重塑经济地理的进程中需要解决的问题,也是摆在政策制定者面前的难题。这些问题的解决与否关系到北京能否抓住机遇迎头赶上,跻身世界城市之列,同时也关系到国计民生,关系到社会主义市场经济的建设。

第一部分

中国区域发展战略分析

第1章 总体概况及研究理论方法

1.1 总体概况

我国是一个幅员辽阔、资源丰富的大国,在经济发展上拥有得天独厚的地理优势和雄厚的物质基础。改革开放之后,我国更是迎来了一个经济与社会高速发展的新时期。2010年,我国经济总量首次超过日本,成为世界第二大经济体,当年经济总量仅次于美国。然而,在切分如此庞大的经济总量时,我们可以清楚地看到,我国东、中、西部对于经济总量的贡献是依次递减的,也就是说,我国各区域之间的经济发展存在着较大差距。正是由于我国地域广袤,自然资源与社会资源在时间、空间上分布不均,因此各区域在发展上既具有自身独特的优势,又不可避免地受到某些限制。

实践证明,在我国国情下,要实现各区域的同步发展是非常困难的,然而我国社会主义的本质决定了发展的最终目标是实现共同富裕,因此区域之间的协调发展就显得尤为重要。"十一五"以来,国家更加重视缩小区域发展差距。期间,我国区域发展协调性进一步增强,传统经济增长格局发生了重大变化,经济增长正从主要依靠东部地区的"单一推动"模式向各大区域"多极推动"模式迈进。着眼长远,区域协调发展正在为中国经济增长提供可持续动力。

根据初步统计,截至2011年12月,我国已经正式确立了19个国家战略发展区域(见图1-1)。与此同时,"十二五"规划建议也将"促进区域协调发展"列为重要内容,提出要实施区域发展总体战略和主体功能区战略,构筑区域经济优势互补、主体功能定位清晰、国土空间高效利用、人与自然和谐相处的区域发展格局,逐步实现不同区域基本公共服务均等化。在这样的大背景下,本章将根据区域一体化理论研究19个国家战略发展区域,以考察国家区域发展战略实施以来,各战略区域内的一体化进程、

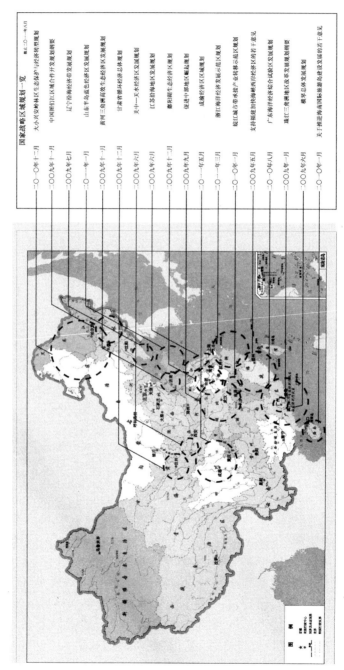

图1-1 国家战略区域规划一览

协调发展程度,以及今后的发展趋势。

综观我国出台的19个国家战略发展区域,在范围上涵盖了珠三角经济区、长三角经济区、环渤海经济区以及它们的腹地,同时还包括成渝经济区(见图1-2);在脉络上与我国确立的广州、上海、北京、天津、重庆五

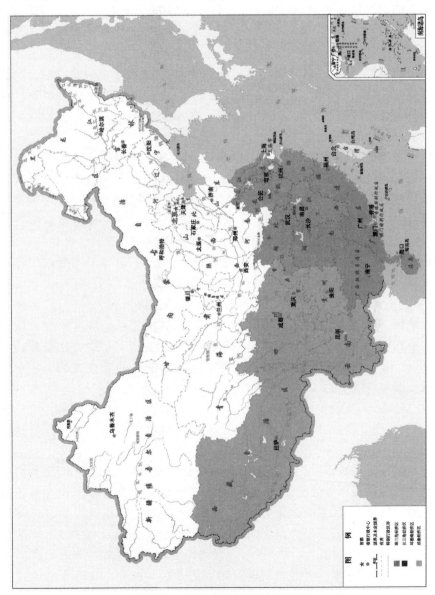

图1-2 中国四大经济区的划分

大中心城市相吻合。其中以广州市为中心城市的珠三角经济区,作为我国改革开放的先行区域,自改革开放以来,驱动了我国20年的经济发展,初步解决了我国的温饱问题。以上海市为中心的长三角经济区则以浦东新区的建立为契机,将引领我国从2000年至2020年的经济体制改革,率领全国经济达到全面小康水平。而以京津为中心的环渤海地区则将完成自小康以后,我国经济走向现代化的改革之路,同时还承担着振兴东北老工业基地的重任。最后,以重庆为中心的成渝地区,将支撑我国后工业化经济的腾飞,并驱动整个西南地区经济的发展,最终实现全国范围内的共同富裕。以上四个地区的国家级发展战略,为我国的宏观经济规划了一条长达百年的发展之路,同时在地理上将各省连接成一个统一的整体,有着清晰的发展轴线。

在以下的部分中,我们将对这些规划涉及区域的城市群或经济带进行研究。按照上面的叙述,我们将按照五大中心城市、四大经济区及其腹地的覆盖范围,将所有规划涉及的区域划分为四类,即珠三角经济区及其腹地、长三角经济区及其腹地、环渤海经济区及其腹地、成渝经济区及其腹地。需要指出的是,并不是每一个城市群均与一个国家级规划相对应,比如《促进中部地区崛起规划》一共涉及六个省份,但除了安徽省与江西省以外,其余四省并没有单独的国家级规划,对于这四个省份,依然按照《促进中部地区崛起规划》中提出的城市群范围进行研究。此外,由于部分地区,例如横琴岛等地区的规划并未将该地区分属经济区的核心城市包括在内,同时规划涉及的城市范围较小,不宜进行城市中心性指数的计算以及分形模型的实证研究,因此对于这部分规划,仅有简短的文字对区域情况加以说明。

1.2 文献综述及研究方法

城市群是城市发展到成熟阶段的最高空间组织形式,是集聚与扩散两种效应共同作用的结果。放眼世界,城市群已经成为各国经济增长的重要力量来源,区域一体化与经济全球化的建设也越来越倚重城市群的发展,其发展状况直接决定着国家的综合竞争力。因此,对于城市群的研究是众多学者关注的焦点。以下内容将简要梳理国内外关于城市群的研究文献,并介绍本书研究城市群时用到的方法与模型。其中文献综述主要梳理两部分内容,其一是关于城市群发展的一般性理论;其二是研究城市群的方法及其实证研究,这部分内容又侧重于本书研究城市群时选用的研究方法的来源与延伸。

1.2.1 文献综述

国外对于城市群的正式研究始于1957年,Gottmann(1957)在对美国东北海岸的考察中首次提出了大都市带的概念。他认为大城市带是由许多城市聚集在一起形成的,有相对较多的人口聚集,在经济、社会、文化等各个方面有着密切关联的巨大城市区域。随后对于城市群的研究基本上从以下三个角度进行:经济地理学、区域经济学以及产业经济学。新经济地理学以克鲁格曼为代表,主要从新的空间观、贸易理论入手将经济地理学引入主流经济学之中。而在区域经济学与产业经济学对城市群的研究中,尽管理论基础和研究方法不尽相同,但都以区域为主要研究对象。

新经济地理学主要从区位优势、报酬递增、扩散效应以及路径依赖等四个原因解释城市群的形成以及壮大。克鲁格曼(Krugman,1996)认为区位优势、规模市场外部经济以及纯外部经济是城市群扩张的原动力,相邻的产业距离缩减或规模经济成本的减少导致了经济活动的报酬递增,报酬递增反过来又促使着人口、产品以及城市规模不断扩张膨胀。除了报酬递增的观点,克鲁格曼(1999)也承认扩散效应同样导致了城市群的扩大,当经济过于集中以至于土地租金变得昂贵,企业数量过多导致报酬递增效应减少时,一部分企业会向远离市中心的区域移动,并最终形成新的产业聚集区,使得城市群扩展。他在研究厂商之间的向心力(规模效应)与离心力(扩散效应)的基础上,提出了"多中心城市结构的空间自组织模型",并探讨了这两种效应对于城市空间形成的内在机理。在路径依赖的问题上,克鲁格曼(1991)以美国工业带为例,阐明了历史因素下的工业区位路径依赖,认为规模、运输成本以及原材料资源是形成工业区位的三大因素。当进入工业社会后,规模扩大、成本降低,但原材料这一因素却被初始地锁定了,进而导致工业区位的路径依赖。此外,Kipnis(1997)以以色列的特拉维夫市为例,说明了在稳定政治外部环境下,优越的沿海地区在城市集群发展过程中具有重要作用。而Arthur(1989)则认为可以在城市群的动态演变中找到一个均衡,偶然的历史事件所带来的经济模式一旦被确定和延循,那么报酬递增下的聚集将得到锁定,具有明显的路径依赖的特征。

区域经济学学者主要从信息流动以及专业分工理论对城市群进行解

释。弗里德曼(Friedmann,1963)指出,区域发展必须建立在信息充分的基础上,发展计划应该考虑区域发展的适应性而非提高区域投资,明确自身的定位尤为重要。在克鲁格曼(1968)看来,城市化进程是社会和生态的流动,前者是社会价值理念的变动,而后者是人口和非农活动的重新布局。通过信息交换,城市会不断延伸并减少地区的差异性,进而形成城市群。此外,弗里德曼(1986)研究了城市群内的等级体系网络,认为城市体系的等级关系体现了全球化经济地域分工。

而产业经济学则认为,城市群的形成实质上是城市间的产业结构调整所带来的,资本与劳动力的集中或者分散促使城市群的变化。Vicino等(2007)考察戈特曼1957年所观察的美国东北沿岸都市带后发现,所谓的大都市带在一定程度上是由于"反中心化"而出现的。城市第三产业比例不断上升,第二产业份额逐步缩小,导致大量工人失业并移动到这些城市周围的地区生活工作。此外,持续的种族隔离制度以及日益增长的移民也导致了大城市周围的"卫星城"的形成,从而使城市群得以延伸。

国内学者对于国内城市群的研究出现于20世纪80年代,这与我国所处的经济发展阶段有着一定的联系。研究大多从城市群的内涵外延、特征类型以及形成机制三个方面展开。史育龙、周一星(2009)考察了日本以及亚洲新兴的都市区,认为大都市带是一个具有类型和发展阶段的概念,并定义中国的都市区为由一定规模以上的中心市及与其保持密切社会经济联系、非农业活动发达的外围地区共同组成的具有城乡一体化倾向的城市功能地域。而大都市带或都市连绵区是以都市区为基本组成单元,以若干大城市为核心,沿一条或多条交通走廊分布的巨型城乡一体化地区。王兴平(2002)分析了都市区、都市密集区、城市群、都市带等诸多类似概念异同,从发展的角度为这些概念建立了逻辑关系,即它们在空间中呈现:都市群→都市区→城市密集区→城市群→大都市区→都市连绵区→都市带的演变阶段。他认为都市区已经成为当今区域发展的基本细胞和城市群兴起的主要组织模式,并在此基础上探讨了中国城市群组织模式代替城镇体系组织模式的可能性。

对于城市群的内涵,周一星(1991)从城市间的相互关系进行分析并提出了都市连绵区(MIR)的概念。姚士谋(1998)从空间区域角度进行阐释:区域优势点集中,形成一个或两个以上的核心城市,不同等级规模的市场相互交织在一起,这些城市和建制镇、集镇共同组成一个区域城市群。对于城市群特征的研究,姚士谋(1992)从空间区域角度出发,认为城市群具有开放性与边界模糊的特征,并与首位城市有着密切的联系。吴启焰(1999)从功能的角度考虑,认为城市群具有相互吸引聚集、扩散辐射、开放性的功能。

而在城市群形成机制的研究方面,国内文献主要从内生机制和外生机制予以考察。对于内生机制的研究,许学强、周春山(1994)以珠江三角洲为例,认为工业化是推动城市群崛起的重大因素,大城市核心圈成本上升导致了企业、人口向外移动,进而使周边小城市得以发展和强化。苏雪串(2004)认为城市群的形成主要通过聚集机制作用,进而产生梯度转移,最后依靠产业结构演进形成城市群。对于外生机制,熊世伟(1999)认为全球化和跨国公司对于城市群的形成有着重要的促进作用。而阎小培、郭建国和胡宇冰(1997)以穗港澳都市连绵区为研究对象,认为有利的国际环境、良好的地区区位等历史因素促进了该都市连绵区的形成。

总的来说,国外文献对于城市群的研究较为完善,阐述角度也较为多样化;而国内对于城市群的研究主要依据逻辑顺序进行分层次研究,研究角度往往单一,缺少多角度、分层次的综合性把握。

1.2.2 研究方法综述

城市群是经济地理学研究的热点,而城镇的等级—规模法则,即城镇在体系中的排序与其自身规模的关系又是其中的核心问题之一,也是本书第一部分所要研究的主要问题之一。对于城镇排序(等级)与城镇规模之间存在的关系,国外文献已经有了大量的研究,提出了诸多理论。例如,城市首位率(Law of the Primate City)用一个国家(地区)最大城市与第二位城市的人口比值来衡量城市规模的分布状况,并在此基础上发展出四城市首位度与十一城市首位度,用以判断城市的规模是否合理。城市金字塔理论(Pyramid of City)则描述了城镇体系中普遍存在的城市等级越高,城市数量越少的规律性现象,提供了分析城市规模分布的简便方法,并为之后齐普夫法则的提出奠定了基础。位序—规模法则(Rank-Size Rule)则首次以数学模型的形式描述了城市位序—规模的帕累托分布,而齐普夫(Zipf,1949)提出的齐普夫法则则在"位序—规模"法则的基础上,进一步显示了城市等级与规模之间的经验关系。齐普夫法则中,任何城市的人口乘以其在城市等级中的排序就等于体系中最大城市的人口。

自1949年被提出以来,齐普夫法则就作为描述城镇等级与城镇规模关系的重要经验性公式之一并被广泛应用。Berry(1961)研究了38个国家城市人口的横截面数据,根据回归结果将国家城市规模的分布类型划分为三个类型:完全符合齐普夫分布,具有首位城市控制的城市等级结构,以及介于两者之间的城市等级结构这三种类型。马登(Madden,1965)运用1790—1950年美国的城市人口数据,通过双对数模型对齐普夫法则的稳定性进行了实证研究,指出虽然城市的规模不断扩张,但城市规模分布本身在相当长的一段时间内具有稳定性。Soo(2005)运用OLS和Hill法分别对世界各大洲共计75个国家的城市人口数据进行了计量回归,印证了各国家的城市规模分布基本符合齐普夫法则,并且这一模型的分布具有稳定性。在国外学者进行大量实证研究的基础上,国内也有相当一部分学者将齐普夫法则引入对我国城市群的研究当中,检验我国历年来城市等级—规模的分布状况,其中较为突出的学者为陈彦光、刘继生,他们对我国相当一部分地区的城市群进行了类似研究,相关文献不再一一列举。虽然关于齐普夫法则的文献较多,但国内外研究均以对世界各国城镇体系的实证性研究居多,一般理论性研究较少,使得各研究成果的可比性较低且在不同地区的适用性较差。目前学术界也已经有许多探求一般性规律的研究,已经取得一定成果的方向之一即将分形理论应用于齐普夫法则。Mandelbrot(1982)经研究指出,城市规模分布在一定条件下具有分形(fractal)特征,为分形理论引入城镇体系的研究提供了依据。国内学者刘继生、陈彦光(1998)在此基础上引进分形因子,提出了等级—规模法则的严格表达式,即三参数齐普夫模型,并运用模型对河北省北部地区的城市体系进行了实证研究。

　　中心地理论也是研究城市群的经典理论之一,中心地理论起源于德国经济地理学家克里斯泰勒(Chirstaller,1998)对德国南部地区的研究。在克氏的中心地理论体系中,中心地是为自身以及外地地区提供商品与服务等中心职能的居民点,中心性则衡量了中心地等级的高低。在过去的数十年中,中心地理论被广泛地应用于城市腹地范围的划分以及城市体系等级层次等研究,虽然各类文献中给出的中心性具体形式各有不同,但是其共同特点是基于假设的逻辑演绎。作为城镇体系空间结构的理论模型,中心地理论描述了在均质地域和完全竞争条件下形成的节点网络体系,突出节点间的等级关系和在动态发展过程中形成的新的节点网络平衡状态,因而比较成功地解释了多节点区域内各节点的等级规模结构以及空间结构之间的关系,是研究城镇体系的重要理论方法之一。Arlinghaus(1985)发现克氏中心地理论具有分形几何结构,这说明综合利用中心地理论和分形理论探究城镇分布体系具有坚实的理论基础,因此本书的第一部分内容将中心性指数与等级—规模的分形模型结合起来,共同研究城市群的结构特点。

此外,在城市群发展中,由于地理等因素,城市群内部往往存在着若干个处于不同发展阶段的次级的城市群。同一类型的次级城市群内,城市经济结构相似,发展阶段相同,具有相同的服务功能;而不同类型的次级城市群内的城市经济结构差异较大,拥有不同的服务功能。通过聚类分析将具有类似经济结构的城市归类,可显示城市群内部空间结构及其演化规律,为城市群经济均衡有效地发展提供良好的分析依据。这方面国内较为重要的文献有冯健、周一星(2002)对北京都市区社会空间结构及其演化进行的研究,于涛方、李娜(2005)对长三角地区区域整合机制和进程的研究,他们的研究表明通过聚类分析法可以分析出城市群内部的空间结构演化关系,并进一步为城市群的产业安排提出建议。

基于以上研究,本书的第一部分试图在中心地理论的基础上借助分形理论构建城镇体系等级—规模模型,通过计算主要城市的中心性指数初步判断特定区域城镇分布体系的特点,进而利用分形模型探究中心地理论所预测的城镇分布与城市群实际分布的符合程度,简要分析城市群的空间分布规则及其原因。此外,本部分还将通过聚类分析对各地区城市群内的城市类型进行分类,反映城市群的产业转移路径,并依据所有方法的研究结论对区域经济的发展提出建议。

1.2.3 中心性指数模型

城市中心性是指一个城市为它以外地方服务的相对重要性,是用以衡量城市中心地位高低的重要指标。中心性指数用来表现一个城市对其他城市的辐射影响,该模型对一个完整的中心地结构体系进行了指数的计算。前文已经提到,中心性指数的具体形式在各类文献中各不相同,在本书中心性指数计算公式的设计中,我们选取了国内生产总值与人口乘积的形式来表现城市间的相互影响,体现的是相对重要性,而不采用体现绝对重要性的中心商品输出规模。基于这样的设想,一个城市对于其他城市的影响力,又可以进一步分解为该城市中心对自身的影响力和该城市对其他城市的影响力,前者体现了该城市影响其他城市的基础原因,后者体现了该城市对其他城市的直接影响。

综上,本书使用的中心性指数计算公式如下:

$$CI_j = \frac{\sqrt{GDP_j \times POPU_j}}{D_{jj}} + \sum_{i \neq j, i=1,2,\cdots,n} \frac{\sqrt{GDP_i \times POPU_j}}{D_{ij}}$$

其中，n 代表区域内的城市数目，D_{ij} 表示两个经济实体 i、j 之间的距离，D_{jj} 表示 j 城市内距离，定义为与城市等同面积的圆半径的三分之一，$POPU_j$ 表示城市 j 的市区人口数，GDP_i、GDP_j 为城市 i 和城市 j 的地区生产总值。

某一城市中心性指数的大小取决于 A 和 B 两个部分。A 部分是自身人口与经济规模的大小，即公式的前半部分 $\frac{\sqrt{GDP_j \times POPU_j}}{D_{jj}}$；B 部分是周边城市对其产生的影响力总和，即后半部分 $\sum_{i \neq j, i=1,2,\cdots,n} \frac{\sqrt{GDP_i \times POPU_j}}{D_{ij}}$。而周边城市产生的影响力既取决于这些城市的发展水平，又取决于这些城市与该城市之间的两两距离 D_{ij}。

依据中心性模型得出的指数，我们可以对区域内的城市核心加以确认，并构建起区域的城市空间结构模型。同时通过对中心性指数两部分的区分，可以观察到城市自身规模对中心性的影响以及周围城市对该城市的影响程度，并以此为依据得出相应的结论。

1.2.4 城镇等级—规模的分形模型

城镇等级—规模的分形模型以中心地理论和分形理论为基础。中心地理论是研究城市空间组织和布局时，探索最优化城镇体系的一种城市区位理论，该理论认为在理想地表和理性经济人的假设条件下，人的经济活动空间具有明显的地理中心性，具备中心职能的节点被称为中心地。分形理论的研究对象为非规整的自然几何形体和社会经济现象抽象形体，这些研究对象一般具有复杂的结构和自相似性。自相似性是分形的核心，描述分形的特征量是分形维数，简称分维。根据学者的研究，中心地理论描述的城镇体系规模分布具有自相似性，满足分形的特征，因而可以利用分形理论和中心地理论的内容，来构建城镇等级—规模的分形模型。

具体来说，对于一个区域的城镇，若给定一个人口尺度 r 去度量，则人口规模大于 r 的城镇数 $N(r)$ 与 r 的关系满足 $N(r) = \mu r^{-D}$，μ 为系数，D 即为城镇规模分布的分维。用 $N(r)$ 表示规模大于或等于 P_r 的城镇总数，

则 $N(r) = \sum_{i=1}^{r-1} K^i$，$K$ 为中心地模型中的 K 值，且 $N(1) = 1$。根据分形理论，$N(r)$ 与 P_r 应满足以下关系：$N(r) = \mu P_r^{-D}$，μ 为常数，D 为分维数。由 $1 = N(1) = \mu P_1^{-D}$，并经过简单的数学处理，可以得到公式：

$$P_r = P_1 \left(\sum_{i=1}^{r-1} K^i \right)^{-1/D}$$

进一步将上式转化为对数形式 $\ln N(r) = C - D\ln P_r + u$，通过回归的方式可求得分维数 D。该回归方程中的 $N(r)$ 和 P_r 都是实际值，因而进行回归的前提是先依照人口尺度 r 对城镇进行分级，得出不同级别城镇的实际平均规模和每一级别城镇的数量。进而可利用回归得出的分维数 D，通过公式 $P_r = P_1 \left(\sum_{i=1}^{r-1} K^i \right)^{-1/D}$ 计算不同 K 值下的 P_r 的预测值，与实际的 r 级城市的人口规模进行比较，分析实际分布与何种原则下的中心地理论预测更为接近。

对于所得分维数 D 的意义，刘继生、陈彦光（1998）做了说明：当 $D = 1$ 时，首位城市与最小城镇的规模之比恰为区域内城镇总数；当 $D < 1$ 时，首位城市垄断性较强，城镇人口分布差异程度较大；当 $D > 1$ 时，中间位序的城镇较多，城镇人口分布较均衡。

1.2.5 聚类分析法

聚类分析法是一种多元统计分析方法。根据样本的多个观测指标，找出一些能够衡量样本之间的相似程度的统计量，以这些统计量为依据，将一些相似性较大的样本划分为一类，直至把所有的样本分类完毕，一般分为 Q 型聚类分析和 R 型聚类分析，其中 Q 型聚类分析是对样本进行分类处理，而 R 型聚类分析是对变量进行分类处理。方法也分为两步聚类、K 均值聚类以及系统聚类。本书选择 Q 型聚类法和系统聚类法。

在进行聚类分析时，为衡量各城市的经济结构是否相似，最直接的方案便是选择各市各行业的产值作为指标，但鉴于数据库所限，本研究选择就业结构代替产业结构。这一替代指标的合理性源于以下三点：首先，具有类似经济结构的城市，各行业从业人员比例也相近；其次，现实经济中就业结构一般落后于产业结构升级，具有一定的滞后性；最后，无论行业短期波动，还是货币变动，行业就业人数短期不变，具有稳定性。因此，选择就业结构能够较稳定和精确地反映各地区的经济结构。在这样的思路下,本研究选择了各市的 20 个行业的各行业从业人员占总从业人员比例作为研究指标。由于国际组织这一行业的从业人员人数在年鉴里暂无,暂取 19 个行业,具体行业如表 1-1 所示。

表 1-1 国民经济行业分类代码

代码	国民经济行业
A	农、林、牧、渔业
B	采矿业
C	制造业
D	电力、燃气及水的生产和供应业
E	建筑业
F	交通运输、仓储和邮政业
G	信息传输、计算机服务和软件业
H	批发和零售业
I	住宿和餐饮业
J	金融业
K	房地产业
L	租赁和商务服务业
M	科学研究、技术服务和地质勘查业
N	水利、环境和公共设施管理业
O	居民服务和其他服务业
P	教育业
Q	卫生、社会保障和社会福利业
R	文化、体育和娱乐业
S	公共管理和社会组织

注:根据 GB/T 4754-2002《国民经济行业分类》方案。

以上部分详细介绍了研究所运用的理论方法。在逐一确定了每个国家级规划所要研究的城市以后,我们将利用上述三个分析方法逐一对相应的城市群进行研究。

第 2 章　珠江三角洲经济区及其腹地

珠江三角洲经济区及其腹地包括了我国南部沿海以及东南部沿海地区，区域内南部沿海为狭窄的平原地带，北部为山地丘陵，因而经济带依海向北延伸。珠江三角洲核心区域毗邻香港、澳门，是中国对东南亚各国贸易的重要枢纽；其腹地沿海岸线延伸至以福建为中心的海峡西岸地区，是两岸经济发展、文化交流的关节部位。

珠江三角洲核心区域是中国经济最为发达的区域之一，它率先经历了中国的经济体制改革阶段，经济发展水平位于全国前列，并且已经进入区域一体化的整合阶段。为了引导该区的资源整合优化配置，国务院先后颁布了《珠江三角洲地区改革发展规划纲要》、《广东海洋经济综合试验区发展规划》以及《海峡西岸经济区发展规划》三个发展规划，在规划中明确要求该沿海经济带保持对于全国的辐射带动和先行示范作用，发挥区位优势，与东南亚以及港澳台地区加强经济、文化等各方面的合作。

2.1　珠三角城镇群

珠江三角洲地区是我国改革开放的先行地区，是我国重要的经济中心区域，在全国经济社会发展和改革开放大局中具有突出的带动作用和举足轻重的战略地位。珠江三角洲位于广东省的东南部，珠江下游，毗邻港澳，与东南亚地区隔海相望，海陆交通便利，被称为中国的"南大门"。狭义的珠三角地区在行政上包括广州、深圳、珠海、佛山、江门、惠州、肇庆、中山、东莞 9 座城市以及由这 9 座城市所管辖的下属区县。在地理上，这些城市都围绕珠江的入海口分布，城市所处位置近似于平原地貌。珠江三角洲经济区总人口约 4 230 万，土地总面积约 41 698 平方公里，区域内部的经济互动频繁，形成了产品和生产要素在区域内部自由流动和有效配置的状况，这一地区的城市空间位置形成了一种在空间结构中相对稳定、高级的结构形态,具有多边形的结构支撑。

2009年1月8日,国务院发布《珠江三角洲地区改革发展规划纲要》。纲要指出,到2012年,由广州、深圳、佛山、珠海、东莞、中山、惠州、江门、肇庆9个城市组成的珠江三角洲地区率先建成全面小康社会,人均地区生产总值力争达到80 000元;到2020年,区域率先基本实现现代化,人均地区生产总值达到135 000元。

2011年8月,国务院批复《广东海洋经济综合试验区发展规划》,这是继《珠江三角洲地区改革发展规划纲要》之后广东省又一个上升到国家级战略的区域性规划。规划在珠江三角洲9个地级市的基础上,进一步将揭阳、潮州、茂名、湛江以及阳江5个地级市包括进来,意图在"十二五"期间,进一步以珠江三角洲为主体,增强海洋经济发展的辐射带动作用。

比较两份规划涉及的城市,不难发现它们均以珠三角城镇群的9个地级市为主体。《广东海洋经济综合试验区发展规划》新纳入的5个地级市在经济实力上与珠三角9市差距较大,同时在地理空间上也并不包括在珠三角城镇群中。因此,在接下来的数据处理中,我们将主要关注《珠江三角洲地区改革发展规划纲要》所涉及的9个地级市。

2.1.1 样本选择与数据来源

根据《珠江三角洲地区改革发展规划纲要》,在研究珠三角地区城市的总体特点时,共选取广州、深圳、珠海、佛山、江门、东莞、中山、惠州、肇庆9个城市的城区面积、人口、地区生产总值以及城市间公路里程来计算各城市的中心性指数。其中,城区面积、人口和地区生产总值的数据来源于中经网统计数据库;城市间公路里程来源于Google Earth软件的测算,取两市间最短公路距离。

在利用分形模型探究城镇分布的具体模式时,进一步将上述城市进行拆分,得到9个城市市区以及所辖市县共计24个样本,在此基础上进行计量分析。需要指出的是,为了符合模型要求,这部分的人口数据为各市县非农业人口数,与计算中心性指数时的人口数据并不相同。由于中经网统计数据库并未给出市县的非农业人口数据,而各省市统计年鉴中的统计项目与统计口径又存在差别,如果选用这部分数据将会导致分析结果缺乏可比性,因此小组着力寻找与中经网统计数据库采用相同统计规则的市县非农业人口资料,使中心性指数的计算与分型模型的实证研究具备一致性与可对比性。最终,我们找到了公安部治安管理局所编写的《全国分市县人口统计资料(2009年)》,通过仔细对比发现该书列出的市辖区人口与中经网统计数据库中的一致,同时该书还给出了各省市县的非农业人口数据,因此在分形模型中,我们选用了该书的非农业人口数据。

聚类分析的19个相关行业在前面的研究方法部分已经罗列,这里不再赘述,这部分数据同样来自于中经网统计数据库。另外需要作出说明的是本书使用的数据与其对应单位规定如下:国内生产总值(GDP)——亿元;人口——万人;面积——平方公里;半径——公里;距离——公里。以后不再赘述。

2.1.2 中心性指数的计算

根据理论方法部分所叙述的公式,本部分将利用珠江三角洲城市市辖区人口、面积、地区生产总值以及城市间距,对每个城市的中心性指数进行计算。现将该部分数据列表如表2-1、表2-2所示。

表2-1 珠江三角洲城市群主要城市2009年概况

城市	GDP	人口	面积	半径
广州市	8 410	654.68	3 843	11.66
深圳市	8 201	245.96	1 992	8.39
佛山市	4 821	367.63	3 848	11.67
东莞市	3 764	178.73	2 465	9.34
中山市	1 566	147.86	1 800	7.98
珠海市	1 039	102.65	1 701	7.76
惠州市	888	129.02	2 672	9.72
江门市	768	137.57	1 786	7.95
肇庆市	325	53.19	761	5.19

表2-2 珠江三角洲城市群各主要城市间公路里程

距离	广州	深圳	珠海	佛山	江门	东莞	中山	惠州	肇庆
广州	0								
深圳	137	0							
珠海	128	161	0						
佛山	35	163	133	0					

（续表）

距离	广州	深圳	珠海	佛山	江门	东莞	中山	惠州	肇庆
江门	93	150	88	62	0				
东莞	66	75	125	85	117	0			
中山	85	121	49	79	43	87	0		
惠州	140	98	197	157	183	89	154	0	
肇庆	109	239	208	85	120	154	164	229	0

将以上数据代入中心性指数公式，计算出各市中心性指数以及相应的两部分数值，所得结果如表2-3所示。

表2-3 2009年珠江三角洲城市群主要城市中心性指数

城市	A部分	B部分	中心性指数	等级
广州市	201.27	127.12	328.38	1
佛山市	114.12	105.26	219.38	2
深圳市	169.21	47.13	216.33	2
东莞市	87.84	64.38	152.22	2
中山市	60.31	61.01	121.32	3
江门市	40.9	56.7	97.59	3
珠海市	42.1	37	79.11	3
惠州市	34.82	38.18	73	3
肇庆市	25.34	23.29	48.63	3

城市概况显示广州、深圳两市的生产总值相仿，且远高于其余城市，这和所计算的城市中心性指数A部分数值，即基于城市自身规模的中心性指数大小相符。基于此，可以认为广州、深圳两市为该区域的中心城市，这也符合我们对珠江三角洲各城市经济地位的认识。结合图2-1，大致可以看出该城市群以广州、深圳两市为核心，形成向周围扩散的空间结构，其中广州具有绝对核心的地位，而深圳则偏向相对核心。

进一步考察所得数据，虽然佛山市自身的人口和经济规模并不优于深圳，但在中心性指数两部分的加总上却高于深圳。究其原因，在于佛山的地理位置与区域的中心城市广州市更为接近，受广州影响很大。在城市间的相互影响，即城市中心性的B部分数值的测算中，广州市对于佛山市的中心性贡献高达50.24，远高于其对深圳市的中心性贡献10.50。同时，由于佛山市在地理位置上与更多的城市接近，其余城市对佛山市中心性指数B部分数值的贡献也远高于对深圳的贡献，而深圳市位于城市群

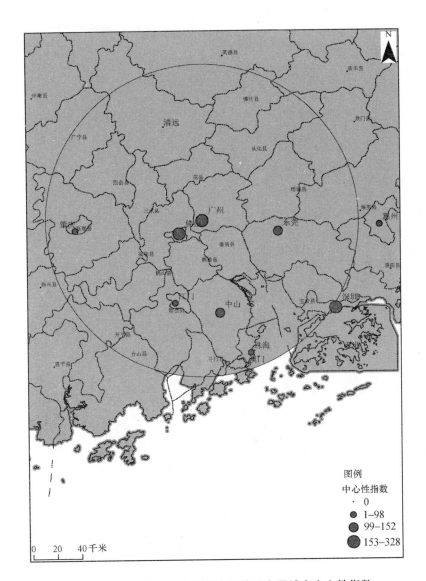

图 2-1　2009 年珠江三角洲都市连绵区主要城市中心性指数

注：本图地图来自国家地理信息系统 http://nfgis.nsdi.gov.cn；本研究中如没有特殊说明底图出处都是国家地理信息系统。

边缘，相邻的香港、澳门地区又未纳入指数部分的计算，因此地理位置的优越导致佛山市中心性指数的加总超过了深圳市而位于区域第二位。

中心性指数既衡量了城市自身中心性，又衡量了外围城市的影响。

在上面的例子中,已经指出外围城市的影响(B部分)更多地反映了城市空间地理位置的优劣,而城市自身中心性(A部分)才是一个城市基于自身经济实力的中心性的体现。从上表的数据看,广州、深圳的自身中心性数值位于第一梯队,佛山市位于第三位,除此之外,东莞、中山两市也有着一定的自身中心性,而其他城市的自身中心性的数值较小,城市的经济实力与规模在区域内部尚显不足。

以上的分析较为清晰地反映出珠江三角洲城市呈现一种双核心的空间结构,其中广州既是地理意义上的几何中心,又是经济意义上的经济中心,可以说是绝对中心城市。而深圳这个副核心的形成,更多地得益于经济特区的成立。同时,需要指出的是虽然深圳具有毗邻香港的地理优势,但由于本部分内容并未将香港纳入进来,因此深圳的地理优势并没有完全得以体现。综上,从城市的地理空间以及经济发展状况来看,广州宜作为带动珠三角地区经济发展的绝对中心城市,深圳则应该注重发挥毗邻香港的优势。

2.1.3 城镇等级—规模分形模型的实证研究

这部分内容将根据城镇等级—规模模型对珠三角地区的城市分布模式进行实证研究。第一步先将珠江三角洲九个城市进行拆分,把城市划分为市区以及下辖市县,得到九个城市共计24个市县的人口数据,如表2-4所示。

表2-4 2009年珠江三角洲24市县非农业人口数量

市县	人口	排序	市县	人口	排序	市县	人口	排序
广州市	654.68	1	怀集县	101.69	9	广宁县	56.01	17
佛山市	367.63	2	台山市	98.59	10	肇庆市	50.45	18
深圳市	245.96	3	增城市	83.36	11	恩平市	50.14	19
东莞市	178.73	4	博罗县	81.37	12	封开县	48.96	20
中山市	147.86	5	惠东县	80.42	13	四会市	44.07	21
江门市	137.57	6	高要市	75.10	14	德庆县	37.39	22
惠州市	129.02	7	开平市	68.72	15	鹤山市	36.51	23
珠海市	102.65	8	从化市	56.58	16	龙门县	33.55	24

数据反映出珠三角地区各市县的非农业人口分布梯度较为明显,为了利用分形模型对城市的分布规则进行实证研究,我们对表中的城镇按照非农业人口数量进行分组,并求出各组的平均人口。其中第一等级的

城市是作为区域中心城市的广州市;第二等级城市的非农业人口数量在 200 到 600 万之间,包括佛山市与深圳市两个样本;第三等级城市的非农业人口数量在 100 万到 200 万之间,包括东莞等 6 个样本;余下的城镇作为第四等级,非农业人口在 100 万以下。各组别城市的数量与平均人口如表 2-5 所示。

表 2-5 珠江三角洲 24 个市县人口分级

等级	人口范围	城市数量	平均人口
1	600 +	1	654.68
2	200—600	2	306.80
3	100—200	6	87.63
4	0—100	15	17.83

得到上述数据后,进一步根据方程 $\ln N(r) = C - D\ln P_r + u$ 对分组数据进行计量回归,求取分维数 D。其中 $N(r)$ 对应各等级城镇数量,P_r 对于平均人口。根据 EViews 软件的输出结果,分维数 $D = 0.753$,$C = 4.983$,其 p 值分别为 0.0037 和 0.0062,说明回归所得的 D 值与 C 值较为显著;同时有 $R^2 = 0.9876$,模型的拟合程度较高。根据理论方法部分对 D 不同取值的经济学含义的介绍,此处 D 值小于 1,意味着珠三角地区城镇人口分布不均匀,处于中间位序城市数量较少,首位城市广州的垄断力较大,中等规模的城市的数量较少。

以上分析了珠三角地区城镇人口的分布趋势,接下来根据所求得的 D 值和公式 $P_r = P_1 \left(\sum_{i=1}^{r-1} K^i \right)^{-1/D}$,计算不同分布规则下各等级城市的平均非农业人口预测值,并与各等级城市的实际平均人口比较,判定珠三角地区城市的分布原则,模型预测值如表 2-6 所示。

表 2-6 实际 D 值下珠江三角洲 24 市县人口分布模型

级别	实际人口	$K = 3$	$K = 4$	$K = 7$
1	654.68	654.68	654.68	654.68
2	306.80	103.97	77.32	41.43
3	87.63	21.75	11.51	3.06
4	17.83	4.89	1.80	0.23

采用计量所得的分维数,在 $K = 3$ 即市场配置时,第 2 等级城市的平均人口数为 103.97 万人,距离实际的 306.80 万人差距较大,第三等级以

及第四等级的预测人口也与实际有着较大的差距。在 $K=4$ 或 7 时,由于分母变大,模型值与实际值的差距将更大,因此,可以认为珠江三角洲地区城市的空间结构布局不可能是交通或者行政因素,而最可能是市场因素。

考虑到城市的等级划分具有一定的随机性,可能会影响模型的预测结果,于是我们采用了其他的分级方式,得到新的数据进行计算。但是回归后发现无论是增加城市分级的级数,还是扩大各等级城市间的人口差额,均无法缩小模型值与实际值间的差距,因此可以认为该差距的产生与最初的城市等级划分不显著相关。回到模型本身,分维数对于不同等级城市的平均人口的影响是相对固定的,在第一级城市人口规模一定时,下级城市的平均人口规模是与分维数成正比的,分维数越大,下级城市的人口规模越大。

对于产生差距的原因,我们认为是由于珠江三角洲内部地形相对狭窄,限制了第一等级城市的人口规模,使得部分人口转移到与第一级城市广州相临近的佛山等下级城市,从而出现了同城化趋势。在模型中若将佛山与广州合并作为一级城市来考虑的话,模型值与实际值间的差距有较为明显的缩小。总结来说,在中心地理论与实证研究的角度下,珠江三角洲城市群的空间结构分布更偏向市场因素,但是具体表现为由于地理位置相对狭小,低等级城市较为强势,侵占了部分第一级城市的市场空间,出现了同城化趋势。

2.1.4 城市群聚类分析

以上内容初步分析了珠三角城市群各城市概况和各城市间的组织关系,下面将对各城市进行聚类分析,以确定城市间经济社会的相似相关程度,进而对城市进行分类,以预期城市群内各城市的经济发展路径。研究所选取的指标如表 2-7 所示。

表 2-7 2009 年珠江三角洲城市群城市各行业就业人员比例表

行业代码	广州	深圳	珠海	佛山	江门	肇庆	惠州	东莞	中山
A	0.26	0.18	1.41	0.07	0.00	0.15	0.04	0.31	0.00
B	0.03	0.05	0.05	0.02	0.00	0.00	0.02	0.04	0.00
C	35.70	47.79	65.31	46.79	58.71	55.24	75.61	37.30	58.94
D	1.03	0.81	0.80	2.00	1.04	1.06	0.71	3.26	1.50
E	5.87	5.27	3.77	5.16	2.90	3.54	3.11	0.62	1.05
F	10.15	6.22	2.45	2.97	2.54	2.26	1.62	3.00	3.30

(续表)

行业代码	广州	深圳	珠海	佛山	江门	肇庆	惠州	东莞	中山
G	2.24	1.98	1.39	2.16	1.45	1.51	0.37	1.10	0.97
H	5.37	5.72	3.08	2.27	2.35	3.62	1.49	2.69	0.94
I	4.20	2.97	1.90	1.89	2.35	2.49	0.71	0.31	1.35
J	3.24	3.92	2.72	4.83	4.80	2.94	2.20	8.60	4.80
K	3.21	5.41	2.30	1.10	0.45	1.21	1.35	0.22	1.20
L	4.29	4.91	1.63	1.12	0.63	1.28	0.96	1.01	1.87
M	2.90	1.94	0.63	0.92	0.50	1.21	0.51	0.84	0.71
N	1.22	0.99	1.31	1.01	0.45	1.81	0.76	0.26	0.41
O	1.30	0.77	0.26	0.20	0.72	0.15	0.05	0.04	0.07
P	6.94	3.15	3.69	12.04	7.47	7.84	3.37	11.29	9.14
Q	4.37	2.21	1.72	5.95	4.30	5.12	1.79	10.93	5.06
R	1.53	0.77	0.68	0.34	0.36	1.13	0.32	0.84	0.82
S	6.18	4.95	4.90	9.16	8.96	7.46	5.01	17.33	7.87

由于所选指标相同,因此无需再进行量纲化,直接使用 SPSS 中的聚类分析,得到如图 2-2 所示的树状图:

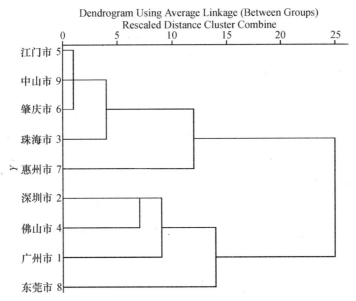

图 2-2 2009 年珠江三角洲城市群城市经济结构聚类分析图

根据就业人口比例可以将该区域的城市分为两大类:

Ⅰ.Ⅰ类城市包括江门、中山、肇兴、珠海、惠州。

Ⅱ.Ⅱ类城市包括深圳、佛山、广州、东莞。

按照组间距大于10小于15细分：

ⅰ.Ⅰ类城市分为，Ⅰ-ⅰ类城市为江门、中山、肇庆、珠海，Ⅰ-ⅱ类城市为惠州。

ⅱ.Ⅱ类城市分为，Ⅱ-ⅰ类城市为深圳、佛山、广州，Ⅱ-ⅱ类城市为东莞。

继续细分：

A.Ⅰ-ⅰ-A类城市为江门、中山、肇庆，Ⅰ-ⅰ-B类城市为珠海。

B.Ⅱ-ⅰ-A类城市为深圳和佛山，Ⅱ-ⅰ-B类城市为广州。

综上，珠江三角洲城市群的经济结构分类如表2-8所示。

表2-8　2009年珠江三角洲城市群城市经济结构分类表

城市分类	Ⅰ			Ⅱ		
	ⅰ		ⅱ	ⅰ		ⅱ
	A	B		A	B	
城市名称	江门 中山 肇庆	珠海	惠州	深圳 佛山	广州	东莞

如图2-3所示，Ⅰ类城市位于城市群的外围，该类城市制造业比例较高，承接了Ⅱ类城市转移的制造业。特别是惠州市的制造业具有举足轻重的地位，原因在于该城市制造业成本相比于广州、佛山等地较低，而且具有相对便捷的交通。而珠海由于毗邻澳门，兼有横琴岛作为桥梁，存在大量的外贸出口制造业。Ⅰ-ⅰ-A类城市制造业程度相对较弱，这三座城

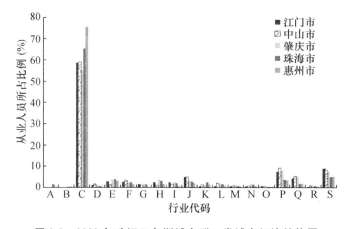

图2-3　2009年珠江三角洲城市群Ⅰ类城市经济结构图

市距离核心较近而成本较高,但在金融业、教育业、卫生和公共管理社会组织方面的从业人员较多。

如图2-4所示,Ⅱ类城市位于城市群的中央,由于制造业成本较高,因而制造业比例较小,而服务业水平明显高于Ⅰ类城市,特别是在建筑业、交通运输、批发零售业、金融业、教育业、卫生和公共管理从业人员较多。Ⅱ类城市多为大型城市,城市基础设施建设完善,大量人口涌入所带来的房屋建设促进着房地产业与金融业的发展。这类城市交通便捷,为区内的物品集散地,由于城市人口数量庞大,配套的服务业也占据着一定的比例。

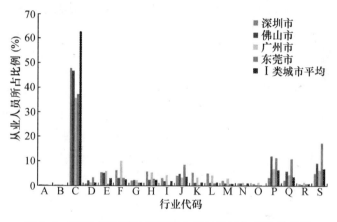

图2-4　2009年珠江三角洲城市群Ⅱ类城市经济结构图

2.2　海峡西岸经济区

海峡西岸经济区东与台湾地区一水相隔,北承长江三角洲,南接珠江三角洲,是我国沿海经济带的重要组成部分,在全国区域经济发展布局中处于重要位置,具有对台交往的独特优势。在国家发改委2011年3月制定的《海峡西岸经济区发展规划》中,海峡西岸经济区范围包括了福建省全境,浙江省的温州市、衢州市、丽水市,广东省的汕头市、梅州市、潮州市、揭阳市以及江西省的上饶市、鹰潭市、抚州市、赣州市,陆域面积约27万平方公里。

作为我国改革开放以来最早对外开放的沿海地区之一,海峡西岸经济区依托毗邻港澳台的优势,率先建立起开放型经济体系。经过多年的发展,海峡西岸经济区已具有较好的经济社会发展基础,市场化程度高,民营经济发达。2009年经济区地区生产总值超过2万亿元,人均地区生产总值近3 500美元,与此同时,区内企业自主创新能力不断增强,先进制造业逐步发展壮大。而在社会发展方面,经济区人口和产业不断集聚,城镇化水平不断提高;城乡、区域协调发展不断增强,人居环境不断优化,社会总体发展水平较高。在经济区发展态势良好、两岸关系出现重大积极变化的背景下,《海峡西岸经济区发展规划》的制定与实施,将使得海峡西岸经济区的发展与建设进入一个崭新的阶段。

2.2.1 样本选取与数据来源

根据国家《海峡西岸经济区发展规划》,这部分内容将海峡西岸沿海发展带的五个发展轴、九个集中发展区中所涉及的横跨广东、福建、浙江以及江西四省,共计20个城市全部包括在中心性指数的计算部分。确定研究范围以后,进一步在中经网统计数据库中获取了各市的市辖区面积、人口以及地区生产总值三项数据,并用Google Earth软件测量和各城市间的公路里程,用于计算各城市的中心性指数。由于该部分地区的地貌并不满足分形模型的均质平原假设,因此略去分形模型的实证研究部分。聚类分析部分各行业的就业人数同样来源于中经网统计数据库。

2.2.2 中心性指数计算

根据中心性指数的计算公式,我们首先查阅了各地级市的地区生产总值、人口数量以及各城市的面积,而后根据城市的市辖区面积计算了各城市的半径,相关数据如表2-9、表2-10所示。

表2-9 2009年海峡西岸经济区各城市概况

城市	GDP	人口	面积	半径	城市	GDP	人口	面积	半径
厦门市	1 737	177	1 573	7.46	揭阳市	186	69.48	181	2.53
福州市	1 328	187.33	1 043	6.07	赣州市	183	64.57	479	4.12
温州市	1 054	144.77	1 187	6.48	抚州市	171	111.11	2 122	8.66
汕头市	1 028	503.43	1 956	8.32	南平市	153	49.27	2 660	9.70
泉州市	704	102.94	850	5.48	丽水市	144	38.46	1 502	7.29
莆田市	572	212.98	2 284	8.99	宁德市	108	43.26	1 537	7.37
龙岩市	342	47.81	2 678	9.73	梅州市	108	31.49	298	3.25
漳州市	300	55.01	401	3.77	潮州市	108	34.97	155	2.34
衢州市	265	82.18	2 354	9.12	上饶市	96	39.48	339	3.46
三明市	187	28.36	1 178	6.45	鹰潭市	66	22.23	137	2.20

第 2 章 珠江三角洲经济区及其腹地

表 2-10 海峡西岸经济区各城市间公路里程

距离	福州	泉州	厦门	漳州	宁德	莆田	龙岩	三明	南平	温州	衢州	丽水	汕头	梅州	潮州	揭阳	上饶	鹰潭	抚州	赣州
福州	0																			
泉州	181	0																		
厦门	260	86	0																	
漳州	294	120	55	0																
宁德	112	262	341	375	0															
莆田	109	88	167	201	191	0														
龙岩	389	124	152	102	470	296	0													
三明	227	235	333	353	345	282	233	0												
南平	172	334	432	407	292	241	309	82	0											
温州	335	486	565	598	230	414	694	568	506	0										
衢州	511	673	745	744	506	615	646	412	345	288	0									
丽水	452	602	681	715	347	531	688	467	370	126	189	0								
汕头	493	319	259	210	574	400	318	473	549	812	887	927	0							
梅州	546	411	349	299	662	493	177	324	399	898	737	802	150	0						
潮州	483	308	248	200	564	390	308	457	531	792	869	908	41	138	0					
揭阳	513	339	279	230	594	420	306	430	507	822	845	938	46	114	502	0				
上饶	487	643	721	694	524	584	566	355	283	401	125	303	872	722	854	828	0			
鹰潭	505	589	656	602	624	603	474	337	341	498	222	401	722	572	705	678	98	0		
抚州	459	542	610	526	577	557	427	290	317	582	307	485	760	530	663	636	189	105	0	
赣州	617	509	437	388	736	583	290	398	446	976	700	879	519	330	502	475	549	411	368	0

将上述两个表格的数据代入中心性指数的计算公式,得到各城市中心性指数以及相应的 A 部分和 B 分数值,如表 2-11 和图 2-5 所示:

表 2-11　2009 年海峡西岸经济区各城市中心性指数

城市	A 部分	B 部分	中心性指数	等级	城市	A 部分	B 部分	中心性指数	等级
汕头市	86.49	30.16	116.65	1	抚州市	15.91	8.63	24.54	3
福州市	82.12	16.86	98.98	2	梅州市	17.96	6.32	24.28	3
厦门市	74.34	20.60	94.94	2	上饶市	17.78	5.54	23.32	3
温州市	60.29	9.07	69.36	2	衢州市	16.17	7.06	23.23	3
泉州市	49.10	18.02	67.12	2	龙岩市	13.14	9.63	22.77	3
莆田市	38.83	22.66	61.50	2	鹰潭市	17.40	4.27	21.67	3
揭阳市	44.93	12.66	57.59	2	三明市	11.28	6.39	17.67	3
漳州市	34.11	14.68	48.79	3	宁德市	9.27	8.12	17.40	3
潮州市	26.25	9.68	35.92	3	南平市	8.95	8.40	17.35	3
赣州市	26.41	5.77	32.18	3	丽水市	10.21	5.50	15.71	3

计算结果反映出经济区东南沿海城市的中心性指数明显高于内陆的非沿海城市,这主要是由以下两个原因导致的。一方面,沿海地区经济发展程度较高,中心性指数 A 部分的数值较高;另一方面,规划涉及的大部分城市又分布于沿海地区,沿海城市的空间联系更为紧密,彼此之间施加的相互影响大于内陆城市受到的来自其他城市的影响。

由于规划涉及的范围较大、城市众多,很多城市之间的公路里程相距很远,在上面的公路里程表中,有很多城市间的里程达到甚至超过 500 公里,因此城市的地理位置对城市中心性指数施加的影响,即中心性指数 B 部分的数值成分较为复杂。单从公式的内涵来看,对于 B 部分数值较大的城市,可以认为它们周围有部分其余城市距离它们较近,城市间的相互经济联系紧密;或者是这部分城市有着一定的经济与人口规模,对其余城市产生的影响较强。对于上述 B 部分数值较大的汕头、福州、厦门、泉州、莆田等几个城市,它们均位于东南沿海地带,且与其他若干个经济发展程度较高的城市临近,最终导致城市中心性指数 B 部分的数值远大于其他城市。结合各城市的地理位置,可分别划分为汕头—潮州—揭阳城市联合区,以及福州—厦门—莆田—泉州—漳州城市联合区,这两个联合区区内的城市空间联系紧密,城市间的经济交流较为频繁。其中汕头—潮

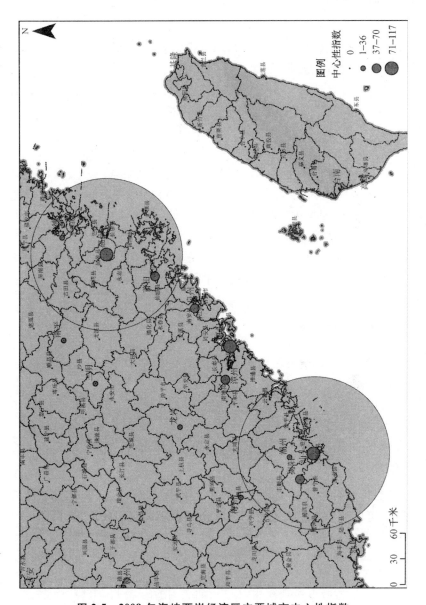

图 2-5　2009 年海峡西岸经济区主要城市中心性指数

州—揭阳城市联合区位于广东省第二大河流韩河下游的平原地区,而福州等五市位于福建东南部沿海相对平坦的地区,两个城市联合区之间隔着广袤的丘陵地带。

另外,处于规划范围边缘的抚州、鹰潭、上饶、衢州、丽水、温州等几个城市,由于在行政区划上隶属于其他省份,同时又包含在其省份中心城市的辐射影响范围内,因此在这里并不将其分割成若干个外围的城市联合区来看待,而是作为海峡西岸经济区与外围省份、外围城市群的互动城市。其中抚州、鹰潭、上饶三个城市主要承担海峡西岸与皖江城市带的交流功能,丽水、温州两市则可以成为海峡西岸与浙江乃至长三角地区的交流平台。

综上,海峡西岸经济区的规划范围过广,且区内城市发展水平差异较大,经济也并不十分发达(相较于珠三角城市群),不宜作为一体化的经济整体来看待。根据中心性指数的计算结果,同时结合各城市的地理位置,宜在沿海地区着力发展汕头—潮州—揭阳城市联合区以及福州—厦门—莆田—泉州—漳州城市联合区,将这两个区域作为海峡西岸的核心区域。而其余城市,则作为连接海峡西岸核心区域与其他规划区的经济跳板。

2.2.3 城市聚类分析

在初步分析了海峡西岸城市群的中心性指数之后,下面将对各城市进行聚类分析,确定各城市经济社会的相似相关程度,进而对城市进行分类,以预期城市群内各城市的经济发展路径。所选取的指标如表2-12所示。

由于所选指标相同,因此无需再进行量纲化,直接使用SPSS中的聚类分析,得到如图2-6所示的树状图。

由图看出,根据就业人口比例可以将该区域的城市分为两大类:

Ⅰ.Ⅰ类城市包括丽水、梅州、汕头、揭阳、赣州、上饶、南平、潮州、衢州、漳州、温州、三明、福州、龙岩、抚州、泉州、莆田、厦门。

Ⅱ.Ⅱ类城市包括宁德和鹰潭。

对Ⅰ类城市细分为Ⅰ-ⅰ类和Ⅰ-ⅱ类:

ⅰ.Ⅰ-ⅰ类城市包括丽水、梅州、汕头、揭阳、赣州、上饶、南平、潮州、衢州、漳州、温州、三明、福州、龙岩、抚州。

ⅱ.Ⅰ-ⅱ类城市包括泉州、莆田、厦门。

对Ⅰ-ⅰ类城市细分为Ⅰ-ⅰ-A类和Ⅰ-ⅰ-B类城市:

第2章 珠江三角洲经济区及其腹地

表2-12 2009年海峡西岸经济区城市各行业就业人员比例表

行业代码	A	B	C	D	E	F	G	H	I	J	K	L	M	N	O	P	Q	R	S
福州	0.73	0.19	29.46	1.26	9.48	5.31	1.8	5.92	2.47	3.58	3.98	8.58	4.15	1.94	0.52	6.97	4.9	2.23	6.51
泉州	0.3	0.56	59.13	0.86	10.49	2.88	1.25	3.21	1.78	2.26	1.52	0.77	0.48	0.27	0.12	6.57	2.29	0.42	4.85
厦门	0.42	0.01	53.64	1.69	13.55	4.8	1.08	3.13	1.96	1.67	4.45	1.33	0.65	0.78	0.96	3.91	2.06	0.6	3.31
漳州	1.14	0	36.37	0.95	15.67	3.32	2.47	5.32	1.61	4.56	2.85	0.57	1.42	1.14	0.28	8.93	4.27	1.14	7.98
宁德	1.05	0.21	7.34	9.64	18.45	4.82	1.68	5.03	1.89	7.97	1.26	0.84	2.31	1.47	0	13.21	5.45	1.26	16.14
莆田	0.39	0.6	57.67	1.59	7.02	1.64	0.65	2.07	0.82	3.01	0.95	2.33	0.56	0.73	0.09	10.72	3.1	0.69	5.38
龙岩	0.97	12.98	22.22	2.19	14.84	2.6	1.78	2.84	0.89	6.41	0.97	10.14	2.11	0.32	0.08	6.49	4.22	0.73	7.22
三明	1.38	0	39.2	1.93	11.55	3.58	2.61	2.75	1.24	7.84	1.1	3.16	1.38	1.13	0	7.15	3.99	0.96	8.8
南平	1.84	0.71	44.55	3.54	3.54	2.97	3.96	4.1	0.85	5.8	0.57	1.41	0.71	1.13	0.14	8.49	4.67	0.99	10.04
温州	0.02	0	39.84	1.36	20.2	4.22	0.77	4.27	1.7	4.84	2.12	1.56	1.16	0.49	0.12	6.25	4.17	0.94	5.95
衢州	0	0.47	40.96	2.46	2.58	3.29	1.76	2.58	0.35	9.86	0.23	1.64	1.06	1.06	0.12	10.68	4.46	1.17	15.26
丽水	0.74	0	19.63	2.78	9.44	4.81	3.52	2.04	1.11	8.7	0.56	5.56	2.78	1.67	0.19	11.85	8.89	1.67	14.07
汕头	0.1	0.1	30.45	1.93	7.93	3.34	1.57	6.36	1.77	4.47	1.19	1.19	1.16	1.93	0.22	18.18	6.07	0.74	11.31
梅州	0	0	21.53	3.28	8.94	2.37	3.47	2.55	1.46	10.95	0.55	3.1	2.92	2.37	0.18	11.86	7.85	1.64	14.96
潮州	0.18	0	41.14	3.4	4.47	3.04	3.94	1.79	1.25	5.01	0.89	1.25	1.79	3.22	0.54	11.81	5.9	1.07	9.3
揭阳	0	0	28.38	4.44	8.3	2.12	2.9	2.51	0.58	4.83	1.16	0.77	1.54	0.77	0	17.18	5.98	1.93	16.6
上饶	0.61	0.2	22.47	2.63	2.43	5.67	3.04	14.78	4.25	3.44	2.43	2.43	2.02	0.61	0.61	12.55	5.87	2.02	11.94
鹰潭	0	0	8.7	4.35	11.74	4.35	0.43	2.17	2.17	6.52	1.3	2.17	10	0.43	0	7.39	6.09	4.78	27.39
抚州	0.66	0	21.83	3.31	26.59	2.12	1.98	3.44	0.26	3.17	0.26	0	0.93	0.93	0.13	16.67	4.76	0.79	12.17
赣州	0.37	0.62	29.21	3.09	10.77	3.71	2.23	1.36	1.11	5.69	0.87	0.62	4.7	1.98	0.12	12.13	7.18	1.49	12.75

35

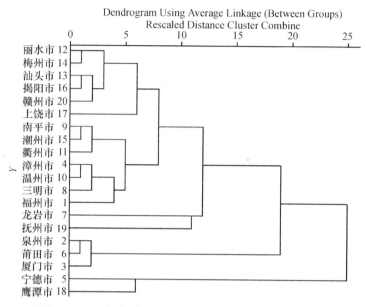

图 2-6　2009 年海峡西岸经济区城市经济结构聚类分析图

A. Ⅰ-ⅰ-A 类包括梅州、汕头、揭阳、赣州、上饶、南平、潮州、衢州、漳州、温州、三明、福州。

B. Ⅰ-ⅰ-B 类城市包括龙岩。

C. Ⅰ-ⅰ-C 类城市包括抚州。

对 Ⅰ-ⅰ-A 类城市细分为 Ⅰ-ⅰ-A-a 类和 Ⅰ-ⅰ-A-b 类城市：

a. Ⅰ-ⅰ-A-a 类城市包括丽水、梅州、汕头、揭阳、赣州、上饶。

b. Ⅰ-ⅰ-A-b 类城市包括南平、潮州、衢州、漳州、温州、三明、福州。

对 Ⅰ-ⅱ 类城市细分为 Ⅰ-ⅱ-A 类和 Ⅰ-ⅱ-B 类城市：

A. Ⅰ-ⅱ-A 类城市包括泉州、莆田。

B. Ⅰ-ⅱ-B 类城市包括厦门。

综上，海峡西岸经济区城市的经济结构分类如表 2-13 和图 2-7 至图 2-11 所示。

该区域涉及城市较多，分类与分布相对复杂。各类城市的地理分布大致为 Ⅰ-ⅰ-A-a、Ⅰ-ⅰ-C 与 Ⅱ 类城市位于经济区的最外围，Ⅰ-ⅰ-A-b 与 Ⅰ-ⅰ-B 类城市位于经济区的次外围，而 Ⅰ-ⅱ 类城市位于该经济区的核心区域。

第 2 章
珠江三角洲经济区及其腹地

表 2-13　2009 年海峡西岸经济区城市经济结构分类表

城市分类	I							II
	i				ii			
	A	B	C		A	B		
	a	b						
城市名称	丽水 梅州 汕头 揭阳 赣州 上饶	南平 潮州 衢州 漳州 温州 三明 福州	龙岩	抚州	泉州 莆田	厦门		宁德 鹰潭

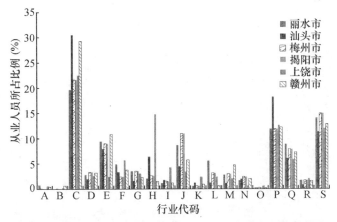

图 2-7　2009 年海峡西岸经济区 I - i -A-a 类城市经济结构图

Ⅰ 类城市的制造业比例相对较小,建筑业、金融业特别是教育业和公共管理行业存在着相对较多的从业人员。

中间圈层城市的制造业水平远远高于最外层城市,潮州和南平的建筑业与其他城市差距较大且远低于外层城市平均,而对于在外层城市较为突出的金融业、教育业和公共管理行业,中间圈层城市的比例相对较小。

此类城市比较特殊,其中龙岩市具有较为丰富的矿产资源,因而矿业以及为矿业开采提供设备租赁的租赁业发展迅速;而抚州的建筑业水平遥遥领先,特别是抚州市政府在 2012 年 3 月发布了《抚州市人民政府关于加快建筑业发展的意见》,将建筑业作为主要发展的行业之一,明确了

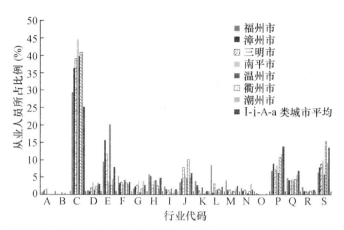

图 2-8　2009 年海峡西岸经济区 I-i-A-b 类城市经济结构图

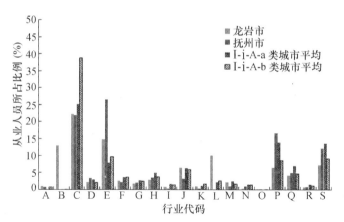

图 2-9　2009 年海峡西岸经济区 I-i-B／C 类城市经济结构图

对于建筑业的各项扶持措施。

Ⅱ类城市位于城市群的东北外围,这类城市制造业、租赁业和商务服务业的水平相对较低,但电力、燃气和水的制造供应业发达,此外公共管理和社会组织均高于各类城市平均。

此类城市位于海峡西岸经济区的核心地带,与其他外围城市相比,制造业仍占据绝对优势,金融业、商务租赁以及公共管理组织低于各类城市平均。

综上,从各类城市各行业的比较来看,从核心城市到外围城市,制造

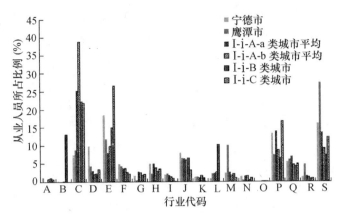

图 2-10　2009 年海峡西岸经济区 II 类城市经济结构图

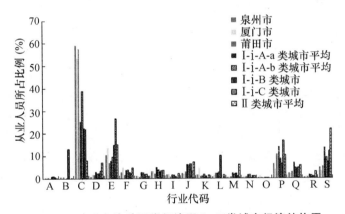

图 2-11　2009 年海峡西岸经济区 I-ii 类城市经济结构图

业呈递减趋势,而电力、燃气以及水的生产供应业,金融业,租赁业,卫生,文体娱乐以及公共管理社会组织业呈递增趋势。

2.3　湖南长株潭城市群

长株潭城市群位于湖南省东北部,是湖南省经济发展的核心增长极。长株潭城市群是我国京广经济带、泛珠三角经济区、长江经济带的接合部,地理位置和交通条件优越,在《促进中部地区崛起规划》中,被确定为中部六大城市群增长极之一。

一般意义上的长株潭城市群只包括长沙、株洲、湘潭三市,该区域面积2.8万平方公里,2006年人口1 300万,经济总量2 818亿元。这三个城市沿湘江呈"品"字形分布,两两相距不足40公里,结构紧凑。但在湖南省发布的《长株潭城市群区域规划》中确定的长株潭城市群,是指"3+5"城市群的区划,区域范围在三市的基础上有了较大的扩展,这一范围包括:长沙、株洲、湘潭三市行政辖区和益阳、娄底、岳阳、常德、衡阳五市的大部分地区。这些城市共同构成了湖南东部城镇密集区,区域面积达9.6万平方公里。

2.3.1 样本选取与数据来源

在研究该湖南长株潭城市群城市的总体特点时,选用较为广义的概念,共将长沙、株洲、湘潭、常德、岳阳、衡阳、益阳和娄底八个城市的经济以及地理数据纳入计算,选取上述八市的市区面积、人口、地区生产总值以及城市间公路里程分别计算各个城市的中心性指数。其中,市区面积、人口、地区生产总值三项数据来源于中经网统计数据库,城市间公路里程来源于 Google Earth 软件的测算。

在利用城市分形模型研究长株潭城市群城市的分布模式时,由于湖南省仅有北部的洞庭湖平原满足模型的均质平原假设,规划的城市中仅有常德、岳阳和益阳三个城市位于平原及其延伸地带上,若仅取平原上的城市进行实证研究,则未包含区域的中心城市。在大致考察该区域的地形后,我们将地形相对平坦的长株潭三市也包括进来。因此,在利用分形模型对城市的空间分布进行实证研究时,一共选取了长沙、株洲、湘潭、常德、岳阳和益阳六个城市,其余城市由于地形不满足模型假设而被排除在外。确定了要研究的城市以后,进一步将这六个城市进行拆分,得到市区及城市管辖市县共计35个城镇的样本,并从《全国分市县人口统计资料(2009年)》中获取了各个城镇的非农业人口数据。

2.3.2 中心性指数的计算

这部分内容主要根据长株潭城市群各市的市区面积、人口和地区生产总值以及城市间的公路里程对城市的中心性指数进行计算,以分析城市群城市的总体特点,计算中所使用的数据如表2-14和表2-15所示。

第 2 章
珠江三角洲经济区及其腹地

表 2-14 2009 年长株潭城市群各城市概况

城市	GDP	人口	面积	半径
长沙市	2 250	240.95	955	5.81
常德市	560	140.56	2 510	9.42
岳阳市	550	87.51	1 246	6.64
株洲市	521	100.21	537	4.36
湘潭市	430	87.75	279	3.14
衡阳市	318	104.27	691	4.94
益阳市	231	132.73	1 935	8.27
娄底市	167	44.87	426	3.88

表 2-15 长株潭城市群各城市间公路里程

距离	长沙	株洲	湘潭	益阳	娄底	岳阳	常德	衡阳
长沙	0							
株洲	65	0						
湘潭	56	26	0					
益阳	78	138	123	0				
娄底	149	138	115	152	0			
岳阳	151	192	190	176	289	0		
常德	166	227	211	94	240	315	0	
衡阳	186	141	132	259	138	319	347	0

将上述两表的数据代入中心性指数的计算公式,得出各城市的中心性指数以及相应的 A 部分和 B 部分的数值,结果如表 2-16 和图 2-12 所示。

表 2-16 2009 年长株潭城市群各城市中心性指数

城市	A 部分	B 部分	中心性指数	等级
长沙市	126.69	21.68	148.37	1
湘潭市	61.84	21.84	83.68	2
株洲市	52.43	20.86	73.29	2
衡阳市	36.83	8.86	45.70	3
岳阳市	33.05	7.52	40.57	3
常德市	29.78	9.79	39.57	3
益阳市	21.17	17.06	38.23	3
娄底市	22.30	7.19	29.49	3

中心性指数的 A 部分代表城市基于自身经济实力所形成的城市中

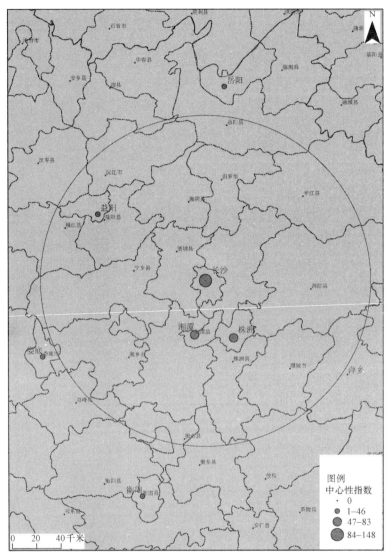

图 2-12　2009 年湖南长株潭城市群主要城市中心性指数

心性，B 部分则衡量与其他城市的空间位置关系对城市中心性的影响，同时也与其余城市的经济状况有关。根据计算结果，长沙、株洲、湘潭三个城市的中心性指数位于前三位，城市群核心区域的经济发展程度较高，优势明显。进一步考察城市的生产总值，可以发现株洲和湘潭两市的生产总值实际上低于常德和岳阳，但由于这两个城市距离长沙很近，指数 B 部分的数值受长沙影响很大。同时由于城市的辖区面积更小（可能是由于城市的空间受到长沙的挤压），A部分数值的分母更小，因此这两市的中心性指数大于位于洞庭湖平原的岳阳和常德两市。在所有的城市中，长沙、株洲、湘潭以及益阳四个城市B部分的数值较大，地图也反映出这四个城市相距很近，其中长株潭三个城市相互之间的距离仅有半小时的车程，益阳市也位于核心区域即长株潭三市"品"字形结构的100公里范围内，紧密的空间结构让这四个城市的相互影响远高于它们与其他城市之间的相互作用，长株潭三市的数据尤为明显。

根据计算结果，湖南长株潭城市群主要可以分为三个地理空间相对独立的部分，其中中间部分为长株潭三市组成的"品"字形结构，也是城市群的核心区域；北部为洞庭湖平原的岳阳—益阳—常德都市联合区，得益于沿湖优势，经济较为发达；而南部则为衡阳—永州—郴州都市联合区。三个地区中，核心区域的经济最为发达；北部洞庭湖平原地区次之，且这部分地区位于平原上，与核心区域联系较为紧密；而南部地区无论从经济的发达程度还是与核心区域的联系程度来看，都比洞庭湖平原区域更弱。

2.3.3 城镇等级—规模分形模型的实证研究

这部分内容主要利用分形模型研究长株潭城市群城市空间分布的原则，样本的选取以及数据来源已经在本节的第二部分详细说明，不再赘述，各市县的非农业人口数量如表2-17所示。

表2-17　2009年湖南长株潭城市群35市县非农业人口数量

城市	人口	位序	城市	人口	位序	城市	人口	位序
长沙市	187.65	1	浏阳市	15.40	13	攸县	10.89	25
岳阳市	70.78	2	醴陵市	15.27	14	桃江县	10.85	26
株洲市	59.37	3	桃园县	14.74	15	石门县	10.52	27
湘潭市	56.90	4	湘乡市	13.12	16	湘潭县	10.08	28
常德市	52.70	5	安化县	12.43	17	长沙县	8.84	29
益阳市	33.99	6	临湘市	12.43	18	茶陵县	8.84	30
南县	21.37	7	安乡县	12.16	19	临澧县	8.52	31
汉寿县	17.91	8	湘阴县	11.89	20	望城县	6.94	32
汨罗市	17.44	9	岳阳县	11.77	21	株洲县	5.19	33
沅江市	17.35	10	华容县	11.73	22	炎陵县	3.25	34
澧县	17.20	11	平江县	11.53	23	韶山市	1.64	35
宁乡县	15.93	12	津市市	11.46	24			

为了对数据进行回归分析,进一步按照非农业人口数量对上述市县进行分级,其中长沙市被划分为第一等级,非农业人口在 100 万以上;余下的城市根据非农业人口数量是否在 30 万以上,又被划分为两个等级,各等级城市的数量以及平均人口如表 2-18 所示。

表 2-18 2009 年长株潭城市群 35 市县人口分级

等级	人口范围	城市数量	平均人口
1	100 +	1	187.65
2	30—100	3	50.087
3	0—30	16	11.086

得到上述数据后,根据方程 $\ln N(r) = C - D\ln P_r + u$,对分组数据进行计量回归,求取分维数 D,其中 $N(r)$ 对应各等级城镇数量,P_r 对应平均人口。根据 EViews 软件的输出结果,$D = 1.1961$,$C = 6.3259$,两者的 p 值分别为 0.0415 和 0.0316,小于 5%,说明回归所得的系数显著;同时有 $R^2 = 0.9958$,证明模型的拟合程度较高。此处 D 值大于 1,表明湖南长株潭城市群的城市人口分布均匀,首位城市长沙没有绝对垄断地位,相反中间位序的城市较多。

以上大致分析了长株潭城市群城镇人口分布的总体趋势,下面将利用所求得的 D 值和公式 $P_r = P_1 \left(\sum_{i=1}^{r-1} K^i \right)^{-1/D}$,计算出不同分布规则下各级城市平均人口数预测值,并与各等级城镇平均人口对比,确定城镇的空间分布规则,如表 2-19 所示。

表 2-19 实际 D 值下长株潭城市群 35 市县人口分布模型

级别	实际人口	$K = 3$	$K = 4$	$K = 7$
1	187.65	187.65	187.65	187.65
2	49.19	58.88	48.86	32.98
3	11.61	21.98	14.72	6.39

根据表 2-19,在 $K = 4$ 即交通原则下计算出的各等级城市非农业人口数量的预测值与实际值较为接近,而市场原则下的预测值明显偏大,行政原则下的预测值明显偏小,因此,可以认为长株潭城市群各城市的空间分布主要遵循交通原则。考察长株潭城市群城镇的空间分布形态,不难发现该地区呈现"井"字形城镇轴带组合。其中东轴为 106 国道和浏阳—茶

陵铁路,西轴为 107 国道、京广铁路以及京珠高速,北轴为 319 国道、长石铁路、长常高速以及长浏高速,南轴为 320 国道和浙赣—湘黔铁路。在这样发达的交通线的串联下,该区域的城镇亦主要沿着铁路网与公路网分布,这也与模型模拟的结果相符。近年来,长株潭地区开通了高铁,交通因素在城市发展中的作用也日益重要。

2.3.4 城市聚类分析

以上内容初步分析了长株潭城市群各城市概况以及城市间的组织关系,下面将对各城市进行聚类分析,以确定城市间经济社会的相似相关程度,进而对城市进行分类,以预期城市群内各城市的经济发展路径。研究所选取的指标如表 2-20 所示。

表 2-20　2009 年湖南长株潭城市群城市各行业就业人员比例表

行业代码	长沙	株洲	湘潭	衡阳	岳阳	常德	益阳	娄底
A	0.00	0.00	0.08	0.23	1.26	0.33	0.00	1.53
B	0.06	0.05	0.08	0.56	0.00	0.07	0.00	0.86
C	15.61	44.50	40.42	26.41	32.66	23.75	25.54	26.79
D	1.71	2.38	3.00	1.95	2.01	2.33	2.15	1.72
E	19.52	11.96	13.01	24.70	17.54	20.76	10.15	28.98
F	3.27	3.06	3.46	3.29	4.87	2.86	0.86	3.91
G	1.77	1.75	1.31	1.30	1.31	2.33	1.38	1.43
H	8.64	2.72	12.32	3.61	2.71	4.39	2.49	1.43
I	4.92	1.90	1.77	2.64	1.71	0.60	1.46	1.24
J	6.31	3.84	5.62	6.86	7.04	4.46	6.53	4.10
K	4.52	2.97	1.69	1.90	1.71	1.40	1.72	1.43
L	2.18	2.77	0.54	0.65	0.90	3.79	6.19	1.72
M	4.74	2.09	0.69	1.44	0.95	0.93	1.20	1.91
N	1.86	0.88	0.15	1.99	1.71	2.46	1.38	1.62
O	0.53	0.10	0.15	0.05	1.06	0.20	0.34	0.29
P	9.81	5.93	5.16	6.26	7.64	9.65	16.51	7.44
Q	4.93	3.89	0.77	5.00	3.62	4.46	6.28	4.39
R	2.20	0.39	0.77	0.88	0.75	0.86	0.69	1.14
S	7.42	8.80	9.01	10.29	10.55	14.37	15.13	8.10

由于所选指标相同,因此无需再进行量纲化,直接使用 SPSS 中的聚类分析,得到如图 2-13 所示的树状图。

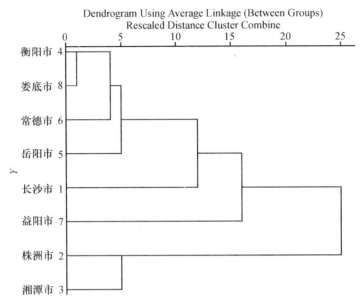

图 2-13 2009年湖南长株潭城市群城市经济结构聚类分析图

长株潭城市群中的城市可以分为两大类：

Ⅰ. 第Ⅰ类城市包括衡阳、娄底、常德、岳阳、长沙、益阳。

Ⅱ. 第Ⅱ类城市仅包含湘潭、株洲。

Ⅰ类城市又分为：

ⅰ. 第Ⅰ-ⅰ类城市包括衡阳、娄底、常德、岳阳、长沙。

ⅱ. 第Ⅰ-ⅱ类城市包括益阳。

对与Ⅰ-ⅰ类城市可继续细分为：

A. Ⅰ-ⅰ-A类城市包括衡阳、娄底、常德和岳阳。

B. Ⅰ-ⅰ-B类城市包括长沙。

综上，长株潭城市城市经济结构分类如表2-21和图2-14、图2-15所示。Ⅰ-ⅰ类城市制造业和建筑业比例相当，教育业和公共管理组织从业人员比例较高。其中长沙市一、二产业水平较低，第三产业各行业从业人员均有着较高的比例。益阳市建筑业比例较低，租赁业、教育业以及公共管理组织从业人员较多。

表 2-21 2009 年湖南长株潭城市群城市经济结构分类表

城市分类	I			II
	i		ii	
	A	B		
城市名称	衡阳 娄底 常德 岳阳	长沙	益阳	湘潭 株洲

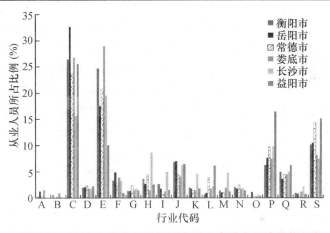

图 2-14 2009 年湖南长株潭城市群 I 类城市经济结构图

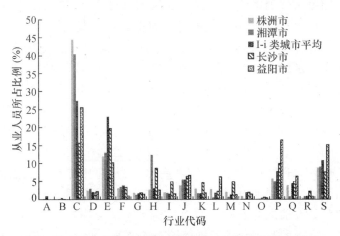

图 2-15 2009 年湖南长株潭城市群 II 类城市经济结构图

II 类城市制造业比例有着明显的提升,房地产业、教育业以及社会管理组织比例则低于外围城市。Ⅱ类城市位于城市群的核心地带,距离区域中心城市长沙仅仅40公里,部分承接了长沙市转移的制造业,担当着区域制造中心的重任。

2.4 横琴岛地区

珠海市横琴岛位于珠江口处,与澳门隔河相望,是珠江口的一个环境优美、生态良好的自然海岛,经过多年发展建设,已经拥有完善的基础设施,作为珠江口经济圈的核心区域,拥有毗邻港澳两地的区位优势。

根据2009年制定并实施的《横琴总体发展规划》,横琴岛定位于成为香港、澳门行政区与珠江市乃至广东省的经济接壤区,从而构建粤港澳紧密合作的新载体,促进港澳地区经济发展的多元化以及稳定性,形成珠江口西岸地区的新的经济增长极。根据规划要求,横琴岛将被划分为若干功能区,在相应功能区内发展金融业、外包服务业、商贸服务业、旅游业、科技产业等,并在十到十五年内,实现规划目标。

2.5 小　　结

珠三角地区经济腹地范围广阔,区内经济发展状况差异较大,对于以上四个在国家级规划中被重点提出的城市群或地区,沿海城市的经济明显好于内陆城市,这从城市中心性指数的数值能够反映出来。其中,核心区域(珠三角九市)的经济尤为发达,城市的空间联系也较为紧密。而对于海峡西岸经济区,由于规划涉及的范围太广导致部分城市相聚较远,就目前的状况来看,各城市在经济属性上相互影响较小,不宜作为一个联系紧密的城市群来考虑,而应在更小的区域范围内整合各城市的经济资源。对于长株潭地区,空间距离的增加所带来的是珠江三角洲核心地区对该区域的影响力的衰减,然而位于中部地区的长株潭城市群却凭借地理优势,依靠交通枢纽的作用形成了经济高地。《促进中部地区崛起规划》中明确提出了对于中部地区的发展应优化交通资源配置,强化综合交通运输枢纽地位。在前文对长株潭城市群城市空间分布规则的实证研究中,我们亦发现交通因素主导了长株潭城市的空间分布形态。因此进一步优化交通设施,强化交通枢纽的作用对于该地区经济的长足发展有着重要意义。对于城市的空间分布模型,由于海峡西岸经济区并不满足均质平原假设,因此不能与珠江三角洲九市以及长株潭城市群的模型相比较,从珠三角九市的模型来看,城市经济的高度发达加上紧凑的地理空间已经导致广州与佛山出现同城化趋势,可以预见未来该区域会向更大范围的同城化演进。由于地理环境与城市群结构的紧密程度不一,加上经济发展程度不一带来的各地区各产业生产成本差异,各城市群聚类分析显示的产业分布趋势有着较大的差别。总的来说在经济较为发达的沿海地区,制造业主要在城市群外围集中,而对于内陆的长株潭城市群,紧密"品"字形空间结构加上其余城市与核心区域较远的距离让株洲、湘潭两市承接了较大份额的制造业,核心区域城市的制造业比重高于外围城市。

第3章 长江三角洲经济区及其腹地

长三角经济区及其腹地范围包括了我国东部沿海以及武汉下游的长江流域地区,经济带自东部沿海沿着长江流域向内陆延伸。这一区域是中国经济最为发达的区域,经济规模与人均生产总值均高于珠三角经济区和环渤海经济区。目前长三角14市,即长三角核心区域的经济总量与经济密度在全国均属首位,并且已经进入区域一体化整合的阶段。为了引导该大区的资源整合优化配置,国家颁布了《浙江海洋经济发展示范区规划》、《鄱阳湖生态经济区规划》、《皖江城市带承接产业转移示范区规划》以及《江苏沿海地区发展规划》四个发展规划,旨在推进核心区域的一体化趋势并加速周边腹地向核心区域靠拢。

3.1 浙江海洋经济发展示范区

浙江位于长江三角洲地区南部,是长江三角洲地区的重要组成部分。其南接海峡西岸经济区,东临太平洋,西连长江流域和内陆地区,区域内外交通联系便利,紧邻国际航运战略通道,具有深化国内外区域合作、加快开发开放的有利条件。浙江省海洋资源丰富,区位优势突出,产业基础较好,体制机制灵活,科教实力较强,在全国海洋经济发展中具有重要地位。

为了充分发挥浙江海洋资源和区位优势,加快培育海洋新兴产业,探索实施海洋综合管理,提高海洋开发和控制水平,增强区域辐射带动能力,促进长江三角洲地区产业结构优化和发展方式转变,国家发改委于2011年3月制定了《浙江海洋经济发展示范区规划》,意图为全国海洋经济科学发展提供示范。示范区范围包括浙江全部海域和杭州、宁波、温州、嘉兴、绍兴、舟山、台州等市的市区及沿海县(市)的陆域(含舟山群岛、台州列岛、洞头列岛等岛群),海域面积26万平方公里,陆域面积3.5

万平方公里。

2009年,示范区实现海洋生产总值3 002亿元,人均生产总值5.5万元,产业比例结构为7.9∶41.4∶50.7,海洋产业体系比较完备。《浙江海洋经济发展示范区规划》的实施将有利于科学开发利用海洋资源,促进海洋经济转型升级和可持续发展,同时完善沿海区域发展战略格局,实现海陆统筹,并有力地保障国家战略物资供应安全,维护国家海洋权益。

3.1.1 样本选取与数据来源

根据《浙江海洋经济发展示范区规划》,在研究该区域城市的总体结构特点时,我们共考虑了杭州、宁波、温州、台州、嘉兴、绍兴、舟山一共7个城市,计算每个城市的中心性指数。

在用分形模型研究规划区域城市的空间分布特点时,我们剔除了距离中心城市较远,且地形不符合模型假设的舟山、温州和台州三个城市,同时将位于杭州市附近,但未被纳入规划的湖州市包括进来,因此共得到杭州、宁波、嘉兴、绍兴、湖州5个城市的样本。

3.1.2 中心性指数

这部分内容主要计算规划城市的中心性指数,进而分析经济区城市的总体结构特点。根据公式的要求,我们从中经网统计数据库中取得了7个城市的市辖区面积、人口以及地区生产总值,同时用Google Earth软件测量了各城市间的公路里程,所得到的数据如表3-1、表3-2所示。

表3-1 2009年浙江海洋经济发展示范区各城市概况

城市	GDP	人口	面积	半径	城市	GDP	人口	面积	半径
杭州市	4 070	429.44	3 068	10.41	嘉兴市	482	83.12	968	5.85
宁波市	2 549	221.83	2 462	9.33	绍兴市	408	64.9	362	3.58
温州市	1 054	144.77	1 187	6.48	舟山市	379	69.66	1 028	6.030
台州市	729	153.77	1 536	7.37					

表 3-2　浙江海洋经济发展示范区各城市间公路里程

距离	杭州	宁波	温州	嘉兴	绍兴	舟山	台州
杭州	0						
宁波	149	0					
温州	315	272	0				
嘉兴	87	148	381	0			
绍兴	58	107	313	120	0		
舟山	230	87	345	213	189	0	
台州	273	182	122	325	222	25	0

将上述数据代入中心指数的计算公式,计算出各城市的中心性指数以及相应的 A 部分和 B 部分数值,如表 3-3 所示。

表 3-3　2009 年浙江海洋发展示范区各城市中心性指数

	A 部分	B 部分	中心性指数	等级
杭州市	126.92	25.41	152.32	1
宁波市	80.58	18.72	99.30	2
温州市	60.29	9.48	69.77	3
绍兴市	45.48	16.78	62.26	3
台州市	45.43	12.54	57.97	3
嘉兴市	34.21	13.70	47.91	3
舟山市	26.95	10.57	37.52	3

浙江海洋经济发展示范区城市的中心性指数排序为杭州、宁波、温州、绍兴、台州、嘉兴、舟山。其中杭州市 A 部分和 B 部分的数值均位于区域首位,城市在区域内部具备很强的经济实力,并对周边城市有着较强的辐射影响力,为区域中心城市。余下城市中,宁波市与温州市基于城市自身经济实力的 A 部分数值也较大,中心性指数分列区域的二、三位,但温州市中心性指数的 B 部分数值显著地小于宁波市。中心性指数的 B 部分数值可在一定程度上衡量城市地理位置的优劣,结合图 3-1,温州市位于浙江省东南的沿海地带,位于示范区边缘,在规划涉及的城市中,仅与台州市距离较近,而与其他规划城市的距离较远,且中间被丘陵地带隔断,因此,温州市与其余城市之间的辐射影响较小。

结合地形图和各城市的中心性指数数值,可以考虑进一步将城市群划分为若干个区域。其中中心城市杭州市主要辐射周边的嘉兴、绍兴以及宁波三个城市,这三个城市均位于长江中下游平原之上,交通网络发

第 3 章
长江三角洲经济区及其腹地

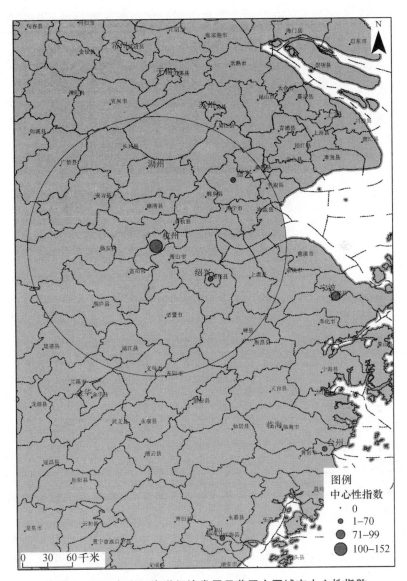

图 3-1　2009 年浙江海洋经济发展示范区主要城市中心性指数

达,城市相互之间的联系较为紧密,它们的影响范围还包括未被纳入规划的湖州市,舟山市也大致可以划入其影响范围。而东南沿海的温州与台州两个城市由于与其他城市相距较远,且中间隔着丘陵地带,同时这两个城市又有着一定的经济规模,因此考虑将其划分为另一个区域,该地区还可以向西辐射丽水市,并进一步成为浙江海洋经济发展示范区与海峡西岸经济区的交流平台。

3.1.3 城镇等级—规模分形模型的实证研究

以上内容主要分析了浙江海洋经济发展示范区内城市的总体结构特点,但对于城市的空间分布规则并无了解。接下来,主要将应用城镇登记的分形模型对该区域城市的空间分布规则进行实证研究。

在前面的内容中,我们已经确定了需要考虑的 5 个城市,这里进一步将其进行拆分,得到 5 个城市市辖区以及所辖市县共计 28 个城镇的样本,同时从《全国分市县人口统计资料(2009 年)》一书中获取了各市县的非农业人口数量,各城市的人口数据以及排序如表 3-4 所示。

表 3-4 2009 年浙江海洋经济发展示范区 28 市县非农业人口数量

城市	人口	位序	城市	人口	位序	城市	人口	位序
杭州市	297.83	1	慈溪市	18.28	11	象山县	11.13	21
宁波市	134.42	2	余姚市	18.18	12	临安市	10.94	22
绍兴市	47.38	3	嘉善县	17.93	13	奉化市	10.65	23
湖州市	43.51	4	嵊州市	16.43	14	安吉县	9.67	24
嘉兴市	42.42	5	长兴县	16.15	15	宁海县	9.38	25
绍兴县	29.43	6	诸暨市	16.12	16	新昌县	8.96	26
桐乡市	26.31	7	富阳县	13.29	17	淳安县	7.63	27
上虞市	25.14	8	建德市	12.87	18	海盐县	7.35	28
平湖市	23.23	9	德清县	12.51	19			
海宁市	22.68	10	桐庐县	11.92	20			

为了对数据进行回归分析,将上述城市按照非农业人口数量进行分级。其中第一等级的城市为杭州市,对于余下的城市,又按照城市的非农业人口数量是否超过三十万划分为两个等级,各等级城市的数量以及平均人口如表 3-5 所示。

表 3-5 浙江海洋经济发展示范区分市县人口分级

等级	人口范围	城市数量	平均人口
1	200+	1	297.83
2	30—200	4	66.93
3	0—30	23	15.49

得到城镇的分级数据后,按照方程 $\ln N(r) = C - D\ln P_r + u$ 进行计量回归,求取分维数 D ,其中 $N(r)$ 对应各等级城市数量,P_r 对应相应等级城市的平均人口。根据 EViews 软件的输出结果,分维数 $D = 1.061$,$C = 5.974$,它们 p 值分别为 0.0461 和 0.0359,均低于 5%,回归所得的系数是显著的;同时模型的 $R^2 = 0.9948$,说明模型对区域城镇的分形分布模拟较好。根据 D 不同取值的经济学含义,此处 D 值大于 1,意味着区域的城镇人口分布较为均衡,首位的中心城市没有绝对的垄断地位,中间位序城市的数量较多,可以认为城市的等级分布没有明显断层。

接下来根据回归所得 D 值,利用公式 $P_r = P_1 \left(\sum_{i=1}^{r-1} K^i \right)^{-1/D}$,计算出不同分布规则下各级城市非农业人口数量的预测值,并与各等级城市的实际值作比较,以确定示范区城市的空间分布原则,如表 3-6 所示。

表 3-6 实际 D 值下浙江海洋经济发展示范区分市县人口分布模型

级别	实际人口	$K=3$	$K=4$	$K=7$
1	297.8281	297.8281	297.8281	297.8281
2	66.9335	80.53497849	65.24692	41.87878
3	15.48615	26.48961925	16.84958	6.568708

比较各等级城市的实际人口与各分布原则下各等级城市平均人口的预测值,我们发现,在 $K=4$ 即交通原则分布下的预测值与实际值较为吻合,而市场原则以及行政原则下的预测值与实际值存在较大差异。

仔细研究每个城市的历史,区域城市符合 $K=4$ 即交通原则下的空间分布有着较深的历史渊源。浙江省的城市多是古代建立的,而古代城市大多沿河湖分布,交通因素在其中占据主导地位,决定了城市的空间分布形态与规模,而浙江省由于位于长江下游地区,地表水域广阔,水路交通尤为发达,受到的影响更加显著。其中,杭州在古代即是京杭运河的起点,承担着重要的交通枢纽作用。宁波则是以港兴市,在唐时已是我国与日本、新罗及东南亚一些国家通商的主要港口;鸦片战争后,宁波作为"五口通商"口岸之一,对外开港。余下的城市中,舟山港是一个以水运中转为主要功能的深水良港,客运上与上海、宁波、福州、南通等港口均有定期班轮,货运航线通达中国沿海和长江中下游各港,国际上与日本、韩国、新加坡、马来西亚、美国、俄罗斯及中东地区均有贸易运输往来。温州港也是一个千年之港,是集河口港、海港于一体的综合性港口。即便是改革开放以来,在强调市场化改革的同时,规划涉及的各城市也着力发展便利的水运条件,交通因素在城市发展中所起的作用日益明显。

3.1.4 城市聚类分析

以上内容初步分析了浙江海洋经济发展示范区各城市概况以及城市间的组织关系,下面将对区域城市进行聚类分析,以确定城市间经济社会的相似相关程度,进而对城市进行分类,以预期城市群内各城市的经济发展路径。研究所选取的指标如表3-7所示。

表3-7 2009年浙江海洋经济发展示范区城市各行业就业人员比例表

行业代码	杭州	宁波	温州	嘉兴	绍兴	舟山	台州
A	0.05	0.05	0.02	0.14	0.03	0.31	0.23
B	0.04	0.04	0	0	0.69	0.15	0
C	33.39	55.84	39.84	58.63	27.52	30.33	38.49
D	0.80	1.23	1.36	1.18	1.21	2.62	1.41
E	20.93	4.05	20.20	2.46	46.43	8.62	22.91
F	4.09	5.19	4.22	2.19	2.38	8.01	1.98
G	3.00	0.81	0.77	1.64	1.03	1.54	1.44
H	5.56	4.30	4.27	4.46	3.27	3.00	3.52
I	3.79	1.70	1.70	1.28	1.65	3.16	1.31
J	3.48	5.52	4.84	3.74	2.62	4.08	7.20
K	2.00	1.92	2.12	3.42	0.72	1.62	1.11
L	3.93	3.72	1.56	2.28	1.38	7.31	1.84
M	2.79	1.33	1.16	1.87	1.00	1.23	0.97
N	1.01	0.84	0.49	0.55	0.55	1.69	0.97
O	0.45	0.30	0.12	0.14	0.07	0.08	0.34
P	5.60	4.90	6.25	6.10	3.82	7.62	5.56
Q	3.06	3.06	4.17	3.92	2.07	5.16	3.45
R	1.05	0.72	0.94	0.64	0.52	0.92	0.50
S	4.97	4.47	5.95	5.38	3.03	12.55	6.77

由于所选指标相同,因此无需再进行量纲化,直接使用SPSS中的聚类分析,得到如图3-2所示的树状图:

浙江海洋经济发展示范区的城市可以分为两大类:

Ⅰ.第Ⅰ类城市包括温州、台州、杭州、舟山、宁波和嘉兴。

Ⅱ.第Ⅱ类城市仅包含绍兴。

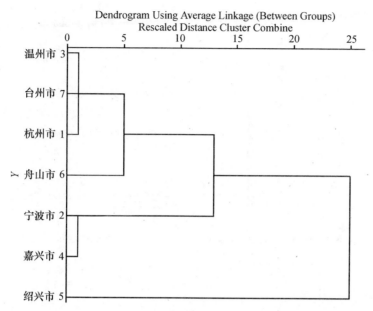

图 3-2　2009 年浙江海洋经济发展示范区城市经济结构聚类分析图

对Ⅰ类城市细分：

ⅰ. 第Ⅰ-ⅰ类城市包括温州、台州、杭州和舟山。

ⅱ. 第Ⅰ-ⅱ类城市包括宁波和嘉兴。

对Ⅰ-ⅰ类城市继续细分为：

A. Ⅰ-ⅰ-A 类城市包括温州、台州和杭州。

B. Ⅰ-ⅰ-B 类城市包括舟山。

综上，浙江海洋经济发展示范区城市的经济结构分类如表 3-8 所示。

表 3-8　2009 年浙江海洋经济发展示范区城市经济结构分类表

城市分类	Ⅰ			Ⅱ
	ⅰ		ⅱ	
	A	B		
城市名称	温州	舟山	宁波	绍兴
	台州		嘉兴	
	杭州			

Ⅰ-ⅰ类城市位于长三角城市群的南翼外围，舟山市是我国唯一的全是岛屿的城市，且拥有佛教圣地普陀山，其在运输业、商业服务业和社会组织方面较为发达，这类城市的第三产业优势明显。

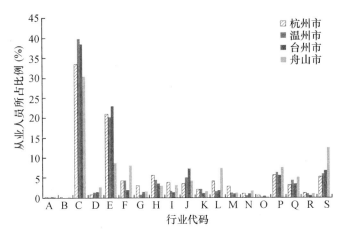

图 3-3　2009 年浙江海洋经济发展示范区 I-i 类城市经济结构图

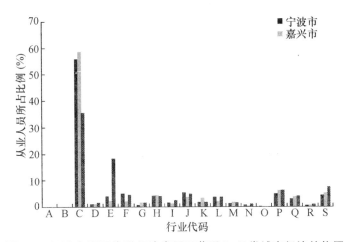

图 3-4　2009 年浙江海洋经济发展示范区 I-ii 类城市经济结构图

I-ii 类城市位于长三角城市群南翼的中间地带,承接来自上海市的产业转移,制造业水平高于外围的 I-i 类城市。嘉兴市内水道分布密集,宁波位于山间平原内,两市建筑业受到一定的限制,而附近其他地区较为发达的建筑业挤压了当地的建筑业市场,在其他行业,两类城市并无太大差异。

绍兴市较为特殊,位于 I-i 类城市与 I-ii 类城市之间,具有异于两类市的独特特点。其制造业水平偏低,然而在建筑业方面却远远高于其他两类城市。据了解,绍兴市的建筑业在长三角地区的建筑业中占据

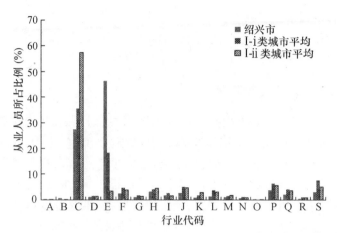

图 3-5　2009 年浙江海洋经济发展示范区 II 类城市经济结构图

着相当大的比例,2009 年其产值约有 2 700 亿元,其中 80% 以上来自外埠。

3.2　鄱阳湖生态经济区

鄱阳湖生态经济区被定位为加快中部地区崛起的重要带动区,是连接长三角和珠三角的重要经济增长极。经济区位于江西省北部,包括南昌、景德镇、鹰潭 3 市,以及九江、新余、抚州、宜春、上饶、吉安市的部分县(市、区),共 38 个县(市、区)和鄱阳湖全部湖体。经济区面积为 5.12 万平方公里,占江西省国土面积的 30%,人口占江西省 50%,经济总量占江西省 60%。此外,该区域是长江三角洲、珠江三角洲、海峡西岸经济区等重要经济板块的直接腹地,是中部地区正在加速形成的重要增长极,具有发展生态经济、促进生态与经济协调发展的良好条件。

2009 年 12 月,国务院批复《鄱阳湖生态经济区规划》,标志着该地区正式列入国家级战略区域。规划近期为 2009 年至 2015 年,远期展望到 2020 年。2009—2015 年的任务是创新体制机制,夯实发展基础,壮大生态经济实力,初步形成生态与经济协调发展新模式;到 2015 年实现区域生态环境质量继续位居全国前列,率先构建生态产业体系,生态文明建设处于全国领先水平;到 2020 年,构建保障有力的生态安全体系,形成先进高效的生态产业集群,建设生态宜居、经济发达的新型城市群,为到 2025 年前后基本实现现代化打下良好基础。鄱阳湖生态经济区规划的出台,有利于探索生态与经济协调发展的新路,有利于探索大湖流域综合开发的新模式,有利于构建国家促进中部地区崛起战略实施的新支点,有利于树立我国坚持走可持续发展道路的新形象。

3.2.1 样本选取与数据来源

根据2009年《鄱阳湖生态经济区规划》的规划范围,我们在研究该地区城市群的总体特点时选取了南昌、九江、新余、景德镇、抚州、鹰潭、宜春、上饶、吉安等9市的市区面积、人口、地区生产总值以及各城市间的公路里程进行中心性指数的计算。其中,市区面积、人口、地区生产总值三项数据来源于中经网统计数据库,为市辖区数据,不含所辖市县。为了充分符合指数的计算要求,城市间的公路里程来源于Google Earth软件的测算,取两市间最短公路里程。

在用城镇等级—规模模型研究区域城市的具体分布模式时,考虑到模型要求的均质平原假设,我们剔除了在地理环境上不符合假设的宜春、新余、吉安以及上饶4个城市,仅保留了位于鄱阳湖平原及其延伸地带上的南昌、九江、福州、鹰潭以及景德镇5个城市。将城市进行拆分后,得到5个城市市区以及所辖市县共计28个城镇的样本,并从《全国分市县人口统计资料(2009年)》一书中获取了各个城镇的非农业人口数据,用于计量回归。

3.2.2 中心性指数的计算

本部分将利用鄱阳湖生态经济区九个城市的市辖区人口、面积和地区生产总值以及城市间公路里程,对每个城市的中心性指数进行计算,使用的数据如表3-9、表3-10所示。

表3-9 2009年鄱阳湖生态经济区9市基本概况

城市	GDP	人口	面积	半径	城市	GDP	人口	面积	半径
南昌市	1 246	222.50	617	4.67	宜春市	99	104.22	2 532	9.46
新余市	404	92.24	1 789	7.95	上饶市	96	39.48	339	3.46
九江市	390	63.80	598	4.60	吉安市	91	53.66	1 339	6.88
景德镇市	196	45.79	423	3.87	鹰潭市	66	22.23	137	2.20
抚州市	171	111.11	2 122	8.66					

表 3-10 鄱阳湖生态经济区各城市间公路里程

距离	南昌	景德镇	鹰潭	九江	新余	抚州	宜春	上饶	吉安
南昌	0								
景德镇	272	0							
鹰潭	159	156	0						
九江	130	144	281	0					
新余	151	366	257	276	0				
抚州	111	198	97	236	183	0			
宜春	202	421	311	328	57	248	0		
上饶	244	243	95	366	342	188	396	0	
吉安	214	430	314	339	105	197	143	400	0

将以上数据代入中心性指数的计算公式,得出九个城市的中心性指数以及相应的 A 部分和 B 部分的数值,如表 3-11 所示。

表 3-11 2009 年鄱阳湖生态经济区各城市中心性指数

城市	A 部分	B 部分	中心性指数	等级
南昌市	112.71	9.54	122.25	1
九江市	34.30	4.88	39.18	2
新余市	24.27	7.11	31.38	2
景德镇市	24.49	3.56	28.05	2
抚州市	15.91	8.50	24.41	3
上饶市	17.78	3.26	21.04	3
鹰潭市	17.40	3.59	20.99	3
宜春市	10.73	8.08	18.81	3
吉安市	10.15	4.64	14.80	3

根据计算结果,南昌市无论是中心性指数的总和还是 A、B 两个构成部分,均在鄱阳湖生态经济区处于首位,尤其是基于城市自身经济实力的 A 部分数值,为区域中心城市;但相较于其他地区的中心城市,南昌市中心性指数的 B 部分数值却较小,说明其对区内其他城市的辐射影响力有限。单从公式的内涵分析,B 部分数值偏小一方面可能是由于其他城市的地区生产总值较小,导致分子较小;另一方面也可能是由于城市之间距离较远而相互之间施加的影响力不够。南昌市现实情况是两个原因都存在,对于城市的经济实力,上面的城市概况表已经显示出其余城市的地区生产总值较小;而对于地理位置的远近,虽然从图 3-6 中看,南昌市位于

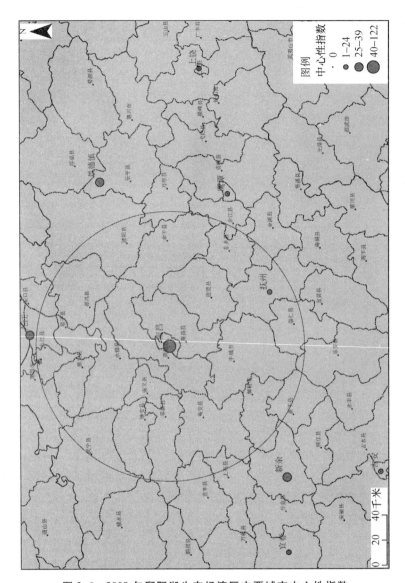

图3-6 2009年鄱阳湖生态经济区主要城市中心性指数

规划城市带的中心区域,地理优势比较明显,但由于规划区包括广袤的鄱阳湖湖体,大部分城市实际上沿着鄱阳湖分布,虽然它们与南昌的直线距离较近,但由于公路绕湖延伸,导致这部分城市距离南昌市的公路里程较远,从而使计算出的B部分数值较小。正因如此,若考虑到区域内的水运因素,鄱阳湖生态经济区各城市间的实际经济引力可能会更强。

虽然九江市的地区生产总值略低于新余市,但由于城市的半径更小,经济相对而言更加集中,在中心性指数的计算上反而超过了后者。这说明在一个城市对其他城市的辐射影响中,经济的集中度也是一个较为重要的因素。此外,比较各城市中心性指数的数值,可以发现鄱阳湖周边的城市中心性指数相对高于远离鄱阳湖的城市,说明环鄱阳湖地区的经济发展水平相对较高。

通过以上分析,可以看出鄱阳湖生态经济区城市群呈现以南昌市为中心的单核心结构,南昌市既是地理意义上的中心城市,又是经济意义上的中心城市。总体上,环鄱阳湖地区的城市经济发展水平相对更高,但区域城市中心性指数的总体水平偏低,除南昌外,其余城市的数值均较小。规划城市中,新余、吉安、宜春离鄱阳湖较远,在地理上并不位于鄱阳湖平原或者其延伸地带上,因此受环鄱阳湖地区城市的影响较小,同时这三个城市间的距离相对较短,且新余市的地区生产总值较高,可以考虑发展空间联系紧密的城市联合区。

3.2.3 城镇等级—规模分形模型的实证研究

本部分内容将对满足均质平原假设的环鄱阳湖 5 市共计 28 个市县的城镇分布原则进行实证研究,各市县的非农业人口数据如表 3-12 所示。

表 3-12 2009 年鄱阳湖生态经济区 28 个市县非农业人口数量

城市	人口	位序	城市	人口	位序	城市	人口	位序
南昌市	173.54	1	进贤县	17.45	11	余江县	7.94	21
丰城市	52.15	2	樟树市	15.15	12	九江县	7.57	22
九江市	48.08	3	鹰潭市	14.43	13	万年县	7.52	23
景德镇	37.12	4	余干县	13.24	14	安义县	7.24	24
抚州市	33.36	5	贵溪市	11.82	15	湖口县	6.66	25
鄱阳县	21.30	6	瑞昌市	11.81	16	浮梁县	6.41	26
高安市	19.79	7	都昌县	11.50	17	彭泽县	6.16	27
乐平市	19.55	8	永修县	11.36	18	星子县	4.32	28
南昌县	18.26	9	东乡县	11.27	19			
新建县	17.63	10	德安县	8.37	20			

为了对数据进行回归分析,我们按照人口规模 100 万以上,30 万—100 万,30 万以下对 28 个市县进行了分组。其中第一等级的城市仅南昌市一个,第二等级的城市包括九江等三个直辖市的市区以及一个县级市

丰城市,余下的市县作为第三等级。每个等级的城镇数量以及平均人口如表3-13所示。

表3-13 鄱阳湖生态经济区28市县人口分级

等级	人口范围	城市数量	平均人口
1	100+	1	173.5378
2	30—100	4	42.676625
3	0—30	23	12.0328913

根据方程 $\ln N(r) = C - D\ln P_r + u$,对分组数据进行计量回归,求取分维数 D,其中 $N(r)$ 对应各等级城镇数量,P_r 对应平均人口。根据 EViews 软件的输出结果,分维数 $D = 1.172$,$C = 5.9548$,两者 p 值分别为 0.0613 和 0.0477,在 10% 的约束条件下显著。同时有模型的 $R^2 = 0.9907$,说明拟合程度很高。大于1的 D 值表明鄱阳湖生态经济区城镇人口分布较为均衡,首位城市南昌市没有绝对垄断地位,中等规模的城镇数量较多。

利用所求得的 D 值和公式 $P_r = P_1 \left(\sum_{i=1}^{r-1} K^i \right)^{-1/D}$,可计算出不同分布规则下各级城市平均人口数预测值,通过与实际数据比较,可大致判断城镇的空间分布原则,如表3-14所示。

表3-14 实际 D 值下鄱阳湖生态经济区28市县人口分布模型

级别	实际人口	$K=3$	$K=4$	$K=7$
1	173.54	173.54	173.54	173.54
2	42.68	53.15	43.93	29.41
3	12.03	19.43	12.90	5.50

根据模型结果,无论是对第二等级还是第三等级的城市,在 $K=4$ 即交通原则下各等级城镇平均人口的预测值与实际值最为接近,且数值极为契合,而在市场原则和行政原则下的预测值与实际值存在差距。

正如前面部分所提到的,在利用分形等级对鄱阳湖生态经济区城市的空间分布原则进行实证研究时,我们剔除了不满足均质平原假设的宜春、新余、吉安以及上饶四市,因此就只剩下位于鄱阳湖平原上的四个城市。由于鄱阳湖湖体位于平原中央,这四个城市只能沿着湖岸绕湖分布,因此该区域城市的空间分布原则受地理环境的影响较大,交通因素在其中占据了重要地位。早在国务院批复《鄱阳湖生态经济区规划》之前,国家发改委在《鄱阳湖生态经济区综合交通建设规划》中就已提出鄱阳湖生态经济区综合交通体系的建设构想,其内容主要包括主通道、湖体核心区交通圈、环湖平原区交通网三个层面的交通网络。诚然,对于任何区域,交通等基础设施建设是社会经济向前发展的重要保证。然而,在所有国家级规划区域内,鄱阳湖生态经济区颇为特殊,交通规划作为一个单独规划先行于区域的产业安排。由此可见,便捷通畅的交通环境,有助于鄱阳湖生态经济区建设的早日实现;反过来,只有实现交通环境的便捷通畅,鄱阳湖生态经济区建设目标才能真正全方位地完成。

3.2.4 城市聚类分析

以上内容初步分析了鄱阳湖生态经济区各城市概况以及城市间的组织关系,下面将对区域城市进行聚类分析,以确定城市间经济社会的相似相关程度,进而对城市进行分类,以预期城市群内各城市的经济发展路径。研究所选取的指标如表3-15所示。

表3-15 2009年鄱阳湖生态经济区城市各行业就业人员比例表

行业代码	南昌	景德镇	九江	新余	鹰潭	吉安	宜春	抚州	上饶
A	3.08	4.77	0.26	0.24	0.00	4.05	0.49	0.66	0.61
B	0.00	0.00	0.34	2.15	0.00	0.00	1.34	0.00	0.20
C	23.51	37.55	27.01	51.44	8.70	1.08	28.12	21.83	22.47
D	2.73	1.85	4.62	4.19	4.35	4.32	1.96	3.31	2.63
E	17.53	10.31	14.96	3.11	11.74	4.86	6.48	26.59	2.43
F	14.21	2.04	5.73	1.67	4.35	12.43	8.80	2.12	5.67
G	1.34	0.68	0.34	1.32	0.43	4.05	2.32	1.98	3.04
H	2.90	7.30	2.74	1.32	2.17	4.32	5.13	3.44	14.78
I	0.58	1.17	1.45	0.36	2.17	1.35	2.57	0.26	4.25
J	4.10	3.60	4.02	3.59	6.52	4.86	6.97	3.17	3.44
K	0.43	1.75	0.77	0.24	1.30	1.62	1.71	0.26	2.43
L	0.89	2.04	3.85	0.24	2.17	0.27	0.37	0.00	2.43
M	2.65	3.11	4.19	0.48	10.00	3.51	1.10	0.93	2.02
N	2.13	0.58	1.45	1.91	0.43	1.35	1.22	0.93	0.61
O	0.23	0.39	0.09	0.36	0.00	0.00	0.12	0.13	0.61
P	9.64	7.98	9.49	12.20	7.39	20.81	13.33	16.67	12.55
Q	4.39	3.70	5.04	4.07	6.09	7.30	4.77	4.76	5.87
R	2.21	1.46	1.28	0.60	4.58	1.35	0.73	0.79	2.02
S	7.45	9.73	12.39	10.53	27.39	22.43	12.47	12.17	11.94

由于所选指标相同,因此无需再进行量纲化,直接使用 SPSS 中的聚类分析,得到如图 3-7 所示的树状图。

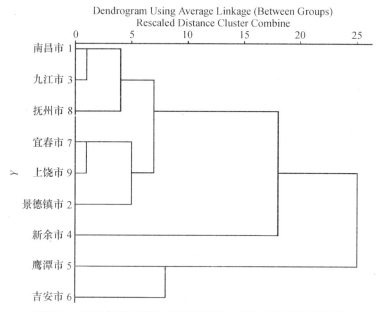

图 3-7 2009 年鄱阳湖生态经济区城市经济结构聚类分析图

鄱阳湖生态经济区的城市可以分为两大类:

Ⅰ. 第Ⅰ类城市包括南昌、九江、抚州、宜春、上饶、景德镇和新余。
Ⅱ. 第Ⅱ类城市包括鹰潭和吉安。

对Ⅰ类城市细分:

ⅰ. 第Ⅰ-ⅰ类城市包括南昌、九江、抚州、宜春、上饶和景德镇。
ⅱ. 第Ⅰ-ⅱ类城市包括新余。

对Ⅰ-ⅰ类城市继续细分:

A. Ⅰ-ⅰ-A 类城市包括南昌、九江和抚州。
B. Ⅰ-ⅰ-B 类城市包括宜春、上饶和景德镇。

综上,鄱阳湖生态经济区的经济结构分类如表 3-16 和图 3-8 至图 3-10 所示。

Ⅰ-ⅰ-A 类城市位于中央,包括区域核心城市在内,这部分城市制造业比例较低,建筑业、教育业以及公共管理行业从业人员比例较高。

表 3-16　2009 年鄱阳湖生态经济区城市经济结构分类表

城市分类	I			II
	i		ii	
	A	B		
城市名称	南昌 九江 抚州	宜春 上饶 景德镇	新余	鹰潭 吉安

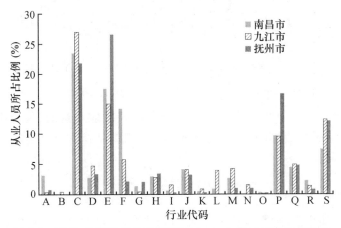

图 3-8　2009 年鄱阳湖生态经济区 I - i -A 类城市经济结构图

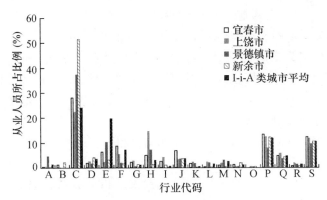

图 3-9　2009 年鄱阳湖生态经济区 I - i -B/ I - ii 类城市经济结构图

与核心圈层的城市相比，I - i -B 和 I - ii 类城市的制造业水平明显较高，但建筑业水平远远低于核心城市，批发零售业较为发达，其他特征与核心城市基本相似。I - ii 类城市位于次中心，承接了核心圈层转移的

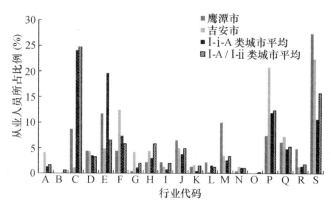

图3-10 2009年鄱阳湖生态经济区Ⅱ类城市经济结构图

制造业,Ⅰ-i-B位于最外围,承担了整个生态经济区的制造功能。

Ⅱ类城市位于城市群南侧外围,具有一定的农业基础,制造业极其不发达,科学研究、教育业和公共管理和社会组织从业人员较多。

3.3 湖北武汉城市群

武汉都市圈,通常也称武汉城市群和"8+1"城市群,是指湖北东部以武汉为中心,以100—200公里为半径的城市群落,包括武汉及其周边的黄冈、黄石、鄂州、孝感、咸宁、仙桃、天门、潜江8个城市。武汉城市群地处全国的中心位置,东经皖苏通到以上海为中心的长江三角洲,南穿湖南直达以广州为中心的珠江三角洲,北到华北通至渤海,西面直连大西南,是实现生产要素西进、北上、南下和东出的枢纽,具有成为全国经济发展重要"增长极"的先天优势,很可能成为继长三角、珠三角之后又一举足轻重的经济发展区域。

2008年,武汉城市群加快转变经济发展方式,实现地区生产总值6972.11亿元,同比增长14.8%,占全省地区生产总值的61.5%,城市群在全省经济增长中的作用日益明显。武汉城市群具备较强的工业基础,更在我国经济地理圈层中处于优势的中心位置,区域内资源丰富,中心城市武汉市的综合科技实力仅次于北京、上海,位居全国第三位。自2010年国务院正式批复《促进中部地区崛起规划》以来,武汉城市群被确立为中部六大城市增长极之一,在中部六省中的经济地位也显得愈发重要。

3.3.1 样本选取与数据来源

根据《促进中部地区崛起规划》中关于湖北武汉都市圈部分的描述，在研究该地区城市的总体特点时，我们主要考虑了武汉、鄂州、黄石、孝感、咸宁以及黄冈 6 个城市。用上述 6 个城市的市辖区面积、人口、地区生产总值，结合城市间的公路里程对每个城市的中心性指数进行计算。其中前三项数据来源于中经网统计数据库，城市间公路里程来源于 Google Earth 软件的测算，取两市间最短公路里程。

在用城镇等级的分形模型对城市群城市空间分布的规则进行实证研究时，我们将关注范围确定在长江与汉江冲积而成的江汉平原上，并对原有的城市进行了适当的扩充，将部分位于平原上上但未被纳入规划的城市也包括进来。具体的处理方式和数据来源将会在后面的部分作详细说明。

3.3.2 中心性指数的计算

这部分内容主要运用各城市的市辖区面积、人口和地区生产总值，以及各城市的公路里程等四项数据，对武汉城市群各城市的中心性指数进行计算，所使用的数据如表 3-17、表 3-18 所示。

表 3-17 2009 年武汉城市群各城市概况

城市	GDP	人口	面积	半径
武汉市	3 889	514.97	2 718	9.8
鄂州市	324	107.24	1 504	7.29
黄石市	304	71.54	237	2.9
孝感市	140	96.82	946	5.78
咸宁市	109	59.78	1 500	7.28
黄冈市	80	36.8	353	3.53

表 3-18 武汉城市群各城市间公路里程

距离	武汉	黄石	鄂州	黄冈	孝感	咸宁
武汉	0					
黄石	101	0				
鄂州	76	38	0			
黄冈	88	49	16	0		
孝感	67	162	137	145	0	
咸宁	96	111	121	143	141	0

将上述数据代入中心性指数的计算公式,得到每个城市的中心性指数以及相应的 A 部分和 B 部分数值,同时依据中心性指数大小在地图上标注,所得结果如表 3-19 所示。

表 3-19　2009 年武汉城市群各城市中心性指数

城市	A 部分	B 部分	中心性指数	等级
武汉市	144.34	18.07	162.41	1
黄石市	50.94	12.19	63.12	2
鄂州市	25.56	20.83	46.38	2
孝感市	20.13	12.85	32.97	3
黄冈市	15.36	14.22	29.58	3
咸宁市	11.08	8.52	19.60	3

武汉城市群的空间结构较为紧密,如图 3-11 所示,武汉市位于区域中心,其余城市距离武汉大都在 100 公里范围内,其中黄冈、鄂州两个城市仅隔江相望。城市群城市的中心性指数排序为武汉、黄石、鄂州、孝感、黄冈、咸宁,与 A 部分数值的排序相同。其中武汉市的数值远高于其他城市,城市的经济实力在区域内一家独大。而其他城市的中心性指数较小,且各城市间的数值也有着一定的差异。由于区内城市距离较近,武汉市作为中心城市,其影响辐射到了区域内的各个城市,中心城市的职能得到了较为充分的发挥。将各城市中心性指数的 B 部分拆开,武汉市对于每个城市中心性指数的贡献均较大,但相比于沿海地区的中心城市,武汉市 B 部分数值依然偏小。

余下城市中,黄石、鄂州、黄冈三个城市之间的相互影响也比较大,究其原因在于这三个城市之间的距离很近,其中黄冈与鄂州仅一江之隔,相互之间的影响尤为显著,因此鄂州市 B 部分的数值甚至超过了中心城市武汉市。同时比较鄂州与黄石两个城市,虽然两市在生产总值、人口的数据上差异不大,然而在城区面积上却有巨大差距,最终导致城市 A 部分中心性指数差异巨大。这主要是由两个城市行政区划的差异导致的,鄂州市并无所辖市县,因此数据中所取的市辖区面积实际包含了整个直辖市的面积,将很多非城区的部分都包括了进来,最终导致鄂州市的中心性指数偏小。此外,黄冈市与鄂州市在各项数据上的差异也有类似的原因,在行政区划上,黄冈市仅包括黄州区一个市辖区,此外还管辖着 9 个市县。因此黄冈市的数据与中心城区的数据较为接近,而鄂州市则为整个

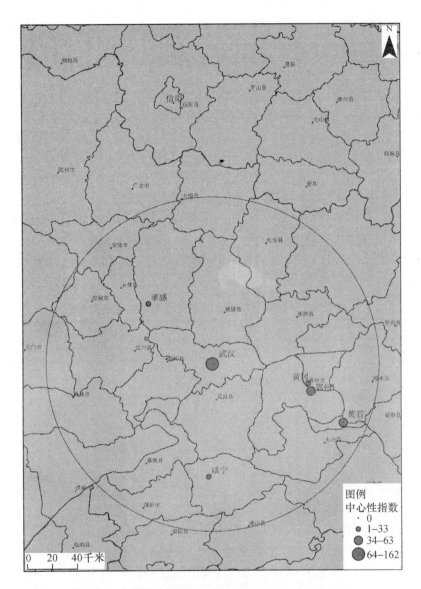

图 3-11 2009 年湖北武汉城市群主要城市中心性指数

市辖区的数据。

综上,湖北武汉城市群呈现以武汉市为绝对中心城市的单中心结构,由于区域的格局较为紧凑,武汉市对于其余城市均有着一定的影响力,但由于区域经济并不十分发达,用于衡量这一影响的 B 部分数值与城市间距离同样较近的珠三角地区相比,尚有着较大差距。

3.3.3 城镇等级—规模分形模型的实证研究

这部分内容主要对武汉都市圈城市的空间分布规则进行实证研究。由于武汉位于江汉平原的东部边缘,因此,我们重点关注了江汉平原上的城市,由于上述六市均位于江汉平原及其延伸地带上,符合模型假设,因此将其全部保留。同时,在该平原上还有荆州、潜江、天门、仙桃四个城市,虽然未被写入规划部分,但由于距离武汉市较近,也将它们包括进来。因此,在这部分模型中,主要包含了10个城市的数据。

在确定了研究的城市以后,进一步将10个城市进行拆分,得到市区以及城市所辖市县共计37个样本,并从公安部治安管理局所编的《全国分市县人口统计资料(2009年)》中,获取了各市县的非农业人口数据,按数值高低进行了排序,如表3-20所示。

表3-20　2009年武汉城市群37市县非农业人口数量

城市	人口	位序	城市	人口	位序	城市	人口	位序
武汉市	464.81	1	潜江市	31.02	14	云梦县	12.55	27
黄陂区	112.35	2	麻城市	30.65	15	安陆市	11.58	28
阳新县	101.13	3	应城市	30.26	16	汉南区	10.65	29
新洲区	98.86	4	蕲春县	28.12	17	嘉鱼县	10.57	30
孝感市	94.84	5	武穴市	27.04	18	铜山县	9.59	31
大冶市	93.48	6	东西湖区	26.37	19	孝昌县	9.47	32
江夏区	73.24	7	汉川市	25.26	20	通城县	9.16	33
黄石市	63.50	8	咸宁市	24.31	21	罗田县	7.91	34
蔡甸区	47.47	9	黄梅县	17.18	22	崇阳县	7.54	35
仙桃市	41.50	10	赤壁市	16.42	23	英山县	7.07	36
黄冈市	36.52	11	浠水县	15.23	24	团风县	4.53	37
鄂州市	35.97	12	大悟县	14.71	25			
天门市	35.39	13	红安县	13.46	26			

需要说明的是,在整理数据的过程中,我们发现武汉市所有市辖区的非农业人口加总有800万之巨,而第二位序的阳新县仅有101万,数据的巨大差距引起了我们的关注。武汉市的行政区划较为特殊,市辖区一共有13个,并无管辖的市县。但由于武汉市面积较为广阔,部分市辖区距离中心城市距离较远,因此有必要进一步对武汉的市辖区人口进行分拆。因此模型中将距离中心城区较远的黄陂区、蔡甸区、江夏区、汉南区单独取出,作为城镇考虑。此外,虽然东西湖区距离市区较近,在靠近中心城

区的部分已经实现了一体化,但由于其管辖区域包含较大的郊区范围,因此我们也将其单独考虑。就算做过这样的修正,武汉市市区的人口也显著大于其他城市。

为了对数据进行回归分析,将上述样本按照人口规模进行分级,其中武汉市作为第一等级的城市,余下的城市按照非农业人口是否在40万以上,又划分为第二和第三等级,各等级的城市数量以及平均人口如表3-21所示。

表3-21 湖北武汉城市群37市县非农业人口分级

等级	人口范围	城市数量	平均人口
1	400+	1	464.82
2	40—400	9	80.71
3	0—40	27	18.84

依据方程 $\ln N(r) = C - D\ln P_r + u$,对分组数据进行计量回归,求取分维数 D,其中 $N(r)$ 对应各等级城镇数量,P_r 对应平均人口。根据 EViews 软件的输出结果,$D = 1.036$,$C = 6.481$,两者的 p 值分别为 0.0872 和 0.0653,小于 10%。同时有 $R^2 = 0.9814$,说明模型的拟合程度较高。

此处 D 值大于 1,表明武汉都市圈城镇的人口分布较为均衡,中间规模的城镇数量比较多。这似乎和上面所描述的武汉市区人口显著地大于其他地方人口不符合,但如果和其他地区,例如浙江海洋经济发展示范区的城镇人口相比较,不难发现武汉都市圈中的城市,非农业人口大于 50 万的城镇显著较多,除中心城市武汉外,达到了 7 个,中等及以上规模的城镇在武汉城市群中占据了一定比例。

进而利用所求得的 D 值和公式 $P_r = P_1 \left(\sum_{i=1}^{r-1} K^i \right)^{-1/D}$,计算出不同分布规则下各级城市平均人口数预测值,通过与各等级城镇的实际平均人口对比,确定城镇的空间分布规则,如表3-22所示。

表3-22 实际 D 值下武汉城市群37市县非农业人口分布模型

级别	实际人口	$K=3$	$K=4$	$K=7$
1	464.82	464.82	464.82	464.82
2	80.71	121.90	98.27	62.42
3	18.84	39.062	24.58	9.37

根据模型结果,在 $K=4$ 即交通原则下的预测值与实际各等级城市的

平均人口较为接近,而 $K=3$ 与 $K=7$ 即市场和行政原则下的预测值与实际值差距较大。究其原因,我们认为在于地表径流在部分程度上影响了城市的空间分布。虽然在江汉平原中部的广阔区域,河流对地表的影响不够明显,不足以在根本上改变城市的空间分布格局。但对于平原东部狭窄的延伸地带,湖畔与河流的影响极为明显,地表水的面积占据了总面积的很大一部分比例。在这种情况下,城市只能沿着水岸分布,沿江以及沿湖的公路、铁路以及沿江水运航道左右着城市的经济发展进程。模型中的武汉、黄石、鄂州以及黄冈四个城市,均为长江沿岸城市,其中黄石、鄂州和黄冈三个城市位于江汉平原的狭窄延伸地带,沿江航运对城市经济造成的影响更为明显。

3.3.4 城市聚类分析

以上内容初步分析了湖北武汉城市群各城市概况以及城市间的组织关系,下面将对区域城市进行聚类分析,以确定城市间经济社会的相似相关程度,进而对城市进行分类,以预期城市群内各城市的经济发展路径。研究所选取的指标如表 3-23 所示。

表 3-23 2009 年武汉城市群城市各行业就业人员比例表

行业代码	武汉	黄石	鄂州	孝感	黄冈	咸宁
A	0.32	0.41	0.18	6.51	0.92	0.00
B	0.03	5.05	4.00	0.00	0.37	0.32
C	25.80	46.78	37.69	13.01	20.15	19.84
D	0.94	2.42	1.31	1.66	1.28	1.12
E	17.30	7.26	20.19	40.92	18.68	2.08
F	10.30	3.55	2.15	1.89	2.56	2.56
G	1.64	0.82	0.60	1.36	2.20	0.64
H	7.91	5.36	5.97	2.50	4.03	4.16
I	2.85	2.11	1.97	1.21	0.73	3.36
J	4.10	2.16	2.39	3.56	6.41	3.52
K	1.66	1.24	1.73	0.83	1.10	10.72
L	1.31	1.49	1.73	0.53	0.92	0.96
M	3.92	1.55	0.78	1.21	2.56	5.28
N	1.48	1.13	1.49	1.51	1.65	4.32
O	0.49	0.36	0.36	0.23	0.00	0.16
P	8.89	7.16	7.77	8.70	13.19	11.68
Q	3.94	3.55	3.05	3.78	7.88	2.88
R	1.38	0.93	0.66	0.76	1.47	2.40
S	5.76	6.65	5.97	9.83	13.92	24.00

第 3 章
长江三角洲经济区及其腹地

由于所选指标相同,因此无需再进行量纲化,直接使用 SPSS 中的聚类分析,可以得到如图 3-12 所示的树状图。

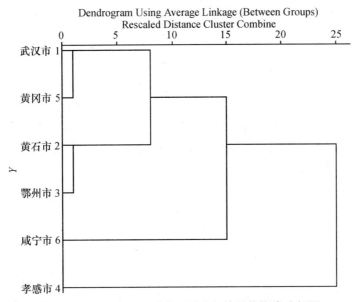

图 3-12　2009 年武汉城市群城市经济结构聚类分析图

武汉城市群的城市可以分为两大类:

Ⅰ. 第Ⅰ类城市包括武汉、黄冈、黄石、鄂州和咸宁。

Ⅱ. 第Ⅱ类城市仅包括孝感。

对Ⅰ类城市细分:

ⅰ. 第Ⅰ-ⅰ类城市包括武汉、黄冈、黄石和鄂州。

ⅱ. 第Ⅰ-ⅱ类城市包括咸宁。

对Ⅰ-ⅰ类城市继续细分为:

A. Ⅰ-ⅰ-A 类城市包括武汉和黄冈。

B. Ⅰ-ⅰ-B 类城市包括黄石和鄂州。

综上,武汉城市群的经济结构分类如表 3-24 和图 3-13、图 3-14 所示。

表 3-24　2009 年武汉城市群城市经济结构分类表

城市分类	Ⅰ				Ⅱ
	ⅰ		ⅱ		
	A	B			
城市名称	武汉 黄冈	黄石 鄂州	咸宁		孝感

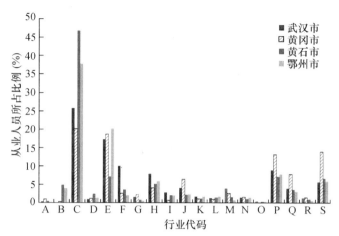

图 3-13　2009 年武汉城市群 I - i 类城市经济结构图

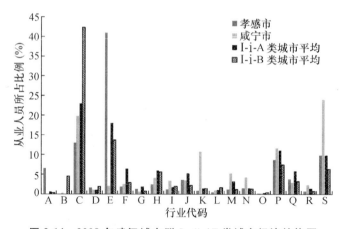

图 3-14　2009 年武汉城市群 I - ii / II 类城市经济结构图

I - i 类城市位于城市群的核心圈层与中间圈层,其中 I - i - A 位于城市群的核心, I - i - B 位于城市群次外围。 I - i - A 类城市几乎没有从事第一产业人口,制造业的比例也远远低于 B 类城市,可能是由于生产成本的因素,次外围的城市承接了部分核心区域转移的制造业。武汉的地理位置以及小商品集散地的功能使其在运输业和批发零售业有着独特的表现。在第三产业以及其他行业方面,核心城市均高于次中心城市。

I - ii 与 II 类城市位于城市群最外围。其中孝感市农业发达,建筑业从业人员也较多。而咸宁市的建筑业远远低于各类城市,但房地产业表现突出,可能在于本地建筑业市场为外地建筑业公司所占据。咸宁市的公共管理组织人员同样高于其他城市。

3.4 安徽皖江城市带承接产业示范区

2010年1月12日,国务院正式批复《皖江城市带承接产业转移示范区规划》,这是迄今全国唯一以产业转移为主题的区域发展规划,为推进安徽参与泛长三角区域的经济分工,探索中西部地区承接产业转移新模式提供了契机。

皖江城市带是实施《促进中部地区崛起》战略的重点开发区域,是泛长三角地区的重要组成部分,在中西部承接产业转移中具有重要的战略地位。城市带以合肥为中心,包括合肥、芜湖、马鞍山、铜陵、安庆、池州、巢湖、滁州、宣城等九市,以及六安市的金安区和舒城县,共59个县(市、区),土地面积7.6万平方公里,人口3 058万人,2008年实现国内生产总值5 818亿元,占全省的生产总值的66%。城市带半径500公里覆盖上海、江苏、浙江、河南、江西、湖北、山东、安徽等七省一市,这一区域经济发展水平高,消费潜力巨大,无疑是拓展国内市场,启动内需的关键区。

3.4.1 样本选取与数据来源

根据《皖江城市带承接产业示范区规划》的规划范围,在研究该城市带城市的总体结构特点时,选取合肥、芜湖、马鞍山、铜陵、安庆、池州、巢湖、滁州、宣城九个城市的市区面积、人口、地区生产总值以及城市间公路里程等指标来计算各市的中心性指数。其中前三项数据来源于中经网统计数据库,城市间公路里程来源于Google Earth软件的测算,取两市间最短公路里程。

在进行城镇等级分形模型的实证研究时,则剔除了位于丘陵地带的池州、安庆两市,同时将地势平坦,距离中心城市合肥较近,但并未被纳入规划的六安、淮南、阜阳、蚌埠等四市纳入计量模型,一共考察了11个市。将城市进行拆分后,得到11个城市市区以及所辖市县共计49个城镇的样本,并从《全国分市县人口统计资料(2009年)》一书中获取了各城镇的非农业人口数据。

3.4.2 中心性指数的计算

这部分内容主要运用城市带九市的市辖区面积、人口以及地区生产总值,结合城市间公路里程,对每个城市的中心性指数进行计算。使用的数据如表 3-25、表 3-26 所示。

表 3-25 2009 年皖江城市带各主要城市概况

城市	GDP	人口	面积	半径
合肥市	1 591	208.58	839	5.45
芜湖市	652	104.92	764	5.20
马鞍山市	521	63.61	340	3.47
铜陵市	286	44.95	350	3.52
安庆市	192	73.96	821	5.39
池州市	127	65.81	2 432	9.27
巢湖市	141	88.64	2 031	8.48
滁州市	137	53.24	1 404	7.05
宣城市	131	85.76	2 621	9.63

表 3-26 皖江城市带各主要城市间公路里程

距离	合肥	芜湖	马鞍山	铜陵	安庆	池州	巢湖	滁州	宣城
合肥	0								
芜湖	147	0							
马鞍山	185	50	0						
铜陵	160	86	138	0					
安庆	170	190	240	109	0				
池州	161	135	188	53	66	0			
巢湖	75	69	107	135	180	160	0		
滁州	161	135	188	224	288	272	119	0	
宣城	208	66	108	98	288	146	129	192	0

将以上数据代入中心性指数的计算公式,得出九个城市的中心性指数构成以及据此划分的城市级别,如表 3-27 所示:

表 3-27　2009 年皖江城市带各主要城市中心性指数

城市	A 部分	B 部分	中心性指数	等级
合肥市	105.75	12.14	117.89	1
芜湖市	50.32	15.50	65.81	2
马鞍山市	52.50	9.94	62.43	2
铜陵市	32.23	8.81	41.04	3
安庆市	22.11	8.10	30.21	3
巢湖市	13.19	14.83	28.02	3
宣城市	11.01	11.49	22.50	3
池州市	9.86	10.41	20.27	3
滁州市	12.12	6.44	18.56	3

对于皖江城市带的发展，规划确定了"一轴双核两翼"的发展思路，其中"一轴"包括安庆、池州、铜陵、巢湖、芜湖、马鞍山 6 个沿江市，这是承接产业转移的主轴线；"双核"指合肥、芜湖两市，这是安徽省目前乃至今后一段时期内经济发展最具活力和潜力的两大增长极，是承接产业转移的核心区域；"两翼"包括滁州和宣城市，是着力打造承接沿海地区特别是长三角地区产业转移的前沿地带，如图 3-15 所示。

该区域的城市有着较为明显的层级，合肥市的生产总值突破千亿，位于区域首位，其余城市中，芜湖市以及马鞍山市也有着一定的经济实力，而余下城市的生产总值较低。根据指数计算结果，合肥市为区域的中心城市，其他城市与之有着较为明显的差距，但合肥市 B 部分数值偏小，对整个区域的辐射影响力不足。其余城市中，芜湖市和马鞍山市的中心性指数在构成以及数值上都较为相似，位于城市群的第二梯队，铜陵市的数值略低于两者。余下的五个城市，无论是 A 部分还是 B 部分的数值均较小，中心性不足。总的来说，城市带内同一等级的各城市指数构成情况类似，例如芜湖、马鞍山以 A 部分为主，城市的中心性主要依靠自身的经济实力，同时这两座城市同位于城市带东部，经济实力较强，对于周边市县有着一定影响力，具有组成城市联合区共同带动城市群东部发展的潜力。

综上，皖江城市带的城市群呈现以合肥市为中心的单核心结构，同时芜湖、马鞍山也有着一定的经济实力和对周边城市的影响力，可以发展城市联合区发挥区域次级中心的作用。区域内城市的等级分层明显，且同一等级城市的中心性构成较为类似，表明它们在经济实力以及地理位置等因素上有着一定的共性。同时，由于经济实力的不足，区内城市之间的

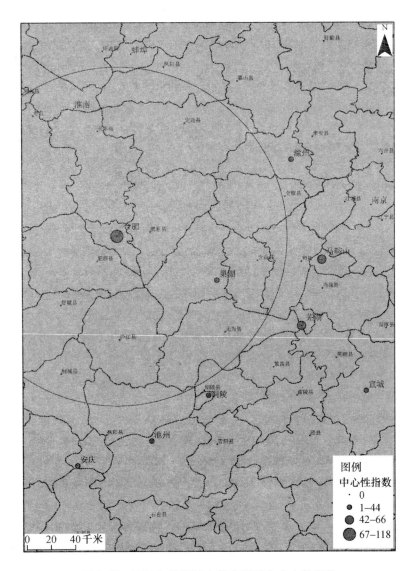

图 3-15 2009 年皖江城市带主要城市中心性指数

相互影响力较为欠缺,表现为各城市 B 部分数值总体偏小。

3.4.3 城镇等级—规模分形模型的实证研究

这部分内容主要对皖江城市带各城市的空间分布规则进行实证研究,样本的选取过程以及数据来源不再赘述,各市县的非农业人口数据如

表 3-28 所示。

表 3-28　2009 年皖江城市带 49 市县非农业人口数量

城市	人口	位序	城市	人口	位序	城市	人口	位序
合肥市	176.30	1	凤台县	15.97	18	固镇县	8.92	35
淮南市	97.35	2	庐江县	15.83	19	五河县	8.91	36
芜湖市	89.84	3	太和县	15.03	20	含山县	8.63	37
蚌埠市	65.83	4	界首市	14.81	21	来安县	8.51	38
马鞍山市	52.78	5	临泉县	14.30	22	金寨县	8.50	39
阜阳市	49.30	6	肥西县	13.98	23	南陵县	8.29	40
铜陵市	39.02	7	定远县	13.80	24	宁国市	7.91	41
六安市	33.72	8	肥东县	13.13	25	泾县	7.00	42
滁州市	25.15	9	舒城县	12.95	26	广德县	6.31	43
巢湖市	23.45	10	阜南县	12.81	27	芜湖县	6.02	44
霍邱县	22.01	11	明光市	12.37	28	郎溪县	5.88	45
颍上县	18.93	12	全椒县	11.33	29	霍山县	5.42	46
怀远县	17.77	13	当涂县	11.30	30	铜陵县	4.45	47
无为县	17.76	14	凤阳县	10.90	31	绩溪县	3.67	48
宣城市	16.87	15	长丰县	10.27	32	旌德县	2.43	49
天长市	16.84	16	和县	9.49	33			
寿县	16.70	17	繁昌县	8.9234				

除合肥、淮南、芜湖等几个主要城市市区以外,大部分城镇的非农业人口大多较少,尤其是地级市所辖的市县。分级时将合肥市作为区域中心城市,划分为第一等级,非农业人口在 100 万以上;将非农业人口在 60 万—100 万之间的城镇划分为第二等级,包含 3 个城市,全部为地级市市辖区;余下的城市按照人口是否在 20 万以上划分为第三和第四等级,其中第三等级包含 7 个城市,也多为地级市市辖区;第四等级共有 38 个样本,多为地级市所辖市县。各等级城市的人口规模以及数量如表 3-29 所示。

表 3-29　皖江城市带 49 市县人口分级

等级	人口范围	城市数量	平均人口
1	100 +	1	176.30
2	60—100	3	84.34
3	20—60	7	35.07
4	0—20	38	11.13

根据方程 $\ln N(r) = C - D\ln P_r + u$,对分组数据进行计量回归,其中

$N(r)$ 对应各等级城镇数量,P_r 对应平均人口。根据回归结果,$D = 1.286$,$C = 6.679$,其 p 值分别为 0.0019 和 0.0031,说明回归所得系数显著。同时,模型的 $R^2 = 0.9937$,拟合程度较好。

根据 D 不同取值的经济学含义,此处 D 值大于 1,表明皖江城市带的城镇人口分布较为均衡,中间规模的城镇数量较多,首位城市合肥市的垄断性不强。进一步根据 D 值和公式 $P_r = P_1 \left(\sum_{i=1}^{r-1} K^i \right)^{-1/D}$,计算出不同分布规则下各级城市平均人口数预测值,以判定城市的空间分布原则,如表 3-30 所示。

表 3-30 实际 D 值下皖江城市带 49 市县人口分布模型

级别	实际人口	$K=3$	$K=4$	$K=7$
1	176.30	176.30	176.30	176.30
2	84.34	60.01	50.45	35.01
3	35.07	24.00	16.53	7.61
4	11.13	10.02	5.58	1.67

根据模型结果,在 $K=3$ 即市场原则下各等级城镇平均人口的预测值与实际值最为接近,但与实际值相比偏小。如果取交通原则 $K=4$ 或者行政原则 $K=7$,由于预测公式的分母变大,各等级平均人口的预测值将变得更小,故没有理由认为该区域城市的空间分布遵循交通或者行政原则。同时,在实际操作中,我们已经知道城市分级的随机性对预测结果并无显著影响(见珠江三角洲部分),因此,预测值偏小的原因并非来源于模型本身,而是由于实际情况中的一些影响因素未被纳入考虑,导致模型的预测值与实际的人口分布存在差距。

结合该区域概况,我们认为模型预测值偏小是由于皖江城市带的城市受周边区域城市的影响过大所致,但这部分影响并未被纳入模型。例如芜湖、马鞍山等市,虽然在行政上以省会合肥为中心城市,然而在市场机制下,这些城市受到来自长三角地区城市的影响更大,以南京为中心城市。因此,如果将南京的影响纳入考虑,模型的预测值将与实际值更加接近。

3.4.4 城市聚类分析

以上内容初步分析了皖江城市带各城市概况以及城市间的组织关系,下面将对该区域的城市进行聚类分析,以确定城市间经济社会的相似相关程度,进而对城市进行分类,以预期城市群内各城市的经济发展路径。研究所选取的指标如表3-31所示。

表3-31 2009年皖江城市带城市各行业就业人员比例表

行业代码	合肥	芜湖	马鞍山	铜陵	安庆	滁州	巢湖	池州	宣城
A	0.04	0.00	0.00	2.06	9.13	1.56	1.55	0.56	2.50
B	0.00	0.00	10.90	0.88	0.10	2.08	0.00	0.56	0.00
C	24.58	43.60	48.59	48.38	26.14	32.06	26.80	13.17	13.13
D	1.46	2.04	2.60	2.46	9.02	2.60	2.91	3.36	0.00
E	15.59	13.80	5.99	15.83	5.50	7.80	4.66	7.56	0.00
F	7.65	8.32	2.31	2.56	4.88	6.59	3.69	1.12	1.25
G	1.62	0.80	0.43	0.79	1.76	2.08	1.94	1.68	0.00
H	7.11	2.19	2.31	2.36	5.29	1.56	5.24	3.36	2.50
I	2.32	1.30	0.36	0.69	1.87	1.04	0.97	1.12	0.00
J	4.33	3.94	3.83	3.05	2.28	5.72	3.11	13.45	0.00
K	2.64	1.40	0.36	0.98	1.45	0.35	0.78	1.40	0.00
L	1.54	0.45	2.17	0.59	0.73	0.69	4.47	5.60	0.63
M	4.55	1.35	1.81	1.18	2.70	1.73	0.97	2.24	0.63
N	1.70	1.00	0.87	1.47	1.45	2.08	1.36	2.24	2.50
O	0.28	0.05	0.07	0.00	0.83	0	0.00	0.00	0.63
P	9.60	8.07	6.06	5.31	9.34	11.44	15.92	10.92	39.38
Q	4.73	4.14	3.47	2.75	5.39	6.59	7.77	7.00	10.00
R	1.84	0.35	0.72	0.69	0.83	0.87	0.97	7.84	0.63
S	8.44	7.22	7.15	7.96	11.31	13.17	16.89	16.81	23.75

由于所选指标相同,因此无需再进行量纲化,直接使用SPSS中的聚类分析,得到如图3-16所示的树状图。

皖江城市带的城市可以分为两大类:

Ⅰ. 第Ⅰ类城市包括芜湖、铜陵、马鞍山、滁州、巢湖、安庆、合肥和池州。

Ⅱ. 第Ⅱ类城市仅包括宣城。

对Ⅰ类城市细分:

ⅰ. 第Ⅰ-ⅰ类城市分为芜湖、铜陵和马鞍山。

ⅱ. 第Ⅰ-ⅱ类城市包括滁州、巢湖、安庆、合肥和池州。

对Ⅰ-ⅱ类城市继续细分:

A. Ⅰ-ⅱ-A类城市包括滁州、巢湖、安庆和合肥。

B. Ⅰ-ⅱ-B类城市包括池州。

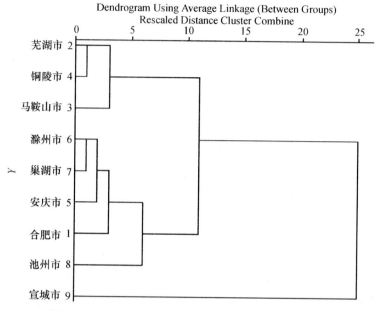

图 3-16 2009 年皖江城市带城市经济结构聚类分析图

对 I-ii-A 类城市细分：

a. I-ii-A-a 类城市包括滁州、巢湖和安庆。

b. I-ii-A-b 类城市包括合肥。

综上，皖江城市带的经济结构分类如表 3-32 和图 3-17、图 3-18 所示。

表 3-32　2009 年皖江城市带城市经济结构分类表

城市分类	I				II
	i	ii			
		A		B	
		a	b		
城市名称	芜湖 铜陵 马鞍山	滁州 巢湖 安庆	合肥	池州	宣城

I-ii-A 类城市构成城市带的核心与中间圈层，其中合肥为核心城市，I-ii-A-a 类城市分布在核心外围。这类城市的制造业比例较低，但城市的教育业和公共管理相对发达。比较突出的是滁州市较为发达的电力、燃气及水的生产和供应业，合肥市的科研、技术服务业。

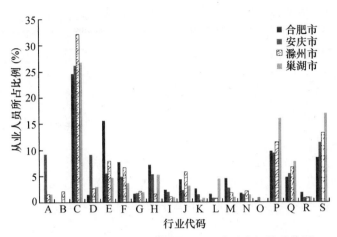

图3-17　2009年皖江城市带Ⅰ-ⅱ-A类城市经济结构图

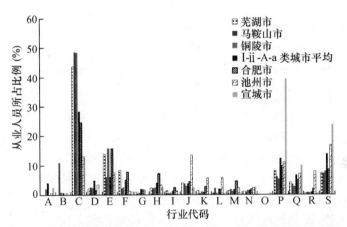

图3-18　2009年皖江城市带Ⅰ-ⅰ/Ⅰ-ⅱ-B/Ⅱ类城市经济结构图

这三类城市位于城市带的外围圈层，Ⅰ-ⅰ类城市相比而言制造业水平远远高于其他城市，承接了核心区域转移的制造业。芜湖市交通便捷，多条交通干线汇聚于此，因而交通运输也较为发达；池州市的租赁服务业、金融业和文化体育娱乐业高于各城市水平；宣城市历史悠久，是"文房四宝"的发源地，教育业极其发达。

3.5　江苏沿海地区

江苏沿海地区位于长江与陇海兰新线两大生产力布局主轴线的交汇

区域,包括连云港、盐城和南通三市所辖地区,是长三角经济区往北连接环渤海经济区的重要延伸。这一地区拥有作为新亚欧大陆桥起点的区位优势,北接环渤海地区,东部与日本等国跨海相望,南接长三角核心区,有着较好的产业基础、完善的基础设施建设以及丰富的人力资源。江苏沿海地区陆地面积 3.25 万平方公里,海岸线长约 954 公里,2008 年年末区内总人口 1 964 万人,地区生产总值为 4 863 亿元,人均地区生产总值 24 760 元,相较于长三角核心区,差距较为明显。

根据《江苏沿海地区发展规划》,这一地区将以三大城市为发展中心,以产业和城镇交通带为依托,以沿海节点,特别是连云港为支撑,促进区域内部协调发展,在未来十至十五年内初步实现现代化。

3.6 小　　结

与珠三角地区不同,长三角经济区的核心地带并没有相关的国家级战略规划,因此在这部分内容中我们并未对包括上海、南京以及苏州等大型城市在内的长三角核心城市群进行研究,难以将周边区域与核心区域的情况作比较。目前,长三角地区经济发展形势良好,在全国经济中的绝对领先地位(无论从经济密度还是经济总量来看)也是其他经济区无法动摇的,这也可以理解为长三角核心区域并没有相应国家级规划的原因。从各地区城市的中心性指数来看,安徽皖江城市带的数值较小,该区域在地理位置上位于其余两个经济实力较强的区域,即武汉城市群与上海城市群之间,极化效应使得地区经济的发展较为滞后,在今后的发展中宜发挥区域优势,发展地区特色产业,摆脱经济洼地的发展窘境。由于长江航运的优势,长三角及其腹地地区均在大力发展港口经济,这使得交通在城市的空间分布形态中起着主导作用,并进一步影响着城市的规模。在以上五个地区的城镇等级分形模型中,浙江海洋经济区、鄱阳湖生态经济区以及湖北武汉城市群的城镇等级分形模型均显示城市呈交通型分布。可以预见,未来的几年中,在水运发达的长三角经济区,港口经济将助推城市的经济发展达到全新的高度。聚类分析显示,除安徽皖江城市带以外,各城市群的中间圈层城市承担了区域制造业中心的地位,而皖江城市带则是外围城市的制造业水平较高,究其原因,可能在于皖江城市带经济欠发达,核心圈层城市的实力不足。

第4章 环渤海经济区及其腹地

环渤海经济区及其腹地位于我国的华北北部以及东北部,同时还包括广袤的西北内陆。其核心区域环渤海地区是中国的政治、经济、文化中心,同时也是重要的老工业基地。环渤海地区是我国东北、华北、西北以及华东部分地区的主要出海口,与俄罗斯、朝鲜、韩国、日本等东北亚国家有着便捷的贸易渠道。

环渤海经济圈的核心在于京津唐工业带,以此为核心,向北辐射辽宁沿海地区以及大小兴安岭地区,向南辐射山东半岛地区,向西辐射中部、西北地区,从而形成了一轴两中心三辐射的形式。随着环渤海经济圈的不断扩大和增强,对该地区的区域规划也应运而生。近几年来,国家相继批复《大小兴安岭林区生态保护与经济转型规划》、《辽宁沿海经济带发展规划》、《山东半岛蓝色经济区发展规划》、《甘肃省循环经济总体规划》、《关中—天水经济区发展规划》,分别从各个地区的实际情况出发,实现环渤海经济区及其腹地对中国工业化高度的进一步推动。

4.1 大小兴安岭地区

大小兴安岭林区是我国北方重要的生态屏障,是我国面积最大、纬度最高、国有林最集中、生态地位最重要的森林生态功能区和木材资源战略储备基地,在维护国家生态安全、应对气候变化、保障国家长远木材供给等方面具有不可替代的作用。近60年来,林区累计生产木材10.5亿立方米,上缴利税290亿元,为国家经济建设做出了巨大贡献。

由于多年的高强度采伐,大小兴安岭森林资源破坏严重,采伐抚育失调。为切实加强林区生态保护,转变林区发展方式,从以生产木材为主向以保护生态为主转变,走出一条在保护中发展、在发展中保护的林区可持续发展之路,国家发改委于2010年12月制定了《大小兴安岭林区生态保护与经济转型规划》。规划范围包括大小兴安岭林区的 50 个县(市、旗、区),其中黑龙江省共计 39 个县(市、区),内蒙古自治区共 11 个旗(市、区),规划区国土总面积 43 万平方公里,总人口 818 万人,林业职工 55 万人。

4.1.1 样本选取与数据来源

根据《大小兴安岭林区生态保护与经济转型规划》,在研究该区域城市的总体特点时重点考虑了哈尔滨、佳木斯、鹤岗、呼伦贝尔、伊春、绥化和黑河一共七个城市。用城市的市区面积、人口和地区生产总值三项数据,结合各个城市间的公路里程,计算每个城市的中心性指数。其中,前三项数据来源于中经网统计数据库,为市辖区数据;城市间公路里程用 Google Earth 测算,取两市间最小公路里程。

由于规划的城市跨度较大,且在兴安岭林区外围分散分布,因此涉及区域的地理环境相对复杂。结合当地地形,伊春市位于林区,为山脉丘陵地形,不满足均质平原的假设;黑河市位于我国与俄罗斯交界处,与其余城市之间隔着山岭。余下的城市虽然地形平坦,但又被大兴安岭与小兴安岭分割成三部分,分处于林区两侧,亦不能将所有城市均纳入模型。因此,在用分形模型对城市的空间分布规则进行实证研究时,对于城市的改动较大。首先剔除了伊春市和黑河市;然后又剔除了大兴安岭以西,距离主要规划地区距离较远,且中间隔着山脉的呼伦贝尔市;最后位于小兴安岭以东松嫩平原上的鹤岗市由于和中心城市哈尔滨之间隔着小兴安岭,在联系上受到的地理阻隔的因素较大,也被排除在外。经过处理,规划的城市就只剩下哈尔滨、绥化市和佳木斯市,但从地图上看,黑龙江省还有齐齐哈尔与大庆市未被纳入规划范围,因此进行计量回归时,我们将这两市也包括进来,对上述五个城市及其所辖市县的空间分布规则进行研究。

4.1.2 中心性指数的计算

这部分内容主要运用城市市辖区面积、人口以及地区生产总值三项数据,结合各城市间的公路里程,对城市的中心性指数进行计算,所使用的数据如表 4-1、表 4-2 所示。

第4章 环渤海经济区及其腹地

表4-1 2009年大小兴安岭地区各城市概况

城市	GDP	人口	面积	半径
哈尔滨市	2 272	474.70	7 086	15.83
佳木斯市	210	81.49	1 875	8.14
鹤岗市	134	67.87	4 551	12.69
呼伦贝尔市	130	26.92	1 440	7.14
伊春市	115	81.03	19 567	26.31
绥化市	57	89.91	2 756	9.87
黑河市	39	19.21	14 444	22.60

表4-2 大小兴安岭地区各城市间公路里程

距离	伊春	黑河	佳木斯	鹤岗	绥化	哈尔滨	呼伦贝尔
伊春	0						
黑河	513	0					
佳木斯	206	714	0				
鹤岗	152	648	68	0			
绥化	216	465	364	367	0		
哈尔滨	325	571	368	433	110	0	
呼伦贝尔	1 226	841	1 338	1 404	982	981	0

将以上数据代入中心指数的计算公式,得到各城市的中心性指数以及相应的两部分数值,所得结果与各城市中心性指数的排序如表4-3所示。

表4-3 2009年大小兴安岭地区各城市中心性指数

城市	A部分	B部分	中心性指数	等级
哈尔滨市	65.60	4.15	69.75	1
佳木斯市	16.064	3.52	19.58	2
鹤岗市	7.52	3.56	11.076	3
绥化市	7.25	2.036	9.29	3
呼伦贝尔市	8.29	0.49	8.78	3
伊春市	3.67	3.15	6.82	3
黑河市	1.21	0.76	1.97	3

由于规划涉及的城市分布范围很广,各城市间的空间联系并不紧密,在中心城市哈尔滨半径100公里范围内的城市仅有绥化一个,如图4-1所示。根据计算结果,大小兴安岭地区城市中心性指数的排序为哈尔滨、佳木斯、鹤岗、绥化、呼伦贝尔、伊春、黑河。但总体来说区域中心城市哈

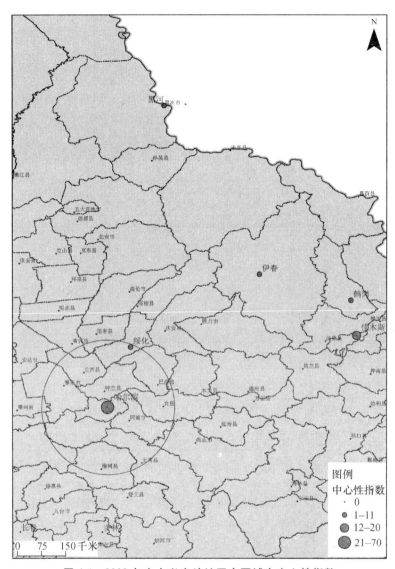

图 4-1 2009 年大小兴安岭地区主要城市中心性指数

尔滨的中心性指数不高,问题产生的原因主要源于城市的行政区划。中心性指数的 A 部分数值是基于城市经济实力的自身中心性的体现,同时还受城市半径的影响,在地区生产总值一定的情况下,城市的半径越大,A 部分数值的分母越大,数值也越小。哈尔滨市的市辖区共计 8 个,而中经网统计数据库中给出的市辖区面积为所有区的加总,未对城区与郊区进行区分。2003年哈尔滨市市辖区的面积仅有1660平方公里，到2008年就扩张到7086平方公里。除哈尔滨外，区域内的伊春市与黑河市也存在市辖区面积过大的问题，数据的异常导致了该区域城市中心性指数A部分数值整体偏小。中心性指数的B部分数值主要衡量城市的地理位置对城市中心性指数产生的影响。由于规划设计的城市空间分布过于分散，各城市相距较远，部分城市间的公路里程接近或者超过了1000公里，距离的增加导致了城市间相互影响力的几何衰减，在中心性B部分的计算中，区内城市的数值也偏小。这也说明规划涉及城市的经济联系较弱，不宜作为完整的整体看待。

大小兴安岭地区城市的中心性指数主要存在以下两个情况，一是区域城市的辖区面积很大，导致中心性指数A部分的数值偏小，这主要是由于数据的原因所导致的，区域城市的实际中心性指数应该更高；二是由于规划范围太大，各城市的空间距离很远，因此所有城市不宜全部纳入以哈尔滨为核心城市的城市联合区。由于大兴安岭与小兴安岭山区的阻隔，规划城市大致分成了四块，即位于东北平原的哈尔滨市和绥化市，位于小兴安岭以东松嫩平原及其延伸地带上的佳木斯市、鹤岗市和伊春市，而黑河市和呼伦贝尔市则各自成为一个相对独立的部分。因此，规划城市的整体发展应考虑建立以哈尔滨为中心的东北平原城市带以及鹤岗—佳木斯—伊春联合城市区。

4.1.3 城镇等级—规模分形模型的实证研究

这部分内容将运用分形模型对黑龙江省位于东北平原上的城市的空间分布规则进行实证研究。对五个城市进行分拆，得到五市城市辖区以及所辖市县共计43个城镇样本，并从《全国分市县人口统计资料（2009年）》一书中获取了各城镇的非农业人口数据。各城市的人口数据以及排序如表4-4所示。

表4-4 2009年大小兴安岭地区43市县非农业人口数量

城市	人口	位序	城市	人口	位序	城市	人口	位序
哈尔滨市	342.62	1	绥棱县	13.15	16	依安县	8.96	31
齐齐哈尔	111.14	2	依兰县	12.96	17	肇州县	8.85	32
大庆市	106.78	3	青冈县	11.84	18	望奎县	8.40	33
佳木斯市	60.37	4	巴彦县	11.63	19	泰来县	8.30	34

（续表）

城市	人口	位序	城市	人口	位序	城市	人口	位序
肇东市	30.0010	5	富裕县	11.61	20	拜泉县	8.170	35
绥化市	28.89	6	克山县	11.36	21	延寿县	7.51	36
尚志市	24.20	7	龙江县	11.093	22	明水县	7.47	37
五常市	22.59	8	宾县	10.90	23	杜尔伯特蒙古族自治县	7.13	38
安达市	19.61	9	通河县	10.79	24	木兰县	6.68	39
富锦市	18.45	10	汤原县	10.40	25	林甸县	6.30	40
海伦市	17.45	11	同江市	10.14	26	克东县	6.20	41
双城市	17.075	12	方正县	10.043	27	桦川县	5.63	42
桦南县	14.41	13	肇源县	9.87	28	抚远县	5.085	43
讷河市	13.62	14	兰西县	9.39	29			
甘南县	13.39	15	庆安县	9.31	30			

首先对所有城镇按照人口规模进行分级，保证最高等级的城市只有一个。其中第一等级城市的非农业人口在200万以上，仅包含哈尔滨市；第二等级的城市非农业人口在50万—200万之间，共有3个城市；余下的城市又按照非农业人口是否在15万以上被划分为两个等级。各等级城市的数量以及平均人口规模如表4-5所示。

表4-5 大小兴安岭地区43市县非农业人口分级

等级	人口范围	城市数量	平均人口
1	200 +	1	342.62
2	50—200	3	92.76
3	15—50	8	22.28
4	0—15	31	9.70

根据方程 $\ln N(r) = C - D\ln P_r + u$ 对上述分组数据进行计量回归，求取分维数 D，其中 $N(r)$ 对应各等级城市数量，P_r 对应相应等级城市的平均人口。根据 EViews 软件的输出结果，分维数 $D = 0.914$，$C = 5.0251$，它们的 p 值分别为 0.0147 和 0.0078，均低于2%，说明回归所得的系数是显著的。同时模型的 $R^2 = 0.9708$，对区域城镇的分形分布模拟较好。根据 D 不同取值的经济学含义，此处小于1的 D 值意味着区域的城镇人口分布不均衡，中间规模的城镇数量较少。

接下来,根据回归所得 D 值,利用公式 $P_r = P_1 \left(\sum_{i=1}^{r-1} K^i \right)^{-1/D}$,可计算出不同分布规则下各级城市平均人口数的预测值,通过与各等级城市的平均人口比较,可初步确定城市的空间分布原则,如表 4-6 所示。

表 4-6　实际 D 值下大小兴安岭地区非农业人口分布模型

级别	实际人口	$K=3$	$K=4$	$K=7$
1	342.62	342.62	342.62	342.62
2	92.76	75.20	58.91	35.23
3	22.28	20.71	12.26	4.11
4	9.70	6.058	2.66	0.49

根据模型结果,在 $K=3$ 即市场原则下,各等级城市平均人口的预测值与实际值最为接近,但与实际相比预测值偏小。如果取 $K=4$ 或者 $K=7$,那么由于公式的分母变大,预测值与实际值的差异也更大,因此没有理由认为模型中包含的城市按照交通原则或者行政原则分布。

需要说明的是,在我们的处理方法中,有来自其他中心城市的影响未被包括在模型之内。在上述内容中,我们按照规划范围取出了黑龙江省位于东北平原省的城市,依据这部分城市的非农业人口数据对城市的分布规则进行研究。但如果考虑到东北平原的具体情况,实际上并不能将其拆分为哈尔滨城市群以及沈阳城市群来单独看待,而应将东北平原上所有城市作为一个整体来研究。这也是模型的预测值与实际值相比存在差距的原因。

4.1.4　城市聚类分析

以上内容初步分析了大小兴安岭地区各城市概况以及城市间的组织关系,下面将对区域城市进行聚类分析,以确定城市间经济社会的相似相关程度,进而对城市进行分类,以预期城市群内各城市的经济发展路径。研究所选取的指标如表 4-7 所示。

表 4-7　2009 年大小兴安岭地区城市各行业就业人员比例表

行业代码	哈尔滨	佳木斯	鹤岗	绥化	呼伦贝尔	伊春	黑河
A	0.98	4.61	1.57	3.14	3.21	53.82	10.53
B	0.08	0.00	65.12	0.00	0.23	0.77	1.88
C	34.03	19.89	2.23	22.42	10.78	16.49	2.26

（续表）

行业代码	哈尔滨	佳木斯	鹤岗	绥化	呼伦贝尔	伊春	黑河
D	2.79	6.24	1.82	0.00	4.36	3.93	7.14
E	11.18	10.40	0.74	3.59	4.59	3.93	1.13
F	8.05	3.80	1.49	3.14	6.65	1.68	16.17
G	1.62	2.71	0.91	0.45	8.72	1.68	0.38
H	8.38	7.87	2.56	8.97	8.26	0.91	2.63
I	1.75	1.63	0.17	0.45	3.21	0.21	0.38
J	2.88	4.88	1.98	0.45	6.65	2.18	6.02
K	2.00	0.81	0.41	0.45	1.15	0.42	0.00
L	1.39	1.36	0.00	0.45	2.29	0.28	0.38
M	2.89	1.63	0.25	0.45	3.44	1.05	3.38
N	1.74	1.90	3.55	1.35	0.92	1.05	1.88
O	1.41	1.18	0.08	0.00	0.46	0.07	0.38
P	8.75	12.03	6.69	35.87	12.16	2.81	12.03
Q	3.46	6.24	2.56	4.48	6.88	2.11	6.02
R	1.23	2.17	0.66	0.90	2.52	0.63	3.38
S	5.38	10.67	7.19	13.45	13.53	5.96	24.06

由于所选指标相同，因此无需再进行量纲化，直接使用 SPSS 中的聚类分析，得到如图 4-2 所示的树状图。

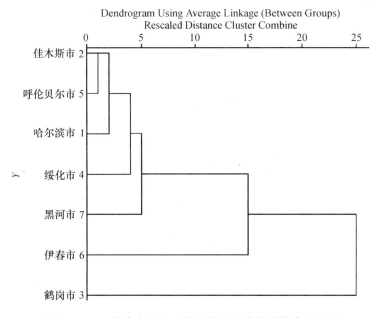

图 4-2　2009 年大小兴安岭地区城市经济结构聚类分析图

大小兴安岭地区的城市群可以分为两大类：

Ⅰ．第Ⅰ类城市包括佳木斯、呼伦贝尔、哈尔滨、绥化、黑河和伊春。

Ⅱ．第Ⅱ类城市仅包括鹤岗。

对Ⅰ类城市细分：

ⅰ．第Ⅰ-ⅰ类城市包括佳木斯、呼伦贝尔、哈尔滨、绥化和黑河。

ⅱ．第Ⅰ-ⅱ类城市包括伊春。

对Ⅰ-ⅰ类城市继续细分：

A．Ⅰ-ⅰ-A类城市包括佳木斯、呼伦贝尔、哈尔滨和绥化。

B．Ⅰ-ⅰ-B类城市包括黑河。

综上，大小兴安岭地区的经济结构分类如表4-8和图4-3、图4-4所示。

表4-8　2009年大小兴安岭地区城市经济结构分类表

城市分类	Ⅰ			Ⅱ
	ⅰ		ⅱ	
	A	B		
城市名称	佳木斯 呼伦贝尔 哈尔滨 绥化	黑河	伊春	鹤岗

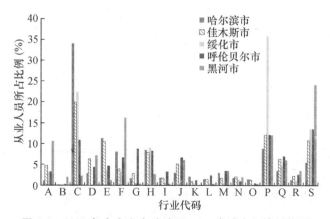

图4-3　2009年大小兴安岭地区Ⅰ-ⅰ类城市经济结构图

这一地区为我国的重要粮食主产区和老工业基地，农业和工业就业人口占据相当比例。绥化市的教育业发达，远高于其他各地水平。呼伦贝尔市的信息传输、计算机服务业比例相对较高。而黑河市位于中俄边境,是东北地区重要的通商口岸之一,交通运输业和公共管理发达。

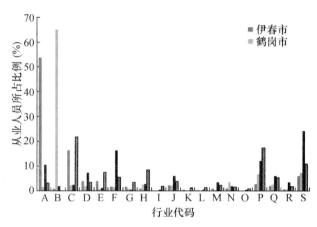

图 4-4　2009 年大小兴安岭地区 I-ii/II 类城市经济结构图

I-ii 类城市与其他 I 类城市的区别主要在于农业与制造业的比例高低,II 类城市制造业比例极低。这两类城市均位于黑龙江省东北平原的边缘地带,其中伊春市的农业从业比例远远高于其他各城市,且具备一定的制造业比例,而鹤岗作为我国最重要的煤矿产地,矿产采掘业十分发达。

4.2　辽宁沿海经济带

辽宁沿海经济带位于我国东北地区,毗邻渤海和黄海,是东北经济区与京津冀都市圈的结合部。该经济带地处东北亚经济圈的关键地带,与日本、韩国、朝鲜隔海邻江相望,邻近俄罗斯、蒙古,是东北地区对外开放的重要门户,是欧亚大陆通往太平洋的重要通道。辽宁沿海经济带是东北老工业基地振兴和我国面向东北亚开放合作的重要区域,在促进全国区域协调发展和推动开放格局中具有重要战略意义。为进一步完善我国沿海经济布局,促进辽宁沿海经济带又好又快发展,充分发挥其对东北等周边地区的辐射带动作用,国家发改委于 2009 年 7 月制定了《辽宁沿海经济带发展规划》。

规划确定的辽宁沿海经济带包括大连、丹东、锦州、营口、盘锦、葫芦岛等 6 个沿海城市所辖行政区域,陆域面积 5.65 万平方公里,海岸线长

2 920 公里,海域面积约 6.8 万平方公里。2008 年年末,区内常住人口约 1 800 万人,地区生产总值 6 950 亿元,人均地区生产总值 38 605 元。在此规划的指导下,辽宁沿海经济带将依托自身优越的区位条件、良好的自然资源禀赋以及雄厚的工业基础,逐步发展成为北方沿海新的经济增长极。

4.2.1 样本选取与数据来源

根据《辽宁沿海经济带发展规划》,在研究该经济带城市的总体结构特点时,选取大连、营口、盘锦、锦州、葫芦岛和丹东等 6 个地级市的市辖区面积、人口以及地区生产总值三项数据,结合各城市间的公路里程,计算各城市的中心性指数。其中前三项数据取自中经网统计数据库,公路里程来自 Google Earth 软件的测算。

在对辽宁沿海经济带城市的空间分布规则进行实证研究时,由于经济带涉及城市仅有中部的盘锦、营口、锦州三个位于东北平原及其延伸地带上,如果仅取这几个城市则样本过小,且不包括区域的中心城市。因此,进一步将研究范围扩展到了辽宁省的平原地带,共选定了包括沈阳在内的 8 个位于东北平原上的城市。将这 8 个城市拆分,得到城市市辖区以及所辖市县共计 35 个样本,从《全国分市县人口统计资料(2009 年)》一书中查找了各市县的非农业人口数据。

4.2.2 中心性指数

这部分内容主要对辽宁沿海经济带城市的中心线指数进行计算,计算中心性指数所需的各项数据如表 4-9、表 4-10 所示。

表 4-9 2009 年辽宁沿海经济带各城市概况

城市	GDP	人口	面积	半径
大连市	3 020	302.01	2 415	9.24
营口市	451	89.28	702	4.98
盘锦市	431	60.62	266	3.07
锦州市	361	93.38	436	3.93
葫芦岛市	275	99.18	2 295	9.01
丹东市	217	78.93	835	5.43

表 4-10　辽宁沿海经济带各城市间公路里程

距离	大连	丹东	锦州	营口	盘锦	葫芦岛
大连	0					
丹东	303	0				
锦州	364	412	0			
营口	220	292	148	0		
盘锦	280	312	101	64	0	
葫芦岛	408	454	55	192	142	0

将上述数据代入中心性指数的计算公式,计算得出各城市中心性指数以及相应的 A 部分和 B 部分数值,如表 4-11 所示。

表 4-11　2009 年辽宁沿海经济带各城市中心性指数

城市	A 部分	B 部分	中心性指数	等级
大连市	103.34	5.42	108.76	1
盘锦市	52.70	6.85	59.55	2
锦州市	46.76	8.09	54.85	2
营口市	40.27	7.93	48.20	3
丹东市	24.08	3.58	27.67	3
葫芦岛市	18.33	7.66	25.99	3

根据计算结果,大连市的中心性指数远高于其他城市,其基于城市自身经济实力的中心性指数 A 部分数值为第二位城市盘锦市的两倍;而葫芦岛与丹东两个城市的 A 部分数值明显偏小,其余城市的数值较为接近,如图 4-5 所示。辽宁沿海经济带城市的中心性指数 B 部分数值均很小,地理因素对各城市中心性指数的贡献较小,规划涉及城市均沿着海岸分布,在地理空间上较为分散,大连市由于位于经济带的边缘位置,其虽然作为区域中心城市,但由于地理位置的限制,对其他城市的辐射影响力却很有限。相反,盘锦、锦州、营口以及葫芦岛等四个城市在距离上相对较近,并且除葫芦岛市以外,余下三市均具有中等大小的中心性指数,可以划分为城市联合区。

综上,辽宁沿海经济带呈现以大连市为中心的单核心结构,但由于大连市位于经济带的边缘位置,中心城市的影响力有限。同时,由于规划城市在地图上沿着海岸线呈狭长形分布,区内城市中心性指数的 B 部分数值总体偏小。

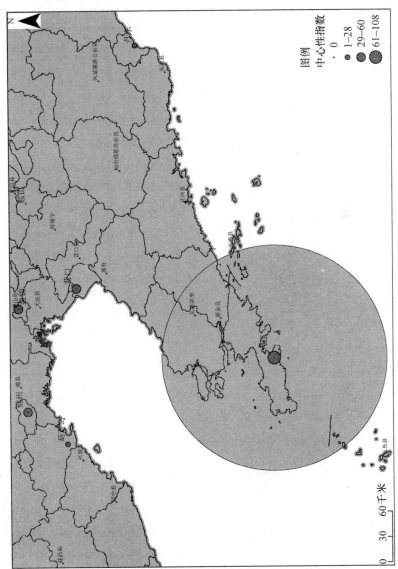

图 4-5　2009 年辽宁沿海经济带主要城市中心性指数

4.2.3　城镇等级—规模分形模型的实证研究

　　这部分内容将以辽宁省内位于东北平原上的城市为样本,对城市的空间分布原则进行实证研究。样本的选取原则与各市县的数据来源不再赘述,35 个城市的非农业人口规模与排序如表 4-12 所示。

表4-12 2009年辽宁沿海经济带35市县非农业人口数量

城市	人口	位序	城市	人口	位序	城市	人口	位序
沈阳市	387.93	1	昌图县	20.07	13	辽中县	10.26	25
鞍山市	130.01	2	盖州市	18.20	14	灯塔市	9.69	26
抚顺市	124.41	3	调兵山市	17.89	15	辽阳县	9.68	27
锦州市	75.77	4	黑山县	16.86	16	新宾县	8.57	28
营口市	70.67	5	盘山县	15.98	17	法库县	8.31	29
辽阳市	60.67	6	开原市	14.14	18	义县	8.03	30
盘锦市	55.39	7	新民市	14.02	19	康平县	8.02	31
铁岭市	36.37	8	沈北新区	13.51	20	台安县	7.36	32
大洼县	35.40	9	临海县	12.32	21	西丰县	6.82	33
海城市	29.72	10	北镇市	11.16	22	铁岭县	2.81	34
苏家屯区	22.02	11	清原县	10.85	23	抚顺县	2.58	35
大石桥市	21.32	12	岫岩县	10.46	24			

根据模型要求,先对上表的城市进行分组,保证第一等级的城市只有一个,为沈阳市。剩下的城市又按照非农业人口是否在50万以上划分为两个等级,各等级城市的数量以及非农业人口平均值如表4-13所示。

表4-13 辽宁沿海经济带35市县非农业人口分级

等级	人口范围	城市数量	平均人口
1	300+	1	387.93
2	50—300	6	86.15
3	0—50	28	14.37

得到分组数据后,依据方程 $\ln N(r) = C - D\ln P_r + u$ 进行计量回归,以求取分维数 D,其中 $N(r)$ 对应各等级城镇数量,P_r 对应相应等级城市平均人口。根据 EViews 软件输出的结果,$D = 1.006$,$C = 6.097$,两者的 p 值分别为 0.0596 和 0.0449,在 6% 的维度下显著。同时模型的 $R^2 = 0.9912$,拟合程度较高。

根据 D 不同取值的经济含义,此处 D 值略大于1,说明区域城市的人口分布基本按照标准模型分布。根据模型回归所得的 D 值,应用公式 $P_r = P_1 \left(\sum_{i=1}^{r-1} K^i \right)^{-1/D}$,可计算出不同分布规则下各级城市平均人口数预测值,通过与各等级城镇平均人口对比,可初步判定经济带城市的空间分布依据原则,如表4-14所示。

表 4-14　实际 D 值下辽宁沿海经济带 35 市县非农业人口分布模型

级别	实际人口	$K=3$	$K=4$	$K=7$
1	387.93	387.93	387.93	387.93
2	86.15	97.83	78.37	49.13
3	14.37	30.32	18.83	6.98

根据模型的结果,对于第二等级的城市,实际人口介于市场原则与交通原则下的预测值之间;而对于第三等级的城市,实际人口则介于交通原则与行政原则的预测值之间。

与黑龙江部分的数值类似,上述模型仅将辽宁省位于东北平原上的城市纳入进来,并未包括同样位于东北平原上,但行政区划隶属于黑龙江省的城市。然而,作为东北平原上规模最大的两个城市,哈尔滨市与沈阳市对另外一方市场区域施加的影响是毋庸置疑的。因此,考虑到哈尔滨的影响未被纳入模型,模型的预测值会略有偏小。对于第二等级的城市,空间分布大致遵循交通原则,而对于第三等级的城市,行政因素的影响占据了主要部分。辽宁省作为东北老工业基地的重要组成部分,国有经济的比例较高,按照常理来说应该是行政原则主导了城市的空间分布。然而在模型中,交通原则下的预测值与实际值更加接近,说明近年来国有企业改革取得了较大的成效,但模型也显示对于国有企业的改革还需进一步深化,第三等级城市的市场区域依旧受行政因素主导严重。

4.2.4　城市聚类分析

以上内容初步分析了辽宁沿海经济带各城市概况以及城市间的组织关系,下面将对区域城市进行聚类分析,以确定城市间经济社会的相似相关程度,进而对城市进行分类,以预期城市群内各城市的经济发展路径。研究所选取的指标如表 4-15 所示。

表 4-15　2009 年辽宁沿海经济带城市各行业就业人员比例表

行业代码	大连	丹东	锦州	营口	盘锦	葫芦岛
A	0.41	0.07	1.57	0.42	0.40	2.48
B	0.01	0.14	0.33	0.71	52.26	9.70
C	44.98	22.60	29.77	36.49	12.27	40.76
D	1.67	0.29	8.81	5.22	1.81	7.16
E	5.79	2.51	7.31	3.03	7.17	5.08

(续表)

行业代码	大连	丹东	锦州	营口	盘锦	葫芦岛
F	5.65	3.08	4.18	7.69	1.12	2.31
G	2.65	0.43	1.44	1.34	0.76	1.10
H	4.47	15.78	4.11	2.96	2.53	1.50
I	2.98	4.59	0.85	1.13	1.12	0.98
J	5.17	2.30	4.90	5.93	2.93	5.31
K	3.24	2.73	0.98	1.34	0.94	0.46
L	2.15	2.58	1.50	2.47	6.33	1.10
M	1.64	4.02	3.52	1.76	1.12	1.56
N	1.73	1.87	1.76	2.61	0.94	1.15
O	0.39	1.51	0.20	0.07	0.07	0.06
P	7.01	7.03	10.18	8.26	1.74	5.60
Q	3.72	4.23	6.59	4.59	1.41	3.00
R	0.92	4.95	0.98	1.48	0.36	0.46
S	5.42	19.30	11.03	12.49	4.71	10.22

由于所选指标相同，因此无需再进行量纲化，直接使用 SPSS 中的聚类分析，得到如图 4-6 所示的树状图。

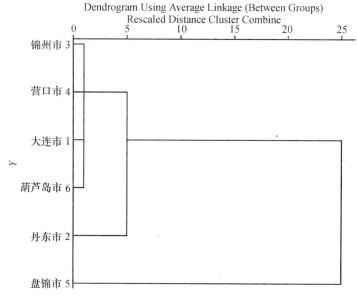

图 4-6　2009 年辽宁沿海经济带城市经济结构聚类分析图

根据聚类结果,辽宁沿海经济带的城市可以分为两大类:

Ⅰ．第Ⅰ类城市包括锦州、营口、大连、葫芦岛和丹东。

Ⅱ．第Ⅱ类城市仅包括盘锦。

对Ⅰ类城市细分:

ⅰ．第Ⅰ-ⅰ类城市包括锦州、营口、大连和葫芦岛。

ⅱ．第Ⅰ-ⅱ类城市包括丹东。

综上,辽宁沿海经济带的经济结构分类如表4-16和图4-7、图4-8所示。

表4-16 2009年辽宁沿海经济带城市经济结构分类表

城市分类	Ⅰ		Ⅱ
	ⅰ	ⅱ	
城市名称	锦州 营口 大连 葫芦岛	丹东	盘锦

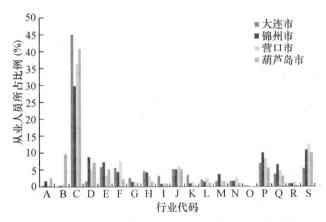

图4-7 2009年辽宁沿海经济带Ⅰ-ⅰ类城市经济结构图

该类城市制造业比例高于其他两个分类的城市,其余并没有明显的特征。仅葫芦岛由于矿质条件优越,钼、铅、锌、锰等储量丰富,是国家重要的有色金属基地,采矿业较发达。

这两类城市与Ⅰ-ⅰ类城市相比制造业比例显著要小。Ⅰ-ⅱ类的丹东市由于作为中国对朝鲜的主要通商口岸,批发和零售业、文化娱乐业以及公共管理和社会组织相对发达。而盘锦市为重要的矿产区,采矿业以及依托采矿业的租赁业较为发达。

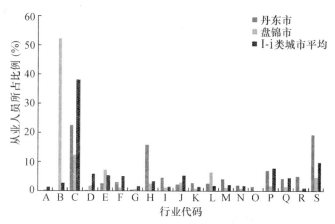

图 4-8 2009 年辽宁沿海经济带 I-ii/II 类城市经济结构图

4.3 山东半岛蓝色经济区

山东半岛是我国最大的半岛,濒临渤海与黄海,东与朝鲜半岛、日本列岛隔海相望,西连黄河中下游地区,南接长三角地区,北临京津冀城市群。山东半岛是环渤海地区与长江三角洲地区的重要结合部,是黄河流域地区最便捷的出海通道,海洋经济发展基础良好,在促进黄海和渤海科学开发、深化沿海地区改革开放、提升我国海洋经济综合竞争力中具有重要的战略地位。

2011年1月,国家发改委制定了《山东半岛蓝色经济区发展规划》。规划主体区范围包括山东全部海域和青岛、东营、烟台、潍坊、威海、日照六市及滨州市的无棣、沾化两个沿海县所属陆地,海域面积15.95万平方公里,陆域面积6.4万平方公里。2009年,经济区内总人口3 291.8万人,人均地区生产总值50 138元。山东半岛蓝色经济区区位条件优越,海洋资源丰富,海洋生态环境良好,海洋渔业、海洋盐业、海洋工程建筑业、海洋电力业增加值均居全国首位,海洋生物医药、海洋新能源等新兴产业和滨海旅游等服务业发展迅速,具有加快发展海洋经济的巨大潜力。《山东半岛蓝色经济区发展规划》的实施将有利于加快培育山东半岛的战略性海洋新兴产业,构筑现代海洋产业体系,促进发展方式转变,同时推动海陆统筹协调,提升海洋经济辐射带动能力,进一步密切环渤海与长三角地区的联动融合,优化我国东部沿海地区总体开发格局。

4.3.1　样本选取与数据来源

根据《山东半岛蓝色经济区发展规划》，在研究该区域城市的总体情况时，主要对青岛、烟台、东营、潍坊、日照、威海等 6 个城市进行中心性指数的计算，其中各城市的市辖区面积、人口以及地区生产总值来源于中经网数据库，各城市间的公路里程来源于 Google Earth 软件的测量，取两市间最小公路距离。

在应用分形模型对区域城市的空间分布规则进行实证研究时，结合山东省的地形对样本进行了适当的改动，关注了自然条件更接近中心地理论假设的鲁中、鲁西地区，因此这部分内容涉及的城市群实为山东半岛城市群，而非山东半岛蓝色经济区城市群。

4.3.2　中心性计算

本部分内容主要对山东半岛蓝色经济区 6 个地级市的中心性指数进行计算，以分析城市群的总体结构，计算中使用的数据如表 4-17、表 4-18 所示。

表 4-17　2009 年山东半岛蓝色经济区各城市概况

城市	GDP	人口	面积	半径
青岛市	2 789	275.47	1 405	7.05
烟台市	1 553	179.24	2 722	9.81
东营市	1 377	83.28	3 294	10.79
潍坊市	690	181.25	2 650	9.68
日照市	670	122.83	1915	8.23
威海市	503	64.54	777	5.24

表 4-18　山东半岛蓝色经济区各城市间公路里程

距离	青岛	东营	烟台	潍坊	威海	日照
青岛	0					
东营	263	0				
烟台	211	334	0			
潍坊	156	116	241	0		
威海	260	397	65	301	0	
日照	129	342	322	171	382	0

将上述数据代入中心性指数的计算公式，得到各城市的中心性指数以及相应的 A 部分和 B 部分数值，如表 4-19 和图 4-9 所示。

表 4-19　2009 年山东半岛蓝色经济区各城市中心性指数

城市	A 部分	B 部分	中心性指数	等级
青岛市	124.34	13.00	137.34	1
烟台市	53.77	11.99	65.77	2
潍坊市	36.53	14.11	50.64	2
日照市	34.86	9.45	44.31	3
威海市	34.37	8.50	42.87	3
东营市	31.37	6.18	37.56	3

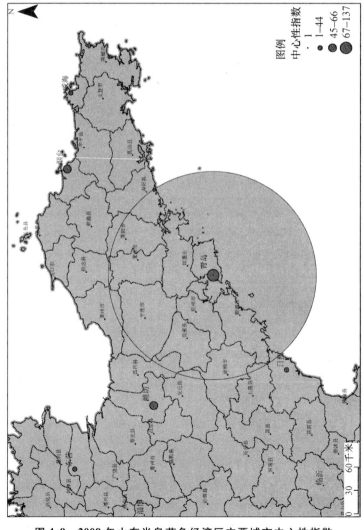

图 4-9　2009 年山东半岛蓝色经济区主要城市中心性指数

根据计算结果,青岛市的中心性指数水平处于绝对领先地位,为区域的中心城市。此外,烟台、潍坊两个城市的中心性指数超过 50,因此考虑将两者作为第二等级的城市,余下的城市中心性指数在 50 以下,被划为第三等级。但需要指出的是,除青岛市的中心性指数明显地大于其余城市以外,剩下的城市中心性指数的差距并不明显。

由于城市间距离较远,加上丘陵地带的阻隔,山东沿海地区的城市和鲁中平原地区的城市在空间联系上并不紧密,城市间的相互影响力也较弱。结合各城市的地理区位以及对于城市等级划分,大致可以将区域划分为青岛—日照,烟台—威海,潍坊—东营等三个城市联合区,每个分区与其他分区在地理空间上相对独立,其中青岛—日照位于山东半岛南岸,烟台—威海位于山东半岛北岸,而潍坊—东营则位于鲁中地区的平原地带。这几个城市联合区内部地形相对平坦,但与其他城市联合区之间隔着丘陵或者山地。通过拆分城市中心性指数 B 部分的数值,发现联合区内城市间的相互影响较强,高于其他城市联合区对本区城市施加的影响,这也为城市联合区的划分提供了较为合理的依据。

4.3.3 城镇等级—规模分形模型的实证研究

以上分析了山东半岛蓝色经济区城市的总体特点,并按照城市的地理分布将城市划分为了三个城市联合区。接下来,将对山东半岛地区城市的空间分布规则进行实证研究。由于规划涉及的青岛、日照、烟台以及威海等四个城市位于沿海的丘陵地带,不符合模型假设。因此,我们对研究对象做了较大改动,转而研究山东半岛城市群的空间分布原则,并不仅限于蓝色经济带。这部分内容重点考虑了地形更加符合均质平原假设的鲁中以及鲁西地区,并选取了济南、淄博、潍坊、东营、泰安、济宁、聊城、莱芜、泰安、德州以及滨州等 11 个城市为研究对象。

将上述 11 个城市进行拆分后,得到市区和地级市所辖市县共计 44 个城市的样本,各市县的非农业人口规模以及排序如表 4-20 所示。

表 4-20　2009 年山东半岛蓝色经济区 65 市县非农业人口数量

城市	人口	位序	城市	人口	位序	城市	人口	位序
济南市	348.24	1	昌乐县	25.097	23	梁山县	11.38	45
淄博市	154.64	2	昌邑市	21.63	24	齐河县	11.27	46
潍坊市	125.99	3	商河县	20.78	25	嘉祥县	10.66	47

（续表）

城市	人口	位序	城市	人口	位序	城市	人口	位序
东营市	65.63	4	兖州市	20.69	26	平阴县	10.14	48
泰安市	65.26	5	临邑县	19.81	27	济阳县	9.95	49
济宁市	63.13	6	邹平县	19.44	28	金乡县	9.80	50
聊城市	58.75	7	曲阜市	18.26	29	恒台县	9.386	51
莱芜市	50.40	8	乐陵市	18.11	30	东平县	8.4942	52
滨州市	49.40	9	阳谷县	17.61	31	鱼台县	7.9135	53
寿光市	48.098	10	博兴县	16.71	32	武城县	7.777	54
诸城市	47.97	11	宁阳县	16.44	33	冠县	6.877	55
德州市	42.51	12	禹城市	16.38	34	惠民县	6.3634	56
章丘市	41.12	13	高唐县	16.35	35	庆云县	5.9573	57
新泰市	40.072	14	泗水县	16.29	36	宁津县	5.7962	58
安丘市	39.82	15	茌平县	15.40	37	无棣县	5.5775	59
汶上县	39.72	16	微山县	15.34	38	高青	5.5499	60
周城市	39.34	17	夏津县	14.47	39	广饶县	5.4643	61
高密市	36.95	18	平原县	12.85	40	利津县	4.6117	62
青州市	31.22	19	东阿县	12.33	41	沾化县	4.3561	63
临清市	30.80	20	沂源县	12.16	42	垦利县	3.6173	64
临朐县	30.38	21	莘县	12.12	43	阳信县	3.4067	65
肥城市	27.47	22	陵县	11.68	44			

首先根据模型要求对44个市县进行分级,保证最高等级的城市仅有一个。具体的划分方式是济南市为第一等级,非农业人口在200万以上;非农业人口在55万到200万之间的城市为第二等级,包括6个样本;剩下的城市又按照非农业人口是否高于20万,被划分为两个等级。各等级城市的数量以及平均人口如表4-21所示。

表4-21 山东半岛蓝色经济区65市县非农业人口分级

等级	人口范围	城市数量	平均人口
1	200+	1	348.24
2	55—200	6	88.90
3	20—55	18	35.97
4	0—20	39	11.18

得到分组数据后,依据方程 $\ln N(r) = C - D\ln P_r + u$,求取分维数 D,其中 $N(r)$ 对应各等级城镇数量, P_r 对应相应等级城市平均人口。根据

EViews 软件输出的结果，$D = 1.081$，$C = 6.503$，两者的 p 值分别为 0.0114 和 0.0058，小于 2%，回归所得的系数较为显著。同时模型的 $R^2 = 0.9774$，拟合程度较高。

根据 D 不同取值的经济含义，此处 D 值略大于 1，说明区域城市的人口分布基本按照标准模型分布，各城市的人口分布较为均衡。根据模型回归所得的实际 D 值，应用公式 $P_r = P_1 \left(\sum_{i=1}^{r-1} K^i \right)^{-1/D}$，计算出不同分布规则下各级城市平均人口数预测值，并与各等级城镇平均人口对比，可初步判定城市空间分布依据的原则，如表 4-22 所示。

表 4-22　实际 D 值下山东半岛蓝色经济区 65 市县非农业人口分布模型

级别	实际人口	$K=3$	$K=4$	$K=7$
1	348.24	348.24	348.24	348.24
2	88.90	96.62	78.61	50.90
3	35.97	32.49	20.85	8.28
4	11.18	11.49	5.72	1.37

根据模型结果，对于第二等级的城市，实际的平均人口处于 $K=3$ 市场原则以及 $K=4$ 交通原则下的预测值之间，而第三和第四等级的城市的实际人口则与市场原则下的预测更为接近。

结合山东半岛的实际情况，第二等级城市的空间分布以及城市规模会向交通原则下的分布与规模偏离有着一定的历史原因。山东许多城市是在近代被德国、日本占领时期初步成型的，而被占领时期的重要标志之一即是胶济铁路的修建，方便了山东半岛东西方向的联系。而后，济南、淄博、潍坊等鲁西、鲁中地区的重要城市以及章丘、青州等其他许多规模较大的县级市都是依靠铁路运输的便利才逐步发展起来，形成了沿铁路分布的格局。近年来，随着京沪高铁的贯通，德州、济南、泰安等重要城市的经济与市场规模扩张将更加依赖半岛便利的交通条件。

4.3.4　城市聚类分析

以上内容初步分析了山东半岛蓝色经济区各城市概况以及城市间的组织关系，下面将对区域城市进行聚类分析，以确定城市间经济社会的相似相关程度，进而对城市进行分类，以预期城市群内各城市的经济发展路径。研究所选取的指标如表 4-23 所示。

表 4-23　2009 年山东半岛蓝色经济区城市各行业就业人员比例表

行业代码	青岛	东营	烟台	潍坊	威海	日照
A	0.34	0.79	0.25	0.12	0.10	0.47
B	0.01	41.45	0.21	2.22	0.05	0.39
C	48.84	11.07	58.54	42.35	59.44	39.94
D	1.95	0.46	1.39	2.03	1.90	2.42
E	4.44	3.25	3.56	8.14	6.51	6.55
F	8.44	4.50	4.41	1.79	4.51	10.37
G	0.73	1.75	0.44	1.05	0.35	1.09
H	4.08	2.07	2.73	7.09	4.01	5.07
I	2.51	1.86	1.37	1.83	2.15	1.40
J	4.36	1.71	4.68	3.54	3.15	5.23
K	1.84	0.32	2.21	1.17	1.35	1.09
L	1.74	5.03	1.58	1.32	0.55	0.39
M	1.75	5.03	1.23	1.01	0.40	0.62
N	1.32	0.89	1.06	0.58	1.00	0.70
O	0.18	5.11	0.12	0.12	0.15	0.00
P	7.13	6.57	6.91	8.69	5.41	10.30
Q	3.52	1.61	2.48	3.58	2.45	3.82
R	1.21	0.25	0.67	0.58	0.55	0.62
S	5.63	6.28	6.16	12.78	5.96	9.52

由于所选指标相同,因此无需再进行量纲化,直接使用 SPSS 中的聚类分析,得到如图 4-10 所示的树状图。

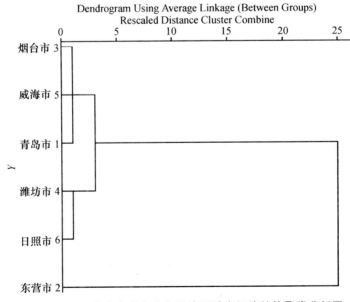

图 4-10　2009 年山东半岛蓝色经济区城市经济结构聚类分析图

山东半岛蓝色经济区的城市可以分为两大类：

Ⅰ．第Ⅰ类城市包括烟台、威海、青岛、潍坊和日照。

Ⅱ．第Ⅱ类城市仅包括东营。

Ⅰ类城市可继续细分为：

ⅰ．第Ⅰ-ⅰ类城市分为烟台、威海和青岛。

ⅱ．第Ⅰ-ⅱ类城市包括潍坊和日照。

综上，山东半岛蓝色经济区的经济结构分类如表4-24和图4-11至图4-13所示。

表4-24　2009年山东半岛蓝色经济区城市经济结构分类表

城市分类	Ⅰ		Ⅱ
	ⅰ	ⅱ	
城市名称	烟台 威海 青岛	潍坊 日照	东营

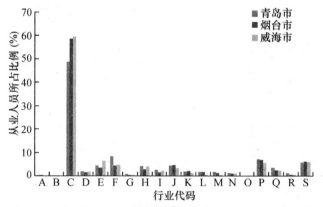

图4-11　2009年山东半岛蓝色经济区Ⅰ-ⅰ类城市经济结构图

这类城市位于蓝色经济区东部，城市的制造业十分发达，且此类城市均临海，有着良好的港口，交通运输业普遍较高。

这类城市主要位于蓝色经济带中部，城市的制造业明显低于东部临海地区，建筑业较为发达，此外，中部城市的教育业和公共管理行业也有较大的比例。

东营市位于蓝色经济带的西部，地处黄河入海口，有着丰富的石油资源，石油开采为其支柱产业，石油开采的附属产业诸如租赁业和科学勘探，乃至居民服务业，也随着石油产业的发展而迅猛成长，远远高于其他各个地区。

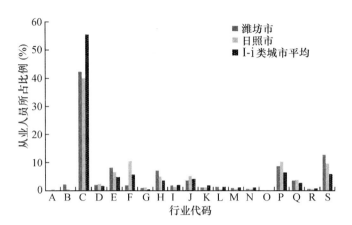

图 4-12　2009 年山东半岛蓝色经济区 I-ii 类城市经济结构图

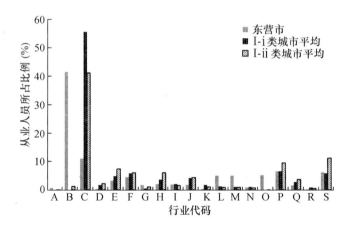

图 4-13　2009 年山东半岛蓝色经济区 II 类城市经济结构图

4.4　河南中原城市群

中原城市群是以郑州为中心,以洛阳为副中心,以开封、新乡、焦作、许昌、平顶山、漯河、济源等地区性城市为节点构成的紧密联系圈。城市群包括 23 个市,34 个县城,374 个建制镇,土地面积 5.87 万平方公里,人口 3 950 万,分别占河南省土地面积和总人口的 35.3% 和 40.3%。2008 年该区域实现地区生产总值 10 568 亿元,位居中部地区第一位,二、三产业增加值占GDP比重89.7%,人均地区生产总值21 470.3元,规模以上工业增加值3 431.19亿元。在中国15个城市群中综合实力名列第7位,位列中国中西部第一位。

与鄱阳湖生态经济区以及皖江城市带不同,河南中原城市群并没有单独的国家级规划,但在2009年《促进中部地区崛起规划》中,河南中原城市群被确立为中部六省的城市群增长极之一。该区域将建成全国重要的制造业基地、能源基地、现代物流中心和区域性金融中心,从而确立其在中西部乃至全国城市群中的重要地位。

4.4.1 样本选取与数据来源

根据《促进中部地区崛起规划》,在研究河南中原城市群城市的总体特点时,共选取了郑州、洛阳、开封、新乡、焦作、许昌、平顶山、漯河等8个城市作为样本,运用城市的市区面积、人口和地区生产总值三项数据,结合各城市间的公路里程来计算各城市的中心性指数。其中,前三项数据来源于中经网统计数据库,均为市辖区数据。城市间的公路里程来源于Google Earth软件的测算,取两市的最短公路里程。

在利用城镇等级—规模模型研究城市分布的具体模式时,进一步将上述八市进行拆分,得到8个市辖区,47个市县共计55个样本,并从《全国分市县人口统计资料(2009年)》中获取了这55个市镇的非农业人口数据。

4.4.2 中心性指数

本部分内容主要对河南中原城市群各城市的中心性指数进行计算,使用的数据如表4-25所示。

表4-25 2009年河南中原城市群各城市概况

城市	GDP	人口	面积	半径	城市	GDP	人口	面积	半径
郑州市	1 432	285.01	1 010	5.98	新乡市	269	101.4	346	3.5
洛阳市	666	160.07	544	4.39	焦作市	222	83.52	424	3.87
平顶山市	408	101.86	459	4.03	开封市	189	85.38	362	3.58
漯河市	344	139.17	1 020	6.01	许昌市	169	41.17	97	1.85

表 4-26 河南中原城市群各城市间公路里程

距离	郑州	洛阳	开封	新乡	焦作	许昌	平顶山	漯河
郑州	0							
洛阳	132	0						
开封	64	193	0					
新乡	75	193	109	0				
焦作	91	123	133	70	0			
许昌	88	167	104	155	171	0		
平顶山	137	133	200	215	228	81	0	
漯河	141	220	190	207	227	57	57	0

将以上数据代入中心性指数的计算公式,得出各城市中心性指数以及相应的 A 部分和 B 部分的数值,结果如表 4-27 所示。

表 4-27 2009 年河南中原城市群各城市中心性指数

城市	A 部分	B 部分	中心性指数	等级
郑州市	106.89	20.59	127.48	1
洛阳市	74.44	11.11	85.55	2
平顶山市	50.6	11.77	62.37	3
新乡市	47.21	12.53	59.75	3
许昌市	45.03	9.52	54.56	3
漯河市	36.43	13.98	50.41	3
开封市	35.5	12.11	47.62	3
焦作市	35.16	11.05	46.22	3

根据计算结果,郑州市的中心性指数 A、B 两部分数值均显著地大于其他城市,为区域的中心城市,如图 4-14 所示。其余的城市中,洛阳、平顶山两个城市的中心性指数超过 60,且 A 部分的数值大于 50;余下四个城市的中心性指数在 60 以下,A 部分的数值在 50 以下,但它们之间指数的差距较小,划分等级的界限并不明显。就中心性指数两部分的构成情况来看,河南中原城市群中的城市,A 部分的数值均较大,说明城市本身具有一定的经济实力;但用于衡量周边城市对城市中心性指数影响的 B 部分数值却较小,说明城市间的经济联系并不密切,各城市间的相互影响较小。

区内城市中,许昌、漯河、平顶山三个城市的空间位置较近,同时这三个城市相互间有着较强的影响力,高于其他城市(包括中心城市郑州)对

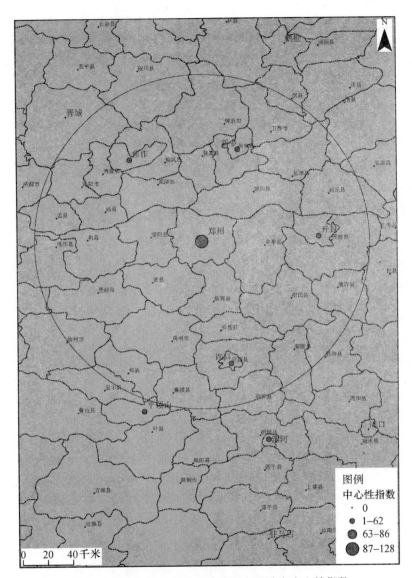

图 4-14 2009 年河南中原城市群主要城市中心性指数

它们影响的数值,可以发展成为城市联合区,驱动城市群南部经济的发展。对于余下的城市,新乡、开封、焦作三市的空间距离也较近,且三个城市间有着一定的相互影响,但由于三市临近区域中心城市郑州,郑州对它们的影响占了主要部分,因此将其纳入以郑州市为中心的城镇系统。

综上，河南中原城市群以郑州市为中心，其影响力主要辐射至周边的新乡、开封、焦作三个城市；余下城市中，许昌、漯河、平顶山三市由于距离较近，三者之间的相互影响超过了郑州市施加给它们的影响力，可以发展成为相对独立的城市联合区。而洛阳由于地理位置的劣势，提升自身经济规模更为重要。

4.4.3 城镇等级—规模分形模型的实证研究

以上内容分析了河南中原城市群的总体情况，下面这部分内容将运用城市等级的分形模型对城市群城市的空间分布原则进行实证研究，拆分后所得的55个市县样本的非农业人口数据以及排序如表4-28所示。

表4-28 2009年河南中原城市群52市县非农业人口数量

城市	人口	位序	城市	人口	位序	城市	人口	位序
郑州市	213.43	1	新安县	12.09	20	延津县	7.17	39
洛阳市	114.68	2	鄢陵县	12.05	21	宝丰县	7.13	40
平顶山市	78.78	3	卫辉市	12.04	22	舞阳县	7.0	41
新乡市	74.75	4	襄城县	11.47	23	温县	6.88	42
焦作市	65.11	5	汝州市	11.31	24	武陟县	6.34	43
开封市	59.61	6	荥阳市	11.00	25	汝阳县	6.06	44
漯河市	46.94	7	偃师市	10.50	26	洛宁县	6.03	45
许昌市	41.16	8	舞钢市	10.44	27	孟津县	5.98	46
辉县市	35.82	9	兰考县	10.03	28	孟州市	5.75	47
许昌县	23.00	10	鲁山县	9.96	29	修武县	5.73	48
登封市	20.25	11	宜阳县	9.86	30	郏县	5.6	49
禹州市	20.04	12	封丘县	9.72	31	嵩县	5.66	50
新密市	18.73	13	沁阳市	9.39	32	通许县	5.61	51
长葛市	16.03	14	杞县	9.17	33	开封县	5.50	52
新郑市	15.89	15	长垣县	8.42	34	原阳县	5.38	53
巩义市	15.72	16	叶县	8.36	35	栾川县	4.49	54
伊川县	14.25	17	尉氏县	8.24	36	新乡县	2.89	55
临颍县	12.86	18	获嘉县	7.26	37			
中牟县	12.33	19	博爱县	7.18	38			

首先根据模型要求，按照城市非农业人口规模在200万以上，60万—200万，15万—60万以及15万以下将55个市县划分为四个等级，各等级的城市数量以及平均人口如表4-29所示。

表 4-29　2009 年河南中原城市群各市县人口分级

等级	人口范围	城市数量	平均人口
1	200 +	1	213.43
2	60—200	4	83.34
3	15—60	11	28.48
4	0—15	41	2.35

得到上述数据后，根据方程 $\ln N(r) = C - D\ln P_r + u$ 进行计量回归，求取分维数 D，其中 $N(r)$ 对应各等级城镇数量，P_r 对应平均人口。根据 EViews 软件的输出结果，$D = 0.7836$，$C = 4.6146$，两者的 p 值分别为 0.0305 和 0.0136，小于 5%，说明回归所得的系数显著。同时有 $R^2 = 0.9398$，拟合程度较高。

此处 D 值小于 1，表明河南中原城市群城镇人口分布较不均衡，首位城市郑州市的垄断性较强，城市群非农业人口低于 15 万的城镇占了绝大部分，且以 10 万以下规模的市县居多。

利用所求得的 D 值和公式 $P_r = P_1 \left(\sum_{i=1}^{r-1} K^i \right)^{-1/D}$，可计算出不同分布规则下各级城市平均人口的预测值，通过与实际值相比较，可判定城镇的空间分布规则，如表 4-30 所示。

表 4-30　实际 D 值下河南中原城市群 52 市县人口分布模型

级别	实际人口	$K = 3$	$K = 4$	$K = 7$
1	213.43	213.43	213.43	213.43
2	83.34	36.34	27.33	14.99
3	28.48	8.06	4.37	1.22
4	2.35	1.92	0.73	0.10

根据模型结果，无论是市场原则、交通原则还是行政原则下模型的预测值均与人口的实际值有着较大差距。由于先前的经验，可以认为差距产生的原因与城市分级的随机性无关，我们也没有发现该地区出现与珠三角的广州和佛山类似的同城化趋势。进一步计算河南中原城市群的城市首位度，发现该区域的四城市指数为 0.796，十一城市指数为 0.762。按照位序—规模的原理，正常的四城市指数以及十一城市指数应该为 1，因此河南中原城市群的数据明显偏小，基于城市首位度的计算公式，可以认为首位城市郑州市的规模滞后。河南中原城市群位于长三角经济区与

环渤海经济区腹地的交接处,受到来自这两个经济区的影响力相当,城市的市场空间又受到中部地区其他城市诸如武汉的侵蚀,城市群可能受到来自其他多个地区的综合影响力,但这部分影响均未被纳入模型,因此导致模型的预测值严重偏小。

4.4.4 城市聚类分析

以上内容初步分析了河南中原城市群各城市概况以及城市间的组织关系,下面将对区域城市进行聚类分析,以确定城市间经济社会的相似相关程度,进而对城市进行分类,以预期城市群内各城市的经济发展路径。研究所选取的指标如表 4-31 所示。

表 4-31 2009 年河南中原城市群城市各行业就业人员比例表

行业代码	郑州	开封	洛阳	平顶山	新乡	焦作	许昌	漯河
A	0.17	0.20	0.10	0.10	0.00	0.06	0.00	0.00
B	7.18	0.00	0.50	37.36	0.00	24.77	0.00	0.00
C	16.41	23.41	37.93	19.94	44.50	26.64	41.11	44.85
D	2.38	1.57	2.42	2.77	2.05	4.18	2.16	1.37
E	17.95	12.07	9.49	6.34	8.52	5.98	5.77	10.92
F	3.32	2.95	4.71	1.97	2.84	2.14	3.85	2.18
G	1.81	1.70	0.64	0.35	0.42	0.56	1.32	1.02
H	6.00	7.08	3.33	4.22	8.31	2.71	6.37	1.30
I	2.93	4.26	1.95	1.00	1.37	1.52	1.92	0.75
J	4.55	3.02	3.64	3.70	2.84	6.94	3.61	2.66
K	2.77	4.59	1.38	0.59	1.16	0.40	1.92	1.23
L	2.79	1.90	2.15	3.32	1.47	0.85	1.32	3.00
M	3.65	1.31	6.73	0.87	2.31	1.24	1.92	0.61
N	1.30	2.56	1.85	1.52	0.63	1.47	1.68	2.59
O	0.31	1.18	0.64	0.07	0.26	0.06	0.24	0.07
P	9.39	11.61	8.45	5.40	8.73	7.67	7.57	10.51
Q	4.84	6.30	4.54	2.15	5.10	3.27	4.45	4.64
R	2.94	1.51	0.81	0.48	0.63	0.68	1.56	0.75
S	9.32	12.79	8.72	7.83	8.84	8.86	13.22	11.54

由于所选指标相同,因此无需再进行量纲化,直接使用 SPSS 中的聚类分析。可以得到如图 4-15 所示的树状图。

第 4 章 环渤海经济区及其腹地

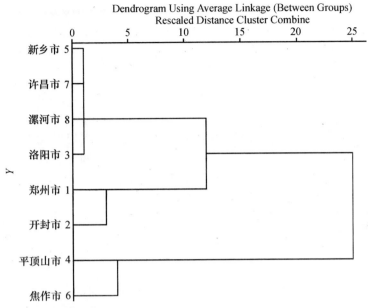

图 4-15　2009 年河南中原城市群城市经济结构聚类分析图

河南中原城市群的城市可以分为两大类：

Ⅰ．第Ⅰ类城市包括新乡、许昌、漯河、洛阳、郑州和开封。

Ⅱ．第Ⅱ类城市仅包括平顶山和焦作。

对Ⅰ类城市细分：

ⅰ．第Ⅰ-ⅰ类城市包括郑州和开封。

ⅱ．第Ⅰ-ⅱ类城市包括新乡、许昌、漯河和洛阳。

综上，河南中原城市群的经济结构分类如表 4-32 和图 4-16 至图 4-18 所示。

表 4-32　2009 年河南中原城市群城市经济结构分类表

城市分类	Ⅰ		Ⅱ
	ⅰ	ⅱ	
城市名称	郑州 开封	新乡 许昌 漯河 洛阳	平顶山 焦作

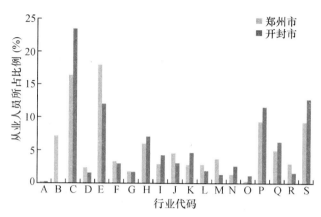

图 4-16　2009 年河南中原城市群 I-i 类城市经济结构图

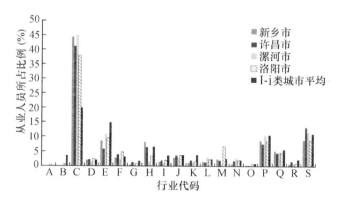

图 4-17　2009 年河南中原城市群 I-ii 类城市经济结构图

这类城市分布在城市群的核心区域,城市制造业比例相对较低,建筑业份额较大。郑州市矿产丰富,其中煤炭储量达50亿吨,粘土品种丰富,是全国最大的油石基地之一。

这类城市分布在以郑州为核心的交通主干道上,城市制造业份额明显高于核心城市,承接了核心区域转移的制造业,但建筑业比例低于中心城市。洛阳的科学研究机构较多,远远高于平均水平。

这类城市分布在交通次干道上。平顶山和焦作两市为资源型城市,其采矿业从业人员远高于其他城市,由于城市面积有限,建筑业从业人员低于其他城市。

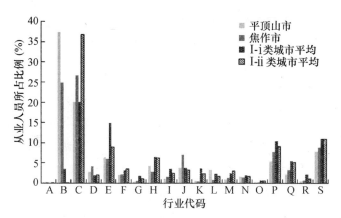

图 4-18 2009 年河南中原城市群 II 类城市经济结构图

4.5 山西太原城市圈

在《促进中部地区崛起规划》中,太原城市圈被确立为中部六省的城市群增长极之一。所谓太原城市群,是以山西省省会太原为中心,以太原盆地城镇密集区为主体所构成的城市群。该区域位于全国"两横三纵"城市化战略格局中京哈京广通道纵轴的中部,区域的功能定位是资源型经济转型示范区,是全国重要的能源、原材料、煤化工、装备制造业和文化旅游业基地。规划确立的城市圈范围包括了太原市市域全部,阳泉市市域全部,晋中市的榆次区、寿阳县、太谷县、平遥县、祁县和介休市,忻州市的忻府区、定襄县、原平县和静乐县,吕梁市的交城县、文水县、孝义市和汾阳市,面积 3.1 万平方公里,圈内人口 965.8 万人。

4.5.1 样本选取与数据来源

根据《促进中部地区崛起规划》,在考察该省城市的总体结构特点时,选取太原、晋中、阳泉、忻州四个城市为样本,运用市区面积、人口、地区生产总值以及城市间公路里程来计算各城市的中心性指数。其中前三项数据来源于中经网统计数据库,均为市辖区的数据。城市间公路里程来源于 Google Earth 软件的测算,取城市间最短公路里程。

在进行城镇等级—规模模型的实证研究时,则重点关注了位于地形相对平坦的汾河谷地上的太原、晋中两市,忻州市的自然条件也大致符合假设,而阳泉市由于位于谷地以东的山地丘陵地带被排除在模型之外。在确定需要分析的城市之后,进一步将三市进行分拆,得到三市市区以及所辖市县共计30个样本。

4.5.2 中心性指数的计算

本部分内容将对山西太原城市群城市的中心性指数进行计算,计算中使用的数据如表4-33、表4-34所示。

表4-33　2009年太原都市圈主要城市的基本概况

城市	GDP	人口	面积	半径
太原市	1 422	285.16	1 460	7.19
阳泉市	235	68.76	652	4.80
晋中市	122	58.88	1 311	6.81
忻州市	66	52.86	1 982	8.37

表4-34　太原都市圈四个城市间公路里程

距离	太原	晋中	阳泉	忻州
太原	0			
晋中	31	0		
阳泉	112	98	0	
忻州	71	97	128	0

将表中数据代入城市中心性的计算公式,得出山西省四座城市的中心性数值如表4-35所示。

表4-35　2009年太原都市圈城市中心性指数

城市	A部分	B部分	中心性指数	等级
太原市	88.62	10.26	98.88	1
阳泉市	26.47	4.25	30.72	2
晋中市	12.45	11.18	23.62	3
忻州市	7.05	5.56	12.61	3

根据计算结果,山西省四个城市的中心性指数排序为太原、阳泉、晋中、忻州,如图4-19所示。其中太原市的中心性指数远高于其他三个城市,说明太原在区域中扮演着中心城市的角色。在中心性指数的构成上,太原市仅在A部分的数值显著地大于其余三市,而B部分的数值仅位于

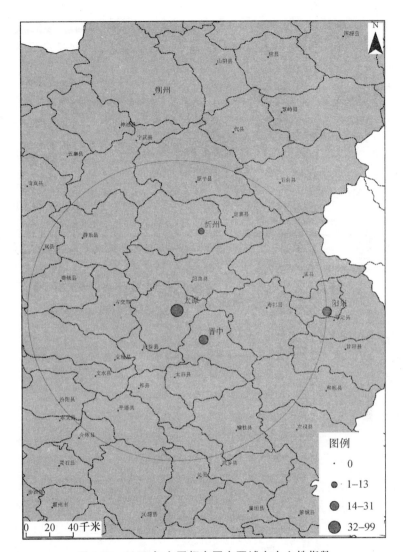

图4-19 2009年太原都市圈主要城市中心性指数

区域的第二位,低于晋中市,说明太原市区域中心城市作用的发挥,更多地依靠自身的经济规模来实现。其他城市中,阳泉市中心性结构和太原市类似,A部分数值远高于B部分数值,而晋中、忻州两市的中心性指数的两部分数值相对持平。但这三个城市的中心性指数的A部分数值并不大,城市的经济实力较弱,与太原市有着较大的差距。

综上,太原都市圈上述四个城市呈现单核心结构,太原市既是地理意义上的中心城市,又是经济意义上的中心城市。太原市对于其他城市有着一定的影响力,分别是太原对晋中 9.33,对阳泉 2.80,对忻州 3.86,占到了这三个城市中心性指数 B 部分数值的绝大部分,但与其他经济发达地区相比,太原市中心城市职能的发挥尚显不足。

4.5.3 城镇等级—规模分形模型的实证研究

这部分内容主要对太原都市圈大致满足均质平原假设的城市的空间分布规则进行实证研究,样本的选择与数据的来源不再赘述,将地级市拆分后所得到的 30 个市县非农业人口数据如表 4-36 所示。

表 4-36 2009 年太原都市圈 30 市县非农业人口数量

城市	人口	位序	城市	人口	位序	城市	人口	位序
太原市	238.45	1	清徐县	5.23	11	河曲县	3.00	21
晋中市	31.34	2	五台县	4.96	12	和顺县	3.00	22
忻州市	19.62	3	寿阳县	4.67	13	榆社县	2.68	23
古交市	14.29	4	宁武县	4.58	14	娄烦县	2.59	24
原平市	13.19	5	代县	4.32	15	保德县	2.53	25
介休市	11.95	6	定襄县	3.80	16	偏关县	2.33	26
灵石县	8.35	7	昔阳县	3.59	17	静乐县	2.32	27
太谷县	7.75	8	繁峙县	3.56	18	五寨县	2.30	28
平遥县	7.63	9	左权县	3.25	19	神池县	1.88	29
祁县	6.25	10	阳曲县	3.14	20	岢岚县	1.53	30

该部分地区非农业人口在 10 万以下的市县占了绝大部分,又以规模在 5 万以下的为主。首先按照模型要求对 30 个样本按照人口规模进行等级划分,保证最高等级的城市只有太原一个,余下城市又按照非农业人口规模为 10 万以上,10 万以下划分为两个等级,各等级城市的数量以及平均人口规模如表 4-37 所示。

表 4-37 太原都市圈 30 市县人口分级

等级	人口范围	城市数量	平均人口
1	200 +	1	238.45
2	10—200	5	18.08
3	10 以下	24	3.97

根据方程 $\ln N(r) = C - D\ln P_r + u$ 对上述分组数据进行计量回归,

求得分维数 $D = 0.760$，$C = 4.064$，它们的 p 值分别为 0.0618 和 0.0900，在 10% 的维度下显著。同时模型的 $R^2 = 0.9801$，对区域城镇的分形分布模拟较好。根据 D 不同取值的经济学含义，此处小于 1 的 D 值意味着区域的城镇人口分布不均衡，中间规模的城镇数量较少，首位城市太原市的垄断性很强。

根据回归所得 D 值，利用公式 $P_r = P_1 \left(\sum_{i=1}^{r-1} K^i \right)^{-1/D}$，可计算出不同分布规则下各级城市平均人口数的预测值，通过与实际值比较，可确定城市的空间分布原则，如表 4-38 所示。

表 4-38　实际 D 值下太原都市圈 30 市县人口分布模型

级别	实际人口	$K=3$	$K=4$	$K=7$
1	238.45	238.45	238.45	238.45
2	18.08	38.45	28.66	15.44
3	3.97	8.15	4.33	1.16

根据模型结果，在 $K=7$ 即行政原则下计算出的第二等级城镇人口规模预测值与实际值较为接近，而市场原则与交通原则下的预测值与实际值差异较大。而对于第三等级的城镇，交通原则下的预测值与实际值最为接近。

山西省的经济增长主要依靠煤炭资源的开采，长期以来，这类矿产资源的分配主要由政府主导，而非遵循市场原则，受行政干预严重。在这样的背景下，区域城市的市场划分主要符合行政原则，城市的规模也因此受到影响。虽然自 2004 年 5 月山西国资委组建以来，关于国有企业的改革也在有条不紊地进行，然而改革的启动与进程均落后于全国很多地区却是不争的事实。改革进程中，政府公共管理职能与国有资产出资人职能并未完全分开，阻碍了经济的市场化进程。近年来，关于山西省的发展应摆脱行政束缚的报道颇为多见，也从侧面说明了行政原则主导了太原都市圈城市的空间分布，并进一步制约了城市的经济发展。

此外，由于该城市群内城市数量较少，不宜采用聚类分析法进行分析，因此略去这部分内容。

4.6　关中—天水经济区

关中—天水经济区（以下简称经济区）包括陕西省的西安、铜川、宝鸡、咸阳、渭南、杨凌、商洛（部分区县）等市和甘肃省天水市所辖行政区域，经济区面积 7.98 万平方公里，直接辐射区域包括陕西省陕南的汉中、安康，陕北的延安、榆林，甘肃省的平凉、庆阳和陇南等地区。经济区地处亚欧大陆桥中心，处于承东启西、连接南北的战略要地，是我国西部地区经济基础较好、自然条件优越、人文历史深厚、发展潜力较大的地区。2000 年至 2007 年，经济区地区生产总值年均增长 13%，2007 年达到 3 765 亿元，占西北地区的 28.6%。其中，区内工业增势强劲，2007 年实现规模以上工业增加值 1 271 亿元，占西北地区的 23.8%。而商贸旅游业等第三产业也不断壮大，所占比重明显高于西部地区平均水平。

2009 年 6 月，国家发改委制定了《关中—天水经济区发展规划》，旨在加快经济区建设与发展，增强区域经济实力，形成支撑和带动西部地区发展的重要增长极，同时推动西北地区经济振兴。而从长远看来，经济区的发展也将有利于应对国际金融危机的不利影响，承接东中部地区的产业转移，促进我国区域间的协调发展。

4.6.1 样本选取与数据来源

根据《关中—天水经济区发展规划》，在考察经济区城市的总体发展特点时，主要关注了西安、宝鸡、咸阳、天水、铜川、渭南以及商洛这 7 个城市。运用城市的市辖区面积、人口、地区生产总值三项数据，结合各城市间的公路里程，对城市的中心性指数进行计算。

在应用城镇等级—规模模型对经济区城市的空间分布原则进行实证研究时，主要关注了在地形上符合均质平原假设的关中平原地区，而位于丘陵地带的天水和商洛两个城市则被排除在外。进一步可将关中平原 5 市进行拆分，得到城市市辖区以及所辖市县共计 40 个城镇样本，并按照人口数量对城市进行排序分组，并进行计量回归。

4.6.2 中心性指数

这部分内容主要对各城市中心性指数进行计算，以研究城市群的总体特点，各城市的主要经济数据以及城市间公路里程如表 4-39、表 4-40 所示。

表4-39 2009年关中—天水经济带各城市概况

城市	GDP	人口	面积	半径
西安市	2 315	561.58	3 582	11.26
宝鸡市	468	141.37	3 574	11.24
咸阳市	322	89.7	527	4.32
天水市	153	126.06	5 861	14.40
铜川市	145	75.72	2 406	9.22
渭南市	142	96.8	1 221	6.57
商洛市	53	54.89	2 672	9.72

表4-40 关中—天水经济带各城市间公路里程

距离	西安	天水	铜川	宝鸡	咸阳	渭南	商洛
西安	0						
天水	334	0					
铜川	75	399	0				
宝鸡	165	172	230	0			
咸阳	26	314	85	145	0		
渭南	63	398	108	230	90	0	
商洛	120	453	191	285	145	110	0

将上述数据代入中心性指数的计算公式,得到各城市的中心性指数以及相应的A部分和B部分数值,结果如表4-41所示。

表4-41 2009年关中—天水经济带各城市中心性指数

城市	A部分	B部分	中心性指数	等级
西安市	101.30	26.33	127.63	1
咸阳市	39.37	22.38	61.75	2
渭南市	17.84	12.45	30.30	3
宝鸡市	22.88	7.34	30.21	3
铜川市	11.36	9.80	21.16	3
天水市	9.65	4.53	14.17	3
商洛市	5.55	5.92	11.47	3

根据计算结果,西安市的中心性指数居于首位,尤其是基于城市自身经济实力的A部分数值,大致与其他6市的总和相当,如图4-20所示。咸阳市与西安市中心性B部分的数值接近,且远高于其他城市的值。原因是咸阳市在地理位置上与西安市相当接近,这两个城市仅相距26公

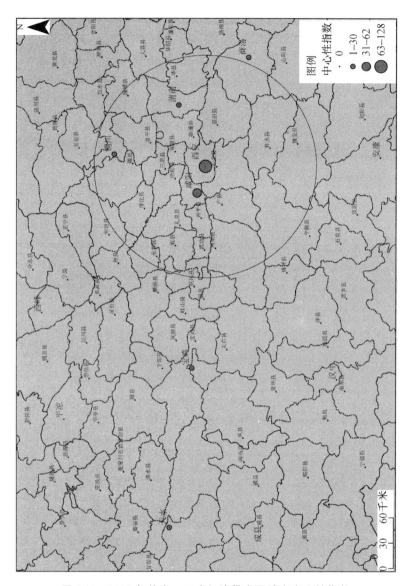

图 4-20　2009 年关中—天水经济带主要城市中心性指数

里,西安对咸阳施加的影响占据了咸阳市中心性指数的绝大部分。此外,由于距离西安较近,咸阳的发展空间受到来自西安的影响,导致城市面积相对较小,因此在 A 部分数值的计算上超过了生产总值排在第二位的宝鸡市。

计算结果反映出,关中平原上城市的中心性指数普遍高于位于山地丘陵地带的天水与商洛,后者无论是 A 部分数值还是 B 部分数值均在区域末两位。究其原因,一方面是由于城市的经济发展不足,基于城市自身经济实力的中心性 A 部分数值较小,另一方面由于城市位于丘陵地带,与关中平原地区城市的空间联系不够紧密,B 部分的数值也较低。

综上,关中—天水经济带以西安市为区域核心城市,区域内关中平原上的五个城市中心性指数明显高于丘陵地带的商洛和天水市。同时,平原地带上的五个城市在地理空间上的联系也更为紧密,其中咸阳市距离西安仅 26 公里,受到来自西安市的影响尤为显著,可以考虑并入核心区域。

4.6.3 城镇等级—规模分形模型的实证研究

这部分内容主要运用城市等级的分形模型对关中平原上城市的空间分布规则进行实证研究,样本的选取与数据来源不再赘述,将城市拆分后所得 40 个市县的非农业人口数据以及排序如表 4-42 所示。

表 4-42 2009 年关中平原城市群 40 市县非农业人口数量

城市	人口	位序	城市	人口	位序	城市	人口	位序
西安市	341.0211	1	华县	9.7726	15	彬县	3.6276	29
宝鸡市	84.8499	2	三原县	8.6259	16	眉县	3.5639	30
咸阳市	62.5321	3	岐山县	8.5145	17	陇县	2.9434	31
铜川市	39.5675	4	白水县	7.5516	18	旬邑县	2.6274	32
渭南市	39.1724	5	礼泉县	7.284	19	淳化县	2.2838	33
韩城市	20.2161	6	高陵县	6.7694	20	凤县	2.1886	34
富平县	17.5924	7	潼关县	6.3196	21	永寿县	2.128	35
大荔县	15.0322	8	周至县	6.095	22	长武县	1.9026	36
蒲城县	14.9626	9	蓝田县	5.7917	23	麟游县	1.8031	37
华阴市	14.6931	10	泾阳县	5.507	24	千阳县	1.7433	38
兴平市	12.4323	11	乾县	5.2633	25	宜君县	1.4754	39
合阳县	11.4841	12	凤翔县	5.1708	26	太白县	1.1026	40
户县	10.9815	13	武功县	5.0449	27			
澄城县	10.1256	14	扶风县	4.1368	28			

根据模型要求,首先对这部分市县进行等级划分,其中第一等级的城市仅 1 个,为西安市,城市的非农业人口规模在 300 万以上。对于余下的城市,又按照非农业人口是否在 20 万以上划分为两个等级,各等级城市

的数量以及平均人口如表 4-43 所示。

表 4-43　关中平原城市群 40 市县非农业人口分级

等级	人口范围	城市数量	平均人口
1	100 +	1	341.021
2	20—100	5	49.27
3	0—20	26	6.66

根据方程 $\ln N(r) = C - D\ln P_r + u$ 对上述分组数据进行计量回归，可求得分维度 $D = 0.828$，$C = 4.831$，两者的 p 值分别为 0.0017 和 0.0013，小于 2%，说明回归所得的系数较为显著。同时有模型的 $R^2 = 0.9814$，对关中平原城市群城市的规模分布拟合程度较高。

根据 D 不同取值的经济含义，此处 D 值小于 1 说明区域城市的人口分布并不均匀，首位城市西安的垄断性较强。从人口分级表中可以看出除了西安、宝鸡、咸阳三个城市人口较多外，大部分城市的非农业人口均在 10 万以下，城市的整体规模偏小，缺少中等规模的城市。

将模型回归所得的实际 D 值代入公式 $P_r = P_1 \left(\sum_{i=1}^{r-1} K^i \right)^{-1/D}$，计算出不同分布规则下各级城市平均人口的预测值，通过与实际值相比较，可以确定城镇的空间分布规则，如表 4-44 所示。

表 4-44　实际 D 值下关中平原城市群 40 市县非农业人口分布模型

级别	实际人口	$K=3$	$K=4$	$K=7$
1	341.021	341.021	341.021	341.021
2	49.27	63.90	48.80	27.66
3	6.66	15.39	8.62	2.58

根据模型结果，在 $K=4$ 即交通原则下模型的预测值与各等级城市非农业人口的实际值较为接近。而 $K=3$ 市场原则以及 $K=7$ 行政原则下的预测值则与实际值存在较大的差距。

基于此，可以认为关中平原城市群的城镇分布主要遵循交通原则。关中平原城市群的城市大都位于西安市 100 公里范围内，平原上便利的交通为城市提供了较好的发展条件，因此区内城市的经济状况也普遍好于周围丘陵地带的城市。宝鸡市距离西安市最远，但得益于对西北诸如河西走廊等地区交通便利的条件,城市规模的发展反而最为迅速,而西安周边的城市由于受到西安市中心性的影响,反而致使城市的发展空间受到挤压,城市经济的发展较为缓慢。

4.6.4 城市聚类分析

以上内容初步分析了关中—天水经济区各城市概况以及城市间的组织关系,下面将对区域城市进行聚类分析,以确定城市间经济社会的相似相关程度,进而对城市进行分类,以预期城市群内各城市的经济发展路径。研究所选取的指标如表 4-45 所示。

表 4-45 2009 年关中—天水经济带城市各行业就业人员比例表

行业代码	西安	铜川	宝鸡	咸阳	渭南	商洛	天水
A	0.16	0.53	0.69	0.47	3.14	2.32	1.87
B	0.10	27.92	0.53	0.00	0.00	0.77	0.00
C	32.75	12.42	43.05	30.33	28.39	10.05	26.17
D	2.20	3.29	3.65	4.80	3.14	3.35	2.29
E	8.02	8.70	5.76	14.93	11.49	8.25	12.32
F	7.84	1.70	9.73	3.20	3.05	7.47	2.80
G	3.24	1.49	0.95	2.07	0.88	2.58	1.78
H	4.59	1.59	4.92	3.07	5.60	3.61	4.08
I	2.78	0.64	1.11	1.67	0.79	1.29	1.02
J	3.93	4.88	3.17	7.67	6.88	10.05	1.95
K	2.28	1.06	0.42	1.07	2.36	3.09	1.87
L	0.98	1.59	0.32	1.80	0.98	0.52	0.68
M	6.84	0.96	2.17	2.87	2.95	1.55	3.65
N	1.40	2.34	1.53	3.00	1.67	1.80	0.76
O	1.07	0.11	0.26	0.07	0.49	0.26	0.00
P	10.70	10.72	9.25	9.67	13.36	18.30	15.12
Q	3.43	3.82	4.28	4.67	4.72	5.93	5.44
R	1.74	0.53	0.63	0.73	0.98	1.29	2.12
S	5.94	15.71	7.56	7.93	9.14	17.53	16.06

由于所选指标相同,因此无需再进行量纲化,直接使用 SPSS 中的聚类分析,得到如图 4-21 所示的树状图。

关中—天水经济区的城市可以分为两大类:

Ⅰ. 第Ⅰ类城市包括咸阳、渭南、西安、天水、宝鸡和商洛。

Ⅱ. 第Ⅱ类城市仅包括铜川。

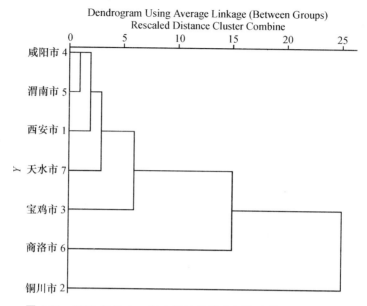

图 4-21　2009 年关中—天水经济带城市经济结构聚类分析图

对 I 类城市细分：

ⅰ. 第 I-ⅰ类城市分为咸阳、渭南、西安、天水和宝鸡。

ⅱ. 第 I-ⅱ类城市包括商洛。

对 I-ⅰ类城市细分：

A. 第 I-ⅰ-A 类城市分为咸阳、渭南、西安和天水。

B. 第 I-ⅰ-B 类城市宝鸡。

对 I-ⅰ-A 类城市细分：

a. 第 I-ⅰ-A-a 类城市分为咸阳、渭南和西安。

b. 第 I-ⅰ-A-b 类城市包括天水。

综上，关中—天水经济带的经济结构分类如表 4-46 和图 4-22、图 4-23 所示。

表 4-46　2009 年关中—天水经济带城市经济结构分类表

城市分类	I				II
	ⅰ			ⅱ	
	A		B		
	a	b			
城市名称	咸阳 渭南 西安	天水	宝鸡	商洛	铜川

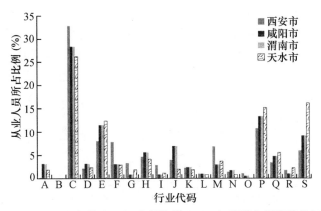

图 4-22 2009 年关中—天水经济带 I-i-A 类城市经济结构图

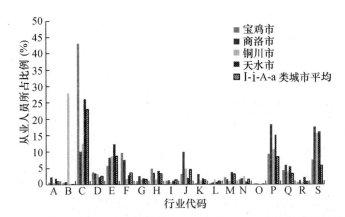

图 4-23 2009 年关中—天水经济带 I-i-B/I-ii/II 类城市经济结构图

关中平原是粮食生产基地,农业人口具有相当比例。西安市作为西北地区的重要门户,为西北地区最为重要的交通枢纽,众多高校、科研机构设立在西安,其科学研究行业较为发达。

宝鸡市建筑业发达,对外输出建筑工人较多。同时宝鸡和商洛是铁路公路运输的枢纽城市。铜川市为资源型城市,具有丰富的炭资源,采矿业发达。

4.7 甘肃循环经济区

甘肃位于我国西北内陆地区,地处青藏高原、内蒙古高原、黄土高原的交汇处,外与蒙古国接界,内与陕、宁、新、青、川和内蒙古接壤,位居西北五省中心,是五省交通运输的中枢,欧亚大陆桥贯穿全境。甘肃省是一个典型的资源型省份,曾为我国的社会主义建设提供了大量的资源和原材料,做出了巨大贡献,在此过程中,也逐步形成了特征非常明显的"两高一资"工业结构,经济发展对资源特别是不可再生资源的依赖性极强,资源和环境压力巨大。

随着我国经济发展方式的进一步转变,特别是《循环经济促进法》的实施,甘肃省经济发展面临新的重大抉择。一方面,作为欠发达地区,富民强省任务异常艰巨;另一方面,随着节能减排和环境保护工作的逐步加强,经济发展面临着严峻挑战和巨大压力。要实现经济社会又好又快发展,必须把发挥资源优势与转变发展方式有机地结合起来,走循环经济发展道路。这既是甘肃发挥资源优势、振兴老工业基地、带动经济社会发展的客观需要,也是探索资源型省份实现科学发展的必然选择。2009年12月,国家发改委批准了《甘肃省循环经济总体规划》,这标志着甘肃省将正式进入全面、系统发展循环经济的新时期。

4.7.1 样本选取与数据来源

根据《甘肃省循环经济总体规划》,在研究甘肃循环经济区城市的总体特点时,考虑了兰州、白银、嘉峪关、金昌、天水、武威、酒泉、张掖、庆阳、平凉、陇南以及定西共计12个城市,对城市的中心性指数进行计算。

另外,需要说明的是,甘肃循环经济区内仅河西走廊地区地形相对平坦,大致符合均质平原地区的分形模型假设,但河西走廊地区仅有酒泉、张掖、金昌以及武威四个城市,不包含区域的中心城市,同时兰州附近的地形条件又不满足模型假设。因此,对于规划涉及的城市,略去城镇等级—规模分形模型的实证研究部分。

4.7.2 中心性指数

这部分内容主要对12个城市的中心性指数进行计算。各市市辖区的面积、人口、地区生产总值三项数据,以及城市间的公路里程如表4-47、表4-48所示。

表 4-47 2009 年甘肃循环经济区各城市概况

城市	GDP	人口	面积	半径
兰州市	805	210.47	1 632	7.60
白银市	176	49.66	3 478	11.09
嘉峪关市	160	20.87	2 935	10.19
金昌市	160	21.53	3 019	10.33
天水市	153	126.06	5 861	14.40
武威市	128	103.57	5 081	13.41
酒泉市	93	40.12	3 386	10.94
张掖市	85	51.87	4 240	12.25
庆阳市	74	35.57	996	5.94
平凉市	66	49.99	1 936	8.27
陇南市	40	55.16	4 683	12.87
定西市	27	46.73	4 225	12.22

表 4-48 甘肃循环经济区各城市间公路里程

距离	兰州	嘉峪关	金昌	白银	天水	武威	张掖	酒泉	平凉	庆阳	定西	陇南
兰州	0											
嘉峪关	735	0										
金昌	388	446	0									
白银	75	765	418	0								
天水	285	1 015	667	354	0							
武威	274	466	117	290	555	0						
张掖	507	230	218	537	788	237	0					
酒泉	711	27	422	741	991	441	207	0				
平凉	318	1 047	700	380	244	587	819	1 024	0			
庆阳	480	1 283	862	551	353	750	1 054	1 260	157	0		
定西	103	833	486	173	185	372	605	810	232	393	0	
陇南	430	1 155	808	503	262	694	927	1 132	505	805	370	0

将上述数据代入中心性指数的计算公式,得出各城市的中心性指数以及相应的 A 部分和 B 部分数值,如表 4-49 所示。

表 4-49 2009 年甘肃循环经济区各城市中心性指数

城市	A 部分	B 部分	中心性指数	等级
兰州市	54.18	6.59	60.77	1
天水市	9.65	3.65	13.29	2
武威市	8.59	4.22	12.81	2

(续表)

城市	A 部分	B 部分	中心性指数	等级
白银市	8.43	4.30	12.73	2
庆阳市	8.64	1.47	10.12	3
酒泉市	5.58	4.22	9.80	3
平凉市	6.94	2.37	9.31	3
嘉峪关市	5.67	2.24	7.91	3
张掖市	5.42	2.39	7.81	3
金昌市	5.68	1.63	7.31	3
定西市	2.91	4.05	6.95	3
陇南市	3.65	1.80	5.45	3

计算结果显示,兰州市为区域的中心城市,其中心性指数为60.77。余下城市的中心性指数均很小,最高的天水仅有13.29,最低的陇南市的数值还不到6,这部分城市中心性指数A部分的数值也远远小于其他地区的城市,经济发展不足是该区域城市面临的主要问题,如图4-24所示。

由于规划涉及的城市范围很广,城市的空间分布较为分散,因此甘肃循环经济区内所有城市中心性指数B部分的数值均很小。经济区内部分城市间的距离已经超过了1000公里,在衡量这些城市之间的相互影响力时,由于分母巨大,数值会受到很大影响。因此,不宜将经济区作为一个统一的整体来整合经济资源,这里将经济区拆分然后逐一分析。根据计算结果,大致可以划分出两个联合城市区以及若干个地理区位相对独立的城市。划分出的两个城市联合区为河西走廊的武威、金昌、张掖、酒泉、嘉峪关构成的城市联合区,以及以兰州为核心的包括兰州、白银、定西三个城市在内的城市联合区。前者由于五个城市均位于地形相对平坦的河西走廊地区,交通较为便捷,城市的经济规模类似;后者则是由于城市之间的距离较近,联系相对紧密。而余下的城市由于地理条件的限制,大多自成体系,与其他城市的联系较弱。

综上,甘肃循环经济区以兰州市为区域中心城市,但由于经济发展滞后,同时规划设计范围广阔,经济区内城市的中心性指数显著偏小。

4.7.3 城市聚类分析

以上内容初步分析了甘肃循环经济区各城市概况,下面将对区域城市进行聚类分析,以确定城市间经济社会的相似相关程度,进而对城市进

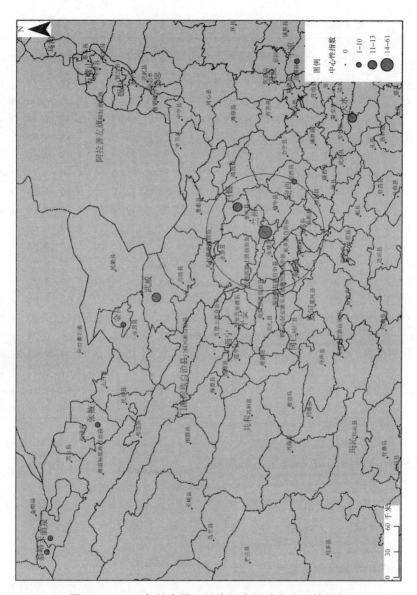

图 4-24　2009 年甘肃循环经济区主要城市中心性指数

行分类,以预期城市群内各城市的经济发展路径。研究所选取的指标如表 4-50 所示。

表 4-50 2009 年甘肃循环经济区城市各行业就业人员比例表

行业代码	兰州	嘉峪关	金昌	白银	天水	武威	张掖	平凉	酒泉	庆阳	定西	陇南
A	0.24	0.22	0.18	0.50	1.87	12.14	3.03	0.71	4.37	0.37	0.77	3.38
B	3.05	0.22	0.55	21.83	0.00	2.57	0.87	0.00	0.00	0.00	0.00	0.97
C	25.00	71.08	68.92	35.12	26.17	18.57	15.80	16.67	13.66	2.99	1.54	0.48
D	2.63	1.77	1.65	5.06	2.29	3.14	6.06	6.90	2.46	4.85	6.95	6.28
E	16.28	1.10	7.50	3.47	12.32	0.71	4.76	4.52	7.38	1.49	0.39	0.00
F	3.80	0.88	1.65	1.69	2.80	5.00	4.55	3.81	5.19	4.10	7.72	13.04
G	1.79	0.44	0.55	0.79	1.78	0.71	1.52	4.52	2.19	3.36	1.93	0.00
H	3.78	1.10	2.19	2.48	4.08	2.14	5.19	8.57	6.28	4.10	1.16	3.86
I	1.90	0.66	0.18	0.20	1.02	0.29	0.87	0.71	2.19	1.49	0.39	0.48
J	3.98	2.43	3.84	4.37	1.95	5.71	9.09	5.48	9.02	5.60	4.25	7.73
K	1.24	0.22	0.18	0.30	1.87	0.00	0.65	2.62	0.82	0.37	0.39	0.00
L	2.52	0.44	0.00	0.10	0.68	0.00	0.65	0.24	1.64	0.37	0.39	0.00
M	5.37	0.22	0.37	0.89	3.65	2.57	7.14	6.43	4.92	2.99	1.93	0.48
N	1.35	2.65	0.55	1.59	0.76	4.00	2.81	2.62	3.01	4.85	1.93	1.93
O	0.22	0.22	0.00	0.60	0.00	0.14	0.00	0.24	0.00	0.00	0.39	0.00
P	10.69	4.64	2.56	4.86	15.12	17.14	16.45	13.10	14.75	25.37	29.73	25.60
Q	3.73	2.43	0.91	1.69	5.44	4.57	4.76	5.48	5.19	7.46	8.11	10.14
R	2.14	0.88	0.55	0.40	2.12	0.86	1.52	1.19	1.64	1.87	1.16	0.97
S	10.31	8.39	7.68	14.09	16.06	17.14	14.29	16.19	15.30	28.36	30.89	24.64

由于所选指标相同，因此无需再进行量纲化，直接使用SPSS中的聚类分析。得到如图 4-25 所示的树状图。

甘肃循环经济区的城市可以分为两大类：

Ⅰ. 第Ⅰ类城市包括张掖、酒泉、平凉、武威、兰州、天水、庆阳、定西、陇南和白银。

Ⅱ. 第Ⅱ类城市包括嘉峪关和金昌。

对Ⅰ类城市细分：

ⅰ. 第Ⅰ-ⅰ类城市分为张掖、酒泉、平凉、武威、兰州、天水、庆阳、定西和陇南。

ⅱ. 第Ⅰ-ⅱ类城市包括白银。

对Ⅰ-ⅰ类城市细分：

A. 第Ⅰ-ⅰ-A类城市分为张掖、酒泉、平凉、武威、兰州和天水。

B. 第Ⅰ-ⅰ-B类城市庆阳、定西和陇南。

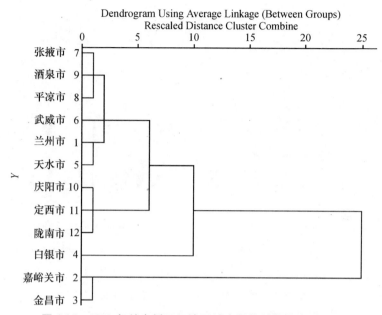

图 4-25　2009 年甘肃循环经济区城市经济结构聚类分析图

对Ⅰ-ⅰ-A 类城市细分：

a. 第Ⅰ-ⅰ-A-a 类城市分为张掖、酒泉和平凉。

b. 第Ⅰ-ⅰ-A-b 类城市包括武威。

c. 第Ⅰ-ⅰ-A-b 类城市包括兰州和天水。

综上，甘肃循环经济区的经济结构分类如表 4-51 和图 4-26 至图 4-29 所示。

表 4-51　2009 年甘肃循环经济区城市经济结构分类表

城市分类	Ⅰ					Ⅱ
	ⅰ				ⅱ	
	A			B		
	a	b	c			
城市名称	张掖 酒泉 平凉	武威	兰州 天水	庆阳 定西 陇南	白银	嘉峪关 金昌

其中，Ⅰ-ⅰ-A-c 和Ⅰ-ⅱ类城市位于核心区；Ⅰ-ⅰ-A-a 和 b 类城市位于甘肃省西北和东南两侧，为次外围；Ⅰ-ⅰ-B 以及Ⅱ类城市位于甘肃省东部和南部最外围地区。

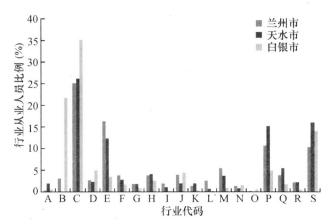

图 4-26　2009 年甘肃循环经济区 I-i-A-c/ I-ii 类城市经济结构图

白银市金属非金属矿产资源丰富,冶炼行业发达,采矿业和制造业具备优势。兰州市是甘肃省省会,建筑业和科学研究业发达。天水市距离兰州较近,地理环境较好,农业较为发达,教育业也有突出表现。

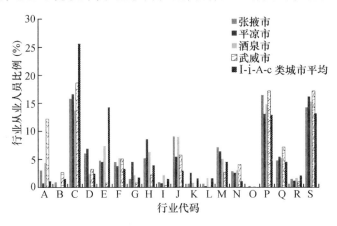

图 4-27　2009 年甘肃循环经济区 I-i-A-a/b 类城市经济结构图

次外围城市在制造业和建筑业方面低于核心城市,却在电力等供应业、交通运输业、批发零售业和金融业等行业高于核心城市。

这类城市制造业远低于核心以及次核心水平,但教育业、卫生以及公共管理和社会组织从业人员比例远远高于其他类城市。

这两类城市位于甘肃省西北部,制造业极为发达,西北最大的钢铁联合企业——酒泉钢铁(集团)公司位于嘉峪关市,而金昌市基础自然资源

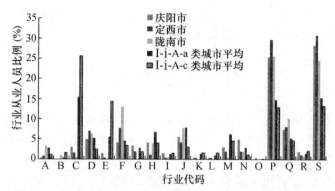

图 4-28 2009 年甘肃循环经济区 I-i-B 类城市经济结构图

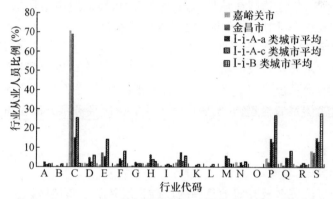

图 4-29 2009 年甘肃循环经济区 II 类城市经济结构图

丰富,以资源为依托的制造业发展迅猛。

4.8 河北沿海地区

河北沿海地区包括河北省的秦皇岛、唐山、沧州三市以及所辖行政区,陆地面积约为 3.57 万平方公里,海岸线 487 公里,海域面积约 0.7 平方公里。这一地区定位于环渤海地区的新兴增长区域,是京津城市功能拓展和产业转移的重要承接地和全国重要的新型工业化基地。河北沿海地区区位优势独特、资源禀赋优良、工业基础雄厚、交通体系发达、文化底蕴深厚,具备良好的发展基础。

2011 年年底,国家发改委印发《河北沿海地区规划》,规划明确经过十年左右发展,将使得该地区成为环渤海核心圈新兴增长区域,成为全国综合实力较强的地区之一。规划的提出对于增强环渤海地区综合实力,完善我国沿海地区生产力布局具有重要意义。

4.9 图们江区域

图们江区域以吉林省范围内的长春市、吉林市部分区域和延边朝鲜族自治州为核心,这一区域是东亚各国经济合作的重点区域,自1992年联合国开发计划署倡导的图们江区域合作开发项目启动以来,这一地区与远东各国的经贸往来日益密切,边境经济合作区、出口加工区、中俄互市贸易区等经济合作平台不断完善,基础设施有很大改观。发展图们江区域将有利于增强我国在该地区的综合实力,提高边境地区的国际合作和对外开放水平,同时推动边疆地区的稳定繁荣。

2009年11月,国务院批复《图们江区域合作开发纲要》,将该区域定位于我国对东北亚开放的重要门户、经济合作的平台以及我国东北地区最为重要的增长极。力图在十年左右实现区域内特色产业链的完善,立体交通运输体系的构建,并发展成为东北亚国际商务服务的枢纽。

4.10 小 结

环渤海经济区及其腹地范围的广阔程度是长三角地区以及珠三角地区所不能相比的,它在范围上囊括了以京津唐为核心的经济较为发达的环渤海区域,腹地则包含了面积广阔但经济较为落后的华北、东北和西北地区。与珠三角经济区以及长三角经济区的计算结果相比,环渤海经济区国家级规划所涉及的城市群,相互之间的经济差异最大,发展也最不均衡。

从城市中心性指数的计算结果来看,距离核心区域京津唐地区越远,城市群城市中心性指数的总体数值也越小。关中—天水经济区以及甘肃循环经济区等广阔的西北地区,在经济发展程度上与环渤海核心区域相比,尚存在巨大的差距。其中关中—天水经济区尚有西安这个大型城市为支撑来引导区域经济的发展,关中平原的便利交通也为该区域的发展提供了有利条件;而甘肃循环经济区的情况则不太乐观,经济的全面滞后状况以及对资源高度依赖的经济发展方式亟须改变。由于在地理空间位置上与环渤海核心区域的遥远距离,加上经济发展与核心区域的差距巨大,虽然关中—天水经济带以及甘肃循环经济区在经济属性上属于环渤海经济区腹地,但其在发展过程中不宜过快地向核心区域靠拢,就目前的情况来看,西安对于整个西北地区经济的影响力可能更大。

  根据城镇等级分形模型的实证研究结果,环渤海经济区及其腹地城市的空间分布规则较为复杂,不像长三角经济区那样以交通因素为主。从模型结果来看,东北老工业基地的国有经济改革颇有成效,东北平原城镇等级分形的模型显示地区的 K 值介于市场与交通原则之间,城市的等级并没有受到行政因素的严重制约。

第5章 成渝经济区及其腹地

相比其余三个经济区,成渝经济区起步最晚,发展也最为落后,成渝经济区在我国区域经济中的作用也主要着眼于未来对我国后工业化时代的驱动。成渝经济区的腹地范围除成渝两地外,还包括贵州省、云南省以及西藏自治区,经济区范围内的国家级规划较少,目前仅有《成渝经济区区域规划》,相信随着成渝两地经济的不断壮大,将会有更多的国家级规划出台,为该地区的发展做出明确、完善的规划。

成渝经济区位于长江上游,地处四川盆地,北接陕甘,南连云贵,西通青藏,东邻湘鄂,是我国重要的人口、城镇和产业集聚区,是引领西部地区加快发展、提升内陆开放水平、增强国家综合实力的重要支撑,在我国经济社会发展中具有重要的战略地位。为进一步加快成渝经济区发展,深入推进西部大开发,促进全国区域协调发展,2011年5月,国家发改委正式批准了《成渝经济区区域规划》。

成渝经济区规划范围包括重庆市的万州、涪陵、渝中、大渡口、江北、沙坪坝、九龙坡、南岸、北碚、万盛、渝北、巴南、长寿、江津、合川、永川、南川、双桥、綦江、潼南、铜梁、大足、荣昌、璧山、梁平、丰都、垫江、忠县、开县、云阳、石柱等31个区县,四川省的成都、德阳、绵阳、眉山、资阳、遂宁、乐山、雅安、自贡、泸州、内江、南充、宜宾、达州、广安等15个市,区域面积20.6万平方公里,2008年年末,区域总人口规模达到了1.016亿。在《成渝经济区区域规划》的指导下,未来10年里,成渝经济区将努力发展成为西部地区重要的经济中心和全国重要的现代产业基地,在带动西部地区发展和促进全国区域协调发展中发挥更重要的作用。

5.1 样本选取与数据来源

根据《成渝经济区区域规划》，在研究该区域城市的总体结构特点时，共选取了重庆、成都、绵阳、自贡、泸州、乐山、宜宾、南充、德阳、内江、资阳、遂宁、眉山、广安、达州、雅安等16个城市，选取城市市辖区面积、人口、地区生产总值三项数据，结合各城市间的公路里程，计算城市的中心性指数。需要说明的是，重庆市的情况较为特殊，其行政区范围很大，部分市辖区与中心城区的概念差距较大，属于周边区县的概念。但由于中经网统计数据库中将市辖区作为整体，未给出分区数据，因此这里也不对其加以区分，但这会对计算结果产生一定的影响。

在用城市等级的分形模型对成渝经济区城市的空间分布规则进行实证研究时，则仅考虑了地理环境接近模型假设的成都平原地区，其余城市由于地处山地丘陵地带而被剔除在外。

5.2 中心性指数

这部分内容主要通过计算各城市的中心性指数，研究成渝经济区城市的总体结构特点。计算指数所需的城市市辖区面积、人口、地区生产总值以及各城市间的公路里程如表5-1、表5-2所示。

表5-1 2009年成渝经济区各地级市概况

城市	GDP	人口	面积	半径	城市	GDP	人口	面积	半径
重庆市	4 892	1 542.77	26 041	30.35	德阳市	220	65.90	648	4.79
成都市	3 140	520.86	2 172	8.76	内江市	207	141.73	1 569	7.45
绵阳市	387	122.31	1 570	7.45	资阳市	173	108.65	1 633	7.60
自贡市	352	150.58	1 438	7.13	遂宁市	163	150.84	1 875	8.14
泸州市	302	145.53	2 133	8.69	眉山市	153	85.5	1 331	6.86
乐山市	297	115.01	2 514	9.43	广安市	131	126.1	1 536	7.37
宜宾市	284	80.03	1 131	6.32	达州市	102	44.21	455	4.01
南充市	247	193.35	2 527	9.45	雅安市	69	35.19	1 070	6.15

表 5-2　成渝经济区各城市间公路里程

距离	重庆	成都	德阳	绵阳	眉山	资阳	遂宁	乐山	雅安	自贡	泸州	内江	南充	宜宾	达州
成都	320	0													
德阳	325	66	0												
绵阳	414	115	52	0											
眉山	353	75	150	202	0										
资阳	256	97	148	200	104	0									
遂宁	169	164	168	163	236	145	0								
乐山	354	141	216	268	72	151	304	0							
雅安	458	141	213	263	134	230	304	125	0						
自贡	219	219	271	323	192	129	191	132	257	0					
泸州	189	278	329	381	334	187	314	274	411	109	0				
内江	182	183	234	286	177	92	148	178	316	43	101	0			
南充	187	225	268	305	297	222	77	363	363	380	351	226	0		
宜宾	287	290	341	394	263	199	381	201	346	75	103	114	445	0	
达州	228	424	467	497	497	421	278	563	562	440	411	403	212	510	0
广安	144	293	337	389	366	288	126	432	432	343	283	268	83	413	168

将上述数据代入中心性指数的计算公式,计算出各城市中心性指数以及 A 部分和 B 部分的数值,如表 5-3 所示。

表 5-3　2009 年成渝经济区各城市的中心性指数

城市	A 部分	B 部分	中心性指数	等级	城市	A 部分	B 部分	中心性指数	等级
成都市	145.91	36.32	182.23	1	遂宁市	19.26	22.33	41.58	3
重庆市	90.52	40.07	130.60	2	资阳市	18.04	21.06	39.10	3
自贡市	32.28	23.36	55.64	3	宜宾市	23.84	12.66	36.49	3
内江市	22.99	25.46	48.45	3	乐山市	19.60	16.76	36.36	3
绵阳市	29.20	17.04	46.24	3	眉山市	16.67	18.71	35.38	3
南充市	23.12	20.38	43.50	3	广安市	17.44	16.52	33.96	3
德阳市	25.15	17.50	42.65	3	达州市	16.74	6.34	23.08	3
泸州市	24.14	17.94	42.08	3	雅安市	8.01	7.84	15.85	3

根据中心性指数的计算结果,成都、重庆两个城市的中心性指数的数值远高于其他城市,为区域的中心城市,如图 5-1 所示。虽然重庆市

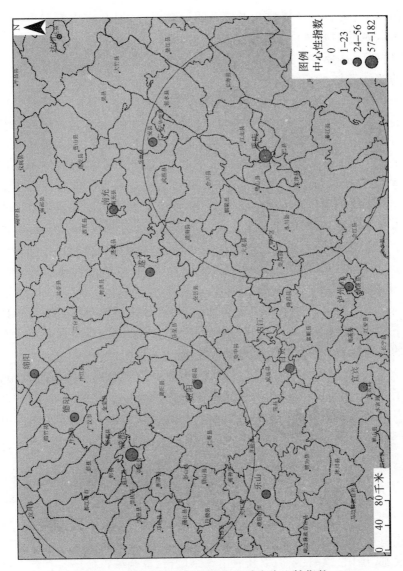

图 5-1 2009 年成渝经济区主要城市中心性指数

的数值要小于成都市,但正如前面所提到的,重庆市在生产总值、市辖区面积、人口三项数据上均包含远郊区的数据,这部分郊区的经济不够发达,冲淡了整体的经济密度,会使计算所得的重庆市中心性指数偏小。同时考虑到重庆作为西部唯一的直辖市,其中心性不仅体现在经济因素上,还会涉及指数并未核算的行政因素,因此将成都和重庆两市作为区域的中心城市。余下的城市中,除达州、雅安两市的中心性指数相对较低,其余各市的中心性指数均在 30 以上,且差距并不明显,各城市的总体发展水平较为平均。

从图 5-1 可看出,成渝经济区两大中心城市的一小时经济圈并没有重复部分,两大中心城市的市场区域划分相对明确,与京津地区存在较大的不同。由于规划涉及的区域太广,而成渝经济区的经济发展还并未达到组建三小时车程以上都市连绵区的程度,因此有必要对规划的城市进行重新拆分,界定中心城市的市场范围。其中成都市的辐射范围主要包括成都平原地区以及周边的资阳市、遂宁市,重庆市的主要辐射范围为直辖市所辖的区县,同时包括重庆周边的广安市;而内江、自贡、宜宾、泸州四个城市距离成都、重庆的距离均较远,且大致位于两个城市之间的中垂线上,与两个中心城市的距离大致等同,分属的市场范围还需进一步研究,但在行政因素上向成都靠拢。

从中心性 B 部分的数值来看,成渝经济区城市的总体水平与长株潭城市群、武汉城市群等内陆城市城市群相比显著偏大,这可能是由于双核心的结构导致城市的经济联系更为紧密。

综上,成渝经济区呈现以成都、重庆两市为中心城市的双核心结构,由于双核心之间的频繁的经济交流,区内城市的相互影响力,即中心性指数 B 部分数值与其他内陆城市群相比较数值显著偏大,说明双核心对于区域整体的带动作用要强于单核心模式。

5.3 城镇等级—规模分形模型的实证研究

这部分内容主要对城市的空间分布规则进行实证研究。由于成渝地区仅有成都平原满足模型均质平原假设,因此模型仅包括了成都平原上的成都、绵阳、德阳、乐山以及眉山 5 个城市,其余城市被排除在外。将五个城市进行拆分,得到 5 个城市市辖区以及所辖市县共计 39 个样本。每个市县的非农业人口数量以及排序如表 5-4 所示。

表 5-4 2009 年成都平原 39 个市县非农业人口数量

城市	人口	位序	城市	人口	位序	城市	人口	位序
成都市	416.78	1	邛崃市	18.76	14	井研县	7.77	27
绵阳市	66.043	2	广汉市	18.70	15	浦江县	7.095	28
双流县	50.92	3	崇州市	17.54	16	夹江县	6.64	29
乐山市	48.56	4	中江县	17.41	17	梓潼县	6.12	30
德阳市	36.31	5	都江堰市	16.73	18	安县	6.035	31
眉山市	32.040	6	峨眉山县	16.64	19	北川县	5.59	32
仁寿县	29.78	7	犍为县	12.37	20	罗江县	4.38	33
彭州市	25.64	8	绵竹市	12.25	21	沐川县	3.72	34
江油市	25.056	9	彭山县	12.0092	22	青神县	3.60	35
郫县	23.57	10	新津县	10.75	23	丹棱县	3.35	36
金堂县	22.34	11	什邡市	9.72	24	平武县	2.77	37
三台县	19.75	12	盐亭县	9.35	25	峨边彝族自治县	2.49	38
大邑县	19.27	13	洪雅县	8.73	26	马边彝族自治县	2.29	39

根据模型要求，进一步对各城市划分等级，保证最高等级的城市只有一个。划分的标准、各等级城市数量以及平均人口规模如表 5-5 所示。

表 5-5 成都平原 39 市县非农业人口分级

等级	人口范围	城市数量	平均人口
1	100 +	1	416.78
2	20—100	10	36.026
3	0—20	28	10.064

得到分组数据后，根据方程 $\ln N(r) = C - D\ln P_r + u$ 进行计量回归，求取分维数 D。根据 EViews 软件的输出结果，分维数 $D = 0.900$，$C = 5.460$，两者的 p 值分别为 0.0237 和 0.0167，均低于 5%，说明回归所得的系数显著。同时模型的 $R^2 = 0.9986$，对成都平原上城镇的分形分布模拟较好。根据 D 不同取值的经济学含义，此处 D 值小于 1，意味着区域的城镇人口分布不均衡，中间规模的城镇数量较少，首位城市成都的垄断性较强。从市县人口排序可以看出，区内城镇人口多集中在中心城市成都市，非农业人口高于 30 万的城市仅有三个，半数城市的数值均在 15 万以下。

根据回归所得 D 值,利用公式 $P_r = P_1 \left(\sum_{i=1}^{r-1} K^i \right)^{-1/D}$ 可计算出不同分布规则下各级城市平均人口数预测值,将这些值与实际值比较,可以确定城市的空间分布原则,如表5-6所示。

表 5-6　实际 D 值下成都平原 39 市县非农业人口分布模型

级别	实际人口	$K=3$	$K=4$	$K=7$
1	416.78	416.78	416.78	416.78
2	36.025	89.32	69.71	41.35
3	10.064	24.11	14.15	4.67

根据模型结果,在 $K=7$ 即行政原则下各等级城市平均人口的预测值与实际值较为接近。考察成渝地区的经济结构,不难发现这是以往国有经济的比例过高遗留下来的结果。成渝地区的一大软肋就是国有经济比重较高,且作为老工业城市,重庆的这一特征尤为明显。重庆的国有经济比例占到全市经济总量的 76%,即使到了 2005 年 9 月,在重庆国资委对东北老工业基地进行考察之后,所得出的结论依然是东北的市场化程度比重庆还高 10%,足见市场化进程过于缓慢已经成了制约重庆发展的一大难题。成都平原上城市的状况大致类似,2005 年成都市的国有经济比例在 60% 以上,远高于沿海地区。虽然近年来关于成渝地区国有经济比例过高的报道并不多见,但是要从根本上打破行政区划对成渝地区经济发展的限制,就必须壮大成渝两地的非国有经济,这是在 2005 年举办的川渝经济发展论坛上所得出的结论。

5.4　城市聚类分析

以上内容初步分析了成渝经济区各城市概况,并对成都平原上城市的空间分布规则做了实证研究。下面将对经济区城市进行聚类分析,以确定城市间经济社会的相似相关程度,进而对城市进行分类,以预期城市群内各城市的经济发展路径。研究所选取的指标如表5-7所示。

表 5-7 2009 年成渝经济区城市各行业就业人员比例表

行业代码	重庆	成都	德阳	绵阳	眉山	资阳	遂宁	乐山	雅安	自贡	泸州	内江	南充	宜宾	达州	广安
A	0.38	0.10	0.28	0.31	0.09	0.10	0.12	0.95	1.39	0.17	0.47	0.32	0.26	0.46	0.24	1.83
B	2.70	0.00	3.97	0.00	1.26	0.00	0.00	0.00	4.11	0.26	0.00	0.24	6.94	16.10	0	0.00
C	27.02	25.42	33.94	21.73	30.39	44.15	8.61	9.38	27.21	7.79	28.91	47.86	0.51	14.55	22.93	37.48
D	2.26	0.92	2.02	1.73	1.80	2.14	3.25	4.04	7.93	2.05	2.61	1.98	5.91	5.42	2.36	1.65
E	18.67	24.01	10.73	36.90	27.86	4.75	35.46	23.16	16.42	25.09	2.61	8.31	9.25	10.99	6.15	4.20
F	6.23	6.24	6.13	3.90	1.53	3.50	1.50	4.39	3.83	4.20	4.03	5.78	2.06	4.95	3.31	2.38
G	1.13	1.06	1.25	0.62	1.62	0.94	1.25	2.14	1.11	1.37	3.55	1.11	5.40	1.24	4.02	1.65
H	4.87	5.85	4.60	4.89	2.34	2.72	5.24	2.26	3.97	3.85	2.61	3.01	3.08	3.56	3.07	2.19
I	2.02	2.20	1.39	0.50	0.90	1.15	0.62	0.12	1.04	0.68	0.00	0.71	0.00	0.62	2.13	0.73
J	4.05	3.08	5.78	3.34	6.22	5.38	2.25	8.67	3.55	5.65	4.03	5.70	7.71	7.43	8.51	10.97
K	2.32	1.26	2.16	1.42	0.45	0.47	4.12	0.24	1.11	0.68	0.24	0.47	0.00	0.62	0.71	0.37
L	2.05	2.68	0.70	0.25	0.63	0.16	1.25	0.48	1.18	0.94	0.00	0.32	1.80	2.17	1.42	0.37
M	2.60	4.97	1.05	1.36	1.89	9.87	0.62	1.54	1.46	1.88	1.18	0.95	0.51	2.01	1.42	0.91
N	1.14	1.02	1.18	1.11	2.34	2.25	1.25	0.59	2.16	2.83	3.32	2.06	0.77	3.25	1.18	2.19
O	0.37	0.33	0.35	0.50	0.09	0.16	0.00	0.12	0.21	0.60	0.00	0.08	0.00	0.15	0.47	0.18
P	10.15	8.16	9.55	8.79	7.48	9.72	15.61	13.90	7.79	19.95	17.06	7.91	21.08	7.59	16.55	13.89
Q	3.63	4.16	5.78	4.33	3.97	4.18	5.62	8.67	3.97	6.16	4.98	3.96	7.97	5.57	6.15	5.30
R	1.06	1.35	0.63	0.56	0.36	0.68	0.50	0.83	0.70	0.94	1.42	0.79	1.80	1.39	0.71	1.46
S	7.36	7.18	8.50	7.74	8.75	7.68	12.73	18.53	10.86	14.90	22.99	8.47	24.94	11.92	18.68	12.25

由于所选指标相同,因此无需再进行量纲化,直接使用 SPSS 中的聚类分析,可以得到如图 5-2 所示的树状图。

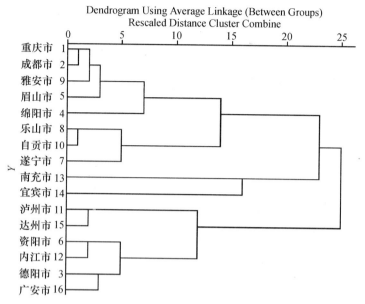

图 5-2　2009 年成渝经济区城市经济结构聚类分析图

成渝经济区的可以分为两大类:

Ⅰ. 第Ⅰ类城市包括重庆、成都、雅安、眉山、绵阳、乐山、自贡、遂宁、南充和宜宾。

Ⅱ. 第Ⅱ类城市包括泸州、达州、资阳、内江、德阳和广安。

对Ⅰ类城市细分:

ⅰ. 第Ⅰ-ⅰ类城市包括重庆、成都、雅安、眉山、绵阳、乐山、自贡和遂宁。

ⅱ. 第Ⅰ-ⅱ类城市包括南充和宜宾。

对Ⅱ类城市细分:

ⅰ. 第Ⅱ-ⅰ类城市包括泸州和达州。

ⅱ. 第Ⅱ-ⅱ类城市包括资阳、内江、德阳和广安。

对Ⅰ-ⅰ类城市细分:

A. 第Ⅰ-ⅰ-A 类城市包括重庆、成都、雅安、眉山和绵阳。

B. 第Ⅰ-ⅰ-B 类城市乐山、自贡和遂宁。

对Ⅱ-ⅱ类城市细分:

A. 第Ⅱ-ⅱ-A 类城市包括资阳和内江。

B. 第Ⅱ-ⅱ-B类城市包括德阳和广安。

综上,成渝经济区的经济结构分类如表5-8和图5-3至图5-6所示。

表5-8　2009年成渝经济区城市经济结构分类表

城市分类	Ⅰ			Ⅱ		
	ⅰ		ⅱ	ⅰ	ⅱ	
	A	B			A	B
城市名称	重庆 成都 雅安 眉山 绵阳	乐山 自贡 遂宁	南充 宜宾	泸州 达州	资阳 内江	德阳 广安

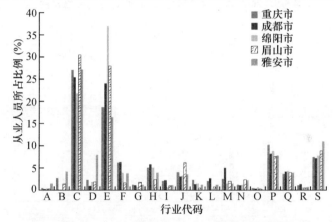

图5-3　2009年成渝经济区Ⅰ-ⅰ-A类城市经济结构图

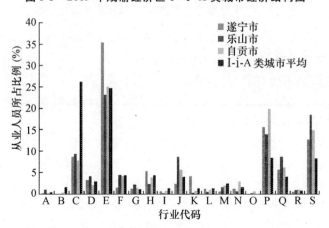

图5-4　2009年成渝经济区Ⅰ-ⅰ-B类城市经济结构图

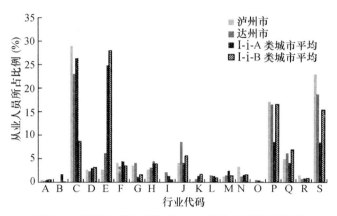

图5-5 2009年成渝经济区Ⅱ-ⅰ类城市经济结构图

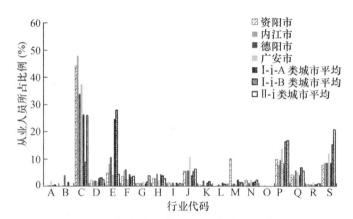

图5-6 2009年成渝经济区Ⅱ-ⅱ类城市经济结构图

该类城市为经济区核心城市,制造业与建筑业比例相当,有着较强的工业基础。其中绵阳作为汶川地震的重灾区,由于重建范围大程度深,建筑业极为发达。

该类城市制造业远低于核心城市,建筑业与核心城市基本持平。教育业、卫生以及公共管理部门从业人数比例较高。

这类城市位于城市群外侧,经济较不发达。比较突出的仍是教育业等具有稳定性的收入的行业,这部分行业的从业人员较多。

这类城市位于经济区次外层,制造业明显高于其他城市,建筑业低于核心城市,特别是资阳在科学研究服务方面较为突出。

5.5 小　　结

　　成渝经济区以其独特的双核心结构而异于其他国家级规划所涉及的区域。一般而言,若双核心之间的资源争夺会导致严重的极化作用,使周边地区的经济发展滞后,但得益于成渝两地间适当的距离和两市频繁的经济交流,双核心的结构反而更加稳定,经济区内低等级城市的发展较为平均,且没有哪个城市的经济严重滞后,这与两个核心城市的市场区域相对明晰是分不开的。成渝地区城市的中心性指数的总体水平高于诸如武汉城市群、长株潭城市群等内陆地区经济较为发达的城市群,但相比于这些地方,成渝地区的国有经济比例较高,经济欠缺活力,这是在今后的发展中需要解决的问题。

专题1

塑造中国区域经济的三种力量：市场化、国际化和一体化

　　改革开放以来,市场经济逐步取代了行政命令式的计划经济,经济的发展也日益超越自然地理和行政区划的范围,区域经济成为中国经济增长和产业升级的主导力量。"30年河东,30年河西",30多年来,中国经济增长的引擎在不同的区域之间不断更替,在一个区域内部,经济增长的引擎也在不断变化……在这些更替、变化的背后,正是市场化、国际化和一体化三大动力的交替作用,不断地塑造着中国区域经济。

　　在改革开放的不同阶段,市场化、国际化和一体化三大动力的能量也迥然不同,其对于推动经济增长的作用也各不相同。大体上,可以将这30多年时间划分为三个阶段：第一阶段(1978—1997年),体制改革快速推进,对外开放稳步实施,市场化推动了区域经济的增长与模式创新；第二阶段(1998—2005年),全球产业转移浪潮再起,中国高歌猛进,加速融入全球化,推动中国进入加速工业化、城市化发展时期,国际化引领区域经济增长和产业升级；第三阶段(2006年以来),外部市场增长趋缓,国内经济圈和城市群日益兴起,一体化成为带动区域经济实现内生增长的原动力,这也是本报告强调推动北京市区域一体化发展的重要立足点之一。

　　当然,由于各个区域的发展阶段各不相同,区域内部各个分区各异。因此,在同一时期,不同区域和区域内部不同分区之间,都会存在着明显的差异性,主导经济增长的力量也有所不同,体现了三大动力之间的复杂作用。本章内容将逐步去解开这些复杂作用,找出市场化、国际化和一体化是如何塑造区域经济的。

在研究的过程中,考虑到数据的采集等原因,本章中经济增长率的指标,统一采用名义经济增长率。尽管名义经济增长包括了通货膨胀等因素,不能反映经济增长的真实面貌,但本章分析的是区域之间的增长对比情况,因而不妨碍研究的真实性。

在分析市场主体的时候,本篇用到了混合经济这一概念,指除了国有及国有控股企业和集体企业以外的其他所有制类型的企业,包括民营企业、三资企业、股份制企业等构成的经济,是一个经济中市场化水平最高的主体。此外,在测度国际化、一体化时,本篇采用了对外贸易依存度和城市GDP增速的方差两个指标。尽管这几个指标或许并不完美,不能揭示区域经济发展的全面面貌,但是,本专题研究无意于也不可能做到这一点,只希望通过本章的角度,引起大家的思考。

(一)三大经济区核心地带的发展变迁

30多年来,中国经济潮起潮落,区域增长斗转星移,从初期的珠三角,到后来的长三角,到近年崛起的环渤海,经济增长的引擎在不同的区域之间变幻着。然而,归根到底,区域格局变迁的背后,是市场化、国际化和一体化三大动力的复杂作用。在区域经济的发展中,核心地带是一个区域经济密度最高、产业发展水平最高的地区,是区域经济增长的引擎,发挥着关键性的带动作用。

有关三大经济区核心地带的界定,学术界存在诸多争议,本专题的界定如下:珠三角仅指广州、深圳、佛山、珠海、东莞、中山、惠州、江门和肇庆9个城市;长三角包括上海、南京、无锡、苏州、常州和镇江6个城市,即传统的沪宁一线;环渤海即北京、天津2个直辖市。

可以发现:在第一阶段(1979—1997年),珠三角一枝独秀,成为区域经济增长的领头羊,其中,在后半期(1992—1997年),长三角迎头赶上;到了第二阶段(1998—2005年),长三角的增长势头回落,环渤海经济增长加速;而在第三阶段(2006—2010年),三大经济区经济增速进一步趋同,环渤海增长稍快。

1. 市场化的开启

改革开放之初,珠三角经济增长遥遥领先,这与其处于对外开放的第一梯队密不可分:在体制改革、对外开放的推动下,珠三角迅速缩短了与国际市场的经济距离,通过大量吸引外资、技术,市场化、国际化进程加速推进,三资企业等更加富有活力的企业大量涌现,带动了区域经济的高速成长,如图5-7所示。

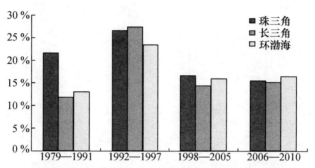

图5-7 1978年以来三大经济区核心地带的经济增长

相比而言,在长三角、环渤海经济区,对外开放的进程相对迟缓(仅有少数沿海城市开始了对外开放),国有经济在工业总产值中的比重也还比较大,特别是环渤海地区,几乎占到了2/3左右。有些反直观的是,长三角地区国有经济比重比环渤海地区低,集体经济、混合经济的比重要高得多,经济增速却略低于后者,如表5-9所示。

表5-9 1990年三大经济区(核心地带)工业总产值结构

	珠三角	长三角	环渤海
国有	/	57%	65%
集体	12%	32%	27%
混合经济	/	11%	8%
#三资企业	27%	/	/

经过分析发现,在长三角核心区内部,存在着明显的分异:区域龙头——上海的国有经济比重比环渤海还要高,经济增长缺乏活力;而苏南在市场化的推动下,劳动力在县域地区相对自由的流动,促进了以集体经济为主导的工业化的发展,"苏南模式"的增长速度要远远高于上海。但是,上海在长三角经济总量中的份额较高(1991年仍占53%),如此一来,长三角的整体经济增速也就被拖低了。当然,如果单独用苏南五市与环渤海相比,苏南的经济增长明显更胜一筹,但低于珠三角,如图5-8所示。

1990年浦东开发开放,1992年小平发表南方讲话,以及稍后的十四大,推动了中国市场化、国际化进程加速前行。短短几年间,中国产品市

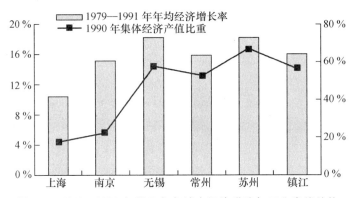

图5-8 1979—1991年长三角各城市经济增速与工业产值结构

场化进程便已完成,劳动力、资本等要素的市场化进程也进一步拓展。与此同时,国有企业的市场化改革也开始启动,而浦东开放直接拉近了长三角与全球市场的经济距离,境外资本大量涌入,具有更强市场适应能力的民营企业也加速成长,上海市的经济被成功搞活,带动长三角经济快速发展,区域经济密度加速提升。

随着资源配置的日趋市场化,尽管由于存在政企不分、产权不明晰等众多问题,集体经济日益相比于混合经济的软肋暴露出来,但在这一阶段(1992—1997年),上海、苏州的外向型经济快速发展,民营企业在苏南日益发展,市场化的混合经济最终还是奠定了长三角经济区在本阶段的领先地位,如表5-10所示。

表5-10 1992—1997年三大经济区经增速与工业产值结构

	珠三角	长三角	环渤海
1992—1997年年均经济增速	27%	31%	23%
#1997年集体、混合经济产值比重	70%	72%	56%

总体而言,在第一阶段(1978—1997年),市场化主导了区域经济增长,区域格局发生巨大变化。集体经济、混合经济等(半)市场化经济都取得了巨大发展,相应区域也迅速崛起,例如广东、苏南等;而非市场化的国有经济加速沉沦,相应区域的发展相对滞后,例如上海、环渤海等。当然,在市场化快速推进的同时,国际化也拉开了序幕,在一些地区甚至起到了决定性或转折性的作用,例如广东、上海等。

2. 国际化的加速

1997年,中国经济刚刚走出通胀,亚洲金融危机爆发,通胀转入通缩,宏观形势急转直下。由于产品的市场化已经基本完成,劳动力、要素的市场化也加速推进,国有企业、集体企业积重难返。内需的严重萎缩,促使一些地区将视角转向国际市场,国际化浪潮风起云涌,在全国经济增速总体放缓的形势下,区域格局加速重新洗牌:珠三角重返巅峰,环渤海迎头赶上,长三角相对落后,如表5-11所示。

表5-11　1998—2005年三大经济区外向型经济的发展

	珠三角	长三角	环渤海
1998—2005年年均经济增速	17%	14%	16%
#2005年三资企业产值比重	68%	54%	47%

整体上,这一阶段,三大经济区的经济增速趋同,增长最快的珠三角和最慢的长三角之间的差距也只有2.2个百分点;此外,尽管长三角对外贸易依存度比环渤海要高,但在经济增速上却略逊于环渤海。当然,这并不意味着对国际化这一主导力量的质疑,经过分析可以发现:由于我国对外开放进程的梯度性,不同区域之间存在明显的差异,市场化、国际化的影响往往是同时存在的,不同的时间段起主导作用的力量可能也会有所差异。

在长三角,国际化带来的增量促进,带动了前一阶段(1992—1997年)上海市的高速发展,对外贸易依存度不断提高,显示了外向型经济的旺盛生命力。但是,在这一过程中,上海并没有很好地解决市场化的遗留问题,国有经济在国民经济中的比重较高,直到2005年,国有经济在生产总值中的比重还高达48.4%,如果再加上集体经济,这一比例竟高达56.9%。因此,虽然上海的对外贸易依存度高达166.8%,经济增速却屈居长三角各城市倒数第二,进而拖低了区域总体经济增速。

国际化成为主导区域经济增长的力量,不仅体现在三大经济区之间的此消彼长上,在区域内部格局的演变上,也同样得到了印证。以苏南地区为例,最早受到浦东开发开放的影响,苏州率先冲破了"苏南模式",大力发展外向型经济,经济增长速度一枝独秀;其他地区则疲于应对集体经济的种种问题,经济增长明显乏力,尤其是常州、镇江等集体经济较早兴起的地区,如图5-9所示。

总体而言,在第二阶段(1978—1997年),国际化主导了区域经济增

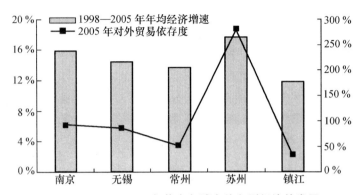

图 5-9 1998—2005 年苏南各城市外向型经济的发展

长。积极吸引外资、大力发展外向型经济的地区,在经济增长和产业升级方面,都取得了巨大的成绩,例如苏州;而在国际化方面反应相对迟钝,或者市场化遗留问题尚未解决的地区,经济增长始终难以获得超越,产业升级也难以取得突破,例如常州、镇江等地区。

3. 一体化的到来

2006 年以来,随着国际市场需求增长趋缓,区域经济的增长动力开始由外部转向内部,各经济区、城市群、都市圈大力推进区域经济一体化,谋求经济增长和结构升级。区域经济一体化水平越高,越能够提升区域内部资源和市场的开发利用水平,从而取得更高的整体经济增长率。近年来,珠三角、长三角的一体化进程已经达到了一个相对较高的水平,环渤海则相对落后,如图 5-10 所示。

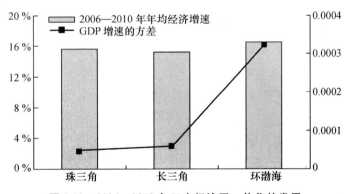

图 5-10 2006—2010 年三大经济区一体化的发展

同样,环渤海经济的高速增长,体现了在我国改革开放进程的梯度性下,不同区域之间存在明显的差异性:在本阶段,环渤海经济增长的主要推动力量还是国际化。2006年以来,环渤海利用外资与对外贸易增长一路领先,对外贸易依存度与珠三角、长三角的距离日益缩小,如表5-12所示。

表5-12　2006—2010年三大经济区外向型经济的发展

		珠三角	长三角	环渤海
外贸依存度	2005年	186.5%	157.2%	136.2%
	2010年	146.4%	125.0%	111.6%
	变动率	-40.1%	-32.2%	-24.6%
2006—2010年进出口年均增速		12.8%	14.5%	16.5%

当然,总体而言,在当前和未来,一体化将在区域经济增长中扮演越来越重要的角色。大力推动区域一体化的地区,不仅能够带动外围地区融入区域,实现区域经济的外延式增长,还能促进区域核心区的结构调整和转型升级,实现区域经济的内涵式增长。

通过对三大经济区核心区三十多年经济增长的分析,可以发现:市场化、国际化和一体化三种力量相继主导了国内区域经济的增长,不断重塑着区域格局;同时,由于改革开放进程的梯度性,在一定的时间段内,不同区域和同一区域内部不同部分,增长的主导力量也有可能不一样;总之,市场化、国际化和一体化的复杂作用,是重塑区域格局的动力源泉。

核心区是一个经济区的中心,也是区域经济增长的引擎和结构转型的风向标,更是区域非核心地区未来发展的蓝图。在下一章中,本篇将会进入三大区域内部,对不同历史阶段各区域的内部发展演变进行深入剖析。

(二) 珠三角经济区

作为中国改革开放的最前沿,三十多年来,珠三角经济区率先崛起,逐步成长为中国最重要和最成功的经济区之一,主要体现在:核心区经济增长与结构转型迅猛,对外辐射增强,从核心区,到大珠三角、泛珠三角,珠三角的内涵日益丰富,范围不断扩张。

与核心区仅指九个城市相对应的是,大珠三角的范围可以扩展到广东全省,泛珠三角则进一步延伸至广西、海南两个省区,如果算上经济腹地的话,福建、湖南两省也可以囊括进来,但本章暂不讨论。

可以发现:在第一阶段(1979—1997年),核心区经济增长迅猛,逐步崛起为区域增长中心,其中,后半阶段(1992—1997年),大珠三角迎头赶上;到了第二阶段(1998—2005年),核心区继续保持领先优势,大珠三角、泛珠三角落后;待到第三阶段(2006—2010年),核心区、大珠三角增长渐入稳定,泛珠三角成为区域增长的领头羊,如图5-11所示。

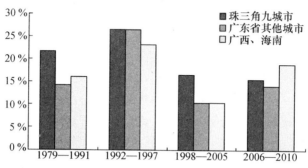

图5-11 1978年以来珠三角经济区的经济增长

1. 国际化、市场化并行

在第一阶段前期(1979—1991年),以深圳、珠海为代表的核心区率先对外开放,大力引进香港、澳门资本,在市场化、国际化的带动下,以三资企业为主体的混合经济高速成长,如表5-13所示。

表5-13 1990年珠三角经济区工业总产值结构

	核心区	广东	广西、海南
国有	/	52%	73%
混合经济	/	25%	11%
#三资企业	27%		

1992年后,随着改革开放的进一步深入,珠三角地区外向型经济的发展也不断深化。在原有集体经济的基础上,广东其他城市大力吸引外资,工业经济结构日益向市场化、国际化发展,经济增长速度直逼核心区;当然,泛珠三角的广西、海南,则没有很好地把握这一机会。

到了1998年后,宏观形势急转直下,在市场化的浪潮下,国有企业、集体企业难以为继,导致集体经济、混合经济并重发展的大珠三角(广东省其他城市)增长相对疲弱。同时,大珠三角、泛珠三角地区没有抓住国际化的机遇,外向型经济发展严重不足,核心区重新执起区域发展的大旗,如表5-14所示。

表 5-14　1992—2005 年珠三角经济区市场化、国际化发展情况

	珠三角九城市	广东省其他城市	广西、海南
1992—1997 年年均经济增速	27%	26%	23%
#1997 年集体、混合经济比重	87%	69%	66%
#1997 年对外贸易依存度	176%	70%	19%
1998—2005 年年均经济增速	17%	10%	10%
#2005 年对外贸易依存度	186%	32%	13%

2. 一体化的序幕

珠三角核心区的高速增长,与前一阶段(1978—1997 年)充分发挥市场化、国际化两大力量的作用,大力发展以三资企业为主导的混合经济密切相关;更重要的是,核心区开始步入一体化时代,区域内部资源和市场的重组、开发,为区域发展赢得了越来越多的内部动力。

2006 年以来,珠三角一体化发展进一步深化,大珠三角(广东省其他城市)加速融入核心区,区域经济增长逐步趋同。同时,此前一直落后的泛珠三角也加紧补课,大力引进外资,发展外向型经济,在国际化的推动下,泛珠三角经济增速首次跃居珠三角经济区首位,如图 5-12 所示。

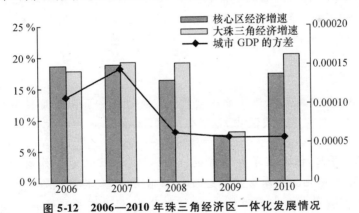

图 5-12　2006—2010 年珠三角经济区一体化发展情况

风云 30 年,地处国门、面向海外,珠三角的发展历程,更多地体现了国际化的力量。以开放促改革,国际化与市场化的相映生辉,推动了区域经济的高速增长,一体化的开启,更将进一步提升珠三角经济产业结构,并产生巨大的外溢效应。

(三) 长三角经济区

一直被模仿,从未被超越。长三角是我国区域经济发展的楷模,本部

分将深入剖析长三角经济区发展的动力源泉。从起初的沪宁一线,到江浙沪16城市,再到江浙沪3省(大长三角),进而延伸到安徽、江西(泛长三角)……30多年来,长三角的地理范围在不断扩张,区域一体化、城乡一体化快速推进,如图5-13所示。

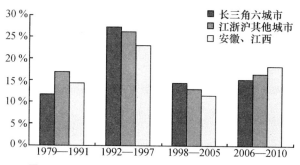

图5-13　1978年以来长三角经济区的经济增长

从中心到外围,长三角的经济增长具有明显的梯度性,在不同时期,经济增长的次序也大有不同:在第一阶段前期(1979—1991年),大长三角经济增长一马当先,后期(1992—1997年)却被核心区成功超越;到了第二阶段(1998—2005年),从中心到外围,经济增速依次递减,总体趋近;2006年以来,经济增速的次序完全倒置,泛长三角成为区域经济增长的引擎。

1. 市场化的取舍

改革之初,远离对外开放的前沿,市场化主导了长三角经济区的发展。在长三角的区域发展中,市场化的力量托起了两种模式,又摒弃了一种模式:前者是半市场化的"苏南模式"和市场化的"温州模式",后者是非市场化的"计划经济模式"。

在长三角经济区各省市中,地处核心区的上海市和外围地区的安徽、江西两省,国有经济比重非常高,经济增长长期落后。在江苏,苏南集体经济在国民经济中居于主导地位,带动了经济增长的较快发展;在浙江,浙西南民营经济主导了经济增长,相比国有、集体企业,民营企业更具有制度优势,因而在第一阶段(1979—1991年)取得了先发优势,如表5-15所示。

表 5-15　1979—1991 年长三角各省市市场化的发展

	上海	江苏	浙江	安徽	江西
1979—1991 年年均经济增速	10%	15%	18%	15%	14%
#1991 年国有工业产值比重	69%	33%	29%	57%	77%

尽管"苏南模式"的市场化程度不及"温州模式",但在市场化改革初期和短缺经济阶段,集体企业已经相对先进和市场化了,因而能够带动苏南、浙东北地区实现了较快的经济增长。特别值得一提的是,集体经济源于农村,集体企业的兴起,直接带动了县域地区的发展,城乡差距不断缩小,为后来的区域一体化发展奠定了基础。

在计划经济时代,城市与乡村的工农对立,抑制了农村经济的发展。改革开放后,在几乎没有国有企业的县域地区,市场化催生了以集体企业为代表的乡镇工业。依托对市场化的适应性,集体企业异军突起,到了 1990 年左右,各城市的郊县工业生产总值已经直逼市区;1992 年后,随着集体经济"第二春"的到来,这一趋势得到进一步延续,尤其是集体经济更发达的苏南地区,如图 5-14 所示。

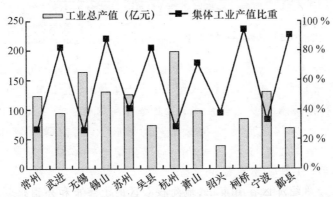

图 5-14　1990 年苏南、浙东北城市市区与郊县工业经济情况(浙江为 1991 年数据)

总体而言,在第一阶段(1978—1997 年),市场化的力量托起了"苏南模式"和"温州模式",大长三角成为区域经济增长的中心;同时,市场化也摒弃了"计划经济模式",上海、泛长三角地区经济增长疲弱。

2. 国际化的涅槃

浦东开发开放迈出了长三角国际化的第一步,通过实施增量改革,引入更适应市场化、富有竞争性的海外资本,上海经济被成功搞活,重归长三角经济区的引擎。同时,江苏、浙东北集体企业和浙西南民营企业的发展,也有力带动了大长三角的发展;而在泛长三角地区,以国有企业占主导的经济结构尚未取得突破,区域经济缺乏活力、增长有限。

到1998年,随着宏观经济形势巨变,集体经济的深层次矛盾日益突出,长三角地区纷纷转向外向型经济,谋求区域经济的结构转型和升级。通过对长三角经济区三个层次的进一步解剖可以发现,从核心区到大长三角、泛长三角,长三角外向型经济的发展水平越来越低,经济增长速度也基本呈现同样的趋势,充分说明国际化已经成为区域经济发展的主导力量,如图5-15所示。

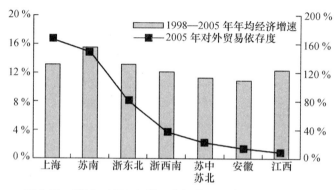

图 5-15 1998—2005年长三角经济区外向型经济的发展

当然,在国际化主导区域经济增长的基调下,市场化的力量在局部地区,也发挥着重要影响,这可以从图5-15中看出来:上海与苏南相比,前者的外向型经济水平要高于后者,但上海较高的国有经济比重(2005年占生产总值的48.4%),还是拉低了经济增长水平,削弱了国际化的效应;同样,安徽与江西相比,前者的外向型经济水平略高于后者,但是,江西的国有工业产值比重要低于安徽,从而在经济增长方面相对出色。

同时,在这一阶段(1998—2005年),苏南也加快了市场化改革进程,实现了从以半市场化的集体经济为主导的工业经济结构,向以市场化的混合经济为主导的转变,如此,市场化水平的悬殊进一步扩大,也是苏南经济增速超越上海的重要原因,如表5-16所示。

表 5-16 2000年苏南各城市工业产值结构

	南京	无锡	常州	苏州	镇江
混合经济	78.3%	56.6%	68.3%	75.5%	42.3%
外资(含港澳台)	29.4%	22.3%	19.4%	49.4%	23.0%

总体而言,第二阶段(1998—2005 年),国际化主导了长三角经济增长。通过引入海外资本实施增量改革,上海逐步重归长三角经济引擎地位;同时,在局部地区,市场化的遗留问题,也与国际化交互作用,或而削弱、或而增强,共同塑造着区域格局。

3. 一体化的未来

在市场化时代,苏南、浙东北的集体经济和浙西南的民营经济的发展,有力地促进了资本原始积累和农村工业化。到国际化时代,海外资本的大量引进,加速了资本积累的速度和产业升级的步伐,工业化向重化工业过渡,一个相互配套、完整有机的产业体系逐步形成。

到了 2006 年,随着外部市场需求增长乏力,长三角经济区开始加速区域内部资源与市场的开发,进一步挖掘内生增长的动力,区域一体化加速。在一体化阶段,核心区经济外溢性增强,产业对外转移加速,经济增长的势头放缓;而大长三角、泛长三角则加速承接核心区的产业转移,并大力引进海外资本,经济增速居于区域前列,与核心区之间的差距不断缩小,如图 5-16 所示。

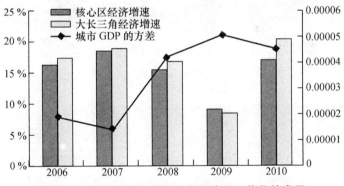

图 5-16　2006—2010 年长三角经济区一体化的发展

总体而言,长三角经济区一体化进程在加速推进,将起到整合区域资源与市场,进一步挖掘内部增长动力的巨大作用。在区域一体化的带动下,核心区的产业转型与升级正在加速实施,大长三角的工业化正快速发展,泛长三角也在加快承接产业转移,全面铺开工业化。

在改革与开放相互促进的历史背景下,长三角走过了一个完整的市场化、国际化和一体化的道路,三大动力轮番登上历史舞台,推动了区域经济的高速增长和结构转变。尽管还有一些遗留问题没有解决,但在三大力量的有机运作之下,长三角一体化将有条不紊地发展、深化。

(四)环渤海经济区

近年来,环渤海经济增长迅速,大有超越珠三角、长三角之势。作为一个新兴成长起来的经济区,环渤海内涵广大,从核心区的京津二市,加上环渤海的河北、山东、辽宁三省(大环渤海),再辐射到内蒙古、山西二省区(泛环渤海),环渤海幅员辽阔,承载了我国北方地区经济增长引擎的重任。

可以发现:在第一阶段(1979—1997年),大环渤海增长较快,其中,核心区前期增长疲弱,到后期(1992—1997年)迎头赶上;到了第二阶段(1998—2005年),核心区保持领先优势,大环渤海增速显著衰退;第三阶段(2006—2010年),核心区、大环渤海增长逐渐趋同,泛环渤海取得领先,如图5-17所示。

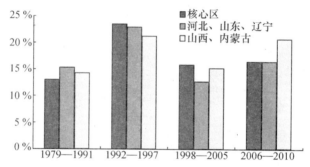

图5-17　1978年以来环渤海经济区的发展

1. 市场化在外围

在第一阶段(1979—1997年),环渤海经济增长的中心在大环渤海地区,其实也就是山东半岛。和长三角类似的是,在市场化的推动下,集体经济在山东半岛逐步兴起。1984年青岛、烟台对外开放后,山东半岛开始引进海外资本,发展起外向型经济,取得了较高的经济增速。同样,辽东半岛也开始发展外向型经济,囿于国有经济的绝对优势,国际化的效应还很有限,整体经济活力依然不够,经济增长要比山东半岛逊色得多。

区域内其他地区,包括京津核心区,国有经济仍然占据绝对主导地位,经济缺乏活力与快速增长的动力。特别是,山西、内蒙古等泛环渤海地区,采矿业及附属产业在工业经济中占据主导地位,拥有资源垄断权力,经济增长与区外市场需求密切相关。当然,在市场化初期,资源价值往往被严重低估,因而经济增长也十分有限,如图 5-18 所示。

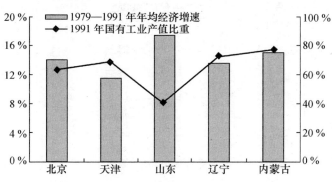

图 5-18 1979—1991 年环渤海主要省区的经济增长

2. 市场化、国际化并行

1992 年后,改革开放进入新的历史时期,环渤海市场化进程也快速推进。在国有经济位居主导的京津核心区,通过大力发展以外向型经济为代表的混合经济,实施增量突破,极大地激活了工业经济结构,经济增速一举超过外围地区,成为区域经济发展的龙头和引擎,如表 5-17 所示。

表 5-17 1992—1997 年环渤海经济区市场化、国际化发展情况

	核心区	大环渤海	内蒙古
1992—1997 年均经济增速	24%	23%	21%
#1997 年集体、混合经济比重	56%	64%	42%
#1997 年对外贸易依存度	100%	20%	9%

显然,在这一阶段(1992—1997 年),塑造环渤海经济区的已经不仅是市场化,国际化也在日益发挥巨大的作用。相比大环渤海地区,尽管核心区工业结构的市场化程度略低,但是,在发展外向型经济方面,京津已经把大环渤海、泛环渤海地区远远地甩在了后面。

进入第二阶段(1998—2005 年),环渤海核心区、泛环渤海经济增速趋同,大环渤海增长衰退,同样,区域内部格局的变迁,背后仍然是市场化、国际化的力量。根据长三角经济区的经验,从核心区到大环渤海,再到泛环渤海,随着外向型经济发展水平的日益降低,经济增长水平也将随之下降,然而,在环渤海地区却出现了严重的不规则现象,如图 5-19 所示。

首当其冲的是河北。改革开放之初,当山东半岛积极发展集体经

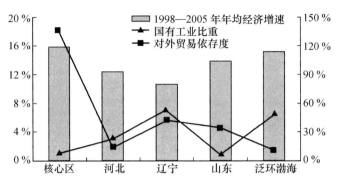

图 5-19　1998—2005 年环渤海经济区市场化、国际化发展情况（2005 年数据）

济时,河北经济依然高度国有化,缺乏活力,终被市场化所摒弃;1992年后,当京津大力引进外资、发展外向型经济时,河北又错失了国际化的机遇;到 1998 年,当环渤海地区纷纷借助市场化、国际化谋求突破时,河北依然步履蹒跚;未来,环渤海经济区一体化的最大困难,想必也在于此。

其次,尽管辽宁的外向型经济发展水平高于山东,但由于市场化的不彻底,缺乏活力的国有经济比重太高,抑制了经济的增长。

此外,非常反直观的是,与大环渤海相比,泛环渤海国有经济比重更高,外向型经济发展水平更低,却取得了更高的经济增速。其实不然,一方面,市场化的深入发展,让资源价格突破了计划的限制,依托资源的垄断,即便国有经济占主导也能实现经济的快速增长;另一方面,在泛环渤海内部,市场化程度相对较高的内蒙古,获得了更快的经济增长。

2006 年以来,环渤海也开始步入一体化时代,区域经济增长趋同。以北京为代表的核心区,加速向外部进行产业转移,寻求内部增长的动力,经济增长放缓。当然,区域经济增长的主导力量还是国际化,天津和辽宁等大环渤海地区加快吸引外资,发展外向型经济,逐步成为区域经济增长的引擎,如图 5-20 所示。

同时,市场化也在潜移默化地影响着环渤海经济区。在泛环渤海地区,资源制胜的经济增长模式依旧,但是,市场化更加彻底的地区,明显取得了更高的经济增速;在地处东北的辽宁,国有经济的历史渊源深厚,在这一阶段,通过发展外向型经济和其他混合经济,有效地激活了整体经济,也取得了较快的经济增长,如表 5-18 所示。

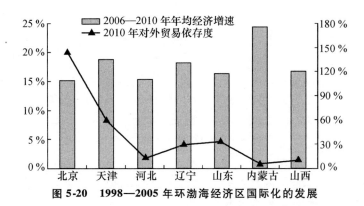

图 5-20　1998—2005 年环渤海经济区国际化的发展

表 5-18　2005—2010 年环渤海经济区市场化的发展

		辽宁	山东	内蒙古	山西
2005—2010 年年均经济增速		18.2%	16.4%	24.5%	16.8%
国有工业产值比重	2005	53.4%	5.6%	43.6%	52.3%
	2010	33.0%	6.5%	33.2%	53.0%
	变动率	−20.4%	0.9%	−10.4%	0.7%

总体而言,环渤海经济区的发展相对较晚,并且内部存在很大的差异,这背后也是市场化、国际化和一体化三种力量在不同阶段的复杂作用所致。当前,区域经济增长的主导动力还是国际化,市场化也在发挥着重要的作用,推动环渤海经济增长与结构转变。

(五) 总结

回顾三十多年的改革开放历程,可以发现:市场化、国际化和一体化三种力量先后登上历史舞台,主导了国内区域经济的增长,不断重塑着区域格局。当然,由于改革开放进程的梯度性,在一定的时间段内,不同区域和同一区域内部不同部分,增长的主导力量也有可能不一样。总之,市场化、国际化和一体化的复杂作用,是重塑区域格局的动力源泉。

在一个区域的发展过程初期,核心区(城市)的外围地区和沿海地区往往能够获得先机。在核心区(城市)的外围,由于没有旧有经济体制的束缚,这些地区能够发展起市场化、半市场化的经济结构,带动地区经济的增长;同样,沿海地区处于对外开放的前沿,能够搭上国际化发展的早班车,实现地区经济的快速发展。

外围地区市场化、国际化的发展,有力地增强了地区经济实力,并促进了整体经济市场化、国际化水平的提升。面对这一形势,考虑到旧有经济体制的束缚，核心区往往选择采用增量变革的方式，即大力发展以外向型经济为代表的混合经济，增强地区经济结构的活力，最终实现了核心区的凤凰涅槃。

随着外围地区和核心区先后进入高增长阶段，特别是国际化推动了区域经济结构的转型升级，核心区的经济外溢性增强，加快对外产业转移，同时，外部市场的急剧变迁，也迫使区域越来越多地从内部寻求增长动力，通过一体化加强对内部资源、市场的重组，获得经济质量的不断提升。

未来，市场化、国际化和一体化三大力量还将发挥日益重要的作用，不断地重塑现有的区域发展格局。

第二部分

审视发展的视角
——经济地理三大特征

经济密度的提高成为改革开放以来的我国社会主义建设主旋律,我国的经济发展也在经济密度的提高中得到了最切实的反映。生产力和生产资料也从不同层面受到经济密度的牵引:时间上从低劳动生产率到高劳动生产率,从低资本积累到高资本积累;空间上从稀疏的散落式分布到稠密的集聚式分布。北京、上海等地区的城市首位度作用在经济社会建设中逐步体现,劳动力和资本的转移形成了当今的城市文化。但另一方面,经济发展和对外贸易中带来的经济、政策、地理分割仍然在发展脉络中扮演着重要的角色。第二部分将重点从密度、距离以及分割三个维度来审视经济地理的现状和发展轨迹。

第6章 密　　度

6.1　密度的概念

　　密度概念在生活中蔚为常见,例如人口密度就是一个常见的人口学密度概念,表示单位土地上的人口数量。经济密度指每单位土地的经济总量,亦即每单位土地经济活动的地理密度。它反映的是每单位土地的经济产出水平以及收入的记录。类似的还有地均 GDP、地均资本等指标。

　　中国改革开放以来,尽管仍旧存在着户籍制度的限制,但是大量的农村剩余劳动力不停地涌入城市,而之所以被称为"剩余",则是从劳动生产率或者说经济产出效率的角度。农村的财富远远低于城市,正是这种经济密度的巨大落差吸引着人口向城市流动,导致城市的快速扩张。为了能在城市中生存下来,这些来自农村的人们努力地工作,竞争为城市的发展增添了活力。甚至很多人宁愿住在城市的棚户区中,也不愿意回到农村从事农业劳动,因为在这里可以挣得更多。可以说一个地区的经济前景是和其城市的增长密不可分、相辅相成的,而城市化即为经济密度提高的表现。

　　中国各地区无论是东部、中部还是西部,经济密度都在不断提高。不论是北京市的 17.32% 还是黑龙江省的 10.73%,都说明了各地区的经济密度和经济总量的增加(如表6-1所示)。尽管各地的经济密度有着明显的差异,但是各地区的增长幅度并没有明显依赖于经济密度的绝对量(如图6-1所示)。这说明:一方面我国各地区的资源和经济禀赋不同带来的经济结构存在显著差异。比如上海的金融行业带来该地区的经济附加值较大,经济集聚和经济密度较高;而西部部分省份则更多地侧重于第一产业,虽然经济附加值不高,但是国民经济的重要依托。另一方面说明我国各地区尽管都在享受经济发展的果实,不论何种经济结构都在经历快速的经济密度提高,并且这种提高并没有完全依赖于初始的经济基础,都在15% 左右浮动,但是由于地区的差异确实悬殊,如果落后地区的增长率不

表 6-1　全国各省市经济密度(地均 GDP)

（单位：万元/平方公里）

	2008 年	2002 年	1997 年	年均增长幅度	年均增长量
北京	6 239.98	1 911.44	1 076.93	17.32%	469.37
天津	5 620.86	1 814.38	1 097.21	16.01%	411.24
河北	852.03	322.24	208.09	13.67%	58.54
山西	444.79	129.33	94.88	15.08%	31.81
内蒙古	65.61	14.66	9.25	19.49%	5.12
辽宁	923.92	374.62	239.54	13.06%	62.22
吉林	342.8	119.86	77.21	14.51%	24.14
黑龙江	183.04	85.51	59.66	10.73%	11.22
上海	21 604.21	8 530.49	5 299.6	13.63%	1 482.24
江苏	2 954.45	1 036.23	651.11	14.74%	209.39
浙江	2 110.7	765.82	455.62	14.96%	150.46
安徽	635.69	255.67	191.26	11.54%	40.40
福建	891.52	385.67	247.15	12.37%	58.58
江西	388.17	146.78	102.74	12.84%	25.95
山东	1 977.85	671.68	423.3	15.04%	141.32
河南	1 102.26	369.39	244.27	14.68%	78.00
湖北	609.49	267.65	185.6	11.42%	38.54
湖南	526.57	204.88	141.26	12.71%	35.03
广东	1 985.34	654.6	406.87	15.50%	143.50
广西	303.49	103.91	85.28	12.23%	19.84
海南	416.92	172.61	117.1	12.24%	27.26
重庆	618.53	239.24	163.85	12.84%	41.33
四川	257.86	100.52	68.46	12.81%	17.22
贵州	189.29	67.29	45.03	13.94%	13.11
云南	144.67	56.66	41.73	11.97%	9.36
西藏	3.22	1.31	0.63	15.99%	0.24
陕西	333.24	99.03	64.5	16.10%	24.43
甘肃	69.8	25.53	17.17	13.60%	4.78
青海	13.32	4.72	2.8	15.23%	0.96
宁夏	165.44	49.59	31.77	16.18%	12.15
新疆	25.32	9.63	6.33	13.43%	1.73

注：年均增长幅度 = (2008 年地均 GDP/1997 年地均 GDP)^(1/11) - 1；年均增长量 = (2008 年地均 GDP - 1997 年地均 GDP)/11。

资料来源：全国统计年鉴 2009。

能超过发达地区,区域差距将会越来越大,这将与共同富裕的目标相去甚远。因此如何提高落后地区的经济增长速度,并使其超过发达地区,将是国民经济发展的一个不容忽视又亟待解决的问题。

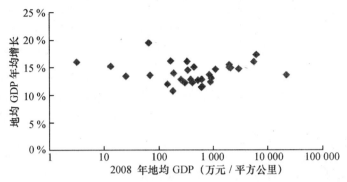

图 6-1　全国各省地均 GDP 与年均增长率

此外,经济发展水平(人均 GDP)越高的地区,密度(地均 GDP)也相对较高,即越是富裕密度越高,这正是经济发展的一大规律。如图 6-2 所示,2008 年各省人均产值和地均产值之间存在着显著的正相关性,这恰好说明了密度提高与经济增长之间相辅相成的关系。人均 GDP 可以考虑为经济效率的反映,也就是劳动生产率。在经济密度较高的地区呈现着较高的劳动生产率,这样的地区经济层级同样是我国劳动力流动的轨迹。不论是经典刘易斯模型、托达罗模型还是最新的实证研究都显示,收入差异一直是劳动力转移的主要分析因素。因此,经济密度伴随着人均经济水平成为劳动力转移的重要指向标。

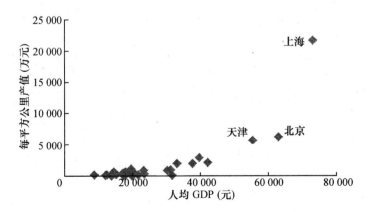

图 6-2　全国各省份人均 GDP 与经济密度

专题2

区域一体化是当前的大趋势

正如改革开放的初衷以及我国经济建设的长远目标所标示的,共同富裕是我们追求的目标。经济发展的同时形成的一些社会问题,比如城乡收入差距、地域经济差距、劳动力大范围流动、城市拥堵等,很大程度上来自于区域经济发展的分割和不连续。通过经济密度的时间空间变化可以看出,全国经济水平都在一致地提高,但没有明显的差距缩小的趋势。因此,在目前高速经济增长、增长幅度保持基本一致的基础上,如何缩小经济差距便成为亟待解决的问题。

实现产业体系一体化、产业链条一体化、贸易一体化以及劳动力一体化等都能有效地促进发展地区的辐射效应。所谓辐射效应指的是,发展地区通过自身的产业体系和贸易网络向外扩张生产,由此使得经济、技术、市场利益在空间上向周围扩张,带来周围地区的经济发展。与之相对应的是极化效应,发展地区通过自身的经济优势,吸引周围地区的劳动力、劳动资本,使得周围地区的经济发展落后于应有水平。当该辐射效应远远超过发展地区的极化效应时,也就是我们说的地区以及全国范围内的生产贸易都形成一个紧密关联的网络时,各地区之间的经济差距会随之缩小。

区域一体化主要体现在以下四个方面。

(1) 产业结构在空间上连续。并不是以省份或者地理空间为生产单元;而是紧密联系的,以距离为产业结构分布要素。比如山西的资源型产业结构带动周围地区的资源加工型产业如金属冶炼、非金属制造等。区域之间的产业依托于距离呈现连续的分布,并以此带来生产的紧密合作。

(2) 生产网络在空间上体现着产业链的关联。所谓产业链,简单地说就是生产行业之间的上下游供给需求关系。比如上海作为东南沿海的重要金融和贸易中心,是许多行业的市场营销部门和金融资本部门的所在地。以上海为核心,向外辐射开来蔓延分布着大量的装备制造业。这些装备制造业在产业链中处于营销物流部门的上游,与上海金融市场中心紧密合作。而在装备制造业中又呈现着明显的产业链地理分布,如在马达的生产中,较为核心的生产部门如马达整装较为接近上海;产业链末端的行业如马达的零部件生产、原材料加工则位于较远的地理位置。

(3) 贸易市场的连续。区域之间的贸易是区域间合作的重要指标,同样也是区域经济发展的重要组成部分。相互一致紧密相连的贸易市场带来了紧密相连的区域间合作,进一步带来协调发展的区域经济。如北京地区的精密仪器市场与天津的电子元器件市场之间的频繁交易使得京津唐地区的贸易市场紧密合作,带来相应行业的共同繁荣。

(4) 人才市场的区域一体化。劳动力资源作为经济发展的重要部分,在经济发展中扮演着重要的角色。目前人才分布的地域差异较为明显,实现人才流动的区域一体化,使得劳动力能合适地分布在需要的地区,是经济一体化的基础。同样经济一体化的成功能促进劳动力分布更好的区域一体化。因此人才市场的区域一体化与经济一体化是相辅相成的。

6.2 密度的特点

城市化从本质上讲就是一个地区经济密度提高的过程,因为城市化就是人口的集中——农村人口转变为城镇人口,资源的集中——各种生产要素以及生活资料向城市聚集,生产的集中——农村传统经济转变为城市工业经济以及服务经济,而伴随着一切的则是经济密度的提高,集中和集聚带来了规模效应,社会化大生产创造了更多的财富。而经济密度的过程则有着如下特点:

第一,在从农业经济向工业经济转变的过程中,一国的城镇人口比例迅速上升,随之而来的是收入水平的提高。而随着工业化的完成,这个速度逐渐放缓,不过由于服务业的密度更高,在后工业化经济中,经济密度仍将不断提高,但是城市化水平则可能由于其他一些原因维持不变甚至下降。造成城市化水平下降的原因包括随着城市人口的增多带来的交通拥挤、环境污染等,在这样的背景下,逆城市化现象的出现、卫星城的兴起则将使城市在更大的空间维度上带来城市效应,进而可以实现城乡一体化。

第二,密度表现出空间上断裂的特征。城市是经济密度最高的地区,随着与城市距离的增加,经济密度就渐渐地下降,这是由于离城市越近,受到其辐射效应越明显;当然城市之间也存在着差异,经济密度会随着城市等级的下降而降低。

北京市以第三产业为产业发展的特色和核心。如表6-2所示,第三产业在北京市的总体经济份额中超过了第二产业和第一产业。北京市的几个城建区(东城、西城、朝阳、宣武、崇文、海淀等)几乎没有农业,第三产业比重均在80%以上,因此服务业的高密度就带动了这几个区的经济集中;而经济密度较低的几个区县(门头沟、密云等)第三产业的比重均在50%以下,农业比重较高。

表6-2 2008年北京市各区县地均GDP及第三产业比重

区县	地均GDP（万元/平方公里）	第三产业比重	区县	地均GDP（万元/平方公里）	第三产业比重
东城区	296 590.17	94.72%	房山区	1 121.34	42.65%
西城区	433 759.27	89.40%	通州区	2 348.95	43.82%
崇文区	89 321.83	81.93%	顺义区	3 919.26	40.70%
宣武区	160 236.09	90.95%	昌平区	2 348.81	43.71%
朝阳区	41 887.75	86.30%	大兴区	2 088.74	47.28%
丰台区	16 687.42	73.30%	怀柔区	613.56	36.75%
石景山区	25 313.44	44.26%	平谷区	842.38	42.62%
海淀区	48 980.41	81.43%	密云县	479.62	44.19%
门头沟区	467.60	42.98%	延庆县	280.76	64.07%

资料来源:北京市统计年鉴2009。

北京市的经济密度还呈现出了显著的空间断裂,较为明显地表现为经济密度的不同层级。东城、西城、宣武、崇文位于第一等级。这一方面来源于这几个建成区发展较早,位于北京城中心地位,是北京市早期的城市核心,并且四个区的地理面积相对较小却又承担了重要的城市功能。第二层级包括了朝阳、丰台、石景山、海淀四个重要的城市功能区。北京市的城市形态从早期的单核心(天安门)演化为现今的多核心分布。尽管核心的具体空间位置仍有争议,但中关村、潘家园、和平街等附近的城市中心承担着大量的城市经济建设。经济密度的分布同样也在这些核心附近出现高峰,从而使得这几个区的经济密度较高。第三层次包括了其余的区。总体上来看距市区越远,经济密度就越低,这凸显了城市对周边地区辐射效应的距离衰减规律,使得经济密度呈现出等级性的特征。产业结构、市场结构、人才结构的差异带来了北京市内部的经济分层,这同样也表现出北京市内部区域一体化的重要意义。

目前,随着经济的不断增长,北京市的经济结构也在相应地发生变化,经济呈现出越来越集中的趋势,财富也越来越聚集到某些区域。然而如图6-3所示,各区县的经济发展速度和经济密度均存在着很大的差异,并且这二者之间也不存在明显的相关关系,这说明目前阶段北京市的区域经济一体化还远未成形。

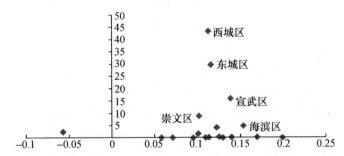

图 6-3　2008 年北京市各区(县)GDP 增长率与地均 GDP(万元/平方公里)

专题3

北京市城乡二元结构

北京市的区域一体化表现在区县之间的区域一体化程度,另一方面也突出地反映在北京市的城乡二元结构上。城乡二元结构造成了城乡结合部问题,北京市城区拥堵,逆城市化难以进行等问题。在建设北京市的区域一体化,乃至京津唐地区的区域一体化的过程中,完善北京市的城乡结构,减少城乡差距,实现城乡一体化是很重要的一个环节。另外,城乡结构是经济社会结构中十分重要的一个方面,在不同的经济发展水平下呈现出不同的阶段特征,只有当经济社会结构与经济发展水平相一致、相适应时才能促进经济的增长,反之则会产生阻碍作用。

建设北京市城乡一体化能够扩大北京市的人才市场,使得产业结构在城乡是连续的、紧密合作的,因此有利于北京市更有效率地城市扩张,或者在郊区发展新城,抑或是进行逆城市化。比较北京市的城市形态与大部分发达国家的城市形态可以明显发现,北京市正在经历一个经济密度快速提高,城市边界缓慢扩张的阶段。这一方面来源于土地使用的政策原因,另一方面来源于没有形成有效的城乡一体化经济。

城乡二元结构是指以社会化大生产为主要特点的城市经济和以小生产为主要特点的农村经济并存的经济结构。这是我国城市化中普遍存在的矛盾,向和谐发展的城市迈进就需要实现城乡二元经济结构向现代经济结构的转换。这对于实现区域经济一体化有着重要作用。

1. 城乡二元结构的形成

"三农"问题是目前中国的普遍性问题,因此北京市城乡二元结构的形成也主要是由于大环境因素导致。而这大环境因素则指的是历史渊源,即新中国成立后的一系列农村政策。一般来讲,工业基础特别薄弱的发展中国家在工业化的过程中,必然通过一些手段与方式,从农业经济中得到生产要素的积累。本来一国在由农业经济转向工业经济的过程中,资源流向第二、三产业是在所难免的。关键在于这种要素及资源的转移是通过什么方式而实现的。在市场机制发挥作用的情况下,农村资源自发地向城市集中:随着劳动生产率的提高,劳动力从农业转向非农产业;随着土地生产率的提高,部分耕地被用做建设用地等;随着农业剩余的增加,资本从农业中转移出来,投资于其他产业。伴随着城市经济密度的不断提高,其辐射效应就会带动周边地区的经济发展,共同增长。因而农村并不会因资源的流出而走向贫困,相反农业经济会更加发达,因为生产效率更高。

但是,倘若这种积累不是建立在市场机制之上,而是在政府强制干预下完成的,那就得另当别论。新中国成立之初的中国社会整体上还处于传统的农业社会和农村社会,处于前工业化阶段,同世界平均水平都存在着较大差距。而就在此时,中央确定了实现工业化的方针,"优先发展重工业"的战略目标集中反映在前几个五年计划中,然而当时的中国工业几乎没有自己的资本积累,这与重工业资本密集特征的矛盾,也就导致了政府在利率、汇率、能源和原材料价格、工资和生活必需品上采取了人为压低的扭曲政策,通过剥夺农业剩余来支持工业发展的扭曲政策应运而生。后来的农业合作化、人民公社体制无一不是这一政策的产物,通过强制性汲取农业剩余来为国家工业化服务。其中重要的一项便是工农产品价格的剪刀差,不断地从农业获得工业发展所需的积累。计划经济时代对农产品实行统购统销政策,强行压低农产品价格。改革开放之后,国家虽然对这种政策实行了改革,但是始终放不开,还是对农产品实行一定程度的管制。使得农民的收入无法伴随着经济快速增长的势头增加,不能公平地享受到改革开放所带来的福利。

而城乡隔离的户籍管理制度无疑又是造成当今城乡经济割裂问题的一大原因。新中国成立以来,中国户籍管理制度的变化大致可划分为三个阶段:第一阶段,1958年以前,属自由迁徙期;第二阶段,1958—1978年,为严格控制期;第三阶段,1978年以后,半开放期。1958年1月9日,经全国人大常委会讨论通过,毛泽东签署一号主席令,颁布了新中国第一部户籍制度《中华人民共和国户口登记条例》,确立了一套较为完善的户口管理制度,它包括常住、暂住、出生、死亡、迁出、迁入、变更等七项人口登记制度。这个条例以法律形式严格限制农民进入城市,限制城市间人口流动,在城市与农村之间构筑了一道高墙,城乡分离的"二元经济模式"因此而生成。城市与农村的联系被割裂开来,城乡之间资源要素的流动不是在市场机制的作用下自发自由进行的,而是在政府的强制干预下城市不断从农村汲取剩余价值,而农村却无法从城市的发展中受益。这样城市密度获得了扭曲的提升,而农村则迟滞不前,城乡差距越来越大。这种户籍管理制度自建立以来就伴随着公平与效率、消费与积累、城乡、工农等一系列矛盾,在这种制度下城市密度得到的提升是畸形的,是不稳定的,它无法使整个经济社会获得富裕。

人口流动是社会发展的必然结果,快速的经济发展必然产生大量的人口流动,美国、澳大利亚以及我国香港特别行政区都是世界上人口流动量大,人员迁徙最频繁的国家和地区,同时也是经济高速发展之地。合理的人口流动能促进商品经济的发展,有利于人才交流和劳动力资源配置,有利于经济密度的提高。

2. 城乡二元结构的现状及问题

首先,城乡收入差距不断扩大。如图 6-4 所示,北京市城镇居民人均可支配收入和农村居民人均纯收入在改革开放的前十年里增长都比较缓慢,而之后城镇居民人均收入的增长远快于农村居民。1978 年,北京市城镇居民人均可支配收入为 365.4 元,2008 年为 24 725 元,增长了 67 倍;而 1978 年农村居民人均纯收入为 224.8 元,2008 年为 10 747 元,增长了 47 倍。在全国平均水平上,1978 年城镇居民人均可支配收入为 343.4 元,农村居民人均纯收入为 133.6 元;2008 年城镇居民人均可支配收入为 15 780.76 元,是 1978 年的 46 倍,农村居民人均纯收入为 4 760.62 元,是 1978 年的 36 倍。相比于全国水平,北京农村收入与增长速度均高于全国平均水平,但和城市人均收入相比,北京农村收入不仅在数量上差距越来越大,而且在增长速度上也落后于城市增长水平,这不仅造成了农业的停滞与农村的相对贫困,反过来也制约了北京工业与城市的发展。

其次,农业劳动生产率低,第三产业有待增强。伴随着城市化建设步伐的加快,北京市 18 个区县中已有 5 个区没有了农业人口。截至 2008 年年末,三次产业从业人员比重分别为第一产业 6.4%,第二产业 21.2%,第三产业 72.4%;而产值比重分别为第一产业 1.1%,第二产业 25.7%,第三产业 73.2%。如图 6-5 所示,1978 年以来三次产业的劳动生产率都在上升,而农业的劳动生产率则远远低于第二、三产业,这说明农

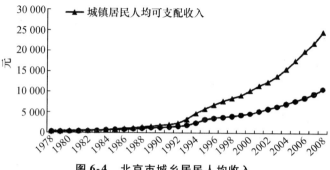

图 6-4　北京市城乡居民人均收入

村中仍旧有着大量的富余劳动力。北京农村之所以仍旧存在着大量的劳动力,一是由于新生劳动力规模大且进入劳动力市场的时间相对集中,再加上国有企业富余人员的分流,困难群体安置和新增外来劳动力,给农村劳动力进城就业问题的解决增加了困难。二是尽管北京的第三产业已经占有很高的比重,但是对于解决农村剩余劳动力问题来说仍旧是不足的。

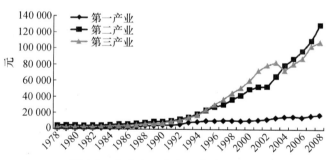

图 6-5　北京市三次产业劳动生产率

第7章 距　　离

　　世界各地的城市化进程无不缘起于经济距离的巨大作用。所谓城市化,简言之就是通过资本和劳动力的空间集聚使得经济活动的外部性得以有效利用。因此与城市或者其他空间聚集点之间的距离则成为影响地区发展的重要因素。从上一章的分析中我们可以看到:各个集聚中心如北京、上海都在一定程度上表现出了地区的首位度,区域之间的发展速度差异也在不断平缓,甚至趋同。这一方面来源于政策的主导,另一方面也来源于随着距离尺度的扩大,经济一体化的范围也在不断扩大。这为北京市地区成为世界性城市奠定了基础。

7.1　距离的概念

　　所谓距离尺度,从微观角度来说也就是单位时间能通过交通工具到达的空间范围。比如飞机能一小时飞行 1 000 km,而火车只能一小时行驶 200 km。这样的速度缩小了不同地域之间的时间成本,扩大了交易和生产协作的范围。宏观的表现为经济协作的空间范围。如图 7-1 显示了北美地区的经济合作范围从马车时代到铁路时代,再到喷气式飞机时代的经济合作范围,火车时代的全国经济距离尺度相当于喷气式飞机时代一个州的距离尺度。随着技术的发展,经济的距离尺度也在不断扩张,城市的发展也因此向外扩张。

　　改革开放以来,我国沿海地区经济发展速度快于内地,既是因为临海更易于连接国际市场,吸引资金技术,输出产品,也有政策倾斜使得其他地方的要素(包括国外)能够更便利地进入,进而推动了经济增长的原因存在。正是改革开放这一影响中国经济发展模式的转变对沿海地区和内陆地区之间市场潜力的对比产生了重要影响。改革开放前的中国经济基本上处于封闭状态,再加上当时特殊的计划经济体制,政策是决定某一地

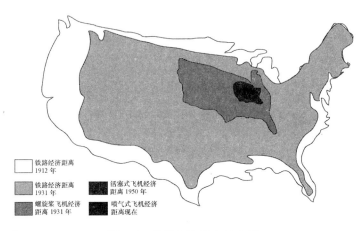

图 7-1　美国经济距离尺度图

资料来源:The Shrinking USA: 1912 to 1970s, Forer, 1978.

区经济发展的主要决定因素;而在改革开放之后,产品和要素都由市场来配置,与国际市场的距离主导着地区经济的发展。

在计划经济的时代,中国提倡在内陆省区发展重工业,1966—1970年间,71%的国家投资流向内陆省区。上海和其他沿海地区的许多公司前往内陆或贵州、湖北和四川等山区省份。但随着中国对外国贸易和投资的开放,作为海外市场的门户,沿海地区再次繁荣起来,而内陆许多地区的发展则受到了牵绊。出口导向型工业(服装、电子、皮革)集中在沿海省区,国内市场导向型工业(金融、有色金属冶炼业)则散居各地。

而较之于贸易,人口流动则可能是实现低经济密度区和高经济密度区市场一体化最具潜力的机制。发达地区密集的经济吸引着劳动力向其集中,这一过程将有利于平衡人口分布与经济密度地区间不平衡的问题,这在中国有着十分现实的意义。我国的经济中心位于东部沿海地区,但是大量的劳动力以及资源出于中西部地区,这既限制了地区间经济的互动发展,又给省际的交通运输带来了巨大的压力。因此提高空间距离尺度能有效缓解我国劳动力的大范围流动,有效促进区域一体化的进程。

专题4

距离衰减原理和引力模型

距离在促进经济发展中的重要作用历来为人们所讨论,在考察经济的空间作用时,主要有两方面的模型进行分析:距离衰减原理和引力模型,它们的应用使得距离在经济生产中的作用更有效地表现。

1. 距离衰减原理

人类行为的一个突出特征就是具有在地球表面运动,跨越空间交换信息和商品的能力。这种跨越空间和时间的运动和交换过程一般被认为是相互作用的。如果各种经济现象之间存在这种相互作用,则其作用的强度将随距离的增加而减低,这就是"距离衰减法则"(distance-decay law)。1970 年,托布勒(Tobler)将这一法则称为"地理学的第一法则",认为"每一事物都是与其他事物相关的,但临近的事物比远的事物更为相关"(Johnston 等,2000:182)。

虽然距离衰减法则是地理学家提出的一个概念,但它在社会和经济分析中具有广泛的应用价值,它也是我们构建各种形式的空间相互作用模型的基础。在现实区域经济中,我们可以看到大量的距离衰减现象。例如,从城市中心向四周出发,随着距离的增加,人口密度、经济密度以及地租、工资水平将趋于逐步下降;大都市区工作人员的通勤范围、消费者的购物行为、旅游者的目的地选择、企业配套厂家和供应链的确定,以及两个地区之间人员、货物、资金、技术和信息交流量等,都通常随着距离的增加而减少。只是有些交流量随距离增加衰减得比较快,而有些比较慢。例如,改革开放后,长三角的人口递补规律。

2. 引力模型

空间引力模型是距离衰减原理在实践中最为广泛应用的社会科学模型,从 19 世纪起源以来,一直在被不断发展和细化中。

引力模型顾名思义,是借鉴牛顿万有引力定律的成果,被广泛应用于预测人类、信息和商品在城市间、地区间甚至是国家间的流动。根据牛顿定律,模型必须具有以下两种基本元素:第一是规模的影响,例如,人口规模、经济规模等;第二是距离的影响,例如,地理距离、时间距离、心理距离等。

这样,为了表示两地或多地之间相互作用模型的一般化公式,这里规模可用地方人口 P 表示,地方之间距离用 d 表示,i,j 表示不同的地方或城市,那么地方或城市 i 和 j 之间相互作用就为 T_{ij}:

$$T_{ij} = \frac{P_i P_j}{d_{ij}} \rightarrow T_{ij} = k \frac{P_i^\lambda P_j^\alpha}{d_{ij}^\beta} \rightarrow T_i = \sum_{j=1}^{m} T_{ij} \rightarrow T = \sum_{j=1}^{m} \sum_{i=1}^{n} T_{ij}$$

第一,在实践中距离的影响一般不会出现线性变化过程,因此对此需要指数化。虽然指数的取值需要根据情况具体确定,但目前一般将其取值为2,2是一个比较合适的幂指数。较大的指数预示两个地方之间相互作用的预期水平不断下降,距离的摩擦变得越来越重要,例如发达国家地方之间的距离指数就要比穷国地方之间距离指数小得多。

第二,规模的指数化也显示指数越大,该指数下的地方就显示出越强的向心力,相反则离心力越大。例如,大城市相对于小城市,其指数要大得多。

第三,指数修正后,一般还需要加入常数项作为函数的最后调整,以便与现实世界更加吻合。

7.2 影响距离的因素

从某种意义上来讲,距离是一个成本的概念,因此对不同的要素和产品流动,影响距离的因素是不同的。

第一,对商品服务贸易而言,距离包括时间成本和货币成本。两地之间的经济距离由地理地形、交通通信设施、道路密度等因素综合决定。西南山区1km空间距离所产生的经济距离远远超过华北平原的1km;长三角无论是水运还是陆路交通,其密度都是全国最高的,因此该地区商品流动所产生的成本相较于其他地区要低得多;修建铁路或者高速公路时,地方政府无不尽力争取路线穿过当地,则是考虑到高等级的交通设施对当地经济的发展会有更大的促进作用。

第二,对劳务流动而言,除了上述时间成本和货币成本外,距离还包括离开熟悉的地方的"心理成本"。这种成本既有地理上的原因,也有文化差异的因素。北方人更愿意留在北方工作和就业,相邻省份间人口的流动多于不相邻省份间的流动,这些现象都能说明这种"心理成本"对劳务流动所产生的影响。这在托达罗城乡劳动力转移模型中有很充分的表现,当劳动力转移的收益难以弥补距离带来的心理成本时,劳动力转移将难以为继。当区域一体化实现以及全国经济差距开始不断缩小时,劳动力的转移将会随之减少,由此地区经济一体化乃至全国经济一体化将更有效率地展开。

第三,制度和政策因素同样影响着距离的大小。距离其实就是衡量特定地区市场的可进入性,即两地之间能否产生便捷的联系。对一国而言,是封闭还是开放的经济制度影响着该国与国际市场的距离,正如前文所述;对于地区而言,若采取地方保护主义则会增加地区外产品和要素进入该地区的成本。我国改革开放前严格的户籍管理制度就是一种典型的人为制造的距离,限制了资源的流动和配置。同样,在计划经济时代,国家将经济发展的重心定在中西部地区(如"三线建设"),沿海地区的发展就受到限制,而改革开放之后,东部沿海却成了与世界市场最近的地区,经济获得了迅猛的发展。

7.3 距离的影响

距离对经济的影响表现为三个主要方面:

第一,促进经济的发展,提高经济密度。交易成本在过去的很长一段时间里面成为限制经济市场的重要影响因子,而经济距离的缩小则会带来交易成本的显著下降,由此使得经济效益更高,更多的资本可以投入在生产技术的提高和全球化运营当中。我国的历史都城一半都缘起于得天独厚的地理位置,使得其经济贸易发展更为迅速。而现今,对外贸易中,东南沿海地区凭借着改革开放的浪潮以及沿海的地理优势,使得交易成本(运输成本、监管成本、关税等)下降,由此带来了东南沿海地区的经济迅猛发展。对内交易中,我国呈现出明显的以重点城市为核心,向外辐射的经济发展形态。离开核心城市的距离成为区域经济发展的一个重要因素。在专题5中,将以浙江、江苏的县域经济与离上海的距离之间的关系,详细陈述距离对于当前经济的重要影响。

第二,促进区域一体化,实现地区共同繁荣。距离尺度的扩张使得交易可以在更为广阔的范围内进行。早期的经济是县域经济,以县城核心为发展中心,生产、贸易都围绕着县城中心进行发展。扩张的距离尺度使得现今的区域经济以及全国经济成为可能。从天津到北京的交通距离缩短为30分钟,使得交易的时间成本大为缩小,由此使北京可以与天津展开更为紧密的生产贸易。两地之间可以开展要求更高的生产体系一体化、产业结构一体化、贸易市场一体化以及人才市场一体化。

一体化的发展可以更好地促进地区经济发展水平的提高。廊坊是京津唐地区最为典型的例子,由于其地处北京、天津两大直辖市连接处的重要地理位置,在两地的发展更好地在空间上协作,生产贸易更为紧密地联系的同时,廊坊地区的发展就受到了显著的经济辐射作用。区域一体化带动了廊坊地区的发展,使其现在成为北京、天津之间一个重要的交通贸易枢纽,成为一颗闪亮的明珠。

第三,改善城市环境,缓解城市问题。距离尺度的扩张带来了经济协作范围的扩张。这里以北京市的城市扩张(Urban Growth)为例。当考察世界大多数发达国家的城市形态(Urban Form)时,不论是工业型城市还是服务业型城市,去城市化(De-centralization)都是城市化发展的一个重要阶段。城市化的进程在大量的实证经验中被证明为基本符合倒 U 形曲线,随着经济的发展,人口向城市聚集;随着人口的聚集和交通的发展,人口开始向郊区扩张,城市功能区开始向郊区蔓延。

北京市的城市发展仍然处于城市化的阶段,目前仍然没有体现出去城市化的趋势。这在根源上有两方面:土地制度的原因和区域一体化的原因。我国的土地开发制度限制了城市的空间扩张,使得城市土地开发需要经过国家部门的一级平整。因此非市场化的土地制度使得北京市去城市化发展尚未进行。区域一体化尚未完全实现,使得北京市建成区和郊区的经济发展出现断层,城市发展在郊区有较大的阻碍和较高的机会成本。

鉴于以上两个原因,北京市的城市拥堵、房地产问题以及一系列的城市病都来源于高水平的城市化,以及城乡经济的分层。因此,提高经济发展的空间尺度,促进北京市及周围地区的区域一体化水平,以及改良土地使用制度对于解决北京市的城市问题有着重要的意义。

专题5

江浙两省县域人均 GDP 和与上海之间公路距离间的关系[①]

本文选择了长江三角洲地区(上海、江苏和浙江)作为分析对象,原因在于该地区在文化和传统或生产生活品位等方面十分相似,这样能够更准确地反映距离对经济发展和产业集群的作用。尽管空间距离仅仅是影响经济距离的因素之一,对其的研究并不能完全反映经济距离对经济的作用,但是正如前文所讲,我们选取的长三角地区在文化上非常相似,而且地理地形及气候状况也相差无几,再加上该地区长期以来区域经济合作较为密切,地区间制度和政策上阻隔较少,综合这些因素,可以认为

---

① 本专题摘自张辉,喻桂华. 从产业集群的空间分层性来探讨上海对江、浙县域辐射[J]. 生产力研究,2005,(7):137—139.

本研究中对距离的研究还是有着重要意义的。

一般认为,距离上海越近,接受上海辐射的可能性越大。这也是距离衰减规律的一般表现,距离衰减是形式或过程随距离增加而减弱(Gregory,1988)。笔者曾对该地区的平湖光机电产业集群、通州家纺产业集群和宁波服装、余姚模具、温州鞋业等特色产业集群进行实地调研,发现各产业集群虽然都在上海之外,但是无论在起源还是目前的资金技术等方面都与上海有着密切的联系。这也与大家经常所关注的上海对周边地区的辐射是相一致的,那么这种辐射又是按照何种方式运作的呢,地方产业集群又在里面起到了什么作用?

此外,从实地调研走访的诸多地区来看,长江三角洲各地经济发展水平等方面都会随着与上海之间距离的增加而出现垂直落差。本研究试图以上海为基点,通过考察江苏和浙江县域经济的发展差异,具体量化上海经济辐射在长江三家洲各地经济发展中的作用。总之,这里将试图通过上海对周边地区的经济辐射,来考察全距离衰减规律。

江、浙两省共有118个县级(包括县级市,下文统称为县)行政区,离上海的陆路交通距离都在1000公里之内,而且该地区基本上可以看做一个均质平原地区,都能有效接受到上海的经济辐射。通过各县人均GDP和其与上海陆路交通距离的散点图(图7-2)分析,我们发现两者有比较强的相关性。

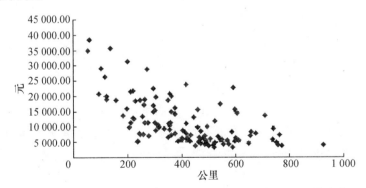

图7-2 江浙各县人均GDP和其与上海公路交通距离之间的散点图

1. 模型设立

本研究从经济发展的微观机制出发,把影响县域经济发展的因素分为两类:第一类是资源因素,主要是资本和劳动力;第二类是制度因素,主要考虑各县的产业结构、外资利用程度和上海对各县的辐射即产业链条在空间上垂直分离后所形成的等级体系。在此基础上,假设各县的生产函数是 C-D 生产函数(索洛等,1996),其形式为 $Y = AK^{\alpha}L^{\beta}$,其中 α 和 β 分别表示资本和劳动力的产出弹性,A 表示技术。本式取对数后得到:

$$\log Y = \log A + \alpha \log K + \beta \log L$$

上式可再作细化。为了考虑到产业结构、利用外资程度、离上海的陆路距离等制度因素的影响,我们假定这三个因素会影响到生产要素的产出弹性。具体以陆路距离为例,一般认为离上海的距离越近,经济增长受到上海辐射的影响就越强,所以要素的产出弹性可能受到这种辐射的影响。因此,加入了制度因素的 C-D 生产函数可以写成以下形式:

$$Y = AK^{\alpha_0 + \alpha_1 x_1 + \alpha_2 x_2 + \alpha_3 x_3} L^{\beta_0 + \beta_1 x_1 + \beta_2 x_2 + \beta_3 x_3}$$

其中 x_1 代表产业结构因素,x_2 代表外资利用程度因素,x_3 代表距离上海的距离(指标的选取下面有详细说明)。上式两边取对数,可转换为如下线性模型:

$$\log Y = \log A + (\alpha_0 + \alpha_1 x_1 + \alpha_2 x_2 + \alpha_3 x_3) \log K \\ + (\beta_0 + \beta_1 x_1 + \beta_2 x_2 + \beta_3 x_3) \log L$$

这实际上是可变参数模型,认为 x_1, x_2, x_3 影响资本和劳动系数即它们的产出弹性。这样,本方程就可以从微观机制上解释为制度因素通过产出弹性作用在资源要素上,进而影响各县的人均产出。

2. 数据来源及计量分析

(1) 辐射能力的表示。本研究用江、浙各县市距上海的公路距离表示一种辐射能力的强弱,考虑到三点:第一,距离是典型的外生变量,与其他解释变量没有直接相关关系,避免方程拟合中的共线性问题;第二,辐射作用本身难以衡量,因为它不仅包括吸引外资的便利和产业转移成本等可以量化的因素,也包括区域间思想的交流和技术的传播等无法量化的因素等,所以用距离表示辐射有一定的道理,因为距离远了,辐射必然就弱了;第三点,从现实的角度看,公路仍然是江、浙大部分县市与上海的主要交通渠道,是对经济辐射影响比较大的物资、人员和资金的流动的重要途径。

由于资料的可得性,各县距离上海的公路里程根据 1993 年人民交通出版社《中国公路交通里程图册》计算,其原则是两地间所途经的省道或国道距离相加。如果两地间没有直接连接的省道和国道,则考虑一定的绕行,而不考虑省道以下等级的公路;如果两地间有两条以上的道路,则取其距离近的。文中 x_3 的单位是百公里,精确到小数点后两位。

(2) 县域的选取。接受上海辐射最为强烈的江苏和浙江共有 118 个县级行政区域,其中江苏 58 个,浙江 60 个。由于本研究的辐射是用公路距离来表示的,所以剔除了浙江的三个处于海岛没有陆路与上海相联系的县(洞头、岱山和嵊泗)。这样样本容量为 115。

(3) Y 为 2001 年各县的人均 GDP,单位是元;L 为各县的户籍人口数量,单位是万人;x_1 代表产业结构因素,用第二产业和第三产业增加值之和与全部 GDP 的比重表示;x_2 代表外资利用程度,限于数据的可获得性,我们以工业总产值中有港澳台资和外资企业创造的产值与全部工业产值的比重来表示。数据来源于《2002 年江苏省统计年鉴》和《2002 年浙江省统计年鉴》。

(4) 关于数据另一个重要的问题是资本存量 K 的计算(Gary 等,1996;张军,2002)。由于统计年鉴中没有现成的资本存量数据,而仅有每年的新增投资数据,根据 Goldsmith(1951),资本存量公式为:

$$K_t = (1-\delta)K_{t-1} + I_t$$

其中下标 t 表示年份。该式表示某年的资本存量等于折旧后的上年 $(t-1)$ 资本存量加当年新增投资 (I_t)。假定资本存量的增长率为固定常数 r,例如等于 GDP 的增长率,则可用如下公式计算给定年份的资本存量。

$$K_{2001} = \frac{(1+r)I_{2001}}{\delta + r}$$

其中 I_{2001} 为 2001 年全社会投资形成额,r 表示投资的增长率,本研究假定为 10%;δ 为折旧率,根据邹至庄(1999),本研究选择折旧率为 0.04,通过计算可以得到 2001 年全社会固定资产总量的大概值。新增投资 I_{2001} 数据直接来源于《2002 年江苏省统计年鉴》和《2002 年浙江省统计年鉴》。

使用 EViews 3.1 对模型进行估计。

第一步,先估计以下模型。结果如表 7-1 所示。

$$\log Y = \log A + (\alpha_0 + \alpha_1 x_1 + \alpha_2 x_2 + \alpha_3 x_3)\log K \\ + (\beta_0 + \beta_1 x_1 + \beta_2 x_2 + \beta_3 x_3)\log L$$

表 7-1 初步计量结果

变量	系数	标准差 r	t 统计量	p 值
C	3.975179	0.087699	45.32762	0
LOGK	−0.579592	0.454561	−1.275058	0.2051
LOGKX1	0.505113	0.471795	1.07062	0.2868
LOGKX2	0.387273	0.214186	1.808118	0.0735
LOGKX3	0.065761	0.023338	2.817828	0.0058
LOGL	−0.002201	0.487711	−0.004513	0.9964
LOGLX1	0.311542	0.501508	0.621212	0.5358
LOGLX2	−0.325047	0.262215	−1.239621	0.2179
LOGLX3	−0.084945	0.024209	−3.508852	0.0007

由于 $\log L$ 的系数的 t 值比较小,系数十分接近 0,本研究下一步去除 $\log L$,不对 β_0 进行估计。如此,则分别估计下面两个模型,其中模型Ⅱ不考虑 $\log L$ 前的常系数。

模型Ⅰ: $\log Y = \log A + (\alpha_0 + \alpha_1 x_1 + \alpha_2 x_2 + \alpha_3 x_3)\log K + (\beta_0 + \beta_1 x_1 + \beta_2 x_2 + \beta_3 x_3)\log L$

模型Ⅱ: $\log Y = \log A + (\alpha_0 + \alpha_1 x_1 + \alpha_2 x_2 + \alpha_3 x_3)\log K + (\beta_1 x_1 + \beta_2 x_2 + \beta_3 x_3)\log L$

第二步,表 7-2 中结果显示,模型Ⅱ估计的效果明显好于模型Ⅰ,故再对模型Ⅱ的残差进行分析,如图 7-3 所示。

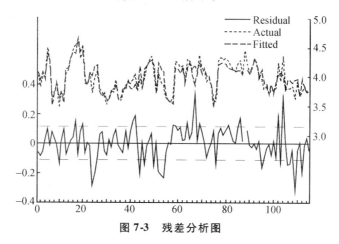

图 7-3 残差分析图

表 7-2　计量结果分析

变量	模型Ⅰ				模型Ⅱ（全部 115 观测点）				模型Ⅱ（109 个观测点）			
	系数	标准差	t 统计量	p 值	系数	标准差	t 统计量	p 值	系数	标准差	t 统计量	p 值
C	3.975	0.088	45.32	0.000	3.975	0.085	46.84	0.000	3.909	0.075	52.22	0.000
LOGK	-0.580	0.455	-1.275	0.205	-0.582	0.065	-8.990	0.000	-0.519	0.057	-9.123	0.000
LOGKX1	0.505	0.472	1.071	0.287	0.507	0.121	4.200	0.000	0.419	0.103	4.054	0.000
LOGKX2	0.387	0.214	1.808	0.074	0.387	0.212	1.826	0.071	0.439	0.180	2.434	0.017
LOGKX3	0.066	0.023	2.818	0.006	0.066	0.017	3.779	0.000	0.061	0.015	4.097	0.000
LOGL	-0.002	0.488	-0.005	0.996								
LOGLX1	0.312	0.502	0.621	0.536	0.309	0.131	2.356	0.020	0.401	0.112	3.588	0.001
LOGLX2	-0.325	0.262	-1.240	0.218	-0.325	0.260	-1.250	0.214	-0.420	0.222	-1.889	0.062
LOGLX3	-0.085	0.024	-3.509	0.001	-0.085	0.018	-4.726	0.000	-0.085	0.015	-5.559	0.000
拟合优度指标	调整后的 R^2	0.805369			调整后的 R^2	0.819148			调整后的 R^2	0.8654		
	DW 统计量	1.526146			DW 统计量	1.52615			DW 统计量	1.59844		
	F 统计量	59.44834			F 统计量	68.588			F 统计量	99.96061		

残差分析(图7-3)显示有一些观测点的残差比较大。White 异方差检验的 p 值为 0.111,虽然这种异方差性并不明显,不过为了检验模型的稳健性,我们下一步剔除残差超过两个标准差的异常点。残差的标准差为 0.11,所以一共剔除 6 个观测点。并且同时剔除系数不显著不为 0 的 LOGL。

第三步,此时共有 109 个观测点,对模型Ⅱ进行拟合。结果显示,模型Ⅱ(109 观测点)的拟合程度比较好。资本存量、劳动力以及其他制度因素解释了县域经济增长的 87%。同时各系数都显著不为 0。DW 统计量为 1.598,不存在序列相关性。

3. 经济解释和结论

$LOGKX_3$ 前的系数为 0.060841,表示与上海的距离每增加 100 公里,资本的产出弹性增加 0.061。离上海越远,资本的产出弹性越大,反映了边远地区资本的稀缺性。$LOGLX_3$ 前系数为 -0.084822,表示与上海的距离每增加 100 公里,劳动力的产出弹性降低 0.085。离上海越远,劳动力的产出弹性越小,反映了边远地区劳动力的低效率。由此从空间上验证了伴随与上海距离的增加,各地的经济发展水平会发生相应的距离衰减现象。

第一,该模型分析从实证角度论证了江苏和浙江各县都提出迎接上海辐射的经济发展战略的经济学基础。通过将上海的资金往外输送,可以提高资本的产出效率;通过边远地区劳动力向上海方向流动,可以提高劳动力的产出效率。前面提到的各个产业集群中的劳动力流动基本上都是从距离上海更远的地区往上海方向做单向流动,例如平湖光机电产业集群中大量的技术工人来自浙江的偏远山区和安徽的一些技术学校,而其资本投入则大多源自上海。

第二,从该计量模型分析来看,占据高附加值环节的地方产业集群对低层级产业集群的影响是一个渐进过程,低层级产业集群基本按照价值递减序列围绕核心产业集群进行空间配置。此外,我们要注意的是,在全球价值链蔓延式空间布局中,时间距离的改善能否带动当地经济发展,很大程度上要依赖于上一环节地方产业集群对其分包体系的空间影响距离。如果该环节在价值等级体系中位置本来就很低,其空间影响距离就有限,那么其周边地区想通过改善交通条件获得时间距离的改善来吸收产业转移或扩散,其结果只会是竹篮打水一场空。

第 8 章 分 割

从市中心逐渐向外围走,我们会观察到城乡经济的显著差距,观察到城乡结合部变动的经济结构,"分割"便是这种经济状况最好的描绘。以北京市为例,城市建成区与远郊农村区的显著差别表现在多个方面:

(1) 显著的土地及房产价格差异。建成区的商品房价格可达 4 万/平方米乃至更高,而远郊的价格却可以在 1 万/平方米以下。(2) 不同的经济结构。远郊区县以农业和基础工业为主,经济密度较低;而建成区则主要以第三产业为主,密度较高。(3) 不同的交通网络。远郊区县以稀疏的公路网络为主,而建成区则有密集的立体交通系统,道路等级更高。(4) 不连续的产业链。建成区的许多产业链条没有很好地在北京市郊区得到蔓延,而是以不同方式与外界连接,从而使得远郊区县没有得到北京市经济快速发展的辐射效应。(5) 不同的市场结构。远郊区以集市、农贸市场等方式组织市场,而建成区则以固定的专业细分市场进行贸易。另外在市场进行交易的产品也有很大差异。

造成这种现象的主要原因在于,城乡经济没有实现一体化,城乡之间是严重分割的。这种分割并不一定是由经济制度造成的,可以是政治、地理、历史等多方面的因素产生作用导致的。分割对经济发展则是至关重要的,也是经济地理分析的一个重要维度。

8.1 分割的概念

任何地区都不是孤立地存在的,必然会与周边乃至世界另一端的某地发生着联系,这种联系主要体现在经济活动上,如贸易、资本流动等,除此之外也可以是政治互动、文化交流,而分割正是对这种联系状况的一种描述。当这种联系被某些因素影响乃至隔断,人和物的交流受到了阻碍,则可以说存在着分割。这里需要对距离和分割两个概念进行区分:前面

第7章所讲的距离强调的是所考察地区的通达性和可及性,是一个动态的概念;而分割则是对特定地区对外联系状况的描述,是一个静态的概念。现在的中国,尽管在政治上是一个统一的国家,但从经济的角度地区间、城乡间仍旧存在着严重的分割,一个全国性的自由畅通的市场尚远未形成。

在商品市场上,有经济学家发现,正是因为严重的国内市场分割,许多企业宁愿做出口贸易。因为跟国内做生意太累,企业又要扩大规模,于是就跟国外去做生意。相关研究发现,中国的地方经济存在着这样一个明显的倾向,即用国际贸易来替代国内贸易。

在要素市场上,劳动力、土地和资本这三大要素在不同程度上都存在着分割。

劳动力方面,中国目前的户籍管理制度严格限制了劳动力的流动,而与户籍紧紧相关联的则是社会保障。无论是城市间的移民还是农村向城市的移民,两个问题是必须首先要解决的——"政治"身份和经济身份问题。"政治"身份是指移民能否被纳入城市的社会保障体系,解决其后顾之忧,这一点对于进城的农民尤为重要,然而我国现今的养老、医疗、失业等保险项目的统筹层次很低,这在很大程度上制约了移民的流动;经济身份则是指移民能否在城市稳定地就业,拥有稳定的收入以能够在城市生活下来。

在土地方面,我国实行的是国家所有或集体所有的公有土地制度。城市中,居民购买商品房购买的只是70年的使用权,而在农村,农民承包的也只是土地的使用权,这种产权的不明晰首先造成了土地流转法律上的障碍,这也是在城市扩张中被拆迁者相对于政府处于弱势的原因之一。其次,在农村,很多进城务工的农民由于很难获得城市户口,无法享受相应的公共服务,因此不愿意将自己的土地流转出去;而即使农民愿意将自己的土地流转,也往往不知道办理流转的流程,相关的手续不能到位,因此土地的流转需要公共机构一定程度上的干预,而当今中国农村基层的自治组织能否胜任这一职责仍是一个问题。

在资本方面,相对于前面提到的劳动力和土地,资本在中国国内的流动还算是比较自由。不过不同地区软件和硬件条件是有差异的,特别是欠发达地区在基础设施、政策以及商业理念方面与发达地区存在较大差距,因此在吸引资本方面远落后于发达地区。

在商品市场上同样存在着分割问题,市场准入即是一方面的体现。

商品贸易能否自由畅通地进行,市场准入是一个影响因素,这也是对分割度的一种衡量。所谓市场准入,是指一国或地区允许外国或外地区的货物、劳务与资本参与本地市场的程度。市场准入的程度越高意味着外地商品能够更加自由地参与到本地市场的竞争中,也就加强了本地与外界的交流和联系,经济也就更加开放、更加活跃。

前些年我国盛行的地方保护主义就是对市场自由的违背,造成了分割。各地为了追求本地方的经济增长,限制甚至禁止其他地区商品进入本地销售,这种做法就严重阻碍了跨地区贸易的进行,对整体经济的发展造成极大的损害。

8.2 分割的成因

1. 疆界

对于国家而言是国界,对于地方而言则是行政边界。在国家层面上,疆界使具有共同特征的人口具有了地区感和归属感,促进了社会福利的提高。疆界也产生了社会的管理单位。在权责明确、界限分明的前提下,疆界保证了社会的安全和稳定,带来了数量可观的经济利益。而相比之下,如果疆界得不到有效管理,分割就会乘机兴起。从对商品、资本、人口和知识等流动的温和限制到领土争端、内战和国家冲突等引发的更严重的分割。因此疆界的存在并不一定带来分割,对待疆界的态度和对疆界的管理更为重要。在地方层面上,一国出于公共管理的需要将国土划分为若干行政区,地方享有一定程度的自主权再加上行政区间竞争的存在就有可能使行政边界成为造成分割的原因,不同行政区会采取不同的政策,而差异的存在既是产品和要素流动的动因,也有可能造成分割。

2. 制度政策

国家或地区所选择的社会制度、经济模式、贸易政策等等都会对分割的程度造成影响。越是自由的社会越容易与外界产生联系,促进人与物的流动。鼓励进出口、鼓励资本流动的国家分割的程度越低;实施开放性贸易政策,低关税、减少壁垒有助于经济联系,降低分割程度。

3. 地理特征

地处内陆的国家和地区相对于沿海地区没有先天的与国际市场密切联系的交通条件,因此更容易在世界经济发展过程中被边缘化。当然这也不能一概而论,卢森堡、瑞士等国就另当别论。尽管地处内陆,但是周边都是经济发达的国家,便能充分利用高经济密度地区的辐射效应促进自身的发展;然而倘若处于被贫穷国家包围的内陆地区,如不丹、老挝等,则很难实现经济的快速增长。从地方层面,中国的西部就是典型的例子,尽管坐拥丰富的农林、矿产等资源,却因地处内陆,地形复杂,交通不便而发展缓慢。

4. 民族与文化

这里主要是由于民族和文化的差异性导致了地区间交流的不畅。非洲国家之所以战乱频仍,很大程度上在于19世纪在划分国界时没有考虑当地经济或社会的分割状况,最终导致了种族之间的冲突不断,印巴之间亦是如此。

8.3 分割的后果

首先,分割的存在不利于经济的交流,进而会拖累地区的发展。便捷的联系有助于规模经济的实现,在上一章中对江浙两省与上海的距离分析正是说明缩短的距离以及便捷的联系对经济水平有着重要的作用。这种空间上的距离缩短带来了经济成本的下降,带来了规模经济和经济水平的提升。这对北京市的经济发展有着重要的借鉴意义,北京可以通过加强交通设施的建设途径来缩短主城区与周边区县乃至河北省临近区县的距离,这样既可以吸引周围的生产要素向北京集聚,实现规模经济效应,提高经济密度,又能通过辐射影响带动周边地区的经济发展,进而实现区域经济一体化。

交流减弱对一个地区经济的负面影响除了不易于规模经济的实现之外,还在于不利于资金、技术的引进,进而不利于推动经济发展,这一点对于经济刚刚起步的发展中国家以及小国特别重要。对于发展中国家,经济基础薄弱,尽管可能拥有充足的资源和劳动力,但是在资金和技术的积累上则显得不足,因此为了本国的经济发展,就必须开放国门,利用优惠的政策以及资源优势来吸引国外资本和技术的进入,并实现"干中学",拉动本国经济快速发展,这也正是中国改革开放成功的原因之所在。而对于小国,由于在资源和劳动力方面都比较匮乏,因此更需要通过加强与外界的交流联系,并将自身纳入相邻区域甚至国际分工体系中,促进经济的增长。

而分割的存在使得距离成本提高,带来对经济水平较大的影响。对于大国而言一方面需要统一国内市场,通过提高交通密度、消除地方保护主义等措施来降低地区间的分割度,另一方面则要加强区域经济合作,减少贸易壁垒。对于小国而言,需要尽力实现与邻国的经济一体化,从规模生产中获得竞争力。

其次,从产业的角度,分割将不利于产业的合理布局。一方面分割会通过运输成本来影响产业间以及产业内部的布局。Fujita 和 Krugman 在《空间经济学》一书中以运输成本作为经济结构和产业分布的重要因素,虽然这仅仅是一个理论模型,但的确反映了现实经济中运输成本在经济发展中的重要作用。当运输成本发生改变,相应的经济结构和产业结构都将发生显著的变化。比如两国之间由于政治因素带来了明显的运输成本增加,两国之间的交易成本将增加,一方面提高了两国自给自足的比例,另一方面也降低了两国之间的贸易量,从而影响两国的产业机构。运输成本的下降促进了经济的集中,进而带来了规模经济;分割则会引起较高的运输成本,巨大的规模经济就得不到挖掘,生产处于低效状态,专业化程度就很低。另一方面分割会阻隔经济联系,因而产业链的扩展和产业集群的形成就会受到阻碍,产业的专业化就很难得到布局。当一个经济体处于封闭状态时,其会为了一味追求产业多样化、工业门类齐全而损失掉规模经济和贸易带来的好处,对于一个地域广阔、资源丰富的大国来说也许还能支撑,但对于小国或地区则无法承受。

专题6

世界贸易中的市场准入[①]

市场和经济的分割在国际上多为国家间的贸易规则所致,所谓市场准入,是指一国允许外国的货物、劳务与资本参与国内市场的程度。市场准入程度越高,经济越开放,造成的分割越少。WTO 中的部分规定比如"每个成员给予其他任何成员的服务和服务提供者的待遇,不得低于其承诺表中所同意和明确的规定、限制和条件",便能限制经济的分割在一定的范围内。

1. WTO 市场准入规则的主要内容

国家与国家之间,地区与地区之间的经济发展经常会受到政治因素

---

① 本专题依据《1994 年关贸总协定》、张国富《美国市场准入规则》等及部分网络历史资料整理而成。

的干预,由此造成了区域之间的分割。为了减少这种分割的危害,WTO制定了许多关于市场准入、增强贸易自由化的协定。其中较为重要也广为人知的几点包括:(1)《1994年关贸总协定》要求各成员逐步开放市场,即降低关税和取消对进口的数量限制,以允许外国商品进入本国市场与国内产品进行竞争。这些逐步开放的承诺具有约束性,并通过非歧视贸易原则加以实施,而且一成员要承诺不能随意把关税重新提高到超过约束的水平,除非得到WTO的允许。(2)其他货物贸易协议也要求各成员逐步开放市场。如《农业协议》要求各成员将现行的对农产品(新闻,行情)贸易的数量限制进行关税化,并承诺不再使用非关税措施管理农产品贸易和逐渐降低关税水平;这类协议还包括《海关估价协议》、《贸易的技术性壁垒协议》、《动植物检疫协议》等。(3)《服务贸易总协定》要求各成员逐步开放服务市场,即在非歧视原则基础上,通过分阶段谈判,逐步开放本国服务市场,以促进服务及服务提供者间的竞争,减少服务贸易及投资的扭曲,其承诺涉及商业服务、金融、电信、分销、旅游、教育、运输、医疗与保健、建筑、环境、娱乐等服务业。(4)有利于扩大市场准入的其他基本原则,即各成员还可利用争端解决机制,解决在开放市场方面的纠纷和摩擦,积极保护自己;同时,贸易体制的透明度也有利于扩大市场准入。

其目的是公平有效的国际贸易市场,具体而言是"通过增强各国对外贸易体制的透明度,减少和取消关税、数量限制和其他各种强制性限制市场进入的非关税壁垒,以及通过各国对外开放本国服务业市场所作出的具体承诺,切实改善各缔约方市场准入的条件,使各国在一定期限内逐步放宽服务业市场开放的领域"。

协定的制定是为了减小经济分割,促进全球经济一体化。比如,《服务贸易总协定》第四条,"要求发达国家采取一些具体措施以增强发展中国家国内服务部门的实力和竞争力,并对发展中国家的服务出口提供有效的市场准入,在对发展中国家有切身利益的服务出口部门和服务提供方式中,放宽市场准入条件"。这样的政策对于减小发展中国家与发达国家间的贸易分割有重要意义。发展中国家的服务业缺乏国际竞争力,在一定程度地保障其发展的同时,促进其与国际市场接轨,可以有效缓解竞争带来的风险,也促进了两地之间互动的贸易,促进发展中国家和发达国家的经济和产业发展。

2. 世界贸易中违背市场准入原则的情形

国际服务贸易不存在关税壁垒，然而该领域很多部门涉及国家安全和一国经济的正常运行，各国出于自身利益或者从国家安全角度出发，往往通过非关税壁垒的形式保护这些部门免受国外服务者的竞争；加之各国国际服务贸易水平相差悬殊，因此《服务贸易总协定》中的市场准入只适用于各成员国所承诺开放的部门和分部门，而不适用于其未予承诺开放的部门。①

张国富的《美国市场准入规则》一书中对影响国际服务贸易的因素做了详尽的分析。"阻碍全球贸易自由化的因素包括关税壁垒和非关税壁垒。关税壁垒是指一国通过对进口商品征收关税的手段，来提高进口商品的成本，削弱其在国内市场上的竞争力，以保护本国商品的一种贸易壁垒；而非关税壁垒即指除了关税以外的壁垒，亦称'非关税措施'。非关税壁垒从执行的方式上可以分为两类，即直接的和间接的。直接的是指由海关直接对进口商品的数量、品种加以限制，主要手段有进口许可证和配额等；间接的是指对进口商品实行严格的海关手续，如装运前检测、评估规则等，或通过严格的外汇管制等间接限制进口。"

---

① 该段主要内容引自 牛习昌.积极应对入世给农业带来的挑战 [J].经济论坛,2001(24).

第三部分

重塑经济地理
——经验比较与特色道路

过去的一个世纪中,世界上最突出的发展特色被称为"城市化"。尽管在20世纪下半叶已经有许多发达国家进入去城市化阶段,但难以否认的是,城市化为世界经济发展和世界社会进步带来了质的飞跃。那么,又是什么使得城市化具有如此魔力呢?在城市化中最突出的经济地理特色是什么呢?这一部分我们将通过规模经济、劳动力的流动以及生产专业化等方面对世界经济发展进行反思。规模经济带来了城市化,促进了经济发展。经济发展和城市化带来了劳动力的流动;劳动力的流动带来了知识的流动和知识溢出。知识溢出和规模经济还带来了专业化生产;专业化生产又促进了知识创造和经济创造。它们之间通过规模经济、知识、资本专业化相互关联,并最终推动了20世纪经济建设的体制发展。

本部分延续第二部分对密度、距离和分割的讨论,从动态经济的角度,对这三者进行经济活动方面的分析。本部分从集中和集聚、要素流动以及专业化生产三个方面对我国经济地理的发展经验和特色道路进行分析。

第9章 集中和集聚

规模经济的作用使得现代化工业生产有效地展开。从18世纪的《国富论》开始，资本聚集以及相应的规模生产就成了经济生产的重要指向标。所谓规模经济就是指当生产规模增加的时候，边际成本下降或者边际收益增加。这在绝大多数产业都成立，如当制造业企业的生产规模较小时，增加资本投入或者劳动力投入可以有效提高生产的边际收益。当然有许多行业并不受该规律的影响，比如部分农产品生产行业。总体而言，规模经济的巨大作用使得全球工业化发展迅猛进行。

对于我国而言，工业化发展同样依托于规模经济。改革开放之前，属于集体生产的大范围工业投入，如早先的钢铁企业、煤炭企业。改革开放以来，东南沿海许多城市都成为规模经济的受益者。它们作为我国经济发展的试点城市，在引进外资的同时，吸纳着国内的优秀劳动力和剩余资源。比如东莞、佛山、深圳、温州等地，都是以资本积累和劳动力的大量流入带来了经济的大幅提升，并成为我国东南沿海第二产业发展的重要基地。

集中和集聚是对规模经济反应的两个重要方面，它们都来自于经济密度，而不同于经济密度。经济密度更多地强调了生产中的静态指标，而集中和集聚则是经济对规模效应的反应，是经济生产的动态过程。密度[①]，是对一个地区单位土地面积经济产出的衡量，而集中和集聚则描述的是资源、要素向少数地区的流动。对于制造业和服务业而言，需要大量的劳动力和消费者，才能维持发展，出于对规模经济的需要，这些产业都聚集在人口稠密的地区。城市化也就伴随着从农业经济向工业经济再向服务业经济的转变，人口、财富不断往城市集中。

布雷克曼等(2004)在其《地理经济学》一书中指出，集中和集聚都是

---

① 参考世界银行(2009)。

指经济活动的某个部分,如一个具体的工业或制造业,作为一个整体在空间上是如何分布的。集中考察的是少数明确划分的部门(尤其是一些工业)的空间位置,而集聚考察的是经济活动更大部分的空间位置。比如相比于全国,金融保险业在北京地区集中,而第三产业在北京地区则交互合作,协同发展形成集聚。

北京市在改革开放以来,已经成为华北地区经济发展的重心。尽管其承担着全国政治中心的地位,北京在经济建设方面同样继承了规模经济效应,特别是第三产业的发展成为北京的重要特色。另外与天津、唐山、廊坊等周边第二产业的相互协作,很好地支撑了北京市第三产业的快速发展。飞快的 GDP 增长伴随着高新技术及第三产业的集中和集聚。2008 年北京市的人均 GDP 达到 6.19 万元,远远高于全国平均水平,如表 9-1 所示。地理位置、历史积淀、政策因素等刺激了北京的增长。北京依靠其首都地位吸引着全国人口的流入,尽管其在生产资料上并不丰富,但凭借庞大的消费市场,制造业和服务业都得到了快速的发展;而地处东部地区,毗邻天津出海口,对外开放又引进大量外资和技术。可以说北京依靠其原本的高经济密度吸引资源向其流动,同时又极力缩短距离、降低分割,利用集聚和规模经济的优势促进了高速发展。

表 9-1 数字北京(2008 年)

主要经济指标			
年均 GDP 增长率(1978—2008 年)	26%	GDP	10 488 亿
常住人口	1 695 万人	城镇居民百分比	84.9%
城镇居民人均可支配收入	2.47 万元	农村人均纯收入	1.07 万元
常住居民人均 GDP	6.19 万元		
进口	2 142 亿美元	出口	574 亿美元
财政收入	2 282 亿元	财政支出	2 400 亿元
电力消费	675 亿千瓦时	水消费	35.1 亿立方米
环境影响指数			
二氧化硫排放量	12.3 万吨	工业废水排放量	8 367 万吨
工业固体废物产生量	1 156 万吨	工业固体废物排放量	0.09 万吨

资料来源:《北京市统计年鉴 2009》。

9.1 集中和集聚的测度

集中和集聚作为经济发展的重要指标,对其进行定量分析是具有重要意义的。行业发展的集中程度可以评价该产业发展过程是否充分利用了规模效应,并且考察该行业发展的地理重心,便于制定有效的政策措施。而集聚则可以作为一个地区是否具有综合领导力的评价标准,考察地区经济发展的可持续性,进一步地可以作为周边区域经济一体化发展程度的指标。行业内部企业的地理集中以及行业间的相互协作便是区域经济发展的重要考量标准。目前,国内外学术界对产业集聚和地理集中的衡量主要是在对经济活动区域分布9项考察的基础上,综合考虑各种不同因素,并采用不同的计算方法得到的,具体有以下4种衡量方法。

1. 标准差系数

该系数表示地区某产业所占份额对平均分布的偏离,是对集中的侧面反映。采用各地区产业份额的标准差除以平均份额（1/N）计算,这里 N 为地区个数。

$$\mathrm{VCO}_k = \frac{\mathrm{STD}_k}{1/N}$$

$$\mathrm{STD}_k = \sqrt{\frac{N \sum (S_i^k)^2 - (\sum S_i^k)^2}{N(N-1)}}$$

$$S_i^k = \frac{x_{ik}}{\sum_{i=1}^{n} x_{ik}}$$

VCO_k 为标准差系数;STD_k 为各地区产业份额的标准差;S_i^k 为地区 i 产业 k 在全国所占份额;x_{ik} 为地区 i 产业 k 的总产值、增加值或就业数。该指标反映了某产业的地区分布对平均分布的偏差,偏差值越大,说明产业分布越集中;偏差值越小,说明产业分布越分散。其优点是计算方便,指标含义直观;缺点是只对某一个指标的分布偏差进行衡量,不能反映造成这种偏差的内在原因。表9-2 显示了全国各行业的标准差系数。

表9-2 全国各行业标准差系数

	第一产业	第二产业	工业	建筑业	第三产业	交通运输、仓储和邮政业	批发和零售业	住宿和餐饮业	金融业	房地产业	其他
H/T	0.02	0.03	0.03	0.02	0.03	0.03	0.03	0.03	0.04	0.04	0.03
C_1	0.75	0.91	0.94	0.69	0.87	0.78	0.96	0.90	1.19	1.11	0.80

2. 集中率

集中率指标表示某产业规模最大的前几个地区在全国所占的份额。

$$CR_{n,k} = \sum_{i=1}^{n} S_i^k$$

这里，n 为地区数，一般取前 1、3、5 或 10% 和 20% 的地区。该指标借用产业集中分析中的市场集中率来分析地理集中现象。它的最大特点是直接指出了规模最大的一个或几个地区所占比重，由此可以看出产业的地理集中程度。优点是计算简便，含义直观，把产业的集中度指向具体的地区；缺点是没有考虑到影响产业集中的因素，而且当 n 取不同值时会得出不同结论。

从表 9-3 中可以看出，金融和房地产在全国的集中程度最高，五个省份占了 50% 以上的生产总值份额。相比而言，第一产业和建筑业在全国的分布较为分散，前五个省份仅占了 36%。金融业主要集中在广东、北京、江苏、上海、浙江五个地区。房地产业主要集中在广东、江苏、浙江、山东、上海（北京位居第六）。

表 9-3 集中率（前 5 个省份）

第一产业	第二产业	工业	建筑业	第三产业	交通运输、仓储和邮政业	批发和零售业	住宿和餐饮业	金融业	房地产业	其他
0.36	0.45	0.46	0.36	0.42	0.40	0.46	0.44	0.56	0.50	0.40

3. 集中指数

集中指数主要用于衡量某项经济活动在地域上的集中程度，既可以用于经济总量分析，也可用于产业活动分析。在计算时，必须先求出该经济活动半数集中在多大地域范围内，再计算集中了 50% 经济活动的地区人口占全国总人口的比重。

$$C_1 = \left(1 - \frac{H}{T}\right) \times 100$$

C_1 为集中指数；H 为达到该经济活动一半时的各地区人口数量之和（按人均值大小从高到低排序）；T 为全国或高一级区域的总人口。该指数在 50—100 之间变动，其值越大，说明集中的程度越高；反之则比较分散。如果指数等于 50，表示指数高度分散（这时生产分布和人口分布完全一致）；在 50—60 之间，比较均衡；70—80 之间，相当集中；大于 90，则高度集中(刘再兴,1997)。同集中率一样,表 9-4 中金融业和房地产业的集中指数较高。

表 9-4　集中指数

	第一产业	第二产业	工业	建筑业	第三产业	交通运输、仓储和邮政业	批发和零售业	住宿和餐饮业	金融业	房地产业	其他
H/T	0.48	0.36	0.36	0.46	0.32	0.41	0.29	0.38	0.19	0.26	0.32
C_1	51.5	63.1	63.1	53.6	67.6	58.9	71.0	61.0	80.2	73.0	67.6

4. 地理联系率

地理联系率(coefficient of geographical association)反映了两个经济要素(通常是产出与人口或土地面积)在地理分布上的联系情况。如果两个要素在地理分布上比较匹配,地理联系率就高,说明生产的地理集中度较低,分布比较均匀;反之,说明生产的地理集中度较高。

$$G_A = 1 - \frac{1}{2} \sum_{i=1}^{n} |Q_i - P_i|$$

$$G_2 = 1 - G_A = \frac{1}{2} \sum_{i=1}^{n} |Q_i - P_i|$$

G_A 为地理联系率;Q_i 为地区 i 第一要素(如产出率)占全国总量的比重;P_i 为地区 i 第二要素(人口或土地面积)占全国总量的比重。地理联系率是以人口分布或土地面积为参照的。由于地理联系率与集中度的方法刚好相反,因此对公式进行变换就可以得到一个地理集中指数 G_2。该指数数值越大,说明地理集中程度越高;反之,说明地理集中程度越低。表 9-5 显示了全国各行业的地理联系率。

表 9-5　地理联系率

	第一产业	第二产业	工业	建筑业	第三产业	交通运输、仓储和邮政业	批发和零售业	住宿和餐饮业	金融业	房地产业	其他
G_a	0.89	0.79	0.78	0.85	0.77	0.81	0.73	0.80	0.62	0.71	0.80
G_2	0.11	0.21	0.22	0.15	0.23	0.19	0.27	0.20	0.38	0.29	0.20

9.2 规模经济效应

正如本章开头所述,集中和集聚所带来的经济效应被称为规模经济效应。所谓规模经济是指由于生产专业化水平的提高等原因,形成企业的长期平均成本随着产量的增加而递减的经济。而由众多企业在局部空间上的集中而产生的则称为聚集经济。经济活动在空间上呈现局部集中特征,这种空间上的局部集中现象往往伴随着在分散状态下所没有的经济效率,产生了企业聚集而成的整体系统功能大于在分散状态下各企业所能实现的功能之和的现象。属于不同产业部门的众多企业之所以会在某一局部空间上聚集,并形成聚集规模,通常也正是由于该空间点上存在着一家或若干个核心企业,利用核心企业给它们带来的外部经济好处,周边企业能获得更高的经济利益。

除了上述外部经济之外,集中和集聚还可以通过企业间的内部经济效应带来经济增长。世界银行《2009年世界发展报告:重塑世界经济地理》一书中对规模经济带来的各方面的影响做了世界范围内的详尽论述,主要的规模经济类型如表9-6所示。

内部经济的规模效应主要来自于企业内部资源的有效利用,提高利润率,降低成本。如大型流水线的建立使得生产成本大幅下降,资源可以重复利用。这是20世纪工业化大规模发展的基础,也是全球经济地理集中化过程的基础。

地方化规模效应来自于同一行业的企业大量聚集,利用市场优势和劳动力优势提高经济效益。在我国,比如上海作为远东经济发展中心,吸引了大量的劳动力和市场份额,因此各个企业都愿意在上海设立厂房和运营中心。利用这样的市场和劳动力优势,能有效减少企业的生产成本,提高利润。

城市化规模效应来自多行业的相互合作,比如科研事业与装备制造业的相互合作,提高了知识流动速度带来经济效益的增长。20世纪末,全球经济发展的一个亮点是产业集群的建立。美国在波士顿地区以及加州硅谷地区设立的产业集群虽然各司其职,行业结构不同,但它们都带来了同一个结果:知识快速流动与经济快速增长。全球各地因此纷纷效仿,而产业集群便依托于多行业的相互合作带来的知识流动与技术合作。

表 9-6 规模经济类型

规模经济类型			案例
内部	1. 金钱		购买中间投入时可以获得巨额回扣
	技术	2. 静态技术	工厂经营中固定成本降低带来的平均成本的降低
		3. 动态技术	学习更有效地经营工厂
外部	地方化	静态	4. "购买"：购买者被吸引到有更多消费者的地方
			5. "亚当·斯密"专业化：外购使上游投入资料供应者和下游公司均从专业化带来的生产率的提高中受益
			6. "马歇尔"劳动市场共享：具有特定工业技能的工人被吸引到生产较为集中的地区
		动态	7. "马歇尔—阿罗—罗默"边做边学：一段时间内反复持续的生产活动引起成本下降，并在同一地方产生影响
	城市化	静态	8. "简·雅各布斯"创新：一个地区从事的生产活动的种类越多，从别人那里观察和学习新知识、新观念的机遇也就越多
			9. "马歇尔"劳动市场共享：某一产业的工人为其他产业的公司带来创新；和第六条相似，但是效益来自同一地方产业的多元化
			10. "亚当·斯密"劳动分工：和第五条相似，主要区别在于同一地方众多不同的购买产业的存在使劳动分工成为可能
		动态	11. "罗默"内生增长：市场越大，利润就越高，地区对公司的吸引力就越大；工作越多，劳动力就越多，市场就越大等
	12. "纯"集聚		将基础设施的固定成本分摊到更多的纳税人身上；拥挤和污染增加了成本

注：改编自世界银行(2009:128)。

9.3 北京市集中和集聚

北京市的经济密度以第三产业密度高为特点,第三产业在北京市经济发展中发挥了重要作用,其在北京地区的集中和集聚也是北京市产业结构的一大特点。1987年北京市第三产业的产业高度为0.013,先于第一产业和第二产业进入工业化阶段(Chenery, 1986)。北京市作为京津唐工业区的发展极、环渤海经济区的核心、华北地区的经济中心,以高附加值产业特别是高新科技工业和第三产业为主导产业,带动着周边及全国的经济发展。这些高新科技工业和第三产业的集中和集聚也是北京市作为发展核心的重要推动力量。产业的集中带来了规模经济效应,产业集聚带来了城市经济效应,使得北京市的产业能够成为产业链条中的核心环节,对于京津唐地区、环渤海地区乃至全国的经济一体化和经济高速发展都有着举足轻重的作用。

如表9-7所示,北京第三产业生产总值位列全国第五,金融业第二,房地产第六。相比之下,上海第三产业总产值位列全国第六,批发零售业第五,金融业第四,房地产第五,其他第三产业第六。在所有直辖市中,北京的第三产业总值最高。尽管与上海的经济结构不同,但两者都表现出第三产业方面的领先地位。从全国经济发展来看,北京、上海的第三产业对其经济建设的带动作用不容忽视,这也是第三产业的各个行业在北京、上海两地的大规模集中和集聚带来的规模效应。市场的集中,劳动力的集中,企业间合作,知识流动作为集中和集聚效应的几个方面,推动了二者经济的发展。北京市集中了大量的装备制造业,集中了大量的金融服务业。2 000万人口对北京市的经济发展提供了依赖,高新科技发展区和高校科研机构群都为知识创造和知识流动提供了保障。

表9-7 2007年部分省份行业产值 （单位:亿元）

	第一产业	第二产业	工业	建筑业	第三产业	交通运输、仓储和邮政业	批发和零售业	住宿和餐饮业	金融业	房地产业
北京	101.26	2 509.4	2 082.76	426.64	6 742.66	502.61	879.42	247.01	1 286.28	644.24
上海	101.84	5 678.51	5 298.08	380.43	6 408.5	723.13	1 077.76	219.36	1 209.08	806.79
天津	110.19	2 892.53	2 661.87	230.66	2 047.68	294.06	498.61	92.61	288.17	189.42
山东	2 509.14	14 776.53	13 412.72	1 363.81	8 680.24	1 399.94	1 958.24	609.68	841.86	935.55
浙江	986.02	10 148.45	9 095.65	1 052.8	7 645.96	739.44	1 711.2	305.96	1 122.86	1 004.62
江苏	1 816.24	14 306.4	13 016.84	1 289.56	9 618.52	1 039.46	2 432.88	410.63	1 202.1	1 132.32
广东	1 695.57	15 939.1	14 910.03	1 029.07	13 449.5	1 254.58	2 805.16	716.18	1 798.22	2 141.47
全国	28 627	125 831.4	110 534.9	15 296.48	111 351.9	14 601.04	20 937.84	5 548.114	12 337.55	13 809.75

资料来源:全国统计年鉴。

1. 北京市第三产业集中程度高

北京市的产业集中程度可以用其在全国的份额表示。各个行业在北京的分布情况,以及北京在全国范围内的行业地位,都可以通过该产值份额进行分析。比如研究与实验发展业,北京具有全国 30% 以上的份额。北京作为全国的政治中心、文化中心,具有全国最大的高校群和科研机构,承担着全国大份额的科研项目,因此北京在科研方面的地位在全国范围内是举足轻重的。同样,农林牧渔业的比重低于 1%,远小于北京市的人口比重。因此可以看出北京市的第一产业在北京并没有得到发展,这依赖于北京的经济政治地位,也依赖于北京市的地理条件。同样,该行业的低份额说明北京市的第一产业需要向其他地区进口。其他部分行业同样具有偏低的产值份额,在北京周边地区建立这些行业的优势产业群,将促进北京周边地区的区域合作,建设北京地区的区域一体化。

表 9-8 为北京市 42 行业在全国范围内的产值比重。在 2007 年北京市投入产出数据的基础上比较全国投入产出数据,进而计算得到各行业的集中和集聚程度[①],即计算北京市的产值份额在全国总产值中的比重,可以考虑各个行业在北京地区的集中程度,也可以考虑北京市在发展中的行业重心。

表 9-8　北京市各行业产值份额

行业名称	产值份额	行业名称	产值份额
农林牧渔业	0.5586%	电力、热力的生产和供应业	2.8454%
煤炭开采和洗选业	1.2735%	燃气生产和供应业	2.2789%
石油和天然气开采业	0.2780%	水的生产和供应业	2.8997%
金属矿采选业	0.1605%	建筑业	3.1478%
非金属矿及其他矿采选业	0.0965%	交通运输及仓储业	4.5148%
食品制造及烟草加工业	1.2694%	邮政业	10.7091%
纺织业	0.2916%	信息传输、计算机服务和软件业	23.4964%
纺织服装鞋帽皮革毛皮羽毛(绒)及其制品业	0.6563%	批发和零售业	5.4327%
木材加工及家具制造业	0.6356%	住宿和餐饮业	4.6013%

---

① 投入产出表分析便于对行业进行有机划分,其数据能反映企业层面的各行业集中和集聚程度。但是 2007 年的数据并不仅仅代表 2007 年北京市的集聚和集中程度,其反映的是 2002—2007 年之间的一个综合情况。

(续表)

行业名称	产值份额	行业名称	产值份额
造纸印刷及文教体育用品制造业	1.3909%	金融业	9.7427%
石油加工、炼焦及核燃料加工业	1.7799%	房地产业	8.1628%
化学工业	1.5294%	租赁和商务服务业	11.2147%
非金属矿物制品业	1.2662%	研究与试验发展业	39.8197%
金属冶炼及压延加工业	0.8713%	综合技术服务业	39.0029%
金属制品业	1.2497%	水利、环境和公共设施管理业	7.0340%
通用、专用设备制造业	2.1847%	居民服务和其他服务业	2.1378%
交通运输设备制造业	3.0830%	教育	4.7339%
电气机械及器材制造业	1.2109%	卫生、社会保障和社会福利业	5.5854%
通信设备、计算机及其他电子设备制造业	5.9504%	文化、体育和娱乐业	15.7669%
仪器仪表及文化、办公用机械制造业	4.4439%	公共管理和社会组织	4.4797%
工艺品及其他制造业	0.8566%		
废品废料	0.0826%	北京市所有产业产值份额	3.3356%

综上所述，北京市在全国范围内第三产业集中较为明显，科学研究事业和综合技术服务业在全国的比重接近40%，信息传输、计算机服务和软件业也达到了23%。可以说北京市是全国第三产业发展的一个核心。从另一方面，全国范围内在第三产业上的集中和集聚大于第二产业，这也正是北京市在三产中部分行业的核心比重所引致，可以说北京市带动了全国第三产业的发展，特别是高新科学技术及研究事业。第三产业，特别是科研及娱乐等产业在北京市的集中程度相当大，说明了北京在全国的科研地位。科研行业在北京市的集中也是其高速发展的基础，科研行业作为知识溢出效应非常明显的行业，其地理相邻的重要作用不容忽视。北京市为其提供了很好的平台，使得科研行业的地理集中能够有效促进科研行业的全面发展。

2. 北京市第三产业集聚程度弱于第二产业

集中考察的是少数明确划分的部门（尤其是一些工业）的空间位置，而集聚考察的是经济活动更大部分的空间位置。也就是说集聚考察的是多个行业在空间上的相互依存,进一步也通过城市化经济使得各个行业都得到有效的发展。从本质上讲,集聚的程度依赖于各个行业之间的物质信息交流,物质信息的交流是集聚产生必要非充分条件。这里我们通过第三产业、第二产业与其他行业间物质信息交流的量的比较,分析其集聚经济的程度。

图 9-1 和图 9-2 描绘的是 2002 年和 2007 年北京市 42 行业之间的影响力系数和感应度系数的分布,所谓影响力系数就是指行业对其他行业的拉动作用,而感应度系数指代其对其他行业的推动作用。影响力系数和感应度系数越大,说明该行业与其他行业的关联越密切。可以清楚地看出,2002 年和 2007 年位于右上象限的行业都是第二产业,而第三产业基本位于左下象限。也就是说第三产业与其他行业的相互作用关系相比第二产业要弱。

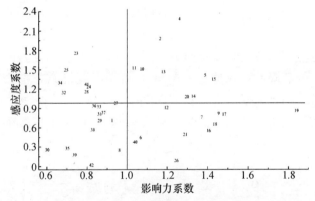

图 9-1　2002 年北京市 42 行业影响力系数与感应度系数分布
注:横坐标表示行业影响力系数;纵坐标轴表示行业感应度系数。图中的数字为行业代码(按 2002 年投入产出表顺序)。图中未标出 3 号产业(石油和天然气开采业)和 22 号产业(废品废料)。石油和天然气开采业的影响力为 0,感应度为 2.58;废品废料的影响力系数为 0,感应度系数为 1.97。

在此基础上,我们来考察北京市的规模经济效益,可以发现:虽然第三产业的集中程度远远高于第二产业,但是第三产业的影响力和感应度并不高。也就是说,第三产业集中所带来的经济效益更多的是依赖于图中的"地方化经济"而不是"城市化经济",依托于集中经济带来的巨大市场来提高经济效益。而第三产业与其他行业之间的交流合作并不是提高北京市规模效益的一个重要环节。当然,这也是我们需要注意的,北京市作为科学技术研发和高新技术使用的重镇,应该利用好科技和信息的优

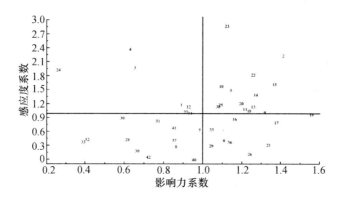

图 9-2 2007 年北京市 42 行业影响力系数与感应度系数分布
注:横坐标表示行业影响力系数;纵坐标轴表示行业感应度系数。图中的数字为行业代码(按 2007 年投入产出表顺序)。

势,扩大行业之间的交流合作,使"城市化经济"效益也成为北京市发展的一个焦点。

另外,通过北京市 2002 年到 2007 年影响力和感应度分布可以看出,北京市在右上象限的产业数量不断增加,也就是说北京市的产业相互关联正在日益密切。紧密的合作将带来更多的规模效应和更多的城市化经济。行业间的紧密联系更是区域一体化的保障,促进了区域间产业一体化的发展进程。

9.4 集中和集聚的成本

正如前文所说,集中和集聚都是城市化的反映,并且与城市化进程相辅相成。当然集中和集聚并不是没有成本的,有社会问题带来的成本,城市问题带来的成本,经济结构失调带来的成本,还有政府投入建设的一级投入成本。本节从城市化成本入手,考虑政府投入建设以及相应的经济结构带来的就业等问题所能计算的经济成本,以此作为集中和集聚成本的一个侧面反映。

9.4.1 城市化成本分析

城市化成本中的一个重要问题是城乡一体化问题。在我国经济发展过程中,城乡二元结构的问题始终存在,实现经济一体化就需要实现城乡一体化,在我国经济发展和城市化进程中非常重要。改革开放30年来,我国的城市化水平已经从17.9%上升到了45.7%,城乡一体化建设带来的成效颇为显著,如图9-3所示。在此过程中,对于原有的城乡经济建设密度不均衡的状况需要进行调整,也就是说,需要通过经济投资和社会协调发展使得城市与农村的经济社会发展状况趋同,从而实现城乡一体化发展。而在这一调整过程中的经济成本就是这里分析的城市化成本。

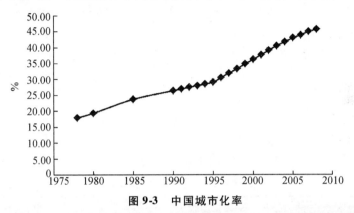

图9-3 中国城市化率

"城镇化经济成本指的是城市建设、发展对资金的最低成本,它是在城镇化进程中,为提高城镇化水平付出的必要的经济代价。这一成本主要体现在区域为提高城镇化水平所付出的经济投资。从投资角度讲,城镇化的经济成本包括宏观和微观两个方面的内容:从宏观方面,城镇化经济成本是指在一定时期内,城镇化水平每提高一个百分点所花费的经济投资总额。从微观角度,城镇化经济成本指的是一定时期内每解决一个城镇化人口所花费的经济投资额。前者不单是考虑农村人口转化为城镇人口的经济成本还要考虑已经城镇化的那部分人口在城镇化水平提高时所花费的经济成本,而后者仅研究农村人口转化为城镇人口所花费的经济成本。因此我们把宏观意义上的城镇化经济成本叫广义城镇化经济成本,微观意义上的叫狭义城镇化经济成本。"(甄延临等,2005)本书以狭义城镇化经济成本为考虑对象,分析北京市及上海市的城市化成本。

9.4.2 计算方法

城市化经济成本是指为容纳一定时期内增加的城镇人口而必须花费的资金投入,主要包括基础设施投资成本和就业岗位投资成本,即

城镇化经济成本 = 基础设施投资成本 + 就业岗位投资成本

基础设施投资成本是指为建设"以保证城镇经济活动、改善生存环境、克服自然障碍、实现资源共享等为目的而建立的公共服务设施,包括交通运输、能源、电力、信息、水利、生态、环保、防灾、仓储等基础设施和医疗卫生、教育、社会福利、公共管理"等社会性基础设施而进行的投资。城镇就业岗位投资成本是指提供一个就业岗位所需的投资。一般而言基础设施投资成本通过查询城市统计年鉴可获得。① 而对于就业岗位投资成本,城市就业岗位增加的投资成本总额反映在城市资本形成总额的变化上,即城市形成资本总额的增加量就等于同期增加就业岗位的投资。如果城市资本形成总额不增加,城市就业岗位就缺少投资而不会增加。

9.4.3 北京市

北京市城乡二元结构差异显著,为了建设经济一体化,提高城市化率的成本不断提升,从2000年的807 000亿元/1%城市化水平上升到了2008年的1 359 660亿元/1%城市化水平,如表9-9所示。通过提供城市

表9-9 北京市城市化成本

时间	城市化水平	基础设施投资* (亿元)	资本形成总额 (亿元)	城市化经济成本 (亿元)
1978	0.5496271	5.4	31.67	39.61
1979	0.5688329	5.8	37.01	22.29
1980	0.5762468	6	45.06	68.87
1981	0.5801784	5.8	50.45	143.07
1982	0.5818182	6.1	51.84	353.34
1983	0.5863158	6.7	62.93	154.82
1984	0.5906736	8.8	84.74	214.65
1985	0.5973496	13.2	150.61	245.37
1986	0.6040856	14.5	178.79	286.95
1987	0.608405	22.1	201.19	516.95
1988	0.6126296	23.2	251.09	649.26
1989	0.6176744	26.5	271.54	590.78
1990	0.7348066	31.6	296.51	28.01
1991	0.738574	35.2	327.3	962.20

---

① 目前,基础设施投资额只在部分省份统计年鉴中有报告,因此部分难以获得数据的城市的基础设施建设计算方法有待确定。一般的计算方法是"基础设施单位投资成本×基础设施数量"得到,但单位投资价格的数据难以获得。

(续表)

时间	城市化水平	基础设施投资*（亿元）	资本形成总额（亿元）	城市化经济成本（亿元）
1992	0.7431942	58.8	414.6	1 024.64
1993	0.7473022	91.4	534.98	1 524.79
1994	0.7520000	153.4	787.48	2 002.79
1995	0.7562945	156.1	1 036.03	2 775.97
1996	0.7606003	188.8	1 034.8	2 841.73
1997	0.7647581	218.3	1 235.1	3 495.62
1998	0.7688664	320.4	1 360.28	4 090.89
1999	0.772908	302.7	1 533.86	4 544.10
2000	0.7754473	351.9	1 697.39	8 070.31
2001	0.7805935	356.4	1 936.48	4 455.56
2002	0.7855537	411.9	2 332.74	5 533.30
2003	0.7905108	417.8	2 737.78	6 365.69
2004	0.7953373	463.2	3 167.5	7 522.49
2005	0.8362159	610.7	3 580.89	1 025.38
2006	0.843327	935.3	3 970.92	6 899.34
2007	0.8450092	1 175.8	4 558.27	34 087.19
2008	0.8490265	1 160.7	4 301.55	13 596.61

*能源、公共、交通、邮政。

建设资本或人为提供就业机会来提高城市化率必然会遇到资金上的困境。在这样不断飙升的城市化经济成本的前提下，如何提高城市化水平，实现北京市的城乡经济一体化仍然是个大问题。或者可以通过改进农村内生环境，使农村自行融资等方法建设一体化的北京城乡。当然，随着经济集中和经济集聚的不断进行，北京市的经济集中和集聚带来的边际收益也是不断提高的。因此在两者相互博弈的过程中，孰优孰劣还难以分说。

总体而言，随着城市化规模的不断进行，城市化成本以及规模经济的成本都不断提高，这也使得我们必须反思这样的前进道路是否是最优的。除了这些可计算的城市化成本以外，还有许许多多难以衡量的，比如：城市拥堵，城市混合社区带来的治安问题，城市环境问题，等等。因此在考虑集中和集聚的过程中，我们必须考虑集中和集聚的成本。

在国外，许多发达国家都依托现代交通工具带来的距离尺度的提升，建立起了城市间，或者郊区的发达交通网络，从而实现城乡一体化，由此带来"去城市化"的发展。该发展模式从环境角度或者可持续发展角度来看是否合理目前还是学术界争论的焦点,但是该发展模式对于改善北京等特大型人口密集城市的城市病,是有特殊意义的。当前北京城郊八区都获得了突出的发展,建立起自行发展的生产体系,区县之间的交流更为密切,可以想象北京的城市中心将继续外移,由此大为改善北京的房地产价格问题、人口拥堵和交通问题。

9.4.4 上海市

1987年年初到2007年年底,上海市城镇化水平(非农业人口占总人口比重)从65%增长到87%,22年间其提高了22个百分点。那么,基础设施投资成本和就业岗位投资成本分别是多少呢?首先,计算基础设施投资成本,根据上海市统计年鉴2009城市建设统计数据,从1987年年初到2007年年底全市共投入基础设施建设(包括电力建设、运输邮电、共用设施[①])的资金为9 102亿元。[②] 故粗略计算可得,城镇化水平从65%增长到87%,每增加一个百分点城镇化率需要投入基础设施建设资金为9 102/22 = 413.7亿元。

分阶段计算可发现,从65%增长到70%(1987—1994年)用了8年,共投入基础设施建设704.88亿元,每提高一个百分点需要投入基础设施建设资金141亿元;从70%到75%(1995—2000年)用了6年,共投入基础设施建设2 548.08亿元,每提高一个百分点需要投入基础设施建设资金509.6亿元;从75%到81%(2001—2004年)用了4年,共投入基础设施建设2 371.47亿元,每提高一个百分点需要投入基础设施建设资金395.2亿元;从81%到87%(2005—2007年)用了3年,共投入基础设施建设3 477.61亿元,每提高一个百分点需要投入基础设施建设资金580亿元。

其次,计算就业岗位投资成本,1987年年初到2007年年底上海市资本形成总额增加了5 340.37亿元,城镇化率提高了22个百分点,每提高一个百分点需要资本形成242.7亿元,这个资本形成总额的增加对应着

[①] 共用设施包括公用事业和市政建设,公用事业包括自来水、煤气和其他,市政建设包括园林绿化、环境卫生、市政工程管理和其他。

[②] 该投资额不包括住宅建设投资。从2003年起,运输邮电一项中的子项——交通运输投资包括公用设施中市内公共交通投资,另一子项为邮电通信。由于2008年年底城镇化水平同2007年年底相比没有变化,为此计算到2007年年底。

同期就业岗位增加的投资总额。为此,上海市城镇化的经济成本可以认为:从 1987 年年初到 2007 年年底,21 年间城镇化水平提高了 22 个百分点,每提高一个百分点需要基础设施投资成本 413.7 亿元,需要就业岗位投资成本 242.7 亿元,共计 656.4 亿元,由表 9-10 所示。

表 9-10　上海市城市化成本　　　　　　　　（单位:亿元）

城镇化水平不同阶段	基础设施投资成本	就业岗位投资成本	城镇化经济成本
65%—70%(87—94)	141	186.7	327.7
70%—75%(95—00)	509.6	201.6	711.2
75%—81%(01—04)	395.2	268.8	664
81%—87%(05—07)	580	297.7	877.7
65%—87%(87—07)	413.7	242.7	656.4

注:87—07 的意思是从 1987 年年初到 2007 年年底,其他类似解释。

从上面的计算结果中,我们可以得出以下结论:(1)从 1987 年年初到 2007 年年底,21 年间上海市城镇化水平提高了 22 个百分点,每提高一个百分点需要基础设施投资成本 413.7 亿元,需要就业岗位投资成本 242.7 亿元,共计 656.4 亿元。(2)总体来看,城镇化水平越高,城镇化的经济成本越大。如城镇化水平高于 80% 之后,每提高一个百分点的城镇化水平需要付出的成本是 65% 基础上提高相同幅度城镇化水平成本的 2.68 倍。(3)上海市的城市化成本在 70%—75% 区间时出现了明显的增加,主要表现在基础设施建设投资上,而在 75%—81% 区间时出现了回落的现象。(4)在从 1987 年年初到 2007 年年底的 21 年间,就业岗位增加的投资成本变化很小,而基础设施的投资成本变化较大。(5)2007 年年底开始上海市由于受到世博会举办的影响,基础设施投资增长较快,但是城镇化水平却没有提高。

专题7

三次产业的集中和集聚——北京市产业结构高度分析[①]

行业的集中和集聚都将带来该行业的快速发展,使得城市该行业的劳动生产率和技术水平都有大幅提升。从全球价值链的角度而言,随着

---

① 本专题摘自 张辉,黄泽华.北京市工业化进程中的产业结构高度[J].北京社会科学,2009,(3):4—7.

全球价值链环节的不断提升,在价值链条中同步发展的行业将随之升级。升级将带来更高的劳动生产率、更高的附加值率、更有效的生产技术。总而言之,行业的聚集将带来行业的产业高度的变化。由此我们通过产业结构高度对其进行衡量。

产业结构高度表面上是不同产业的份额和比例关系的一种度量,若仅仅是一种份额和比例关系的度量,则有可能在一定时期发生"虚高度",即通过有悖于经济成长逻辑的方式超越经济发展的客观约束,以严重损害资源配置效率为代价,提升所谓产业结构高度,因此产业结构高度的度量本质上必须同时是一种劳动生产率的衡量。

本专题首先探讨了产业结构高度的内涵,在此基础上设立了一种既可用于横截面数据比较,也可用于时间序列比较的产业结构高度指标。只有一个国家或地区的劳动生产率较高的产业所占的份额较大,才能表明这个国家或地区的产业结构高度较高。通过计算改革开放以来30年中北京市的产业结构高度,说明处于工业化进程中的北京处于工业化的哪个阶段,各个产业在这30年的历程中都取得了什么样的进展,以及工业化加速发展背后北京市经济的真实高度达到什么样的水平。

1. 产业结构高度的内涵

如果说经济结构变迁是工业化的基本内涵,那么产业结构高度化则是工业化进程中供给结构转变的基本要素,与之相对应的是,工业化的结构转变还包含需求结构的变迁。一般而言,产业结构高度化是根据经济发展的历史和逻辑序列顺向演进的过程,它包括三个方面的内容:(1)在整个三大产业结构中,由第一产业占优势逐渐向第二产业、第三产业占优势演进;(2)在部门结构中由劳动密集型产业占优势逐渐向资本密集型、技术(知识)密集型产业占优势演进;(3)在产品结构中由制造初级产品的产业占优势逐渐向制造中间产品、最终产品的产业占优势演进(周林等,1987;刘伟,1995)。相应的在国民经济投入产出表中,无论从供给还是从需求方面考察,国民经济的产值、就业、资产等方面的结构均会发生变化。

产业结构高度化是工业化进程中一种定向的、有规律的份额变化,那么产业结构高度是不是就是一种用份额来度量的指标呢?已有的相关研究大多是将几种份额——比如就业份额、资本份额、霍夫曼比值等——按照某种设定的权重加总所得之和作为产业结构高度的度量指标。不能否认这样的指标有一定的参考价值,但是,这样的指标适用性并不强,它们并不适用于工业化进程中的农业经济和城市经济。农业经济以新西兰为例,在其经济发展过程中工业的产值比重没有显著的上升,因为农业在其经济中一直占有显著的比重。城市经济以香港为例,在其经济发展过程中,第三产业一直占有绝对的比重。这两种经济都没有呈现显著的、定向的份额变化。如果单纯用份额度量产业结构高度,以份额变化模拟产业结构高度化,我们将发现,在从不发达到发达的经济发展过程中,这些经济体的产业结构高度几乎没有显著提升,甚至是下降的。显然,产业间份额的转变并不是产业结构高度化的本质。

本书认为,只有当产业结构的演进能使得各个产业的劳动生产率都提高至更高的水平时,这样的产业结构演进才是有意义的,也就是所谓"结构效益"的提升,否则,我们只能将这样的产业结构演进称为产业结构倒退或者说是"虚高度"。产业结构高度化是这样一个过程:原有要素和资源从劳动生产率较低的产业部门向劳动生产率较高的产业部门转移,新增的要素和资源也被配置到劳动生产率较高的产业部门,导致劳动生产率较高的产业部门的份额不断上升,使得不同产业部门的劳动生产率共同提高。因此,产业结构高度化实际上包含了两个内涵:一是比例关系的演进;二是劳动生产率的提高。前者是产业结构高度化的量的内涵,后者才是产业结构高度化的质的内涵。经济学家对经济史的探索和研究已经表明这样一个客观的规律:从供给来看,产业之间的比例关系呈现一种规律性的变化,这种规律性的变化实际上伴随着不同产业的劳动生产率的共同提高,因此,产业结构高度化的量的内涵是服从于质的内涵。长期来看,量的内涵绝不会违背质的内涵,在短期内即使人为地违背质的要求以"虚高度"的方式提升产业结构的高度,最终也会被经济发展强制纠正过来,当然这种纠正会伴随着巨大的支付代价。

产业结构高度的测度表面上是不同产业的份额和比例关系的度量,本质上是劳动生产率的衡量。因此,一个经济体的产业结构高度较高,表明这个经济体中劳动生产率较高的产业所占的份额较大。有人可能会怀疑,劳动生产率是不是涵盖了产业结构高度的全部内涵,产业结构高度是不是还应该包括资本积累的高度(人均资本)、技术进步的高度。新增长理论对技术进步的研究表明,资本积累和技术进步的成果完全可以体现在劳动生产率的增长之上。例如 Kumar 和 Russell(2002)认为劳动生产率的增长可以分解为技术效率的增长、技术进步的增长和资本积累的增长。产业结构高度是产业结构演进的成果的体现,只需将这样的成果的指标抽象出来即可。

现有的测度产业结构高度的方法主要有以下三类。

(1) 静态直观比较方法。这一方法是指将所考察经济的产业比例关系与发达国家的产业结构或者是所谓"标准结构"的产业比例关系相比较,判定所考察经济的产业结构所处的高度。库兹涅茨、钱纳里、赛尔奎因等人通过研究多国产业结构演进的经验事实,利用投入产出分析法和计量实证方法,总结出工业化进程中不同阶段的产业结构高度的典型特征。他们都提出了不同人均收入下产业结构高度的标准,这些"标准"常常被用来衡量所考察经济的产业结构高度。

(2) 动态比较判别方法。这一方法通过建构某些特定的量化指标,用另一个经济的产业结构系统作为参照系对所考察经济的产业结构高度进行判别。这一方法和第一种方法相似,仍用比较的方法测度所考察经济的产业结构高度,区别在于动态比较判别方法运用统计方法能够动态地判定两个经济的产业结构高度的相似性(离差)。这一类方法以结构相似性系数和结构变化值最为典型,分别代表着动态比较判别方法的两种类型:一种是相似判别法,即比较两个产业结构系统的相似程度,根据两者的"接近程度"衡量所考察经济的产业结构高度,包括结构相似性系数(又叫夹角余弦法)、相关系数法(统计学中的相关系数);另一种是距离判别法,即度量两个产业结构之间的差距,根据两者的"离差程度"判定所考察经济的产业结构高度,包括结构变化值(海明距离法)、欧式距离法和兰氏距离法。

(3) 指标法。这一类方法通过建构一种或多种指标判定一个经济的产业结构高度。前两种方法都是比较的(相对的)、定性的、离散的,只能用于定性地、离散地判断。指标法恰恰纠正了前两者的缺点,它可被用于横截面数据和时间序列的连续的、定量的分析,霍夫曼比值也可以被归为这一类,因为它提供了一种测度工业内部结构的指标——消费品工业产值和资本工业产值的比值,这一比值既有时间序列上的延承(从5降至小于1的数),也可以用于横向比较。例如,周昌林等(2007)将各产业劳动生产率的平方根的加权平均值作为测度产业结构水平的指标。

指标法适用性较强,既可用于截面数据和时间序列的连续分析,也可作为计量实证研究的基础数据。本书将比例关系和劳动生产率的乘积作为产业结构高度的测度指标,即产业结构高度 H 为:

第 9 章
集中和集聚

$$H = \sum v_{it} \times \mathrm{LP}_{it} \tag{1}$$

这里 i 处于一个开放的集合中，它可以为 1,2,3，代表第一、二、三次产业，也可以为 $1,2,\cdots,m$，即随着产业门类不断被细分（细分至 m 种产业），i 的集合可以不断增大。其中，v_{it} 是 t 时间内产业 i 的产值在 GDP 中所占的比重，LP_{it} 是 t 时间内产业 i 的劳动生产率。显然这一公式符合前文所阐释的产业结构高度的内涵：一个经济中劳动生产率较高的产业所占的份额较大，它的产业结构高度值 H 较大。

但是，一般说来，劳动生产率是一个有量纲的数值，而产业的产值比重则是一个没有量纲的数值。因此，必须将"劳动生产率"指标标准化。为了使得产业结构高度指标不仅可用于判断工业化的进程，还可用于国际比较，劳动生产率的标准化公式为：

$$\mathrm{LP}_{it}^{N} = \frac{\mathrm{LP}_{it} - \mathrm{LP}_{ib}}{\mathrm{LP}_{if} - \mathrm{LP}_{ib}} \tag{2}$$

其中 LP_{it}^{N} 是标准化的产业 i 的劳动生产率，LP_{if} 是工业化完成时产业 i 的劳动生产率，LP_{ib} 是工业化开始时产业 i 的劳动生产率，LP_{it} 是原始的、直接计算的产业 i 的劳动生产率，其公式为 $\mathrm{LP}_{it} = VA_{i}/L_{i}$，即产业 i 的增加值与就业人数的比值。

标准化中的基准数据来自于钱纳里（Chenery，1986）的标准结构模型。在这里，本书将钱纳里的标准结构模型中的人均收入 788 美元作为工业化的起点，而将人均收入 11 669 美元作为工业化的终点，在这一时点之后，经济将跨入发达经济阶段，如表 9-11 所示。

表 9-11　工业化进程中产业结构高度的标准

	劳动生产率 （1970 年美元）	劳动生产率 （2007 年美元）	劳动生产率 （2007 年人民币）
工业化起点：人均收入为 748 美元（2007 年美元）			
第一次产业	70	374	2 542
第二次产业	292	1 559	10 603
第三次产业	340	1 816	12 346
工业化终点：人均收入为 11 214 美元（2007 年美元）			
第一次产业	1 442	7 700	52 362
第二次产业	3 883	20 468	139 184
第三次产业	1 344	7 177	48 803

产业 i 标准化的劳动生产率表明产业 i 的劳动生产率与发达经济产业 i 的劳动生产率的趋近程度,将各个产业标准化的劳动生产率加权平均求和所得之产业结构高度,就是表明了产业结构与工业化完成状态的产业结构高度的离差,成为一种既可用于横向比较也可用于纵向比较的指标。如果将发达国家的产业基础数据代入公式(1),由于美国已经处于后工业化时代,其各个产业的劳动生产率都显著高于工业化完成时各产业的劳动生产率,我们将发现发达经济的产业结构高度值 H 显著地大于1。

2. 北京市产业高度分析

根据公式(1)和公式(2),用相关数据计算北京市的产业结构高度。在此基础上,先进行北京市产业结构高度的时序数据比较,然后将2008年的北京市产业结构高度和其他中国东部的主要经济发达地区进行比较。在时序数据比较中,主要用到《北京市统计年鉴2009》;在各地区数据横向比较中,我们使用《中国统计年鉴2009》。其中,将统计年鉴中的"地区生产总值"作为经济总体和三次产业的增加值,将"三次产业从业人员"作为经济总体和三次产业的劳动力投入的数据,由此计算出经济总体和三大产业的劳动生产率和产业结构高度。

产业结构最基本的含义是 GDP 中三大产业的份额构成。但这只是产业结构在量的层面上的含义。如表9-12所示,1978年,北京的三大产业构成为 5∶71∶24。表面上看,此时北京市的工业部门产值在 GDP 中占到71%,已经占有绝对优势,工业化已经达到一定水平,工业产值的份额甚至超过美国、德国等发达国家完成工业化时的工业产值份额。但事实上,此时北京市的产业结构呈现一个"虚高度"状态,工业化水平距离工

表9-12 改革开放以来北京市的 GDP 构成 (单位:%)

年份	第一产业	第二产业	第三产业
1978	5.2	71.1	23.7
1986	6.7	58.2	35.1
1990	8.8	52.4	38.8
1995	4.9	42.8	52.3
2000	2.5	32.7	64.8
2005	1.4	29.5	69.1
2007	1.1	26.8	72.1
2008	1.1	25.7	73.2

业化完成尚有一段距离。在计划经济体制下,由于资源的计划配置,国家的大多数生产资源主要投向工业部门,这是工业部门产值份额较高的主要原因。而区别真实的产业结构高度和虚高度的主要指标就是劳动生产率水平。本文的产业结构高度指标就是这样一个用来度量一个发展中经济的真实的工业化水平的指标。

表 9-13 呈现的就是改革开放以来 30 年中北京市产业结构高度。表 9-13 的最后一列显示,1987 年之前,北京的产业结构高度一直在徘徊,尽

表 9-13　改革开放以来 30 年中北京市产业结构高度

年份	第一产业的产业结构高度	第二产业的产业结构高度	第三产业的产业结构高度	总体产业结构高度
1978	-0.045	-0.033	-0.030	-0.033
1979	-0.045	-0.032	-0.029	-0.032
1980	-0.044	-0.030	-0.023	-0.029
1986	-0.024	-0.015	0.003	-0.009
1987	-0.016	-0.010	0.013	0.000
1988	0.004	0.002	0.037	0.015
1989	0.004	0.013	0.042	0.023
1990	0.012	0.012	0.051	0.027
1991	0.015	0.022	0.083	0.048
1992	0.025	0.038	0.099	0.064
1993	0.057	0.063	0.147	0.102
1994	0.069	0.098	0.189	0.141
1995	0.085	0.141	0.283	0.213
1996	0.084	0.174	0.369	0.279
1997	0.088	0.200	0.463	0.350
1998	0.089	0.261	0.570	0.445
1999	0.084	0.303	0.663	0.525
2000	0.090	0.372	0.788	0.635
2001	0.097	0.401	0.958	0.768
2002	0.111	0.403	1.053	0.847
2003	0.136	0.517	1.102	0.911
2004	0.152	0.639	0.967	0.854
2005	0.155	0.712	1.079	0.957
2006	0.141	0.797	1.170	1.054
2007	0.166	0.911	1.381	1.242

注:由于北京市 2002 年及其之后的统计年鉴(按照 2002 年开始执行的新行业分类标准)缺失 1981—1985 年的具体数据,在这里,我们没有计算 1981—1985 年的产业结构高度。

管三大产业的劳动生产率一直显著提升,但是经济总体明显处于工业化起飞前的准备阶段。我们可以认为,从1987年开始,北京才开始真正进入工业化时期。1978年至1993年的15年间,北京产业结构总体高度由-0.033提升到0.102即10个百分点以上,年均提升0.9个百分点,该时段可以认为是北京工业化加速增长期到来前的预热阶段;而1993—2007年的14年间,北京总体产业结构高度从0.102提升到1.242,年均增加8.1个百分点。由此可见,从1994年开始北京即进入工业化加速发展时期,按此计算年均工业化提升百分点是1994年之前的9倍。2006年,北京市的总体产业结构高度超过1,达到工业化完成时的水平。但是此时第二产业的产业结构高度还没有达到工业化完成时的水平,而第一产业的产业结构高度一直处于滞后状态。及至2007年,北京的第一产业和第二产业的产业结构高度尚没有达到工业化完成时的水平,尤其是农业部门的产业结构高度有待提高。

从三大产业的产业结构高度和总体产业结构高度的趋势来看,第一产业的产业结构高度提升比较缓慢,第二产业和第三产业的产业结构高度和总体产业结构高度的趋势比较接近。如图9-4所示,第三产业的产业结构高度大体上高于总体产业结构高度(图9-4中,第三产业的产业结构高度的点处于总体产业结构高度的曲线上方),但是第三产业的产业结构高度略有波动,而且导致了总体产业结构高度的波动。第一产业和第二产业的产业结构高度基本上低于总体产业结构高度(图9-4中,第一产业和第二产业的产业结构高度的点处于总体产业结构高度的曲线下方)。这表明,北京的第三产业是引领北京提升总体产业结构高度的主要力量。第二产业的产业结构高度虽然和总体产业结构高度在趋势上接近,但是速度较慢。而第一产业的产业结构高度提升速度则更慢。由于第一产业

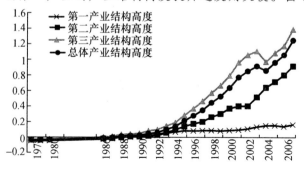

图9-4 改革开放以来30年中北京市产业结构高度

的权重小,第一产业的产业结构高度对总体的产业结构高度的变动没有产生大的影响,但是第一产业的产业结构高度提升空间很大。从1994年开始,北京市的第二产业的产业结构高度出现加速提升,从年均增加0.01变为0.05。按照目前的发展速度,我们预计还需要3年时间,第二产业的产业结构高度达到工业化完成时的水平,即达到1。

3. 北京市产业结构高度变化的影响因素

那么,改革开放后有哪些因素促进了北京市产业结构的优化,为其长期持续的高速增长创造了条件呢?概括地说,至少可以归结为以下三个方面:

第一,以需求拉动的经济发展促进了产品结构、产业结构的合理化并逐渐得到提升。在改革开放的宏观背景下,北京的经济社会发生了很大变化,虽然改革开放之初还处在计划体制下,但对人民生活的改善有了更大的关注。与之相适应,和人民生活相关的农业、轻工业和服务业在这一阶段得到了迅速的发展,但由于那些不适应社会需求的企业发展放慢,许多在计划体制下生存得很好的国营企业甚至进入了困境,第二产业的发展速度和在GDP中所占的比重都下降了。

这一阶段的经济发展出现了转型,它主要表现在两个方面,一是从供给决定的计划经济向需求拉动的市场经济转型;二是由传统的农业社会向工业社会转型。从表面上看这一时期的产业结构高度仿佛是下降的,即第一产业的比重在增加而第二产业的比重在下降,第一产业产值从1978年的5.2%上升至1990年的8.8%,但由于这种结构适应了社会本身的需求,它反而是一种进步,促进了产业结构的合理化。从这个意义上说,改革开放后农村经济体制改革导致的农业增长以及后来的轻纺工业及第三产业的加速增长,一方面反映了经济增长由供给导向型向需求导向型的转化,另一方面实际上也是真正意义上的工业化进程中的第一次产业升级,是对以往背离经济发展内在逻辑的"虚高度"的强行纠正。

第二,以提高效率为目标的制度创新和技术创新,鼓励了生产效率较高或改善较快的部门和企业得到较快的发展,从而影响了国民经济的产业结构。经济发展的基础是效率的提升。效率反映了生产过程中的投入产出关系,即要用较小的投入获得较大的产出。我们可以把国民经济活动中的投入划分为三个大的类别,即时间的投入、劳动的投入以及其他生产要素(如资本、土地和自然资源等)的投入,那么国民经济的效率就按不同层次分为经济活动的时间效率、劳动效率和技术效率。在经济起飞或经济加速的初期：

（1）要强调的当然是时间效率，即在单位时间里获得较高的增长率，同时还要保证在各个连续的单位时间里保持持续的增长。

（2）要提高劳动效率即提高劳动生产率，如果没有劳动生产率的提高，就不可能保证经济增长的时间效率。经济增长的成果也是由创造这些成果的劳动者以及他们周边的人所分享的。整个国民经济的劳动生产率可以用人均GDP来衡量，而人均GDP的提高可以有两个途径，一个途径是提高各个部门、各个企业的单位劳动力所创造的增加值，另一个途径是提高那些劳动生产率较高的部门和企业在国民经济中的生产份额。这就必须进行制度创新和技术创新。而在制度创新和技术创新中，制度创新更为根本，因为技术创新归根结底还是要通过制度创新来提供保障；另一方面，和制度创新一样，技术创新也要经过一个渐进的过程，要有一定的制度、经济发展水平和科学技术发展的积累作为基础。劳动生产率越高，越要强调技术进步对经济增长的促进作用。

（3）提高技术效率，即资本、土地和能源、自然资源的利用效率。在经济起步的初级阶段，人们更加重视的是经济活动的时间效率和劳动效率，而随着经济发展水平的提高和经济规模的扩张，资源稀缺的矛盾会更加突出地表现出来，技术效率就会引起人们更多的重视。那么，如果提高经济的这三方面效率呢？在传统体制束缚中国生产力发展的情况下，就必须进行体制创新并带动包括技术创新、管理创新等一系列相关领域的改革，这既促进北京市经济的迅速增长，同时也是整个中国经济体制改革对于经济增长为什么产生如此巨大的推动的原因。

第三，市场化进程加强了市场在配置资源中的主导作用，从而使产业结构演变更加合理，更加遵循效益原则。改革开放以前，中国长期实行着价格管制政策，商品、服务和生产要素的价格并不能反映现实中的供求关系，北京当然亦是如此。改革开放后的经济体制改革，大大改善了中国的市场化程度，而价格因素对产业结构的影响，实际上反映了在市场化进程中，市场经济对于各个部门发展和利益分配的调节作用。

从1978年至2007年，以GDP平减指数反映的价格总水平的年均上涨幅度为5.39%，这对于一个经济处于常态运行中的国家来看是相对偏高的，在发达市场经济国家，GDP平减指数经常保持在3%以下。但对于一个处于转轨过程中新兴工业化国家而言,这种上涨幅度则不算高。在大多数国家的工业化进程初期,两位数的价格上涨幅度是常见的,随着体制变革趋于稳定,经济增长中的波动减小,物价的波动幅度也会降低,中国的情况也是类似的(世界银行,1989)。这里看一下北京的经济数字,分部门看,第一产业的价格年均上涨幅度最高,为 7.14%;第三产业次之,为 6.30%,都超过了整体经济价格上涨水平,分别高出 1.76% 和 0.91%;而第二产业则相反,比整个经济的价格上涨水平低了 1.52%。我们可以发现,各个部门价格的长期变化,恰好和它们的增长率及劳动生产率成反比,也就是说,增长率越高的部门,其价格长期变动的幅度也就越小,反之亦然。在现代经济条件下,一个产业部门的较快增长,其主要动力在于生产率的提高。而生产率提高较快的生产部门,其产品单位价格的上涨幅度必然要低于生产率较低的部门。这说明市场经济一旦建立,价格杠杆就会发挥作用。如果说在改革开放以前,工农业产品价格之间形成了扭曲,那么,由于市场经济的作用,这种扭曲在改革开放后的长期增长中已经得到了有效的改善。因此,以现价反映的产业结构,从动态上看,是各个部门总量增长和价格变化共同作用的结果。在量和价的共同作用下,北京的 GDP 部门构成的发展趋势是:第一产业比重明显下降,第二产业保持了稳定,而第三产业有了较大的发展。这和中国工业化进程中的共同趋势是一致的。

4. 东部各省(直辖市)产业高度比较

前面已对产业结构高度的概念进行了介绍,并测度了北京市自改革开放以来的各年的产业结构高度并进行了分析。下面将从产业结构高度的角度对东部若干地区进行横向比较。

把北京市 2007 年的产业结构高度和其他东部发达地区相比较,可以发现,北京的总体产业结构高度处于全国第二位,如表 9-14 所示。其中,上海市的总体产业结构高度最高,上海的第一产业、第二产业和第三产业的产业结构高度都处于东部地区最高水平。从总体产业结构高度上看,北京和上海都已经达到工业化完成时的水平,但是北京的第一产业的产业结构高度数值较低,而且提升缓慢,而第二产业的产业结构高度也没有达到工业化完成时的水平,低于上海。因此,北京的第一产业的产业结构高度提升空间很大。另外,由于第二产业的产值份额较大,其产业结构高度的提升将对总体产业结构高度产生重要影响。

表 9-14 2007 年东部各省（直辖市）的产业结构高度

地区	第一产业的产业结构高度	第二产业的产业结构高度	第三产业的产业结构高度	总体产业结构高度
上海	0.196	1.092	1.450	1.273
北京	0.151	0.805	1.132	1.034
天津	0.134	0.783	0.930	0.829
广东	0.092	0.730	0.895	0.767
吉林	0.148	0.961	0.709	0.744
辽宁	0.159	0.925	0.611	0.731
江苏	0.198	0.626	0.893	0.696
黑龙江	0.103	0.847	0.593	0.662
山东	0.116	0.695	0.709	0.644
浙江	0.135	0.477	0.784	0.584
福建	0.151	0.504	0.743	0.561
河北	0.107	0.491	0.643	0.492

注：此处计算的北京产业结构高度与表 9-13 不同，主要是因为《中国统计年鉴 2008》和《北京市统计年鉴 2008》在就业人口统计上有差异。在这里，为了便于与横向省市的比较，统一采用《中国统计年鉴 2008》的数据。

纵览北京市及全国的产业结构高度发展历程。首先，1987 年之前，北京的产业结构高度一直在徘徊，尽管各产业的劳动生产率一直显著提升，但是经济总体明显处于工业化起飞前的准备阶段。我们可以认为，从 1987 年开始，北京才开始真正进入工业化时期。及至 2006 年，北京市的总体产业结构高度超过 1，达到工业化完成时的水平。但是此时第二产业的产业结构高度还没有达到工业化完成时的水平，而第一产业的产业结构高度一直处于滞后状态。及至 2007 年，北京的第一产业和第二产业的产业结构高度尚没有达到工业化完成时的水平，尤其是第一产业的产业结构高度有待提高。

其次，第三产业是引领总体产业结构高度提升的主要力量，而且第三产业的产业结构高度的波动影响着总体产业结构高度的波动。第一产业和第二产业的产业结构高度滞后于总体产业结构高度。第二产业的产业结构高度提升很快，按照目前的发展速度，我们预计还需要 3 年时间，第二产业的产业结构高度将达到工业化完成时的水平。第一产业的产业结构高度提升较慢，需要重点关注。

最后,将北京市 2007 年的产业结构高度和其他东部发达地区相比较,我们可以发现,北京的总体产业结构高度处于全国第二位。北京和上海都已经达到工业化完成时的水平,但是北京的第一产业的产业结构高度提升较慢,而且第二产业的产业结构高度也没有达到工业化完成时的水平,滞后于上海。

第10章 劳动力流动与要素的流动

随着城市化不断推进,资本、劳动力等要素不断地涌入城市;而在城市之间,也存在大范围的资本和劳动力流动。Fujita 和 Krugman 的《空间经济学》一书从经济地理角度主要运用中心—外围模型和城市等级体系模型详尽阐述了随着城市中产业集中和集聚的进行,资本和劳动力流向中心城市的机制。国内贸易规模不断扩大,从 2004 年到 2008 年短短四年时间里,批发零售商品销售综合从 8.7 万亿元增长到了 20.8 万亿元。自从我国开放人口自由流动以后,每年都有数以亿计的劳动力外出就业,每年春节的客流高峰正是我国劳动力流动的真实写照。仅从客运旅客数便可以看出近年来的劳动力流动的增加:从 2004 年到 2008 年,全国客运量总计从 176.7 亿人次增长到了 286.7 亿人次,短短四年时间客运数量增长了近 70%。这些现象都反映了我国区域间要素的流动和配置。

本章主要立足于北京市建设世界性城市的初衷,对北京市要素流动和劳动力流动进行分析,探讨如何更好地实现北京市及周边的经济一体化。

10.1 北京市劳动力流动分析

10.1.1 外来劳动力现状

北京市人口流动的变迁和北京市经济发展及其人口流动迁移政策密切相关。在北京市快速的经济建设中,随着经济结构的变化,人口流动状况也随之发生改变。冯晓英在《北京地区流动人口演变和特征》一文中对北京市人口流动迁移政策的变化归纳为四个阶段。

第一阶段是"1949 年到 1950 年的人口自发减少阶段。这一阶段,由于滞留北京的外来流动人口多为无固定职业的贫苦农民,土改政策使得他们在家乡分到了土地;而且,刚解放时,北京经济遭到国民党政府的严重破坏,就业困难。因此,大量外来人口自动回流返乡"。

第二阶段是"1950 年到 1958 年的第一次流动人口高峰。经过 1950 年到 1952 年三年的国民经济恢复时期,北京经济形势好转,大约 1952 年前后形成农村人口迁入、流入城市的高峰。当时流入北京的大部分人口被接纳为北京户籍人口"。并且 70%—80% 的城镇新增人口来自农村的迁移劳动力。

第三阶段是"1958 年到 1978 年的严格限制阶段。1958 年全国人民代表大会通过了《中华人民共和国户口登记条例》,城乡人口分布和劳动力配置从此凝固,作为农民,既不能随便变更居住地,也不能自行改变职业,这样就保证了农业中有足够的劳动力供给,并且把城市里享受低生活成本的人数固定下来,以在资本紧缺的条件下,实现重工业优先发展的经济发展战略"。

第四阶段是"1979 年至今的流动人口规模迅速扩大阶段。改革开放以来,虽然北京的户籍制度没有从根本上发生改变,但由于城市和户籍制度相联系的粮油供应制度、就业制度和社会福利保障制度受到市场经济的冲击趋于解体,农村家庭联产承包责任制取代人民公社制度解除了对农民劳动的束缚,首都经济社会发展速度加快,城市规模加速扩张对劳动力需求扩大,外来人口大量涌入北京"。

北京市通过自身快速发展的经济,以及与周围地区的经济差距,吸引了大量的劳动力。虽然 2003 年以前存在部分流动人口管制政策,但北京市的经济引力仍然吸引着生产资本和劳动力进入。"2003 年起,北京市政府先后废止了《北京市外地来京人员务工管理规定》、《北京市外地来京人员经商管理规定》、《北京市外地来京人员从事家庭服务工作管理规定》、《北京市外地来京人员卫生防疫管理规定》和《北京市外地来京务工经商人员管理条例》五个文件",另外也放宽了对流动人口在京受教育的管制,使得更多的外来劳动力在北京定居。随着北京在华北地区的经济核心地位的确立,北京市的劳动力流动也在不断加速。但是这样的经济极化作用并没有快速为周边地区带来福利,北京市的发展更多地在北京市的建成区内,对华北地区的经济带动作用仍然有限。

20 世纪 80 年代以来,旨在分割中国城乡劳动力市场的若干制度,都不同程度地进行了改革,户籍制度有所放松,城市福利体制开始改革,劳动就业也逐渐市场化,劳动力的流动性愈益加强,原来主要集中在农业的劳动力,开始向农村非农产业、小城镇甚至大中城市流动(蔡昉等,2001)。北京市是中国农村劳动力大规模流入的几大地区之一,长期以来扮演着农村剩余劳动力的蓄水池角色。2008年年末全市常住人口1 695万人,比上年年末增加62万人。其中,城镇人口1 439.1万人,占常住人口的84.9%;户籍人口1 229.9万人,增加16.6万人;外来人口465.1万人,增加45.4万人,占常住人口的比重为27.4%。① 可见,外来人口不仅数量大,而且增加的速度也很快。1991—2008年北京市外来人口的年均增长速度为13.4%,远远高于1991—2008年间常住人口的增长率2.6%和户籍人口的增长率1%。此外,从表10-1中历年北京市常住人口、户籍人口和暂住人口的数据对比中也可以看出,暂住人口在常住人口中所占的比例越来越大,其1991—2008年年均增长速度也高达14.4%,虽然在个别年份暂住人口的数量有小幅波动,但是从总体上看是在以很快的速度增加。

表10-1 北京市暂住人口、户籍人口、常住人口及外来人口对比

年份	暂住人口	户籍人口	常住人口	外来人口
1978		849.7	871.5	
1979		870.6	897.1	
1980		885.7	904.3	
1981		900.8	919.2	
1982		917.8	935	
1983		933.2	950	
1984		945.2	965	
1985		957.9	981	23.1
1986		971.2	1 028	56.8
1987		988	1 047	59
1988		1 001.2	1 061	59.8
1989		1 021.1	1 075	53.9
1990		1 032.2	1 086	53.8
1991	76.2	1 039.5	1 094	54.5
1992	79.9	1 044.9	1 102	57.1
1993	86	1 051.2	1 112	60.8
1994	102.5	1 061.8	1 125	63.2

① 数据来源:北京市2008年国民经济与社会发展统计公报。

(续表)

年份	暂住人口	户籍人口	常住人口	外来人口
1995	100.2	1 070.3	1 251.1	180.8
1996	106.3	1 077.7	1 259.4	181.7
1997	131.2	1 085.5	1 240	154.5
1998	131.9	1 091.5	1 245.6	154.1
1999	150.1	1 099.8	1 257.2	157.4
2000	170.5	1 107.5	1 363.6	256.1
2001	244.3	1 122.3	1 385.1	262.8
2002	358.9	1 136.3	1 423.2	286.9
2003	332.6	1 148.8	1 456.4	307.6
2004	341.5	1 162.9	1 492.7	329.8
2005	355.1	1 180.7	1 538	357.3
2006	516.9	1 197.6	1 581	383.4
2007	554.9	1 213.3	1 633	419.7
2008	748.3	1 229.9	1 695	465.1

资料来源:《北京市统计年鉴2009》。

10.1.2 客流交通

改革开放以来,北京市道路交通建设不断发展,1978年公路里程数为6 562公里,而2008年北京市公路里程数达到20 340公里,翻了三倍。铁路公里数也由699增加到了956。并在近年开通了到全国各重点城市的高速铁路,到上海的距离从20世纪90年代的20小时缩短到了10小时,到天津的距离也缩短到了30分钟。2009年10月京津城际快客开通后,日均发送旅客达到了5.5万人次。北京市客运总量从1978年的4 431万人次上升到了2005年的6.08亿人次,如表10-2和图10-1所示。[①] 不断增加的客流交通量和交通道路里程数,使得北京及周边地区的经济贸易合作更为紧密。正如第7章的论述中距离对经济发展的重要作用,缩短经济体之间的距离,提高贸易的频率,促进区域间的一体化合作将对区域经济产生质的改变。一方面,通过缩短的距离和增加的贸易量,降低了每个经济体的机会成本,提高了生产效率。另一方面,通过缩短的距离,使得产业结构发生改变。依照距离衰减规律或者引力规律,由领导性的经济体对周边地区产生辐射作用,在产业结构上体现出连续的,随距离递

---

① 2008年北京奥运会带来了2008年客运量的骤增,2006—2007年的客运量统计口径与之前年份不一。

减的分布。这样紧密合作的空间经济分布对于经济发展有重要作用。

表 10-2　北京市客流交通（1978—2008 年）

年份	铁路里程（公里）	公路里程（公里）	客运量				民用汽车拥有量（辆）
			总量（万人）	铁路	公路	民航	
1978	699	6 562	4 431	2 264	2 120	47	60 682
1979	700	7 278	4 777	2 504	2 220	53	70 326
1980	707	7 339	5 285	2 762	2 465	58	80 866
1981	858	7 427	5 877	2 982	2 824	71	89 032
1982	858	7 543	6 215	3 205	2 931	79	93 075
1983	860	7 906	6 662	3 546	3 038	78	97 779
1984	864	8 131	7 273	3 877	3 287	109	120 657
1985	876	8 487	7 203	4 078	2 978	147	160 114
1986	876	8 849	7 337	4 106	3 059	172	185 628
1987	876	8 956	7 763	4 418	3 117	228	193 171
1988	876	9 124	8 491	4 782	3 460	249	221 625
1989	876	9 218	7 434	4 214	3 034	186	247 503
1990	876	9 648	7 480	3 770	3 490	220	270 655
1991	876	10 259	7 704	4 036	3 378	289	296 985
1992	875	10 827	8 158	4 196	3 593	369	341 015
1993	875	11 242	7 607	4 374	2 781	452	416 047
1994	875	11 532	8 537	3 992	4 008	537	481 279
1995	875	11 811	8 913	4 017	4 250	646	589 408
1996	922	12 084	8 801	3 650	4 395	756	621 847
1997	924	12 306	9 263	3 613	4 902	748	784 302
1998	924	12 498	11 228	3 762	6 704	762	898 473
1999	997	12 825	14 866	4 201	9 878	788	951 388
2000	997	13 597	18 396	4 458	13 009	929	1 041 159
2001	987	13 891	22 469	4 750	16 630	1 090	1 144 734
2002	987	14 359	28 384	5 032	22 103	1 249	1 339 345
2003	964	14 453	30 520	4 352	24 940	1 228	1 630 704
2004	964	14 630	49 750	5 437	41 463	2 850	1 871 306
2005	966	14 696	60 841	5 779	51 925	3 137	2 145 772
2006	962	20 503	12 276	6 269	2 482	3 525	2 441 359
2007	962	20 754	20 040	6 915	9 275	3 850	2 777 869
2008	956	20 340	128 525	7 644	117 118	3 763	3 180 798

注：1. 铁路数据为北京市市辖范围，2005 年以前取自北京铁路分局，2005 年及以后取自北京铁路局。2. 从 2006 年开始，公路里程包括村道数据。3. 2006—2007 年公路客运量为持有道路运输经营许可证的客运车辆发生的旅客运输量；2008 年公路客运量根据交通运输部《公路水路运输量专项调查方案》调整旅客运输量统计口径，调整后，包括郊区道路客运、"9"字头公交车和出租车的运输量。4. 民航包括中国国际航空公司和新华航空有限责任公司。

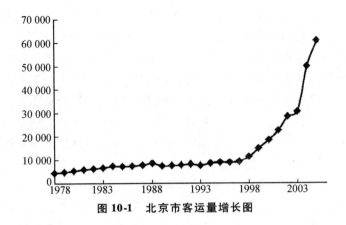

图 10-1　北京市客运量增长图

10.1.3　外来劳动力与工业化

劳动力的流动带来了生产力的总体提升,同时也伴随着知识和技术的流动。北京市存在着大量的外来劳动力,覆盖着国民经济的各个行业。从煤炭开采加工等重工业行业,到科研行业都存在着大量的外来劳动力。外来劳动力在北京的经济建设中必不可少。考察外来劳动力大量涌入的原因,可以看出工业化对其的强大吸引力。另一方面,劳动力的涌入也促进了工业化的进程。外来劳动力对北京的经济建设起到重要作用的同时,对北京市的土地使用、资源使用以及城市拥堵等都造成了影响。这些问题来源于北京的区域建设,在经济发展的同时缓解这些问题,将会使北京的和谐城市建设提升到一个新的台阶。因此,建设北京市与周围的区域一体化经济,吸引劳动力的同时,应该改善民生;促进全面发展的北京城市建设。

1. 工业化吸引外来劳动力

传统的劳动力迁移理论包括刘易斯(Lewis,1954)的劳动力无限供给下的二元经济理论,费景汉和拉尼斯(Fei & Ranis,1961)的新古典两部门模型,以及哈里斯-托达罗模型(Harris & Todaro,1970)。这些模型的共同点在它们都认为劳动力转移的最主要动力是工资或收入差异。刘易斯的两部门经济包括一个资本主义部门和一个非资本主义部门。资本主义部门被看成是城市经济,而非资本主义部门则是指农业或农村经济。资本主义部门通过雇佣劳动力并出售产品从而获取利润,而非资本主义不通过雇佣劳动力获取利润。在经济发展的初期阶段,劳动力主要集中在非资本主义部门,但随着资本主义部门的扩张,资本主义部门开始从非资本主义部门吸纳劳动力。如果资本主义经济集中在城市,那么劳动力转移就意味着地理上的迁移,即农村劳动力向城市的迁移。拉尼斯和费景汉对刘易斯的古典模型进行了解释和改进,他们认为:流入资本主义部门的具有完全弹性的劳动力供给会随着丰富的农村劳动力的消失和农产品相对短缺的出现而结束,两部门之间会展开对劳动力的竞争。而在劳动力来回迁移的过程中,劳动力所生产的边际产品价值会在两部门之间达到均衡。哈里斯、托达罗两人对新古典迁移模型进行了修正,在修正后的模型中,预期收益最大化目标是每一个潜在乡城移民决定是否迁入城市的基础,模型没有把劳动力充分就业作为出发点,而是认为城市部门工资或收入比农村部门高并不是移民的充分或者必要条件。

新劳动力迁移理论的基本观点是由斯塔克和布鲁姆(Stark & Bloom,1985)、斯塔克(Stark,1991)提出的。他们认为,迁移决策不完全由个人决定,更多的是由其家庭决定的,当然也受其周围社会环境的影响。人口迁移决策不由独立的个体决定而由与其相联系的社会群体(比如家庭和家族)决定的观点是新劳动力迁移理论的标志。按照新劳动力迁移理论的观点,人们集体决策的焦点不仅仅是收入最大化,而且还会考虑风险最小化和可能遇到的难以预测的挫折的化解。那么,对于一个给定的准备迁移的人来说,在社会经济环境下,收入的作用就不像以前那么重要了。

北京市工业化高度在 2007 年已经达到 1.034,在京津唐工业区内,高于天津的 0.829;而相对于环渤海经济圈也高于辽宁的 0.731,山东的 0.644,河北的 0.492。① 作为华北地区的经济发展极,劳动力人均收入明显高于周围地区,因此对周边劳动力产生了强大的吸引力。

北京市的高新科技制造业和科研服务事业在全国具有突出地位,也对高科技人才产生了强大的吸引力。北京市的文化创意产业占 GDP 比重达到 10%,远远高于全国平均水平,上海比重为 6%。北京市优势产业区的创新率达到 27.3%②,相应的天津为 21.6%,上海为 9.8%。科技人员数从 1991 年的 22 万人增长到 2008 年的 45 万人;专利授权数从 1991 年的 2 368 件增长到 2008 年的 17 747 件。科研人员的所属行业基本位于

---

① 见第 9 章专题 7:北京市产业结构高度分析。
② 中国产业集群发展报告(2007—2008). 北京:机械工业出版社. 2009.

高新科技产业为主的第三产业,制造业的科研人员数占总人数的5%以下。

2. 外来劳动力推动工业化

吸引到高新技术和第三产业的劳动力从事着北京市具有较高增加值率的工作,多为高技术部门,推动了北京市产业高度的提升。从北京市产业高度的发展历程可以看出,尽管北京市的第二产业产业高度并不突出,但第三产业的高度提升较为明显。另一方面,还有大量外来劳动力从事着低附加值的产业,如建筑业、金属制造业等,为第三产业的高速发展奠定物质基础。第三产业为服务业,离不开第二产业的发展。

外来劳动力带来了科学技术以及劳动资本的大量聚集,使得北京市不论是第二产业还是第三产业都有出色的进步。大量的高新技术人才涌入使得北京市的第三产业和高新装备制造业都存在着较高的增加值率;而大量的农民工为北京市第二产业的坚实发展奠定了基础,如表10-3所示。不论是增加值率较低的建筑业还是增加值率高的金融房地产业,都依赖着外来劳动力的支持。如何使外来劳动力更好地在北京市生活,以及如何更好地利用周边人力资源建设区域经济一体化,是北京市当前面临的重要问题。

表 10-3 北京市各行业增加值率

产业名称	增加值率	产业名称	增加值率
农林牧渔业	0.3730	废品废料	0.2107
煤炭开采和洗选业	0.2015	电力、热力的生产和供应业	0.2816
石油和天然气开采业	0.5220	燃气生产和供应业	0.7982
金属矿采选业	0.5366	水的生产和供应业	0.2803
非金属矿及其他矿采	0.2586	建筑业	0.2459
食品制造及烟草加工业	0.2316	交通运输及仓储业	0.3876
纺织业	0.3001	邮政业	0.5634
纺织服装鞋帽皮革毛皮羽毛(绒)及其制品业	0.3824	信息传输、计算机服务和软件业	0.3939
木材加工及家具制造业	0.1883	批发和零售业	0.5663
造纸印刷及文教体育用品制造业	0.2551	住宿和餐饮业	0.4561
石油加工、炼焦及核燃料加工业	0.0524	金融业	0.6897
化学工业	0.3571	房地产业	0.7009
非金属矿物制品业	0.1979	租赁和商务服务业	0.3350
金属冶炼及压延加工业	0.1859	研究与试验发展业	0.3084

(续表)

产业名称	增加值率	产业名称	增加值率
金属制品业	0.1799	综合技术服务业	0.2816
通用、专用设备制造业	0.2839	水利、环境和公共设施管理业	0.4491
交通运输设备制造业	0.1978	居民服务和其他服务业	0.3259
电气机械及器材制造业	0.2375	教育	0.5340
通信设备、计算机及其他电子设备制造业	0.1407	卫生、社会保障和社会福利业	0.3213
仪器仪表及文化、办公用机械制造业	0.2684	文化、体育和娱乐业	0.4077
工艺品及其他制造业	0.1921	公共管理和社会组织	0.4770

资料来源:2007年北京投入产出表计算。

10.2 产业间要素的流动——产业间关联

生产要素的流动包括生产资料的流动以及商品的流动。将生产过程看成是一个连续的生产流水线,上游企业向下游企业提供供给,下游企业对上游企业产生需求。对下游企业而言,上游企业的产出是下游企业的投入,下游企业的产出同样又是后续企业的投入。上游下游企业的关系并不一定是单向的:比如 Intel 公司生产 CPU 芯片,提供给 IBM 作为电脑整机的零部件,这里 Intel 是上游企业,IBM 是下游企业;但与此同时,IBM 的电脑产品同样提供给 Intel 作为开发 CPU 的必要生产工具,这时 IBM 作为上游企业,而 Intel 作为下游企业。同样行业之间的关系也是如此:金属冶炼行业对装备制造业提供供给,装备制造业同样也为金属冶炼行业提供装备支持。

产业间的要素就在生产链中不断流动,这样的投入产出关系表现了产业之间的相互协作关系,宏观上反映了产业在国民经济中的核心地位。在产业经济学中,对产业间这样的要素流动通过产业关联进行描述。产业关联理论是对产业之间的联系进行量化研究的一种方法理论,揭示产业之间在生产、交换、分配过程中发生的数量比例上的规律性(刘水杏,2006)。在一般的经济活动过程中,各产业都需要其他产业为自己提供各种产出,以作为自己的要素供给;同时又把自己的产出作为一种市场需求提供给其他产业进行消费。正是由于这种错综复杂的供给与需求的关系，各产业在经济活动过程中才得以生存和发展；反之，若某一产业没有其他产业为之提供各种要素供给，或其产出不能满足其他产业的消费需求，该产业是不能长期地生存下去的，是没有生命力的。因此，产业关联的实质，就是指产业间以各种投入品和产出品为连接纽带的技术经济联系。这种技术经济联系和联系方式可以是实物形态的联系和联系方式，也可以是价值形态的联系和联系方式。由于价值形态的联系和联系方式可以从量化比例的角度来进行研究，因此，在产业关联分析的实际应用中使用更多的是价值形态的技术经济联系和联系方式（范金等，2004）。

美国经济学家瓦西里·列昂惕夫（Wassily Leontief）开拓的投入产出经济学借助投入产出表能有效地揭示产业间技术经济联系的量化比例关系，因此，产业关联理论也被称为投入产出理论，投入产出分析法成为产业关联分析的基本方法。赫希曼和罗斯托也是产业关联理论的杰出贡献者。赫希曼明确提出了"关联效应"的概念，把它作为主导产业部门选择的基准，并详细论述了产业之间发生关联的方式，即前向关联、后向关联和旁侧关联。罗斯托在"经济起飞"理论中分析主导部门综合体系时，提出了主导部门通过自己的三种影响带动整个经济增长。这三种影响是：(1) 回顾影响，指主导产业对某些供给生产资料部门的影响；(2) 旁侧影响，指主导产业对所在地区的影响；(3) 前瞻影响，指主导产业对新工艺、新技术、新原料、新能源出现的诱导作用。主导产业部门与其他部门之间就存在这三种关联，即后向关联、旁侧关联和前向关联。

产业关联方式就是指产业部门间发生联系的依托或基础，以及产业间相互依托的不同类型（范金等，2004）。产业关联的方式依据不同的维系关系，可分为单向/双向关联、纵向/横向关联、前向/后向联系、直接/间接关联、替代/互补关联、环向循环关联等类别。在进行分析时，可以依据不同产业的特点选择特定的类别。

产业间最基本的关联方式是前向关联和后向关联。前向关联关系：所谓前向关联关系，就是通过提供供给与其他产业部门发生的关联。显然，当甲产业在经济活动过程中需吸收乙产业的产出时，对于乙产业来说，它与甲产业的关系便是前向关联的关系。对钢铁行业来说，它与汽车制造业的关联就是前向关联的关系。后向关联关系就是通过自身的需求与其他产业部门发生的关联。当丙产业在经济活动过程中向乙提供了产出，则对于乙产业来说，它与丙产业的关系便是后向关联的关系。对钢铁行业来说，它与煤炭采掘业的关联就是后向关联的关系。当某一产业的生产活动发生变动时，就通过前向、后向、环向等关联方式影响其他部门，这就是产业间的关联效应。利用投入产出表可以对产业间的关联效应进行定量的测度，这将在下面的研究中详细论述。

10.2.1 基本概念

投入产出分析以投入产出表为基础，分为静态分析和动态分析。静态分析主要目标是考察行业之间的相互关联，以及行业的资本使用和最终消费；动态分析以时间为序，考察行业的动态发展。这里以我国42行业投入产出表为例，简单介绍行业间要素流动，行业间产业关联的分析，如表10-4所示。

表中存在几个主要的平衡关系：

（1）行平衡关系：中间使用+最终使用-进口+其他=总产出。
（2）列平衡关系：中间投入+增加值=总投入。
（3）总量平衡关系：总投入=总产出；每个部门的总投入=该部门的总产出。

$$中间投入合计 = 中间使用合计$$

表10-4 42行业投入产出表基本框架

产出\投入	中间使用			最终使用								进口	其他	总产出
				最终消费			资本形成总额							
				居民消费										
	农业	…	公共管理和社会组织	中间使用合计	农村居民	城镇居民	小计	政府消费	合计	固定资本形成总额	存货增加	合计	出口	最终使用合计
中间投入 农业	第Ⅰ象限				第Ⅱ象限									
……														
公共管理和社会组织														
中间投入合计														

(续表)

产出\投入	中间使用			最终使用									进口	其他	总产出
	农业	…	公共管理和社会组织	中间使用合计	最终消费				资本形成总额			最终使用合计			
					居民消费			政府消费	固定资本形成总额	存货增加	合计	出口			
					农村居民	城镇居民	小计								
增加值	劳动者报酬														
	生产税净额														
	固定资产折旧	第Ⅲ象限													
	营业盈余														
	增加值合计														
总投入															

表 10-5 国民经济 42 行业分布

行业名称	代码	行业名称	代码
农业	01	废品废料	22
煤炭开采和洗选业	02	电力、热力的生产和供应业	23
石油和天然气开采业	03	燃气生产和供应业	24
金属矿采选业	04	水的生产和供应业	25
非金属矿采选业	05	建筑业	26
食品制造及烟草加工业	06	交通运输及仓储业	27
纺织业	07	邮政业	28
服装皮革羽绒及其制品业	08	信息传输、计算机服务和软件业	29
木材加工及家具制造业	09	批发和零售贸易业	30
造纸印刷及文教用品制造业	10	住宿和餐饮业	31
石油加工、炼焦及核燃料加工业	11	金融保险业	32
化学工业	12	房地产业	33
非金属矿物制品业	13	租赁和商务服务业	34

(续表)

行业名称	代码	行业名称	代码
金属冶炼及压延加工业	14	旅游业	35
金属制品业	15	科学研究事业	36
通用、专用设备制造业	16	综合技术服务业	37
交通运输设备制造业	17	其他社会服务业	38
电气、机械及器材制造业	18	教育事业	39
通信设备、计算机及其他电子设备制造业	19	卫生、社会保障和社会福利业	40
仪器仪表及文化办公用机械制造业	20	文化、体育和娱乐业	41
其他制造业	21	公共管理和社会组织	42

1. 直接前向关联系数

x_i 为 i 产业的全部产出; x_{ij} 为 i 产业对 j 产业提供的中间投入。

$$L_{F(i)} = \left(\sum_{j=1}^{n} x_{ij}\right)/x_i$$

2. 直接后向关联系数

x_j 为 j 产业的全部产出; x_{ij} 为 j 产业从 i 产业获得的中间投入。

$$L_{B(j)} = \left(\sum_{i=1}^{n} x_{ij}\right)/x_j$$

表 10-6 列示了前向关联和后向关联的相互关系。

表 10-6 前后向关联的相互关系

		前向关联效应	
		大	小
后向关联效应	大	中间投入型制造业	最终需求型制造业
	小	中间投入型基础产业	最终需求型基础产业

3. 直接消耗系数

直接消耗系数也称投入系数,记为 $(i, j = 1, 2, \cdots, n)$,它是指在生产经营过程中第 j 产品(或产业)部门的单位总产出直接消耗的第 i 产品部门货物或服务的价值量。将各产品(或产业)部门的直接消耗系数用表的形式表现就是直接消耗系数表或直接消耗系数矩阵,通常用字母 A 表示。直接消耗系数的计算方法为:用第 j 产品(或产业)部门的总投入去除该产品(或产业)部门生产经营中直接消耗的第 i 产品部门的货物或服务的价值量,用公式表示为:

$$a_{ij} = \frac{x_{ij}}{X_j}, \quad i,j = 1,\cdots,n$$

4. 完全消耗系数

在经济活动中,一种产品对另一种产品的消耗,不仅有直接的消耗,还有间接的消耗,即一种产品通过媒介产品对另一种产品的消耗(范金等,2004)。在投入产出理论中,将某一产业在生产经营过程中对其他产业产品的直接消耗和全部间接消耗之和称为完全消耗。完全消耗系数,通常计为 b_{ij},是指第 j 产品部门每提供一个单位最终使用时,对第 i 产品部门货物或服务的直接消耗和间接消耗之和。利用直接消耗系数矩阵 A 计算完全消耗系数矩阵 B 的公式为:

$$B = (I - A)^{-1} - I$$

图 10-2 描绘了 2007 年 42 行业的完全消耗关联网络。

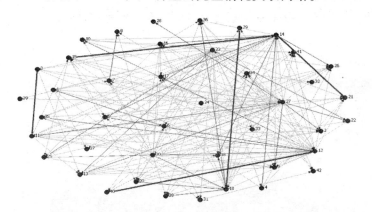

图 10-2　2007 年北京 42 行业完全消耗关联网络图①

注:上图中的节点表示为各个行业(按投入产出表顺序 1—42 行业)。箭头方向表示产业投入方向,如图左上角 7 行业(纺织业)到 8 行业(服装皮革羽绒及其制品业)的箭头表示"纺织业"向"服装皮革羽绒及其制品业"的投入,即"服装皮革羽绒及其制品业"对"纺织业"的完全消耗系数。出于简明的目的,图中对完全消耗系数小于 0.1 的关联没有绘出;细关联射线表示完全消耗系数在 0.25—0.75 之间;粗关联射线为完全消耗系数大于 0.75。

5. 直接分配系数

直接分配系数是指国民经济各部门提供的货物和服务(包括进口)在各种用途(指中间使用和各种最终使用)之间的分配使用比例。当 $j = $

---

① Ucinet 6 绘制。

$1,2,\cdots,n$ 时,x_{ij} 为第 i 部门提供给第 j 部门中间使用的货物或服务的价值量;$j=n+1,\cdots,n+q$ 时,x_{ij} 为第 i 部门提供给第 j 部门最终使用的货物或服务的价值量;q 为最终使用的项目数。M 为进口,X_i+M_i 为 i 部门货物或服务的总供给量(国内生产+进口)。

$$h_{ij}=\frac{x_{ij}}{X_i+M_i},\quad i=1,\cdots,n,\quad j=1,\cdots,n,n+1,\cdots,n+q$$

6. 完全分配系数

同完全消耗一样,某一部门货物或服务的分配,既有直接分配,也有通过媒介部门的间接分配。完全分配系数(用 W_{ij} 表示)是 i 部门单位总产出直接分配和全部间接分配(包括一次间接分配、二次间接分配……多次间接分配)给 j 部门的数量,它反映了 i 部门对 j 部门直接和通过别的部门间接的全部贡献程度,等于 i 部门对 j 部门的直接分配系数和全部间接分配系数之和。利用直接分配系数矩阵 H 计算完全分配系数矩阵的公式表示为:

$$W=(I-H)^{-1}-I$$

图 10-3 描绘了 2007 年北京 42 行业的完全分配关联网络。

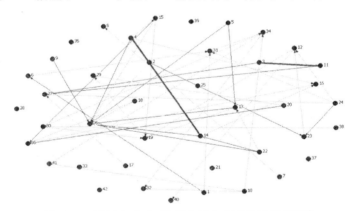

图 10-3　2007 年北京 42 行业完全分配关联网络图①

注:上图中的节点表示为各个行业(按投入产出表顺序 1—42 行业)。箭头方向表示产业投入方向,如图左上角 9 行业(木材加工及家具制造业)到 26 行业(建筑业)的箭头表示"木材加工及家具制造业"向"建筑业"的投入,即"木材加工及家具制造业"对"建筑业"的完全分配系数。出于简明的目的,图中对完全消耗系数小于 0.1 的关联没有绘出;细关联射线表示完全消耗系数在 0.25—0.75 之间;粗关联射线为完全消耗系数大于 0.75。

---

① Ucinet 6 绘制。

7. 影响力系数[①]

影响力系数表示某一产业部门增加一个单位最终使用时,通过直接或间接关联要求国民经济各部门提供的投入总量,在投入产出表中是完全消耗系数矩阵的列合计。影响力表现为该产业对国民经济各部门拉动作用的绝对水平,因此也被称为拉动力。影响力系数是该产业的影响力与国民经济各部门平均影响力之比,表现为该产业对国民经济各部门拉动作用的相对水平。

$$F_j = \frac{\sum_{i=1}^{n} b_{ij}}{\frac{1}{n}\sum_{j=1}^{n}\sum_{i=1}^{n} b_{ij}}$$

其中,b_{ij} 是第 j 部门对第 i 部门的完全消耗系数,$\sum_{i=1}^{n} b_{ij}$ 为完全消耗系数矩阵的第 j 列之和,即第 j 部门对国民经济各部门的影响力,$\frac{1}{n}\sum_{j=1}^{n}\sum_{i=1}^{n} b_{ij}$ 为完全消耗系数矩阵的列和的平均值。当 $F_j > 1$ 时,表示第 j 部门的生产对其他部门所产生的波及影响程度超过社会平均影响水平(即各部门所产生波及影响的平均值);当 $F_j = 1$ 时,表示第 j 部门的生产对其他部门所产生的波及影响程度等于社会平均影响水平;当 $F_j < 1$ 时,表示第 j 部门的生产对其他部门所产生的波及影响程度低于社会平均影响水平。影响力或影响力系数越大,表示第 j 部门对国民经济的拉动作用越大。

2007 年北京市 42 行业按照投入产出表计算,通信设备、计算机及其他电子设备制造业的影响力最大,高达 1.56,而房地产业的影响力系数仅有 0.39,位列 41 位。尽管房地产业是目前投资的热门,但可以看出其对国民经济行业的带动力微乎其微,属于对国民经济投资没有放大作用的行业,而计算机及电子设备制造业则全面支持着其他各个行业,属于对国民经济有核心作用的行业,放大了国民经济投资。

8. 感应度系数[②]

感应度系数表示某一产业部门增加一个单位初始投入时,通过直接或间接关联对国民经济各部门提供的分配总量,在投入产出表中是完全

[①] 见附表一:北京 1987—2007 年影响力系数变化。
[②] 见附表二:1987—2007 年感应度系数。

分配系数矩阵的行合计。感应度表现为该产业对国民经济各部门推动作用的绝对水平,因此也被称为推动力。感应度系数是该产业的感应度与国民经济各部门平均感应度之比,表现为该产业对国民经济各部门推动作用的相对水平。

$$E_i = \frac{\sum_{j=1}^{n} w_{ij}}{\frac{1}{n}\sum_{i=1}^{n}\sum_{j=1}^{n} w_{ij}}$$

其中,w_{ij}是第i部门对第j部门的完全分配系数,$\sum_{j=1}^{n} w_{ij}$为完全分配系数矩阵的第i行之和,即第i部门对国民经济各部门的感应度,$\frac{1}{n}\sum_{i=1}^{n}\sum_{j=1}^{n} w_{ij}$为完全分配系数矩阵的行和的平均值。

2007年42行业中,感应度系数最高的为电力、热力的生产和供应业,排在前列的为各个重工业,如金属冶炼等。建筑业排40位,仅0.13,其他第三产业均排名较后。可以看出北京市目前的经济发展仍然以依赖于重工业为发展前提。重工业的产出对各个行业都有较高的支持,而第三产业对其他行业的分配则相对较少。北京市要改善产业结构,发挥技术带动生产,提高技术密集型产业,从而以高新装备制造业,第三产业替代资源依赖型的重工业作为领导行业。

10.2.2 北京市部分行业要素间关联分析

1. 房地产业

从图10-4和图10-5中可以看出,房地产业与32行业(金融保险业)的联系最为密切,考虑完全消耗系数和完全分配系数,联系较为密切的有:31(住宿与餐饮业),19(通信设备、计算机及其他电子设备制造业),27(交通运输及仓储业),30(批发和零售贸易业),33(房地产业),34(租赁和商务服务业)。另外房地产与各行业的分配系数及消耗系数均不高,在0.2以下。从产业联动的角度而言,促进房地产业能够对以上几个产业产生相对明显的作用力,而推动其他几个行业也可以对房地产业带来促进作用,但是联动的作用并不明显,这源于房地产业的行业性质。房地产业并不是国民经济的实体经济生产部门,并且近年的房地产价格虚涨使得房地产行业增加产值中的大部分没有对实体经济带来作用。因此国家在选择发展房地产行业的同时,应该考虑到房地产业投资收敛的特性:房地产行业的生产要素没有很好地在行业间流动,而是更多地流向了资本积累和最终消费。因此在我国工业化进程中应谨慎发展房地产业。

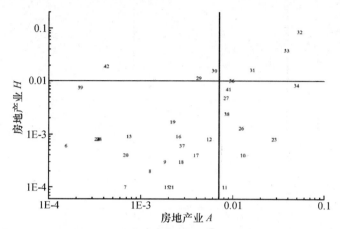

图 10-4　2007 年北京市房地产业直接消耗系数与直接分配系数分布

注:横坐标表示房地产的直接消耗系数;纵坐标表示房地产业的直接分配系数。图中的数字为行业代码(按 2007 年投入产出表顺序)。部分行业的直接消耗系数/直接分配系数较低,因此没有出现在图中。

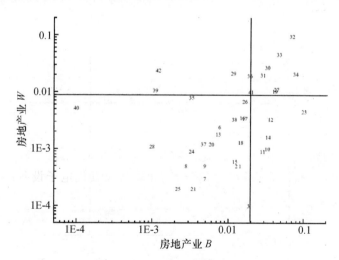

图 10-5　2007 年北京市房地产业完全消耗系数与完全分配系数分布

注:横坐标表示房地产的完全消耗系数;纵坐标表示房地产业的完全分配系数。图中的数字为行业代码(按 2007 年投入产出表顺序)。部分行业的完全消耗系数/完全分配系数较低,因此没有出现在图中。

2. 金融保险业

如图 10-6 和图 10-7 所示，金融保险业有紧密联系的行业为 14（金属冶炼及压延加工业），19（通信设备、计算机及其他电子设备制造业），23

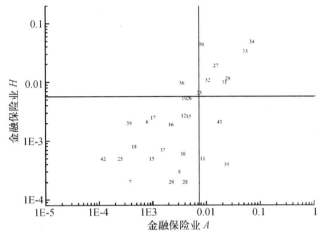

图 10-6　2007 年北京市金融保险业直接消耗系数与直接分配系数分布
注：横坐标表示金融保险业的直接消耗系数；纵坐标表示金融保险业的直接分配系数。图中的数字为行业代码（按 2007 年投入产出表顺序）。部分行业的直接消耗系数/直接分配系数较低，因此没有出现在图中。

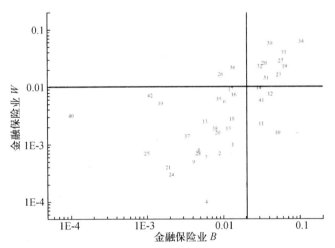

图 10-7　2007 年北京市金融保险业完全消耗系数与完全分配系数分布
注：横坐标表示金融保险的完全消耗系数；纵坐标表示金融保险的完全分配系数。图中的数字为行业代码（按 2007 年投入产出表顺序）。部分行业的完全消耗系数/完全分配系数较低，因此没有出现在图中。

(电力、热力的生产和供应业),27(交通运输及仓储业),29(信息传输、计算机服务和软件业),30(批发和零售贸易业),31(住宿和餐饮业),32(金融保险业),33(房地产业),34(租赁和商务服务业)。可以看出,相比于房地产业,金融保险业的相关行业有所增加,但各行业之间的关联系数仍然较小。并且绝大多数位于第三产业,说明北京的金融保险业尚未形成行业间的紧密合作,行业间要素流动较少,产业一体化尚未完全发展。

专题8

中国工业化增长和集中伴随着地区间的大规模劳动力移动[①]

我国的劳动力和生产要素的流动是较为频繁的。伴随着工业化的进程,全国各地都存在着经济发展的差距,这样的差距带来了地区内部、地区与地区之间的大规模劳动力流动。20世纪50年代,伴随着工业化的启动,我国政策支持农户向城市移民,使得更多的劳动力可以参加到工业化大生产当中来。集中和集聚的劳动力资源的确使得我国的工业化开始迅猛发展。当然,城市人口也开始突然增加,1953年中国城市人口增加了1/3。

"文化大革命"使得劳动力的流动出现了波动,到20世纪80年代,城市化的发展重新成为我国建设的号召。全国的城市化都在不断进行,我国的城镇化率成直线上升。为了有效管理流动人口,"户口的家庭等级制度成为管理工人流动的主要政策工具。该政策具有四条原则,如下所述:(1)移民,尤其是向城市地区的一面,只有在与经济发展相协调时,才能予以批准;(2)必须严格控制农村人口向城市的移民;(3)对人口规模相近地区间的移民不必予以控制;(4)大型居住区向小型居住区的移民、农村地区间的移民应当受到鼓励"。

"1/5的农村工人,1/3的城市就业人口是移民。2005年,城市的平均收入是农村的三倍。农业机械化是剩余劳动力增加。而中国的工业长期需要低成本劳动力。近年来,认识到允许劳动力自由流动带来的增长利益,政府一直在放松户口的限制。移民的限制因素减少了,劳动力市场的效率提高了。"这样的制度控制了北京、上海等流动人口较多地区的城市化进程。当然也带来了许多外来劳动力的民生问题。工业化仍然在发

[①] 参考世界银行(2009)。

展,集中和集聚仍然是经济增长的必要条件,在现有经济地理环境中,政府通过控制户口制度来控制经济距离,由此控制着劳动力流动的速度。而简单的城市化过程也需要对城市人口进行控制。在工业化快速发展的今天,通过这样的户籍制度对人口流动的控制必然带来城市内部矛盾。因此,尝试发展新型的城市增长模式,促进区域一体化发展或许能有效解决劳动力流动中的问题。

第11章 专业化与产业结构分析

世界贸易的展开来自于专业化生产的进行。在过去的20世纪,推动区域间贸易的主要动力便是各地具有不同的生产专业化。而今,各个国家之间的贸易数量上升,全球经济一体化的进行都源自专业化生产的进行。经济学中的重要概念"比较优势",即指在考虑了机会成本的时候,任何国家地区都存在其具有相对优势的产业,由此便带来了对贸易的需要。

那为什么专业化生产能够弥补贸易带来的交易成本,并成为地区之间必然存在的经济活动呢?一个简单的道理莫过于经典的经济学例子:A国家生产1吨鱼需要1天,生产1吨布料需要3天;B国家生产1吨鱼需要0.5天,生产1吨布料需要1天。不考虑两者的效益差异以及假设两国都追求数量最大,由此为了获得最优利益,B国家会选择生产布,而从A国家进口鱼。生产的专业化也是这样带来的。如今温州的打火机占了全世界贸易的70%,而东莞、佛山等许多地区的生产也是世界的贸易中心。当然在我国内部,也同样存在着生产的专业化和地区间贸易。

11.1 生产专业化

在计划经济体制下,资源的配置都是在政府的指令下完成的,因此产业的布局反映的是政治意志而非市场信息。随着改革开放的深入,资源配置逐渐地变为由市场来调节,国内与国外以及国内各地区之间的交往变得更为便利,市场分割减少了很多,产业的布局更趋合理,专业化生产也发展起来。

专业化在生产上表现为两个方面,首先在产业链条内部,专业化表现为产业内部各部门的专业分工;其次在产业间,表现为地区生产专业化。在产业内部的专业化,以企业的内部分工为组织架构。社会学、管理学对企业内部的部门专业化有许许多多的理论结果：专业化部门之间的组织结构，专业化带来的弱环境适应性，专业化带来的生产标准等一系列问题。而在产业间，生产则表现为地区生产体系的差异，地区经济发展的特色等。

地区生产专业化是生产在空间上高度集中的表现形式，它是指按照劳动地域分工规律，利用特定区域某类产业或产品生产的特殊有利条件，大规模集中地发展某个行业或某类产品，然后向区外输出，以求最大经济效益。

11.1.1 北京市产业专业化

北京市作为经济密度高、第三产业发展突出的大型城市，在北京及其周边的生产专业化对北京的经济发展起到了一定的决定作用。确定北京的生产专业化程度，以及确定其发展的特色产业和优势产业，对于北京地区的区域一体化建设有着重要意义。地区专业化具有多重均衡和不稳定的特征，其度量是一项十分复杂的工作。由于统计数据的限制，加上人们对专业化的认识还没有达成一致，因此到目前为止，国内外学术界并没有一个公认的权威测算方法。归纳起来，目前学术界常用的方法主要有下面几种。

1. 区位熵

区位熵是指一个地区特定部门的产值在地区总产值中所占的比重与全国该部门产值在全国工业总产值中所占比重之间的比值。

$$\mathrm{LQ}_{ij} = \frac{\frac{L_{ij}}{L_i}}{\frac{L_j}{L}}$$

式中：LQ_{ij} 为 i 地区 j 部门的区位商；L_{ij} 为 i 地区 j 部门的产值；L_i 为 i 地区行业总产值；L_j 为全国 j 部门的总产值；L 为全国产业总产值。

表 11-1 反映出，北京市第一产业和第二产业的区位熵低于 1，第三产业的区位熵明显高于 1。从时间上看，第一产业在改革开放后，区位熵先上升，后下降。从 1988 年开始，第一产业的区位熵呈现稳步下降的趋势，并在 2008 年达到 0.09。也就是说北京市的第一产业远低于全国平均水平，并且仍然在逐年减小。第二产业则从改革开放开始便呈现出下降趋势。1994 年北京市第二产业的比重低于全国平均水平。区位熵的下降

说明了北京市第二产业的专业化水平下降,这意味着第二产业是需要进口的。因此,北京在发展过程中,已经突出了第三产业的优势发展,将第二产业向区域外转移。第三产业虽然在 1992 年前表现出动荡的专业化水平,但是其增长的趋势是清晰可见的。1992 年以后,北京市全力发展第三产业,2008 年达到 1.82。说明在第三产业上,北京具有较高的专业化水平,处于第三产业出口的地位。第三产业作为服务业,也是附加值较高的行业,北京市在第三产业上的领军地位,使得北京市的经济发展战略以技术服务、社会管理等新型第三产业为主导。

表 11-1 历年北京市三次产业区位熵

年份	第一产业区位熵	第二产业区位熵	第三产业区位熵
1978	0.1826	1.4859	0.9907
1979	0.1385	1.5062	1.1431
1980	0.1453	1.4282	1.2379
1981	0.1487	1.4411	1.3089
1982	0.1992	1.4393	1.3239
1983	0.2107	1.3869	1.4018
1984	0.2127	1.4005	1.3246
1985	0.2434	1.3940	1.1612
1986	0.2470	1.3310	1.2047
1987	0.2773	1.2830	1.2379
1988	0.3520	1.2320	1.2127
1989	0.3363	1.2913	1.1306
1990	0.3233	1.2674	1.2313
1991	0.3118	1.1647	1.2967
1992	0.3178	1.1226	1.2745
1993	0.3075	1.0167	1.3816
1994	0.2967	0.9705	1.4571
1995	0.2442	0.9080	1.5912
1996	0.2129	0.8403	1.7046
1997	0.1994	0.7924	1.7172
1998	0.1839	0.7656	1.6945
1999	0.1748	0.7405	1.6741
2000	0.1651	0.7119	1.6613
2001	0.1513	0.6819	1.6570
2002	0.1411	0.6445	1.6686

(续表)

年份	第一产业区位熵	第二产业区位熵	第三产业区位熵
2003	0.1397	0.6440	1.6639
2004	0.1177	0.6617	1.6799
2005	0.1163	0.6172	1.7253
2006	0.0996	0.5727	1.7758
2007	0.0973	0.5532	1.7856
2008	0.0951	0.5282	1.8278

注:表中用《北京市统计年鉴2009》中获取三次产业北京GDP数值,《中国统计年鉴2009》中获取三次产业全国GDP数值。

表11-2以北京市工业行业为例,分析了北京市第二产业(除建筑业)的区位熵。表中黑体的为高于全国平均水平的行业。2006年北京市第二产业中,高于全国平均水平的行业为:食品制造业,饮料制造业,石油加工、炼焦及核燃料加工业,医药制造业,专用设备制造业,交通运输设备制造业,通信设备、计算机及其他电子设备制造业,电力、热力的生产和供应业,燃气生产和供应业。发生较大变化的行业为:印刷业和记录媒介的复制,通信设备、计算机及其他电子设备制造业,电力、热力的生产和供应业,燃气生产和供应业。总体而言,北京市第二产业的区位熵在1998—2008年减小,部分能源型行业的区位熵增加。比如电力、热力的生产和供应业,燃气生产和供应业,由于北京市人口和城市规模的增加,行业的刚性需求增加,从而对这些行业带来需求。另外这些行业的远距离交易成本较高,因此适合在北京自行生产。可以看出绝大多数第二产业都在往外转移。包括行业关联度最大的通信设备、计算机及其他电子设备制造业,北京市的第二产业区位熵都在不断地下降。运输成本的下降以及国内外贸易成本的下降使得第二产业转移成为可能。另外由于北京市是第三产业的发展中心,其第二产业的外包使得北京市的产业体系更为明确。

表11-2 北京市工业区位熵分析(1998—2006年)

序号	按行业分项目	2006年	2005年	1998年	2006年与1998年差值
1	煤炭开采和洗选业	0.2537	0.7442	0.1591	0.0945
2	石油和天然气开采业	0.0614	0.0483	0.0003	0.0611
3	黑色金属矿采选业	0.2665	0.4367	0.3220	-0.0554
4	有色金属矿采选业			0.0620	-0.0620

（续表）

序号	按行业分项目	2006 年	2005 年	1998 年	2006 年与1998 年差值
5	非金属矿采选业	0.1296	0.0974	0.4449	-0.3152
6	其他采矿业	#	#	0.0045	#
7	农副食品加工业	0.4137	0.4630	0.5618	-0.1481
8	食品制造业	**1.2115**	1.3308	0.9491	0.2624
9	饮料制造业	**1.1505**	1.2167	**1.0600**	0.0905
10	烟草制造业	0.2256	0.2142	0.1167	0.1089
11	纺织业	0.1639	0.1977	0.3251	-0.1611
12	纺织服装、鞋、帽制造业	0.5264	0.5846	0.7451	-0.2187
13	皮革、毛皮、羽毛（绒）及其制品业	0.0647	0.0875	0.1404	-0.0756
14	木材加工及竹、藤、棕草制品业、	0.1964	0.2034	0.2919	-0.0954
15	家具制造业	#	0.7164	**1.6568**	-0.9403
16	造纸及纸制品业	0.9913	0.3599	0.5013	0.4900
17	印刷业和记录媒介的复制	0.7163	2.0376	**2.0697**	-1.3534
18	文教体育用品制造业	0.3685	0.3225	0.5585	-0.1900
19	石油加工、炼焦及核燃料加工业	**1.3741**	1.7882	**1.1122**	0.2619
20	化学原料及化学制品制造业	0.4856	0.5248	0.7512	-0.2656
21	医药制造业	**1.1499**	1.1165	**1.0777**	0.0721
22	化学纤维制造业	0.0773	0.0966	0.2557	-0.1784
23	橡胶制品业	0.3355	0.3224	0.6490	-0.3135
24	塑料制品业	0.3815	0.4251	0.6482	-0.2667
25	非金属矿物制品业	0.7724	0.7645	0.8464	-0.0739
26	黑色金属冶炼及压延加工业	0.8308	0.9230	0.9911	-0.1603
27	有色金属冶炼及压延加工业	0.1608	0.2162	0.1971	-0.0363
28	金属制品业	0.6558	0.6607	0.9697	-0.3139
29	通用设备制造业	0.8210	0.8089	0.6711	0.1499
30	专用设备制造业	**1.4603**	1.3804	**1.4601**	0.0002
31	交通运输设备制造业	**1.8981**	1.8835	**1.8935**	0.0046
32	电气机械及器材制造业	0.5531	0.5797	0.6852	-0.1321
33	通信设备、计算机及其他电子设备制造业	**2.6042**	2.3822	**4.8040**	-2.1998
34	仪器仪表及文化、办公用机械制造业	#	2.0520	**1.7400**	-0.3120
35	工艺品及其他制造业	0.4651	0.5894	#	#

（续表）

序号	按行业分项目	2006年	2005年	1998年	2006年与1998年差值
36	废弃资源和废旧材料回收加工业	#	0.2642	#	#
37	电力、热力的生产和供应业	**1.2906**	1.2218	0.2410	1.0496
38	燃气生产和供应业	**2.4684**	1.3770	**1.0925**	1.3758
39	水的生产和供应业	0.0497	1.7634	0.3278	-0.2781

与此同时，第二产业的外包对区域一体化提出了更高的要求。第三产业的发展离不开第二产业的支持。尽管北京市第二产业的发生转移，北京市的第二产业需求并没有下降，因此北京市第二产业的国内外贸易增加。而北京周围地区的产业高度仍然较低，发展第二产业成为不二之选。发展北京周边地区的第二产业对北京市第三产业的发展提供了长足的支持，对北京市建设世界性城市提供了保障。

表11-3以北京市的平均比重为分母，各区县的产业比重为分子，比较北京市区县的专业化程度。从表中可以看出，北京市的农业基本位于北京市城郊区，而第三产业则多数位于建成区。北京市的第二产业也同样位于郊区县。产业在各区之间的分布不平衡，在空间上城区与郊区发展不连续，在产业结构上各个区之间差异较大。比如密云的第一产业区位熵高达10.93，而建成区为0；第二产业怀柔区位熵为2.55，东城区为0.25。各城区之间的产业结构差异较大，一方面由北京城市发展的历史轨迹决定，早期的城市中心演化为城市政治中心，城郊区演化为城市工业化基地。另一方面由北京市的区域发展决定，北京市的区域发展方向并不依赖于市场制度，在确保城市发展秩序的同时也一定程度上限制了北京市周边地区的快速投资。因此北京市周边地区的区域一体化建设仍然需要一定力量。

表11-3　北京市各区县区位熵（2008年）

	第一产业	第二产业	第三产业
东城	0.0000	0.2555	1.2487
西城	0.0000	0.4753	1.1801
崇文	0.0000	0.7457	1.0958
宣武	0.0000	0.4467	1.1890

(续表)

	第一产业	第二产业	第三产业
朝阳	0.0631	0.5926	1.1425
丰台	0.1563	1.1230	0.9756
石景山	0.0000	2.8689	0.4338
海淀	0.0556	0.8376	1.0662
门头沟	1.1997	2.2134	0.6184
房山	4.7326	2.2082	0.5616
通州	5.2116	2.1550	0.5702
顺义	4.2014	2.3160	0.5367
昌平	1.2078	2.1824	0.6279
大兴	6.1814	1.9253	0.6258
怀柔	3.9763	2.5515	0.4670
平谷	10.2105	1.8949	0.5687
密云	10.9396	1.8107	0.5828
延庆	10.5714	1.0457	0.8275

2. 集中系数

$$CC_{ij} = \frac{\frac{Q_{ij}}{P_i}}{\frac{Q_j}{P}}$$

式中:CC_{ij}为i地区j产业的集中系数;Q_{ij}为i地区j产业的产值;P_i为i地区的常住人口;Q_j为全国j产业的总产值;P为全国总人口数。如果该系数大于1说明该产业比较集中,属于专业化部门。无论是区位熵还是集中系数,都是一个相对指标,不能反映该产业在全国和地区经济中的地位。同时该指标的前提是各地区具有大致一致的消费结构,如果不是如此,那么该系数就不能作为判断专业化的标准了。

如表11-4所示,在时间上,集中系数与区位熵所反映的变化趋势基本一致。值得留意的是,北京市尽管第二产业的区位熵低于全国平均水平,但是集中系数却仍然高于1。说明北京市人均第二产业产值仍然高于第三产业。究其原因,北京市人均产值高于全国平均水平。第一,北京市第三产业促进了北京市人均产值的高水平。第三产业附加值高,劳动力需求相对较小。第二,北京市第二产业多为技术密集型产业,单位劳动力产值较高。

表 11-4　北京市集中系数历史变化

	第一产业集中系数	第二产业集中系数	第三产业集中系数
1978	0.6020	4.8986	3.2662
1979	0.4438	4.8273	3.6636
1980	0.4854	4.7704	4.1347
1981	0.4591	4.4484	4.0402
1982	0.6242	4.5107	4.1491
1983	0.6927	4.5595	4.6085
1984	0.6801	4.4790	4.2363
1985	0.7490	4.2891	3.5730
1986	0.7186	3.8718	3.5044
1987	0.7886	3.6481	3.5199
1988	1.0028	3.5100	3.4551
1989	0.9474	3.6377	3.1849
1990	0.9130	3.5796	3.4775
1991	0.9077	3.3905	3.7748
1992	0.8899	3.1436	3.5690
1993	0.8219	2.7179	3.6932
1994	0.7512	2.4567	3.6886
1995	0.5863	2.1800	3.8204
1996	0.5200	2.0528	4.1641
1997	0.5226	2.0764	4.4995
1998	0.5185	2.1586	4.7777
1999	0.5223	2.2123	5.0012
2000	0.4888	2.1082	4.9196
2001	0.4718	2.1260	5.1663
2002	0.4585	2.0933	5.4198
2003	0.4584	2.1135	5.4609
2004	0.3884	2.1841	5.5453
2005	0.3716	1.9720	5.5130
2006	0.3071	1.7661	5.4768
2007	0.2863	1.6269	5.2518
2008	0.2599	1.4435	4.9954

注：表中用《北京市统计年鉴 2009》中获取三次产业北京 GDP 数值，《中国统计年鉴 2009》中获取三次产业全国 GDP 数值。

通过集中系数可以看出，尽管北京市第二产业的比重低于全国平均水平，但由于人均产值高，第二产业的集中系数仍然高于全国水平，第二产业的发展在全国仍然处于技术输出地位。

区县间的集中系数反映了人均产值在各区县间的分布。如表11-5所示,第一产业的集中系数差别明显小于第一产业的区位熵。这是由于第一产业区位熵较高的区县具有较低的人均产值。较低的人均产值削减了区位熵的突出地位。而相反,第三产业区位熵较高的区县具有较高的人均产值,因此具有更为分化的集中系数。西城区的集中系数达到4.5,而平谷仅有0.2。

表11-5 北京市各区县集中系数(2008年)

	第一产业	第二产业	第三产业
东城	0.0000	0.6482	3.1678
西城	0.0000	1.8131	4.5019
崇文	0.0000	0.7003	1.0291
宣武	0.0000	0.4423	1.1772
朝阳	0.0725	0.6799	1.3109
丰台	0.0861	0.6184	0.5373
石景山	0.0000	2.2942	0.3469
海淀	0.0723	1.0895	1.3869
门头沟	0.5143	0.9488	0.2651
房山	2.2971	1.0718	0.2726
通州	1.9522	0.8072	0.2136
顺义	4.2888	2.3642	0.5479
昌平	0.7210	1.3028	0.3748
大兴	2.2816	0.7107	0.2310
怀柔	2.8131	1.8051	0.3304
平谷	3.6006	0.6682	0.2005
密云	4.7211	0.7814	0.2515
延庆	3.9210	0.3879	0.3069

3. 产业集中度指标

(1) 赫芬达尔指数(SHHI)

$$\text{SHHI} = \sum_{k=1}^{n} S_k^2$$

其中,n 为地区的全部产业数。SHHI值在 $1/n$—1 之间变动。若SHHI值为 $1/n$,表示地区产业高度多样化;若SHHI值为1,表示地区产业集中在一个部门。其值越大,表示地区的产业结构越不均衡,地区专业化程度越高。但是,SHHI 值并没有确切含义,只能衡量地区的相对专业化程度。S_k 可以用就业份额、增加值份额、产值份额、销售额份额等表示。

(2) 区域熵指数

与 SHHI 强调规模大的产业不同,区域熵指数以产业份额 S_k 的对数为权值,比较强调规模小的产业的权数。SE 值在 0—$\log 2n$ 之间变动。其值越小,越趋于 0,表示地区专业化的程度越高。

$$\text{SE} = \sum_{k=1}^{n} s_k \log_2 S_k^{-1}$$

对 SE 进行适当的转换,可以得到相对熵指数 RSE。RSE 值在 0—1 之间变动。其值越小,表示地区的专业化程度越高。

$$\text{RSE} = \frac{\text{SE}}{\log_2^n} = \frac{\sum_{k=1}^{n} s_k \log_2 S_k^{-1}}{\log_2^n}$$

如表 11-6 所示,尽管在 1992 年之前北京市的专业化指数较为波动,但 1992 年以后,北京基本上呈现出生产专业化的发展,也就是产业更加集中到一个行业中发展,形成该行业的专业化优势,对外输出该行业的产出。联系前述两个指标,北京市第三产业在 1992 年以后专业化水平不断提升,而第一产业和第二产业则相对削弱。由此,北京在 1992 年以后强调了第三产业发展的重心,多样化水平下降,而专业化水平提升。

表 11-6 北京市产业集中度指标历史数据

年份	北京市 SHHI 指数	区位熵指数 SE
1978	0.564967	0.6168
1979	0.56629	0.6032
1980	0.54777	0.6261
1981	0.526811	0.6604
1982	0.503174	0.7109
1983	0.482702	0.7442
1984	0.476531	0.7518
1985	0.473036	0.7613
1986	0.466372	0.7684
1987	0.452341	0.7943
1988	0.43618	0.8256
1989	0.444421	0.8119
1990	0.433058	0.8316

(续表)

年份	北京市 SHHI 指数	区位熵指数 SE
1991	0.433545	0.8287
1992	0.438955	0.8194
1993	0.444941	0.8114
1994	0.446965	0.8135
1995	0.459288	0.7991
1996	0.473386	0.7868
1997	0.487597	0.7746
1998	0.503119	0.7605
1999	0.515523	0.7487
2000	0.527696	0.7372
2001	0.544623	0.7225
2002	0.562487	0.7062
2003	0.558679	0.7067
2004	0.554001	0.7070
2005	0.56496	0.6975
2006	0.581847	0.6787
2007	0.591764	0.6704
2008	0.602548	0.6603

注:按照三次产业计算,S_k以产业 GDP 占全行业 GDP 比重计算,n 为 3。

由表 11-7 可以看出,北京市区县的专业化水平同区县的产业结构有着明显的关系。以第三产业为主的建成区相对专业化水平更高,而第一产业和第二产业份额更高的郊区县则产业发展更为多样化。这在一个层面上反映出,北京市的区域建设没有形成有效的专业化发展,特别是郊区县没有形成自身的发展优势。在北京世界性城市的建设中,应该强调周围地区的专业化建设。一方面,周围地区的专业化建设能够促进周围地区的贸易优势,保证其在市场上能够有效地进行贸易。与北京市的产业结构相适应,周边地区的专业化生产能够支持北京区域一体化建设,也能促进自身地区的发展。另一方面,周围地区的专业化建设能够防止北京这个经济核心的极化效应。在世界性城市发展过程中,中心城市对资源和劳动力的巨大引力将成为周围地区发展的一个重要问题。对周围地区的经济投资很可能成为中心城市新一轮的生产投资。因此发展周围地区的经济特色,发展自身专业化生产能够促进北京世界性城市的有效建设。

表 11-7 北京市各区县集中度指标

	SHHI	SE
东城	0.8873	0.2065
西城	0.8018	0.3184
崇文	0.7112	0.4222
宣武	0.8123	0.3055
朝阳	0.7592	0.3728
丰台	0.6089	0.5373
石景山	0.5601	0.5750
海淀	0.6830	0.4562
门头沟	0.4869	0.6908
房山	0.4509	0.7932
通州	0.4444	0.8058
顺义	0.4615	0.7754
昌平	0.4861	0.6918
大兴	0.4321	0.8291
怀柔	0.4847	0.7494
平谷	0.3973	0.8973
密云	0.3917	0.9072
延庆	0.4656	0.8252

11.1.2 部分城市间专业化比较

1. 区位熵

从表 11-8 和图 11-1 至图 11-3 可以看出,北京市的发展以第三产业为中心,第三产业的区位熵不断增加。天津市以第二产业为发展中心,第二产业的区位熵增加,而第三产业区位熵下降。上海的发展则相对较为均衡,除了第二产业有 0.1 的下降,第三产业和第一产业的比重基本保持不

表 11-8 1998—2008 年三次产业区位熵变化

	北京	天津	上海
第一产业	−0.1437	−0.0634	−0.0356
第二产业	−0.3362	0.0781	−0.1052
工业	−0.3108	0.0918	−0.0498
建筑业	−0.4796	−0.1357	−0.2834
第三产业	0.2860	−0.2138	−0.0449

变。作为远东的经济中心,上海的稳定产业结构和经济结构对其稳定的经济增长起到了保障,固定的第二产业和第三产业比例使其发展更加稳固。

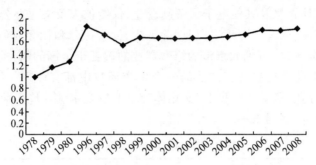

图 11-1　北京市第三产业产值的区位熵分析

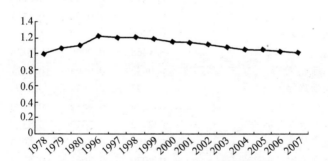

图 11-2　天津市第三产业产值的区位熵分析

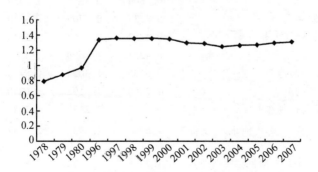

图 11-3　上海市第三产业产值的区位熵分析

表 11-9 描绘了全国 4 个直辖市的 42 行业区位熵情况。相比较三次产业的区位熵计算，42 行业的计算更为精细，行业规模更为接近。北京市的优势产业为：石油加工、炼焦及核燃料加工业，交通运输设备制造业，通信设备、计算机及其他电子设备制造业，仪器仪表及文化办公用机械制造业，建筑业，以及所有第三产业（除卫生、社会保障和社会福利事业以及公共管理事业）。可见北京市的第三产业的确处于全国的领先地位，第三产业的专业化程度在第三产业的各个生产环节中都有体现。信息传输、计算机服务业，科学研究事业，文化体育事业以及水利环境事业的区位熵远远超出全国平均水平。

表 11-9 2005 年各行业区位熵

	北京	上海	天津	重庆
农业	0.1770	0.1102	0.3025	1.2003
煤炭开采和洗选业	0.4412	0.0000	0.1107	1.1596
石油和天然气开采业	0.0000	0.0660	4.1395	0.0212
金属矿采选业	0.1468	0.0000	0.6138	0.3179
非金属矿采选业	0.0643	0.0004	0.1671	2.5240
食品制造及烟草加工业	0.4297	0.5039	0.5594	0.7327
纺织业	0.1304	0.4812	0.3110	0.7732
服装皮革羽绒及其制品业	0.2292	0.7919	0.5313	0.2766
木材加工及家具制造业	0.2190	0.7145	0.6053	1.1157
造纸印刷及文教用品制造业	0.4079	0.7941	0.5714	0.6442
石油加工、炼焦及核燃料加工业	1.2100	1.4423	1.2084	0.1304
化学工业	0.3504	0.8380	1.0254	0.6729
非金属矿物制品业	0.3734	0.4705	0.3349	1.3512
金属冶炼及压延加工业	0.4752	0.9644	1.5443	0.4219
金属制品业	0.4231	1.1690	1.3552	0.6390
通用、专用设备制造业	0.5135	1.3054	0.8733	0.5604
交通运输设备制造业	1.2466	1.5192	1.6220	3.7330
电气、机械及器材制造业	0.3832	1.2175	1.1635	0.5503
通信设备、计算机及其他电子设备制造业	1.6744	2.2986	2.7782	0.4344
仪器仪表及文化办公用机械制造业	1.2466	1.5932	0.8064	1.0764
其他制造业	0.6203	0.4882	0.6722	1.0808
废品废料	0.7279	0.8351	0.8630	0.0000
电力、热力的生产和供应业	0.8050	0.5342	0.6963	0.6422

(续表)

	北京	上海	天津	重庆
燃气生产和供应业	0.8506	0.9641	0.8941	2.0325
水的生产和供应业	0.9697	0.5227	0.5117	2.0310
建筑业	1.3252	0.8432	1.0927	1.6957
交通运输及仓储业	1.0966	1.6132	1.2373	1.1537
邮政业	3.2971	1.1345	1.1252	1.1141
信息传输、计算机服务和软件业	4.1774	1.4472	0.5807	1.2164
批发和零售贸易业	1.6661	1.5680	1.3867	1.5190
住宿和餐饮业	1.1221	0.8382	0.6542	1.2631
金融保险业	2.8917	1.5549	0.9721	1.0108
房地产业	1.8168	1.7935	0.7868	1.2069
租赁和商务服务业	3.0688	2.3086	0.6077	0.6802
科学研究事业	3.2326	1.4965	0.3989	1.1827
综合技术服务业	1.6579	0.4146	0.2609	0.1809
水利、环境和公共设施管理业	13.0094	3.8654	3.6482	2.2355
居民服务和其他服务业	1.6732	0.9966	1.1750	1.2052
教育	1.3792	0.7911	0.6630	1.2735
卫生、社会保障和社会福利事业	0.8870	0.6757	0.5109	0.8518
文化、体育和娱乐业	4.2928	1.1220	0.7810	1.2762
公共管理和社会组织	0.9824	0.5359	0.4156	1.2299

注：2005年各地区投入产出延长表与2005年全国投入产出延长表计算。按42行业分类。

上海的发展则较为均衡，第二产业中的高新技术工业与大部分第三产业的区位熵均高于全国平均水平，但各个行业发展较为均衡。天津的发展则偏向于重工业和部分高新技术工业，第三产业的比重低于全国平均水平。这对于建设京津唐经济圈是有着特殊意义的。天津与北京之间互利互补的产业结构和专业化分工使得两地的生产和贸易必须紧密联系，同样也使得两地对于其专业化行业更加具有比较优势。相比于前三者，重庆的发展更加注重全面的多样化发展，各行业的比重差异并不明显，接近全国平均水平。这来自于重庆的地理覆盖范围和发展历史。其广阔的地域面积使得其经济运行更加显得自给自足。尽管在重庆市内部可能存在专业化分工，但是就重庆市整体而言，其产业结构呈现出均衡发展的态势。

2. 产业集中度指标

(1) SCR_n 指数,主要是借用产业集中率指标来衡量地区前几位产业所占的份额大小。

$$SCR_n = \sum_{k=1}^{n} S_k$$

其中,SCR_n 为前 n 个产业所占的产值份额;S_k 为某地区 k 产业的就业数占地区总产值数的比重;n 为按从高到低排列的前几位产业数,一般取值 1、4 或 8。如果将各产业的产值份额从大到小排列,SCR_n 表示前 n 个产业的产值份额之和。例如 SCR_4 表示地区前 4 位产业的产值份额之和,由此来考察地区的总体专业化程度。若 SCR_n 数值较大,则表示地区的总体生产专业化程度较高,该地区产值的提供主要来源于少数几个产业。该计算方法较为简便,但它不能确定哪些产业属于专业化部门,而且其数值因 n 取值的不同而不同。

从表 11-10 中可以看出,对全行业而言,天津市的行业专业化程度较高,北京与上海基本一致。天津的 SCR_4 基本集中于几个规模较大的工业行业。同样,SHHI 与 RSE 反映的与 SCR_4 一致,北京与上海的专业化程度基本相同,而天津则有更高的专业化水平。

表 11-10 2005 年城市间产业集中度指标比较

	指标	北京	上海	天津
全行业	SCR_4	0.3204	0.3164	0.3903
	SHHI	0.0481	0.0506	0.0598
	RSE	0.8753	0.8644	0.8441
第二产业	SCR_4	0.5600	0.4788	0.5286
	SHHI	0.1127	0.0901	0.0955
	RSE	0.7869	1.0324	1.1942
第三产业	SCR_4	0.4685	0.5777	0.5776
	SHHI	0.0868	0.1114	0.1259
	RSE	0.9279	0.8700	0.8528

注:按 2005 年投入产出延长表 42 行业计算。

对第二产业而言,北京市具有较高的专业化程度,说明北京市的第二产业虽然整体专业化程度不高,但第二产业内部的专业化分工较为明确,主要集中于高新技术的第二产业。因此其第二产业的专业化水平明显高于上海和天津。相比于北京,天津和上海的第二产业发展更为均衡,尽管都在向高新技术转移,但由于自身的发展特色,第二产业内部的发展较为均衡。

对第三产业而言,天津和上海的专业化水平基本一致,而北京相对落后。与第二产业相反,由于北京市在第三产业上的整体领导地位,北京市的第三产业发展较为完善。上海市第三产业作为全国第三产业的领头军,第三产业内部发展较为多样化,而天津和北京则集中于金融业、交通运输业等若干服务行业。

11.2 产业多样化

产业多样化是与产业专业化相对应的概念,通常是指地区产业发展的多样性程度。产业的多样化发展对地区经济意义重大。一个多样化产业的地区能够实现地区内部的产业间协作,更好地发展地区的一体化经济。产业多样性同样也是大型城市群发展的基础,拥有多样化的产业分布才能建设成为地区经济的核心。[①] 在初期,产业多样性的概念仅仅关注产业种类的多少,例如 Rodgers(1957)把产业多样性定义为"在一个地区存在大量不同类型的产业",产业之间的分布对于多样性也是十分重要的。Parr(1965)把多样性定义为"区域经济活动在一定种类的经济活动间的分布程度",他指出,两个地区虽然拥有同样多的产业种类,但是在产业分布更加均衡的地区经济多样性水平更高。张德常(2010)在其《从金融危机谈推进产业多样化的必要性》一文中指出在多样性概念的理解上还有更深层次的含义:"虽然两个地区的产业种类数量一样,而且就业在各产业间的概率分布一样,但是两个地区产业多样性的含义却可能截然不同。Mizuno 和 Nakayama 对这个问题进行说明,假设 A 地区有 10% 的就业在制造业,5% 的就业在服务业,而 B 地区有 10% 的就业在服务业,而有 5% 的就业在制造业,其他一样,那么依照这里多样性的概念,两个地区的多样性水平是相等的,但是行业特征因素却可能十分不同。"

现在,对多样性概念的认识应该考虑不同产业间的相互联系、相互作用。例如 Siegel 等(1995)认为区域经济多样性不仅仅与区域经济规模有关,更重要的是与产业间直接和间接的相互作用有关。另外也有人认为

---

① 参考 张德常. 产业多样性与经济稳定关系研究评述[J]. 当代经济管理,2012(3):10—12.

多样性包括部门内多样性和部门间多样性两个层次。多样性和专业性的关系也是产业结构中一个基本问题。"在长久以来多样性被看做是专门化的反面,然而随着产业多样性概念的深化,认为多样性与专门化并不严格对立。Malizia等(1993)认为产业多样性反映了产业间的相互联系,多样性与专门化也并不是严格对立的,多样性并不是没有专门化,而是反映了该地区存在多个专门化产业。对于特定地区往往面临专门化还是多样化的抉择,但是由于产业多样性反映了产业间的相互联系,而且具有不同层次的产业多样性,所以产业多样性和专门化并不是严格对立。"事实上在下面对多样性的分析中,也能看到多样性和专业性对一个地区而言,并不是完全对立的,而是在经济含义上相辅相成。

11.2.1 北京市产业多样化分析

一个具有产业多样性的地区,其经济发展将不依赖于少数几个产业部门。一般来说,衡量专业化的许多指标都可直接用于衡量地区多样化。地区专业化程度越低,就说明其多样化程度越高。衡量地区多元化的指标比较多,常用的主要有吉布斯-马丁多样化指数(GM 指数)、赫芬达尔多样化指数(HDI)和相对多样化指数(RDI)等三种指标。

(1) 吉布斯-马丁多样化指数,x_k 该地区的 k 行业的增加值;n 为地区全部部门数。$0 \leqslant GM \leqslant 1$。其值越大,说明地区部门分布越均衡,多元化程度越高;反之,则多样化程度越低。

$$GM = 1 - \frac{\sum_{k=1}^{n} x_k^2}{\left(\sum_{k=1}^{n} x_k\right)^2}$$

(2) 赫芬达尔多样化指数,为赫芬达尔指数的倒数,是衡量绝对多样化程度的重要指标。$1 \leqslant HDI \leqslant n$。其值越大,说明地区多样化程度越高。若地区产业集中在一个部门,则 HDI 值为 1;若所有部门均衡发展,则 HDI 值为 n。S_k 为 k 行业的增加值份额。

$$HDI = \frac{1}{\sum_{k=1}^{n} S_k^2}$$

(3) 相对多样化指数,为克鲁格曼差异指数的倒数,主要是衡量地区相对多样化程度。这里 $RDI \geqslant 1/2$。其值越大说明相对于全国平均而言,其多样化程度越高。S_{ik} 为 i 地区 k 行业的增加值份额，S_k 为 k 行业的全国增加值份额。

$$RDI = \frac{1}{\sum_{k=1}^{n} |S_{ik} - S_k|}$$

表 11-11 中描述的过程反映出自 1992 年开始，北京市的三次产业多样化不断下降，产业规模开始不断集中于部分行业。在 1992 年之前，北京市的产业多样性有增加的趋势，一是由于北京市处于工业化加速阶段，第三产业的主导地位并没有突出；另一方面北京市经济发展促进许多之前未发展的行业开始发展，从而各个行业规模开始渐渐平衡发展。

表 11-11 北京市多样化指标历史变化

	GM	HDI	RDI
1978	0.4350	1.7700	2.1493
1979	0.4337	1.7659	1.8563
1980	0.4522	1.8256	1.9388
1981	0.4732	1.8982	1.8423
1982	0.4968	1.9874	1.8699
1983	0.5173	2.0717	1.9092
1984	0.5235	2.0985	1.9764
1985	0.5270	2.1140	2.3235
1986	0.5336	2.1442	2.4467
1987	0.5477	2.2107	2.5806
1988	0.5638	2.2926	3.0028
1989	0.5556	2.2501	3.0008
1990	0.5669	2.3092	2.7248
1992	0.5665	2.3066	2.9623
1993	0.5610	2.2781	2.8406
1994	0.5551	2.2475	3.1786
1995	0.5530	2.2373	3.2917
1996	0.5407	2.1773	2.6706
1998	0.5266	2.1124	2.1739
1999	0.5124	2.0509	1.9298
2000	0.4969	1.9876	1.7470
2001	0.4845	1.9398	1.7205
2002	0.4723	1.8950	1.7487

（续表）

	GM	HDI	RDI
2003	0.4554	1.8361	1.7087
2004	0.4375	1.7778	1.6571
2005	0.4413	1.7899	1.7760
2006	0.4460	1.8051	1.8960
2007	0.4350	1.7700	1.7911
2008	0.4182	1.7187	1.6333

注：表中从《北京市统计年鉴2009》中获取三次产业北京GDP数值，《中国统计年鉴2009》中获取三次产业全国GDP数值。

表11-12描绘了北京市各区县的多样化发展历程。比较而言，北京市建成区的多样化程度较低，而郊区县的多样化程度较高。RDI的计算考虑到了北京市的平均水平，而建成区由于其经济规模较大，经济结构与平均水平较为接近，因此出现了部分反差。

表11-12 2008年北京区县多样化指标比较

	GM	HDI	RDI
东城	0.1127	1.1271	2.6709
西城	0.1982	1.2472	3.6870
崇文	0.2888	1.4061	6.9316
宣武	0.1877	1.2311	3.5134
朝阳	0.2408	1.3172	4.6597
丰台	0.3911	1.6422	17.3252
石景山	0.4399	1.7853	1.1398
海淀	0.3170	1.4642	10.0252
门头沟	0.5131	2.0540	1.7404
房山	0.5491	2.2180	1.5148
通州	0.5556	2.2504	1.5454
顺义	0.5385	2.1667	1.4336
昌平	0.5139	2.0573	1.7849
大兴	0.5679	2.3142	1.7749
怀柔	0.5153	2.0629	1.2462
平谷	0.6027	2.5173	1.5397
密云	0.6083	2.5529	1.5921
延庆	0.5344	2.1477	3.8492

11.2.2 部分城市产业多样化比较

这一部分将以横截面数据对各城市的区域经济结构变量进行分析。以北京、天津、上海、重庆四个直辖市为分析对象。这一部分为了更为深入地了解各城市的产业结构,将采用四个直辖市的42行业投入产出表进行分析。

使用投入产出表分析的理由:投入产出表的统计口径与国民经济分部门统计口径不同,以企业调研为主,能有效地反映行业之间的投入产出联系,相应地也能反映出行业之间的规模份额。因此采用该数据分析国民经济各行业的专业化水平和多样化水平是合理的。但是,有两点需要注意:首先,投入产出中的总产出不能与国民经济部门统计数据相比较,口径不一。其次,不论是投入产出表,还是投入产出延长表,都不是反映当年的情况,而是一个阶段的状况。比如2002年投入产出表反映了1997—2002年之间的产业联系。2005年投入产出延长表基于国民经济的增长情况对投入产出表进行修正。本部分为了比较多个城市之间的关系,采用2005年投入产出延长表的数据。①

从表11-13可以看出,四个直辖市在全行业上的比较比较接近,产业多样性基本一致。对第二产业而言,上海市和天津市的产业多样性明显多于北京和重庆。而从上述对产业专业化程度的分析可以看出天津和上海在第二产业专业化方面同样较为突出。这样的发展模式是较为成熟的。城市的专业化保证了贸易优势、生产优势;而多样化使得城市全面稳定的经济发展得到保证。

表 11-13 2005年城市间产业多样化指标比较

		北京	上海	天津	重庆
全行业	GM	0.9519	0.9494	0.9402	0.9429
	HDI	20.8027	19.7762	16.7243	17.5050
	RDI	1.4701	2.0745	2.0956	2.1119
第二产业	GM	0.8873	0.9099	0.9045	0.8908
	HDI	8.8765	11.1047	10.4694	9.1560
	RDI	1.6658	2.4275	2.2102	1.6768
第三产业	GM	0.9132	0.8886	0.8741	0.8985
	HDI	11.5223	8.9756	7.9402	9.8490
	RDI	2.0023	2.8235	2.5171	6.0005

---

① 2007年投入产出表未完全发行,难以进行全面比较,故采用2005年投入产出延长表。

比较第三产业,虽然北京市的 HDI 指数较高,但北京的 RDI 指数较低。说明北京市的第三产业结构与全国第三产业结构具有较大差异。因此,北京市的第三产业并不具有明显的多样性优势,相对于全国,北京市的第三产业更多地具有专业化生产优势。考虑到北京建设世界城市以及区域一体化建设的需求,北京市的特色产业——第三产业应该在具有专业化优势的同时发展多样性。应在北京市周围地区合理发展多样化的第三产业,全面发展第二产业,使得北京市第三产业更具有竞争优势,第二产业更具有支持力。

专题9

北京市优势产业区

前文论述到北京市是科学技术研究与高新技术产业的集中地,第三产业的比重较高,三产在北京市集中集聚,因此形成产业区。这样的产业区集聚大量企业,规模效应明显,企业间的合作也在不断扩大。产业集群正是这样的产业区的典型表现。《中国产业集群发展报告》对全国现有的产业集群进行了全面的论述,特别地对于具有竞争优势的产业区,定义了:"行业产量占全国比重前10位的区域为优势产业集聚区。"在523个行业中选出了5 175个优势产业集聚区。每个优势产业区的平均产量比重在全国的5%左右,而较大的优势产业集聚区产量达到全国的50%以上。特别是当我们分析北京市在京津唐、环渤海以至于全国的重要地位时,不可以忽略优势产业区的作用。表11-14列示了东部各省市优势产业区的各项数据。

表11-14　东部各省优势产业区特点

区域	优势产业区数	经济规模	出口率	创新率	利润率	增长率
北京	177	0.046	0.117	0.273	0.043	0.296
天津	109	0.050	0.289	0.216	0.059	0.358
河北	163	0.047	0.105	0.044	0.112	0.376
辽宁	139	0.059	0.198	0.138	0.034	0.495
上海	359	0.047	0.273	0.098	0.043	0.329
江苏	678	0.051	0.240	0.070	0.046	0.402
浙江	561	0.051	0.363	0.120	0.046	0.378
山东	661	0.052	0.155	0.056	0.142	0.545
东部平均		0.051	0.237	0.099	0.064	0.353

注:摘自《中国产业集群发展报告》,第27页。

"东部共有优势产业区 3 630 个,半数以上分布在江苏、浙江、山东和广东。福建、广东、浙江的优势产业区的出口率较高,北京、天津的优势产业区的创新率较高,比东部地区平均值高出一倍。这是由于天津、北京两地的产品技术含量较高,所以产品的更新速度快,新产品上市量大。从利润水平看,河北和山东两省优势产业区的利润水平较高,高出平均值约一倍。说明两地优势产业区的发展潜力大。从优势产业区的增长速度看,山东、辽宁和江苏都较高。山东省优势产业区的利润率和增长率是东部地区最高的,说明优势产业区正在经历一个良性的高速发展阶段。"

北京市的优势产业以装备制造业的优势产业区为主,而装备制造业的优势产业区的创新率和利润率都较"资源依赖性、最终消费品、基本原材料"等行业高。北京市的优势产业区中有 30 个为资源依赖性,21 个为最终消费品,17 个为基本原材料,108 个为装备制造业。而对应的天津为 21 个资源依赖,18 个最终消费品,27 个基本原材料,51 个装备制造。上海为 55 个资源依赖型,49 个最终消费品,77 个基本原材料,205 个装备制造业。

在建设北京市区域一体化的同时,应该注重已有的优势产业区的发展。上文中提到建设世界城市时,需要发展周围地区的专业化生产以此避免北京市的极化效应。北京市的优势发展区在已有专业化特色的基础上,可以有效促进周围地区的专业化生产。

专题10

产业相似度

自克鲁格曼采用两个地区之间的结构差异指数衡量地区分工和专业化程度以来,这种方法日益流行,概括起来近年来主要有克鲁格曼专业化指数、地区专业化系数。

(1) 克鲁格曼专业化指数,主要是考察两个地区之间的结构差异性程度。其中,GSI 为克鲁格曼专业化指数;S_{ik} 为地区 i 产业 k 在所有制造业就业中的份额;S_{jk} 为地区 j 产业 k 在所有制造业中的份额;n 为全部制造业部门数。

$$GSI = \sum_{k=1}^{n} |s_{ik} - s_{jk}|$$

(2) 地区专业化系数,这是从区位熵方法中衍生出来的一种专业化指数,目前应用较为广泛。该指数实际上是由克鲁格曼专业化指数除以2得到的。

$$CS = \frac{1}{2}\sum_{k=1}^{n}|s_{ik} - s_{jk}|$$

(3)结构相似系数,产业结构趋同是近年来我国学术界研究的热点。产业结构趋同从动态的角度看,是指各地区产业结构的相似程度呈现出不断提高的趋势。目前,衡量产业结构的相似性主要采用联合国工业发展组织(1980)提出的结构相似系数:

$$S_{ij} = \frac{\sum_{k} x_{ik} x_{jk}}{\sqrt{\sum_{k} x_{ik}^2 \sum_{k} x_{jk}^2}}$$

其中 S_{ij} 为地区 i 与地区 j 之间产业结构的相似系数;x_{ik}、x_{jk} 分别为地区 i 和地区 j 产业 k 某经济指标(如产值、增加值、销售收入、就业等)占全部工业的比重。S_{ij} 值在 0—1 之间变动。其值为 0,表示两地区的产业结构完全不同;其值为 1,表示两地的产业结构完全一致。如果两地区各产业部门的构成越接近,则相似系数越大;反之相似系数越小。可见,相似系数同样可以用来衡量地区产业结构的差异性。

表 11-15 反映了全国四个直辖市的产业结构相似程度。从全行业来看,上海和天津的产业结构较为接近。上海与天津都是以工业化发展起来的城市,尽管上海的第三产业明显超越天津的第三产业,但两个城市的发展历史以及经济结构都比较接近。

表 11-15 城市间产业结构差异比较

	指标	BJ SH	BJ TJ	BJ CQ	SH TJ	SH CQ	TJ CQ
全行业	GSI	0.5135	0.6578	0.6694	0.3455	0.6872	0.6979
	CS	0.2568	0.3289	0.3347	0.1727	0.3436	0.3490
	S	0.8693	0.7831	0.7331	0.9388	0.7037	0.6890
第二产业	GSI	0.4153	0.4576	0.5664	0.2547	0.7769	0.8151
	CS	0.2077	0.2288	0.2832	0.1274	0.3885	0.4075
	S	0.9000	0.8900	0.7988	0.9616	0.6896	0.6666
第三产业	GSI	0.4147	0.5587	0.5841	0.2992	0.3577	0.3266
	CS	0.2073	0.2793	0.2921	0.1496	0.1789	0.1633
	S	0.8857	0.7991	0.8374	0.9510	0.9287	0.9548

注:按各地 2005 年投入产出延长表 42 行业计算。BJ 代表北京,SH 代表上海,TJ 代表天津,CQ 代表重庆。BJ SH 代表北京与上海的结构相似程度,以此类推。

从第二产业而言,上海与天津的结构相似系数高达 $0.96(S)$。说明两地在第二产业上产业结构异常接近。北京与之相比较,更多地发展高新技术工业,存在政策引导的因素,因此与两地比较相似系数较低。因此促进北京与上海和天津的第二产业贸易合作将有效弥补北京市的第二产业结构,促进北京市二产和三产的发展。

从第三产业而言,北京与天津的产业结构差异相对较大。北京市发展科研、娱乐等第三产业,而天津市则是传统第三产业如交通运输业等。北京市与天津市的紧密经济合作将是互利共赢的,既促进了天津市第三产业的发展,也保障了北京市第二产业的发展。因此,在建设北京周围地区区域一体化的时候,应该考虑各地的产业结构,形成互利互补以及相互协作的经济生产模式。充分利用地区间贸易带来的经济作用。

表 11-16 描述了北京市城区的克鲁格曼指数比较。可以看出东城区、西城区、宣武区、崇文区自身之间的产业结构都较为接近。西城区与东城区的相似系数达到 0.1,说明产业结构基本一致。除了四个城区本身以及海淀、朝阳和丰台,其他的北京城郊区与这四个城区的产业结构存在较为明显的差异。海淀、朝阳与丰台处于第二阶梯,位于四个城区和其他城郊区的产业结构之间。而北京市几个城郊区的产业结构也基本接近。从产业的空间结构而言,北京市建成区以第三产业为主,产业结构较为一致。海淀、朝阳和丰台作为北京市第三产业的过渡,产业结构发展兼顾第三产业和第二产业。城郊区的发展目前主要以第二产业和第一产业为主。但是作为北京市这个巨型城市的发展需求,海淀、朝阳、丰台的过渡作用并不充足,并且三个地区的第二产业也正在不断转移。因此更好地建设北京市城区的空间经济合作,加强区域之间的产业联系对北京市整体经济建设以及北京市城市问题都有重要意义。北京市城乡问题以及土地使用问题都将在城乡一体化进程中得到缓解。

表 11-16 北京区县克鲁格曼相似系数（2008年）

	东城	西城	崇文	宣武	朝阳	丰台	石景山	海淀	门头沟	房山	通州	顺义	昌平	大兴	怀柔	平谷	密云
西城	0.1032																
崇文	0.2301	0.1270															
宣武	0.0898	0.0134	0.1404														
朝阳	0.1598	0.0566	0.0719	0.0700													
丰台	0.4111	0.3079	0.1810	0.3213	0.2513												
石景山	1.2269	1.1237	0.9967	1.1371	1.0686	0.8197											
海淀	0.2747	0.1715	0.0445	0.1849	0.1150	0.1365	0.9536										
门头沟	0.9490	0.8458	0.7188	0.8592	0.7892	0.5379	0.3078	0.6743									
房山	1.0346	0.9314	0.8044	0.9448	0.8747	0.6234	0.3102	0.7599	0.0880								
通州	1.0215	0.9183	0.7913	0.9317	0.8617	0.6104	0.3352	0.7468	0.0999	0.0250							
顺义	1.0719	0.9688	0.8418	0.9822	0.9121	0.6608	0.2596	0.7973	0.1230	0.0506	0.0756						
昌平	0.9347	0.8315	0.7045	0.8449	0.7749	0.5236	0.3223	0.6600	0.0145	0.0999	0.0997	0.1373					
大兴	0.9378	0.8346	0.7077	0.8480	0.7780	0.5267	0.4430	0.6632	0.1352	0.2279	0.1078	0.1834	0.1389				
怀柔	1.1769	1.0737	0.9467	1.0871	1.0171	0.7657	0.1490	0.9022	0.2279	0.1611	0.1861	0.1105	0.2572	0.2940			
平谷	1.0239	0.9207	0.7937	0.9341	0.8641	0.6128	0.4573	0.7492	0.2244	0.1471	0.1977	0.2392	0.1003	0.3082			
密云	1.0025	0.8993	0.7724	0.9127	0.8427	0.5914	0.4968	0.7278	0.2425	0.1866	0.1616	0.2372	0.1185	0.3478	0.0395		
延庆	0.6342	0.5310	0.4041	0.5444	0.4744	0.2593	0.8559	0.3595	0.5481	0.5457	0.5207	0.5964	0.5487	0.4129	0.7069	0.3987	0.3683

第四部分

政策依托与发展体系

　　经济的发展离不开政策依托,北京市的区域一体化建设以及世界性城市建设都离不开政策的支持和贯彻。不论是建设和谐发展的城市,还是一体化发展的区域,都将依托于政策,并造福于群众。本部分通过对政策依赖的分析,以及对几个目前的产业空间发展政策的分析,确定北京市的区域一体化建设以及世界城市建设的政策依托和发展体系。

第 12 章 和谐的城市化和区域一体化

北京市作为华北地区的经济中心、全国的政治中心,在我国工业化进程中起着引领和中枢调节的作用。北京市集中了各方面的优秀劳动力,全国大多数地区的企业都与北京存在直接或间接的联系,另外北京市的城市问题也是全国老百姓关注的焦点。从政治中心的社会影响来看,北京市的各项行政措施以及对民生问题的处理都将成为全国学习和讨论的对象。比如北京市房价问题、房产税问题、城市交通发展模式、环境规制等问题对全国各地的发展都起到了重要的作用。

北京市在华北地区的经济地位,更多的是与天津一起,发展为华北地区经济发展重心。华北地区绝大多数行业企业都与北京市的第三产业具有直接或者间接的联系。北京市市场份额大,交易量大,外资和内外协作资本流动大。因此,北京市的经济建设在华北地区具有润滑剂的作用,对华北各地区经济发展都具有关联与协调作用。

建设北京市和谐的城市发展,缓解北京市城市问题,提高北京市的经济核心作用,另外加强北京市的经济辐射效应,提高与周边地区的紧密经济合作,都将对北京市及周边地区及全国带来显著的影响。所谓和谐的城市化,主要包括城市发展是与人的发展相适应的;城市发展提高了城市居民的生活水平、满意度;城市发展与周围地区相协调,促进周围地区的发展;城市发展对环境是可持续的、和谐的。本章以北京市发展的几个焦点问题进行探讨,主要考察在北京市经济地理的现状基础上,建设区域一体化对建设北京市和谐城市的作用。

12.1 区域一体化与房地产

通过以上几部分对北京市房地产的分析可以发现,北京市房地产虽然与许多行业都存在联系,但是房地产业的总体关联水平并不高。对房地产行业的经济投入不能得到有效放大,房地产业的生产要素更多地直接流向最终消费。因此北京房地产并不是对国民经济提供支持的行业。但是北京市的房地产行业仍然非常繁荣,原因有二:一方面北京市城市化的快速进行带来了劳动力的大量流入和资本大量进入。他们对房地产业产生了刚性需求。所有在北京进行生产生活的居民都需要在北京获得可居住房产,资本存货需要仓储空间,这是所谓的刚性需求。另一方面,住房我国老百姓中的心理地位很高,老百姓愿意将资金投入住房。在这种意愿和刚性需求存在的基础上,北京市老百姓手头的热钱增加,带来了大量资金涌入房地产行业。

这样的资金涌入对于一个非实体经济行业的发展是有百弊而无一利的。房地产行业得到这种不断进入的资金以及刚性需求的相互作用,使其成为影响经济发展和民生问题的重要行业。一方面,大量资金进入了房地产,而房地产并不能对实体经济产生促进作用,影响经济发展。日本东京的房地产泡沫以及拉丁美洲的房地产陷阱都是前车之鉴。另一方面,许多刚性需求以及新进入北京居民群体的新增需求都无法得到满足。高门槛使得房地产的新投资以及老百姓的小投资都难以进入,影响民生和可持续发展。

对于解决房地产问题的方法很多,具体实施上仍然存在许多争议。本章依托于产业的经济地理结构,从经济地理角度对其解决方案提供分析。针对房地产价格虚高的原因——刚性需求以及过度投资,区域一体化建设都将有效地从根本上改进房地产发展的现状。区域一体化的具体建设包含了城乡经济一体化、产业结构一体化、产业链条发展一体化、贸易一体化。主要目标是使得北京市的城市发展与周围地区协调,北京市建成区的发展与郊区县发展协调,北京市产业间发展协调。

对于房地产的刚性需求,区域一体化建设特别是城乡一体化建设将有效转移北京市居民的刚性需求。一方面,城乡一体化发展使得北京市部分行业向外迁移,周围地区对北京市的城市建设形成有效支持力。另一方面,城乡一体化建设缩短了北京与周围地区的交通距离,使得北京与周围地区的经济交流与交通更为便利。以区域一体化的特例,世界性城市的建设目标分析。建设世界性城市使得周围城市群对中央城市群形成很好的支持作用。城市与城市之间以高速交通方式链接,使得工作地与居住地之间的距离可以在更大程度上增加。进一步地,使得工作地向外转移。例如在许多发达国家的"去城市化"阶段,城市中心(downtown)的实际面积非常小,而居民多居住于郊区。城市资本和劳动力的集中并不局限于城市中心,而是按照功能区块划分,合理地分布在城市周围。这样的城市形态发展缓解了城市中心的房地产压力,降低了房地产的刚性需求。

对于房地产的过度资金涌入,区域一体化能促进资金进入合理的行业。首先,市场贸易一体化使得空闲资金有更为广阔的投资平台。建设北京市区域一体化使得北京市这个以第三产业为主的城市能够更快速更方便地打开第二产业市场。北京市居民以及企业的剩余资金可以方便地进入华北地区的市场。比如建立北京与天津之间的市场一体化。尽管北京与天津之间的交通建设已经大为改善,但是如果能更好地建立北京与天津之间的投资市场,可使得北京市的资金进入天津市场,促进天津第二产业的投资与发展。这样通过行业之间相互合作,地区之间产业结构互补带来的资金合理协调,不仅能改善北京市房地产现状,还能促进两地的经济发展。

其次,城乡一体化建设能促进过剩资金投入北京市周边地区的经济发展。通过对北京市城市化成本的分析可以看出,北京市的城市化建设将面临不断增加的城市化成本。仅仅通过政府对郊区的投资是不充分的,另外政府的单方面投资也会使得政府的投入难以得到后续的投资发展。如果能有效地将剩余资本转入北京市郊区建设,就能够快速提高北京市的城乡一体化建设。发展起来的城乡一体化经济将进一步吸纳北京地区的剩余资本。由此北京市的过量资金可以避免转入北京市房地产行业。其他转移剩余资金的方法,比如将资金转入股票市场等也是同样的思路。但能够将这样的资金直接转入郊区建设,将产生更为直接的效果。一方面促进了城乡一体化建设,另一方面,发展的城乡一体化建设将吸纳剩余资金,释放房地产行业的泡沫。

也就是说,区域一体化建设能够有效地改善房地产行业的刚性需求,使其转入周边地区。另一方面,区域一体化建设能够转移房地产行业的剩余资本,合理投入需要剩余资本的行业和地区,更快地促进地区的经济发展。

12.2 区域一体化与城市交通

北京市的城市拥堵对于北京市居民而言,带来了很多生活上的不便。从城市形态角度而言,北京市从单中心发展为多中心。目前北京市的城市中心与城市功能区的协调建设正在进行,但难以避免的是快速的城市发展带来的交通问题。

相比于交通系统的建设,区域一体化在改善交通问题的力度上更大。区域一体化旨在建设城市与城市之间,区域与区域之间的经济协同发展。在改善交通问题上主要解决了两个方面:城市交通需求,城市交通需求结构。

区域一体化包含两个层面的建设,北京市内部的区县间经济发展一体化和北京市与周围地区的经济发展一体化。分别对应了城市交通的两个问题:北京市内部区县间经济发展一体化旨在调整城市内部功能区的经济发展,调整城市交通需求结构;北京与周围地区的经济发展一体化能缓解城市的交通需求。

北京市内部区县间的经济发展一体化目标是使得北京市的区县产业结构呈现连续的空间分布,产业间合作更为密切,交易成本最小化,经济分割最小化。建设区县之间的经济一体化可以从区县之间的产业结构入手。比如海淀区中部的高校科研基地与高新科技园区属于科学研究行业,应按照北京市目前有的行业关联情况,在其附近发展相应产业,比如通信、计算机与其他装备制造业等。从第二部分专业化的分析中可以看出,海淀、朝阳、丰台在北京市区县间处于第二层次,位于郊区县与四个老城区之间。按照北京市第三产业的发展特色,应增加海淀、朝阳、丰台与郊区县的联系,并提高海淀、朝阳、丰台的第三产业领导力,由此带动郊区县的发展。通过这样的内部区县经济产业一体化,实现了区县以及北京市内部的经济功能区合理分布。由此带来北京市交通需求量的合理分布。比如减少东西方向直接的交通需求,使得交通需求量尽量分布于各自的功能区内。

北京市与郊区的区域一体化目的是建设能支持北京城市发展的郊区经济。建设北京市与周边地区的经济联系,建设产业与贸易的紧密联系,能有效转移北京市的资本和劳动力资源。因此可以在保证北京市经济增长的基础上,减少北京市城市内部的交通需求。对于许多欧洲及北美国家的大型城市,虽然城市 GDP 和人均 GDP 都在北京之上,但是城市建成区规模比北京小很多。城市的交通拥堵并没有北京这样严重。而为什么北京选择了缓慢的城市边界增长,而不是选择快速的"去城市道路",这里有土地制度的原因,也有城市经济投资的原因。通过区域一体化的建设,改变城市增长模式,能有效缓解城市的交通压力,促进城市经济和人居更好地发展。

12.3 区域一体化与环境

在快速的工业化城市化当中,北京市的城市建设对周围环境带来了影响,也对周边地区的资源带来了大量的消耗。和谐的城市发展离不开可持续的人居环境发展。北京市建设和谐城市以及建设世界性城市,对城市环境同样提出了要求。结合当前对低碳经济的探讨,北京市的和谐发展应该是低碳的、低排放的、低能耗的。

目前北京市的发展,由于城市的快速发展引起了功能区发展不协调,交通拥堵以及相应的机动车尾气排放和机动车能源消耗等问题。城市中长距离交通以及无效交通需求量使得北京市虽然"紧凑",但交通问题仍然严重。这源于北京市的发展虽然在经济密度上紧凑,但在经济结构上并不"紧凑"。

区域一体化的建设对环境的作用同样有两个重要方面,第一是合理的经济布局带来的交通污染和交通能耗下降;第二是区域一体化的建设使得产业在全球价值链中更容易升级,生产更为标准化,便于政府实行环境规制与环境保护。

从经济结构带来的交通污染下降和交通能耗下降而言。北京市区域一体化的建设使得北京市城市内部区县之间的合理功能区布局,上一节论述区域一体化对城市交通的影响。合理的城市一体化建设使得城市交通更为通畅,交通总体需求下降。因此,合理的城市一体化建设使得机动车带来的环境污染较少,能耗较低。目前学术界较为推崇的"步行城市",指的便是通过合理的城市布局,减少远途交通的需求,提高交通的有效性。这是对环境可持续发展有重要意义的城市模式。当然也许这样的城市形态难以实现,但这为城市形态的发展指明了方向。一个和谐的城市发展,应该是在经济发展的同时,保证区域经济一体化,减少机动车使用的过程。

从环境规制与环境保护而言。区域一体化的建设使得产业链条在空间上合理分布,地区产业之间紧密合作,在产业链条上相互管制。由此带来了产业在价值链条上的相互合作,并通过不断发展,实现地区产业在价值链上的升级,提高了企业在价值链中的地位。这对环境规制和保护有三方面的作用。(1)提高企业的生产标准。在全球价值链中,随着全球化的进程,产业链条间的管理成为一个重要的环节。如何在不同区域之间实现有效的生产管理是很多学科研究的对象,其中一个因素是经济学和社会学讨论的焦点,那便是生产的标准化水平。所谓生产的标准化水平便是类似 ISO 14001、ISO 9000 等国际标准以及企业自行设定的生产标准。这些标准使得生产过程标准化、专业化,所有的操作都有据可依、有数据可查。在这种生产模式下,行业内部的监管成本将显著下降,从而使生产全球化成为可能,区域间合作成为可能。而这样的经营模式又被称为 Lean Production,以日本丰田为典型例子。这样的生产模式对北京企业有什么重要意义呢?首先,提高了企业生产的标准化程度,使得生产监管成本下降,从而带来了环境监管的成本下降,有利于监管部门对企业的生产进行监管。其次,提高了企业对生产中与环境有关的问题的重视程度。再次,提高企业的竞争力。在全球价值链当中,标准化的企业意味着大量降低的交易成本和监督成本,这将有利于企业在国际市场上的竞争。最后,有利于企业的产业升级。标准的生产过程使得生产与国际接轨,随着国际市场的变化,企业的生产也将发生变化,相应的将与全球价值链同步变化,促进企业的产业升级。

(2)提高企业的生产形式。随着企业在价值链条中地位的上升,企业的生产模式将不断地由资本依赖性转向技术依赖性,从而降低对环境的污染,降低环境规制的必要性。以我国的电子生产为例,10 年前,我国的电子生产只能提供最初级的原材料和电路板,而如今随着 10 多年的价值链提升,我国的电子生产上升到了主板等初级加工品的制造,因此带来了相应企业的技术升级。它们摆脱了对原材料的强大依赖,从而降低了对煤炭、钢等的依赖,减少了污染。

(3)提高企业的环境意识。当企业在价值链条中的地位提升,企业的社会意识,环保意识也相应提高。因此提高企业在价值链中的地位将改善企业的环境意识,降低企业环境规制监管的成本,从而促进企业环境规制的进行。

12.4 区域一体化与经济发展

经济建设是当前发展的主旋律,北京市建设和谐城市、世界性城市的第一要务仍然是发展经济。北京市的经济发展速度在华北地区乃至全国都位于领先地位。但这样的经济发展也带来了许多城市问题。同样第

第12章
和谐的城市化和区域一体化

二、第三产业间结构不协调也是北京市存在的问题。

建设区域一体化对北京市经济发展同样具有显著作用。首先,区域一体化建设能够使北京市城区的经济密度更为协调,促进产业在地区间合理集聚。通过第二部分和第三部分的分析,北京市城区内部的经济发展并没有形成区域一体化,存在着空间断裂。区域一体化的建设使得产业在空间上更好地协作,生产网络具有空间上的连续性。

其次,区域一体化能提高空间距离尺度,缩小交易成本,便于劳动力流动和要素流动。建设北京周边地区的经济一体化,能提高交易的效率,缩小交易的成本。建立地区与地区之间快速便捷的交易方式能够促进地区间经济合作,进一步推动经济发展。

最后,区域一体化能够促进专业化生产之间的协作,进一步推动专业化。北京的第三产业专业化生产需要第二产业的依托,第三产业服务于第二产业。在北京周边地区设立第二产业城市群,并使得产业结构与北京市产业互补共赢,对于北京市的经济发展是有重要作用的。

专题11

技术进步对工业化进程的推动[①]

北京市的经济建设一方面需要区域一体化的支持,实现区域的协作发展;另一方面提高生产技术将对北京市工业化以及全国工业化发展起到重要作用。考虑到北京市的生产特点,尽管北京市第二产业份额低于第三产业,但第二产业的发展仍是经济发展的原动力。北京市的科学研究业也对全国经济都起到了推动作用。因此明确北京市技术发展对于工业化进程的作用有特殊意义。本专题利用全国数据对技术进步在工业化中的作用进行计量分析。全要素生产率指在生产过程中,除了资本和劳动力以外的生产要素在经济生产中的作用。

1. 全要素生产率的分解式

在一个非均衡(非均衡是指不同产业部门的要素边际产出不相等)的经济中,不同产业部门的要素边际生产率不相等,要素和资源在不同部门之间的流动促进经济总体的全要素生产率(TFP)的提升,这就是产业

---

① 本专题摘自 刘伟. 中国市场经济发展研究:市场化进程与经济增长和结构演进[M]. 北京:经济科学出版社,2009.

结构变迁对提升资源配置效率、推动经济增长的作用。经济总体的总产出增长在扣除要素投入增长之后的部分可以分成两个部分：各个产业部门的平均全要素生产率增长和结构变迁导致的增长。

因此，计算结构变迁效应的基本方法就是对照总量水平（aggregate level）的 TFP 增长率和部门水平（sectoral level）的 TFP 增长率的差异。[①] 假定生产函数是规模报酬不变和技术进步中性的可微函数：

$$Y_i = f(K_i, L_i, t) \tag{1}$$

其中 $i = 1, 2, 3$，分别表示一、二、三次产业，各个产业部门的总产出增长率可以分解为：

$$G(Y_i) = \alpha_i G(K_i) + \beta_i G(L_i) + G(A_i) \tag{2}$$

其中 $G(X) = (dX/dt)/X = \dot{X}/X$，$G(A_i)$ 就是 i 产业的全要素生产率 TFP 的增长率，$\alpha_i = f(K_i)K_i/Y_i$ 是 i 产业的资本产出弹性，$\beta_i = f(L_i)L_i/Y_i$ 是 i 产业的劳动产出弹性。因此，用部门变量表示的总产出增长率 $G(Y)$ 表示为：

$$G(Y) = \frac{d(\sum_i Y_i)}{Y} = \sum \rho_i G(Y_i)$$

$$= \sum \rho_i \alpha_i G(K_i) + \sum \rho_i \beta_i G(L_i) + \sum \rho_i G(A_i) \tag{3}$$

其中 $\rho_i = Y_i/Y$，表示各个产业产值在总产值中所占的份额。然而，经济总量 Y 的增长率也可以用经济总体变量来表示：

$$G(Y) = \alpha G(K) + \beta G(L) + G(A) \tag{4}$$

其中 $Y = \sum Y_i$，$K = \sum K_i$，$L = \sum L_i$，$\alpha = \sum \rho_i \alpha_i$，$\beta = \sum \rho_i \beta_i$，而 $G(A)$ 就是总量水平的 TFP 的增长率。总量水平的 TFP 增长率 $G(A)$ 和部门水平的 TFP 增长率加权平均值 $\sum \rho_i G(A_i)$ 之间的差异就是结构变迁对经济增长的贡献——结构变迁效应。因此，结构总效应 TSE（Total Structural Effect）等于：

$$TSE = G(A) - \sum \rho_i G(A_i) = \sum \rho_i \alpha_i G(k_i) + \sum \rho_i \beta_i G(l_i) \tag{5}$$

其中 $k_i = K_i/K$，$l_i = L_i/L$ 分别表示各产业部门的资本、劳动在资本、劳动投入总量中所占的份额。公式（5）中右边第一项表明各产业部门

[①] 这里参考了 Syrquin（1984）使用的全要素生产率分解式。

的资本要素的结构变迁对全要素生产率的贡献,第二项表明各产业部门的劳动要素的结构变迁对全要素生产率的贡献。在非均衡的经济中,结构变迁对全要素生产率的贡献可以表示为:

$$\text{TSE} = \frac{1}{Y}\sum \dot{K}_i[f(K_i)-f(K)] + \frac{1}{Y}\sum \dot{L}_i[f(L_i)-f(L)]$$
$$= A(f_K) + A(f_L) \tag{6}$$

其中 $f(K_i)$ 和 $f(L_i)$ 分别表示 i 产业部门的资本和劳动的边际产出,而 $f(K)$ 和 $f(L)$ 分别表示经济总体的资本和劳动的边际产出。

公式(6)中的 $A(f_K)$ 和 $A(f_L)$ 分别表示资本和劳动要素市场的产业结构变迁效应,即它们分别表示资本和劳动在不同部门之间流动带来的全要素生产率增加。公式(6)的含义简单明了:如果资本(劳动)要素在那些可以取得高于平均水平的边际报酬($f(K_i)-f(K)>0$,或 $f(L_i)-f(L)>0$)的产业中的份额增长较快,则资本(劳动)的结构变迁效应较大;反之,资本(劳动)要素在那些取得低于平均水平的边际报酬($f(K_i)-f(K)<0$,或 $f(L_i)-f(L)<0$)的产业中的份额增长较快,资本(劳动)的结构变迁效应较小。

当一个经济中不同产业部门的资本和劳动要素的边际产出都趋同时,$A(f_K)$ 和 $A(f_L)$ 才会同时趋向于零,结构总效应 TSE 才会消失。此时,如公式(1)和(2)所示,总量视角下投入的贡献和不同产业部门投入的加权平均的贡献才会相等,而总量视角下的 TFP 增长率 $G(A)$ 和各产业的 TFP 增长率的加权平均值 $\sum \rho_i G(A_i)$ 才会相等。而当不同产业的要素边际报酬不相等时,那些要素边际报酬高于平均水平的产业提高了资本(劳动)要素的份额,则用公式(1)估计各个产业的全要素生产率的贡献就会出现低估,公式(2)和公式(1)之间的差异就是结构变迁效应 TSE。

2. 数据说明

为了计算结构变迁效应在 TFP 增长率中的贡献率,不仅要计算结构变迁效应的数值,即根据公式(6)计算 TSE,而且要计算 TFP 增长率,即根据公式(4)计算 $G(A)$。公式(6)和公式(4)的意义是简单明了的,但由于数据的局限性,计算结构变迁效应的贡献率并不那么容易。前者要求我们知道经济总体和各个产业的资本、劳动的存量变化量以及它们的边际报酬,后者要求我们知道经济总体和各个产业的资本、劳动的存量增长率以及它们的产出弹性。因此我们面临三个任务:① 计算经济总体和各产业的资本和劳动的边际报酬;②计算经济总体和各个产业的资本和劳动的产出弹性;③计算总体和各个产业的资本和劳动的存量及其变化。资本和劳动的产出弹性可以通过统计回归的方法直接估算,也可以通过产出弹性的公式($\alpha_i = f(K_i)K_i/Y_i$ 是资本的产出弹性,$\beta_i = f(L_i)L_i/Y_i$ 是劳动的产出弹性)计算得到。①要素产出弹性两种方法各有利弊,本文为了保持方法和数据的一致性,使用弹性公式直接计算要素产出弹性。因此,三个任务就变成两个任务:①计算经济总体和各产业的资本和劳动的边际报酬;②计算总体和各个产业的资本和劳动的存量及其变化。

(1)我们可以在收入法国内生产总值中找到资本和劳动的报酬:其中"劳动者报酬"就是收入法国内生产总值中劳动的总报酬,"劳动者报酬"在收入法国内生产总值中所占的比例就是劳动的产出弹性;"生产税净额"、"营业盈余"和"固定资产折旧"三项之和就是收入法国内生产总值中的资本总所得,"生产税净额"、"营业盈余"和"固定资产折旧"三项之和在收入法国内生产总值中所占的比例就是资本的产出弹性。值得注意的是,《中国统计年鉴》中只有各地区收入法国内生产总值的数据表,没有全国收入法国内生产总值的表项,也没有全国分行业的收入法国内生产总值。唯一的数据来源是国家统计局公布的全国投入产出表(共有1987年、1990年、1992年、1995年、1997年、2002年六张表)。我们可以在这些投入产出表上找到分析所需的绝大部分数据。

(2)分析中仍缺少两项数据:劳动的存量及增量、资本的存量及增量。其中劳动的存量、劳动的增量、资本的增量(资本形成总额)很容易在《中国统计年鉴》上找到,或者通过简单演算得到。但是,资本存量的计算却是一个很大的问题。在这里,我们引用薛俊波(2007)的结论,该文在投入产出表的基础上估算资本存量,与本文所用的数据口径一致。②

3. 结构变迁效应的求解和分析

为了分析产业结构变迁在经济增长中的相对贡献,结合公式(2)和(3),可以把公式(6)重新表述为:

$$G(Y) = \alpha G(K) + \beta G(L) + \sum \rho_i G(A_i) + \text{TSE} \qquad (7)$$

在公式(7)中,GDP增长被分成四个部分:①资本投入增长的贡献

---

① 如果知道资本的边际报酬 $f(K_i)$ 和资本存量 K_i,我们就可以计算出资本的产出弹性。
② 薛俊波(2007)估算资本存量至2000年,在他的基础上,我们通过永续盘存法计算了2001年和2002年的资本存量。

$\alpha G(K)$；② 劳动投入增长的贡献 $\beta G(L)$；③ 各产业的技术进步的贡献的加权平均值 $\sum \rho_i G(A_i)$，我们称之为"净技术进步效应"；④ 产业结构变迁效应 TSE。其中全要素生产率被分成技术进步效应和产业结构变迁效应两个部分。全国投入产出表的"初始投入表"中有"劳动者报酬"、"生产税净额"、"营业盈余"和"固定资产折旧"四项。其中第一项就是劳动的总报酬 $f(L_i)L_i$，而后三项之和就是资本的总报酬 $f(K_i)K_i$，再引入资本存量 K_i 和劳动力存量 L_i 的数据，我们就能计算得出资本边际报酬 $f(K_i)$ 和劳动的边际报酬 $f(L_i)$。利用这些数据，可以计算出如表 12-1 所示的各项结果。

表 12-1　各个因素对经济增长率的贡献率　　　　　（单位:%）

	劳动增长的贡献率	资本增长的贡献率	全要素生产率增长贡献率	其中	
				产业结构变迁效应	净技术进步效应
1986—1990①	10.7	84.2	5.1	——	
1990—1992	9.1	79.5	11.4	58.2	41.8
1992—1995	5.9	80.4	13.7	42.3	57.7
1995—1997	5.6	74.3	20.1	34.9	65.1
1997—2002	3.5	68.0	28.5	11.3	88.7

表 12-1 清楚地表明了经济增长的各个因素的贡献。正如克鲁格曼（1994）在他的文章《亚洲奇迹的神话》中所说的，大部分东亚国家和地区的经济增长主要依靠增加投资。不少学者对克鲁格曼的研究提出了质疑，我们认为在跨国数据比较中，虽然传统的全要素生产率计算方法不能充分地度量资源配置效率提升和技术进步，但是在时序数据对比中，仍然能表现出要素投入增长和全要素生产率增长对一国经济增长贡献份额的波动规律，也不妨碍我们解释产业结构变迁和技术进步对经济增长的影响规律。刘伟、蔡志洲（2008）通过对中国投入产出表中直接消耗系数矩阵的动态对比分析，研究了 1992—2005 年技术进步和产业结构对以中间消耗率反映的经济增长效率的影响。研究结论表明，20 世纪 90 年代中期以后，产业结构变化对以中间消耗率反映的经济增长效率没有做出显

---

① 由于数据缺乏，我们没有利用 1987 年的投入产出表，只计算了 1990—2002 年的结构效应。1986—1990 年的结果，我们借用张军扩（1991）的结论，放在这里作为参照。但张军扩的文章中没有计算产业结构变迁效应和净技术进步效应。

著贡献。这也从另外一个角度佐证了本文的观点:包括中国在内的许多亚洲新兴市场国家一般都处于这样一个较多地依赖要素投入增加和人均资本存量增长的工业化早期发展阶段;随着工业化的深入,中国经济的增长将更多地依赖于全要素生产效率的提高,表12-1中我国经济增长中劳动、资本增长贡献率总体呈现下降趋势和全要素生产率贡献率总体呈现上升趋势的动态变化过程也有力地显现了我国经济持续高速增长的内在根源。只要在未来的经济增长中能够在新技术和新产业占领一席之地,新兴市场化国家的经济增长仍然是可持续的。

在1990—2002年间,我们可以看到两个趋势:(1)要素投入增长的贡献率和全要素生产率增长的贡献率呈现此消彼长的趋势(虽然资本投入的贡献不是一直上升的);(2)在全要素生产率内部,产业结构变迁效应和净技术进步效应呈现此消彼长的关系。前者和Chenery(1986)对所有工业化国家的研究有着相似的结论;后者则得出了与劳动生产率分解式分析中相似的结论,也是本文最重要的一个结论:产业结构变迁所代表的市场化的力量对我国长期经济增长的贡献正在逐渐地让位于技术进步的力量。

专题12

产业链分析[①]

北京市各区县的特色不一,发展模式不一,在各自形成产业链发展体系的时候,我们不得不从全局考量北京市产业链的定位。价值链理论根源于20世纪80年代国际商业研究者提出和发展起来的价值链理论,其中波特的价值链最为流行,不过对全球价值链理论的形成来说,科洛特的价值链理论却更为重要。

波特(Porter,1985)在分析公司行为和竞争优势时,认为公司的价值创造过程主要由基本活动(含生产、营销、运输和售后服务等)和支持性活动(含原材料供应、技术、人力资源和财务等)两部分完成,这些活动在公司价值创造过程中是相互联系的,由此构成公司价值创造的行为链条,这一链条就称为价值链。

---

① 本专题摘自 张辉. 全球价值链下地方产业集群转型和升级[M]. 北京:经济科学出版社,2006.

同期,科洛特(Kogut,1985)则认为:价值链基本上就是技术与原料和劳动融合在一起形成各种投入环节的过程,然后通过组装把这些环节结合起来形成最终商品,最后通过市场交易、消费等最终完成价值循环过程。在这一价值不断增值的链条上,单个企业或者仅仅参与了某一环节,或者将整个价值增值过程都纳入了企业等级制的体系中。科洛特(Kogut,1985)认为国际商业战略的设定形式实际上是国家的比较优势和企业的竞争能力之间相互作用的结果。当国家比较优势决定了整个价值链条各个环节在国家或地区之间如何进行空间配置的时候,企业的竞争能力就决定了企业应该在价值链条上的哪个环节和技术层面上倾其所有,以便确保竞争优势。与波特强调单个企业竞争优势的价值链观点相比,这一观点比波特更能反映价值链的垂直分离和全球空间再配置之间的关系,因而对全球价值链理论的形成至关重要。

与价值链研究基本同时进行的还有生产链(production chains)、商品链、活动链(activities chain)、生产网络(production network)、价值网(value network)和投入产出(input-output)等。虽然,这些研究有很多相通之处,不过最主要的区别还是在"链"与"网"之间。因为加入空间概念后,关于"链"的研究基本上就发展成了全球商品链和全球价值链,而"网络"方面的研究则发展到了全球生产网络。"链"描绘的是商品或服务诸多生产和流通活动的一种垂直序列关系,侧重的是一系列经济活动在不同的经济行为主体之间如何安排和切分;而"网"则主要研究的是那种将一系列企业纳入更大规模经济集团的企业间关系的程度和范围,且侧重的是企业间关系的特性和界限(Sturgeon,2001)。还有该类研究中经常出现的供应链,其与价值链的主要区别在于价值链中包括了领导企业,而供应链中不包括领导企业的经济活动。

在此,我们有必要对北京市各个行业在京津唐、环渤海乃至中国的产业链中进行定位。北京市行业以第三产业为主导,行业附加值高,在行业中处于龙头地位。

第 13 章 合理畅通的资源配置

自由通畅的资源配置是北京市经济发展与社会发展的重要基础。在现有的经济地理状况下,缩小交易成本,提高资源使用是北京市和谐发展的重要措施。本章主要从行业的生产要素流动以及对能源的消耗情况进行分析,考察和谐的资源配置方案。行业的生产要素流动是行业和谐发展的基础,同样也是区域间贸易与城市经济发展的基础。能源的消耗则是可持续发展的基础。

各个城市的产业结构不相同,有的城市经济发展以第二产业为核心,第二产业在国民经济行业中具有资源配置的核心作用,比如天津(如图 13-1 所示);有的城市第三产业的影响力系数较高,对国民经济各行业都具有带动作用,比如上海(如图 13-2 所示)。北京市的发展则是以科研、技术服务、居民服务等新兴第三产业为核心(如图 13-3 所示)。不同的产业结构在投入产出的配置以及能源的配置上都具有明显的差别。依据不同城市的产业结构,制定合理通畅的资源配置方案能有效促进经济的发展。

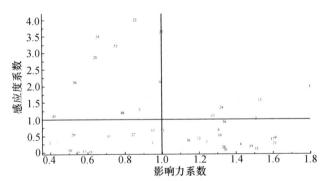

图 13-1　2002 年天津市 42 行业影响力系数与感应度系数分布

注:横坐标表示行业影响力系数;纵坐标表示行业感应度系数。图中的数字为行业代码(按 2002 年投入产出表顺序)。图中未标出 4 号产业(金属矿采选业)和 22 号产业(废品废料)。金属采矿业的影响力系数为 0,感应度系数为 0.29;废品废料的影响力系数为 0,感应度系数为 0.62。

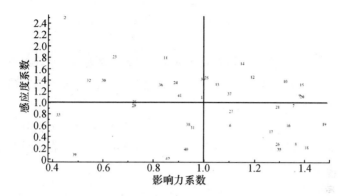

图 13-2　2002 年上海市 42 行业影响力系数与感应度系数分布

注:横坐标表示行业影响力系数;纵坐标表示行业感应度系数。图中的数字为行业代码(按 2002 年投入产出表顺序)。图中未标出 3—5 号产业合记为采矿业和 22 号产业(废品废料)。采矿业在图中标记为 2 号产业;废品废料的影响力系数为 0,感应度系数为 1.45。

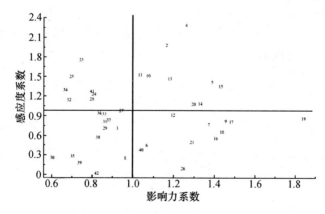

图 13-3　2002 年北京市 42 行业影响力系数与感应度系数分布

注:横坐标表示行业影响力系数;纵坐标表示行业感应度系数。图中的数字为行业代码(按 2002 年投入产出表顺序)。

13.1 北京市产业投入产出配置
——最终消耗和主导产业

合理的投入产出配置能够有效地促进行业的发展,并且对整个城市的经济发展都具有重要意义。本节从产业的最终需求配置与行业间配置两个方面入手。最终需求配置决定了行业对国民经济全行业的支持和带动情况,也决定了行业发展的投资策略。比如最终需求比重较大的行业应通过最终需求的刺激发展行业;而最终需求较小的行业则可以通过刺激关联较为密切的行业带动。

行业间配置一方面表现在行业的投入产出关联上(详见第 10 章),另一方面也表现在行业的主导性上。所谓主导性指行业能带动整个国民经济的能力,往往作为政府第一轮投资刺激经济的选择。

13.1.1 最终使用情况(需求拉动)[①]

以下将产业间关联分析分为最终需求部分和中间投入部分。其中最终使用部分包括按 42 行业分类标准或 40 行业标准:农村消费、城镇消费、政府消费、固定资本形成总额、存货增加、调出、出口;按 33 行业分类标准:非农居民消费、农业居民消费、社会消费、固定资产大修理、固定资产更新改造、基本建设、库存增加、调出、出口。本节通过 1987—2007 年 8 张投入产出表/延长表计算北京市的最终使用情况。以下以北京市 2007 年的最终使用情况为例(如表 13-1 所示):

$$i\text{ 行业最终使用部分比重} = \frac{i\text{ 行业产品分配用于最终使用部分的流量}}{i\text{ 行业总产出} + i\text{ 行业进口/调入额}}$$

---

① 该部分以北京市投入产出表为数据来源,使用的投入产出表如下:2007 年 42 行业投入产出表;2005 年 42 行业投入产出延长表;2002 年 42 行业投入产出表;1997 年 40 行业投入产出表;1995 年 33 行业投入产出延长表;1992 年 33 行业投入产出表;1987 年 33 行业投入产出表。

表 13-1 北京市 2007 年各行业最终使用部分比重

代码	行业名称	最终使用比重	代码	行业名称	最终使用比重
40	卫生、社会保障和社会福利业	0.9914	19	通信设备、计算机及其他电子设备制造业	0.4610
42	公共管理和社会组织	0.9622	11	石油加工、炼焦及核燃料加工业	0.4518
26	建筑业	0.9132	34	租赁和商务服务业	0.4162
39	教育事业	0.8622	18	电气、机械及器材制造业	0.3847
8	服装皮革羽绒及其制品业	0.8268	9	木材加工及家具制造业	0.3606
21	其他制造业	0.8025	12	化学工业	0.3465
29	信息传输、计算机服务和软件业	0.7915	1	农业	0.3460
37	综合技术服务业	0.7845	24	燃气生产和供应业	0.3148
36	科学研究事业	0.7660	25	水的生产和供应业	0.3120
32	金融保险业	0.7653	38	其他社会服务业	0.3100
6	食品制造及烟草加工业	0.7550	20	仪器仪表及文化办公用机械制造业	0.3019
33	房地产业	0.7531	2	煤炭开采和洗选业	0.2580
28	邮政业	0.7171	22	废品废料	0.2368
41	文化、体育和娱乐业	0.6061	13	非金属矿物制品业	0.2246
7	纺织业	0.6026	14	金属冶炼及压延加工业	0.2180
35	旅游业	0.6022	10	造纸印刷及文教用品制造业	0.1286
17	交通运输设备制造业	0.5719	5	非金属矿采选业	0.1114
16	通用、专用设备制造业	0.5019	15	金属制品业	0.1058
30	批发和零售贸易业	0.5011	3	石油和天然气开采业	0.1035
31	住宿和餐饮业	0.4954	23	电力、热力的生产和供应业	0.0565
27	交通运输及仓储业	0.4624	4	金属矿采选业	0.0311

表中最终使用部分比重大于 0.7 的有：食品制造及烟草加工业；服装皮革羽绒及其制品业；其他制造业；建筑业；邮政业；信息传输、计算机服务和软件业；金融保险业；房地产业；科学研究事业；综合技术服务业；教

育事业;卫生、社会保障和社会福利业;公共管理和社会组织。

绝大多数工业的最终消耗并不大,而第三产业的最终使用则较大。第二产业与行业联系更为紧密,而与最终消耗的联系相对松散。服务行业的最终消耗比重较低,说明该服务行业更多地服务于工业,比如租赁和商务服务业,其他社会服务业。而其他服务行业如邮政业、金融业等则更多地服务于最终需求部分。该比重较大的行业更容易受需求拉动的影响,如卫生、社会保障和社会福利业,公共管理和社会组织,建筑业。特别地,房地产业与金融业都属于最终使用部门,与行业间的关联较弱。这类行业对于产业间的资源配置作用不大,而通过刺激最终使用的政策能明显改变这些行业的格局。因此对于和谐发展的城市产业结构,应该考虑到行业自身发展的特色,制定相应的行业发展方案,以此促进经济一体化和促进产业发展。

表13-2比较了2002年与2007年各行业在最终使用上的比重变化。若干行业(黑体)的变化较为明显:与2002年比,批发零售贸易业,旅游业等的最终消费比重明显下降,中间投入的比重则相应增加,说明这些行业的服务对象在向国民经济行业转移。而信息传输、计算机服务和软件业,房地产业,邮政业,综合技术服务业和科学研究事业则最终消费比重在上升,中间投入比重相应减少,说明这些行业的服务对象在向居民、政府消费或资本增加等方面转移。

表13-2 部分行业最终使用比重历史变化

2007年			2002年		
代码	行业名称	最终使用比重	代码	行业名称	最终使用比重
40	卫生、社会保障和社会福利业	0.9914	42	公共管理和社会组织	0.9882
42	公共管理和社会组织	0.9622	26	建筑业	0.9507
26	建筑业	0.9132	39	教育事业	0.8988
39	教育事业	0.8622	30	**批发和零售贸易业**	0.8631
8	服装皮革羽绒及其制品业	0.8268	8	服装皮革羽绒及其制品业	0.8618
21	其他制造业	0.8025	35	旅游业	0.8506
29	**信息传输、计算机服务和软件业**	0.7915	40	卫生、社会保障和社会福利业	0.7899

(续表)

2007 年			2002 年		
代码	行业名称	最终使用比重	代码	行业名称	最终使用比重
37	**综合技术服务业**	0.7845	6	食品制造及烟草加工业	0.7476
36	**科学研究事业**	0.7660	21	其他制造业	0.7191
32	金融保险业	0.7653	38	其他社会服务业	0.7128
6	食品制造及烟草加工业	0.7550	16	通用、专用设备制造业	0.6696
33	**房地产业**	0.7531	29	**信息传输、计算机服务和软件业**	0.6482
28	**邮政业**	0.7171	18	电气、机械及器材制造业	0.6145
41	文化、体育和娱乐业	0.6061	1	农业	0.5961
7	纺织业	0.6026	17	交通运输设备制造业	0.5792
35	旅游业	0.6022	31	住宿和餐饮业	0.5669
17	交通运输设备制造业	0.5719	19	通信设备、计算机及其他电子设备制造业	0.5561
16	通用、专用设备制造业	0.5019	37	**综合技术服务业**	0.5554
30	**批发和零售贸易业**	0.5011	7	纺织业	0.5368
31	住宿和餐饮业	0.4954	33	**房地产业**	0.5293

1. 居民及政府消费需求

居民及政府消费是最终使用的一个重要部分,计算了农业居民消费、非农业居民消费以及政府消费对行业的拉动情况。用行业产值在居民及政府消费中的分配比重来描绘。居民及政府消费部分包括,按 42 行业分类标准或 40 行业标准:农村消费、城镇消费、政府消费;按 33 行业分类标准:非农居民消费、农业居民消费、社会消费。

$$i\text{行业居民及政府消费比重} = \frac{i\text{行业产品分配用于居民及政府消费的流量}}{i\text{行业总产出} + i\text{行业进口/调入额}}$$

从表 13-3 中可以看出北京市 2007 年各行业的居民及政府消费比重普遍较低。最终需求比重较大的行业相应的居民、政府消费比重也较大。房地产、金融保险业等比重均较低,说明这些行业的服务对象并不以农村、城镇居民和政府为主。居民和政府的消费只占了该类行业的 20% 以下。这说明,北京市房地产的虚高价格并不是由居民政府的刚性需求直接导致,而是许多投资者的热钱导致的。因此增加投资者热钱的投资渠道,减少房地产行业的热钱投资,将能更好地满足居民和政府的房地产消费需求,从而解决这个重要的民生问题。

表13-3 北京市2007年各行业居民及政府消费比重

代码	行业名称	比重	代码	行业名称	比重
40	卫生、社会保障和社会福利业	0.9630	23	电力、热力的生产和供应业	0.0564
42	公共管理和社会组织	0.9230	12	化学工业	0.0538
39	教育事业	0.6826	18	电气、机械及器材制造业	0.0519
35	旅游业	0.5502	15	金属制品业	0.0514
8	服装皮革羽绒及其制品业	0.4309	20	仪器仪表及文化办公用机械制造业	0.0430
6	食品制造及烟草加工业	0.4008	29	信息传输、计算机服务和软件业	0.0426
37	综合技术服务业	0.3520	2	煤炭开采和洗选业	0.0410
24	燃气生产和供应业	0.3148	11	石油加工、炼焦及核燃料加工业	0.0364
41	文化、体育和娱乐业	0.3105	34	租赁和商务服务业	0.0360
25	水的生产和供应业	0.3079	27	交通运输及仓储业	0.0330
38	其他社会服务业	0.3026	10	造纸印刷及文教用品制造业	0.0266
1	农业	0.2621	26	建筑业	0.0246
31	住宿和餐饮业	0.1940	19	通信设备、计算机及其他电子设备制造业	0.0184
7	纺织业	0.1922	16	通用、专用设备制造业	0.0075
32	金融保险业	0.1777	28	邮政业	0.0071
33	房地产业	0.1628	13	非金属矿物制品业	0.0070
36	科学研究事业	0.1424	22	废品废料	0.0000
9	木材加工及家具制造业	0.1206	14	金属冶炼及压延加工业	0.0000
21	其他制造业	0.1109	5	非金属矿采选业	0.0000
30	批发和零售贸易业	0.0772	4	金属矿采选业	0.0000
17	交通运输设备制造业	0.0568	3	石油和天然气开采业	0.0000

另外，第二产业的低份额反映出了这些行业在生产资料的流动中的重要作用。部分第二产业如食品制造业和服装产业的居民和政府消耗比例较大，说明这些行业主要从事产业链条的最终消费部分。比如我们将服装产业分成几个简单的环节：设计—布料加工—整合—销售。对于这样的一个价值链，附加值较高的环节为设计和销售这两个环节。北京市该行业的居民和政府消费均较高，说明北京市该行业的发展主要从事于与消费者有关的环节，而不是与其他产业相关的来料加工环节等。因此对于这些居民和政府消费较高的行业应该刺激最终居民需求，以此使得北京市的这些行业在全球价值链条中更快地升级。

表 13-4 比较了 2002 年和 2007 年居民消费及政府消费的比重变化。

表 13-4　部分行业居民及政府消费比重历史变化

	2007 年			2002 年	
代码	行业名称	比重	代码	行业名称	比重
40	卫生、社会保障和社会福利业	0.9630	42	公共管理和社会组织	0.9881
42	公共管理和社会组织	0.9230	39	教育事业	0.8545
39	教育事业	0.6826	40	卫生、社会保障和社会福利业	0.7180
35	旅游业	0.5502	6	食品制造及烟草加工业	0.5334
8	服装皮革羽绒及其制品业	0.4309	21	其他制造业	0.5093
6	食品制造及烟草加工业	0.4008	38	其他社会服务业	0.5088
37	综合技术服务业	0.3520	8	服装皮革羽绒及其制品业	0.4860
24	燃气生产和供应业	0.3148	36	科学研究事业	0.4806
41	文化、体育和娱乐业	0.3105	24	燃气生产和供应业	0.4323
25	水的生产和供应业	0.3079	35	旅游业	0.3555
38	其他社会服务业	0.3026	41	文化、体育和娱乐业	0.3131
1	农业	0.2621	37	综合技术服务业	0.3029
31	住宿和餐饮业	0.1940	31	住宿和餐饮业	0.2769
7	纺织业	0.1922	1	农业	0.2508
32	金融保险业	0.1777	25	水的生产和供应业	0.2338
33	房地产业	0.1628	17	交通运输设备制造业	0.2227
36	科学研究事业	0.1424	33	房地产业	0.1231

科学研究事业、其他社会服务业、其他制造业等行业的居民、政府消费比重在下降。特别地,科学研究事业的比重下降了近35%,可以说这个行业的服务对象在5年时间内发生了巨大的改变。科学研究事业的服务对象从居民和政府主导,转向了企业主导。这说明在市场经济快速发展的情况下,北京市的企业不断意识到科学技术的重要性,增加了科学研发的投资,促进了科学研究事业的发展。从高校和科研单位的研发项目来源可以看出,企业在国家和地区的科学研发中扮演的角色越来越重要。

2. 固定资本形成及存货增加

固定资本形成及存货增加比重计算了固定资本形成及存货增加对行业的拉动情况,用行业产值在固定资本形成及存货增加中分配的比重来描绘。固定资本形成及库存增加部分包括,按42行业分类标准或40行业标准:固定资本形成、存货增加;按33行业分类标准:固定资产大修理、固定资产更新改造、基本建设、库存增加。

$$\frac{i\text{行业固定资本形成}}{\text{及存货增加比重}} = \frac{i\text{行业产品分配用于固定资本形成及存货增加}}{i\text{行业总产出} + i\text{行业进口/调入额}}$$

从表13-5中可以看出房地产业、建筑业的固定资本形成和库存增加比重最大。绝大多数行业的固定资本形成和库存比例较小。这说明在北京市的经济建设中,行业的生产和销售比较顺畅,产品挤压以及资本性库存较少。这样的经营和发展模式能有效地促进行业的增长。房地产业的库存比例非常大,比较上面对居民消费使用的比重,可以看出房地产业50%以上的需求由库存构成,房地产的泡沫就是这样形成的。房地产行业的产出没有得到有效合理的利用。

表13-5 北京市2007各行业固定资本形成及库存增加部分比重

代码	行业名称	比重	代码	行业名称	比重
26	建筑业	0.8886	10	造纸印刷及文教用品制造业	0.0141
33	房地产业	0.5729	8	服装皮革羽绒及其制品业	0.0111
29	信息传输、计算机服务和软件业	0.2375	7	纺织业	0.0085
22	废品废料	0.2154	27	交通运输及仓储业	0.0069
16	通用、专用设备制造业	0.2005	21	其他制造业	0.0059

(续表)

代码	行业名称	比重	代码	行业名称	比重
18	电气、机械及器材制造业	0.1282	3	石油和天然气开采业	0.0031
2	煤炭开采和洗选业	0.1193	41	文化、体育和娱乐业	0.0006
17	交通运输设备制造业	0.0753	34	租赁和商务服务业	0.0000
11	石油加工、炼焦及核燃料加工业	0.0625	32	金融保险业	0.0000
9	木材加工及家具制造业	0.0623	23	电力、热力的生产和供应业	0.0000
15	金属制品业	0.0523	24	燃气生产和供应业	0.0000
30	批发和零售贸易业	0.0494	25	水的生产和供应业	0.0000
20	仪器仪表及文化办公用机械制造业	0.0479	28	邮政业	0.0000
14	金属冶炼及压延加工业	0.0379	31	住宿和餐饮业	0.0000
13	非金属矿物制品业	0.0372	35	旅游业	0.0000
5	非金属矿采选业	0.0344	36	科学研究事业	0.0000
4	金属矿采选业	0.0311	37	综合技术服务业	0.0000
1	农业	0.0242	38	其他社会服务业	0.0000
19	通信设备、计算机及其他电子设备制造业	0.0239	39	教育事业	0.0000
6	食品制造及烟草加工业	0.0182	40	卫生、社会保障和社会福利业	0.0000
12	化学工业	0.0167	42	公共管理和社会组织	0.0000

表13-6比较了2002年和2007年固定资本形成及库存增加的比重变化。房地产业的固定资本形成及库存增加最为显著，从27%上升到57%。合理的房地产业发展应该存在着固定的固定资产比重：房地产业的发展符合当前经济发展趋势，满足一定的固定资产比重。而突涨的固定资产及库存比重必然带来了虚高的房地产需求。也就是说，增长的近30%的房地产需求是没有被合理利用的，处于闲置无用的状态。这或许是近年来北京房价疯长的原因之一。通信和专业设备制造业的变化比重也较大，下降了27%。这说明北京市第二产业的发展比较顺畅，行业投资得到有效利用，投入产出周转较快，行业增长较为迅速。

表 13-6 部分行业固定资本形成及库存增加比重历史变化

2007 年			2002 年		
代码	行业名称	比重	代码	行业名称	比重
26	建筑业	0.8886	26	建筑业	0.7993
33	房地产业	0.5729	16	通用、专用设备制造业	0.4790
29	信息传输、计算机服务和软件业	0.2375	33	房地产业	0.2749
22	废品废料	0.2154	1	农业	0.2587
16	通用、专用设备制造业	0.2005	9	木材加工及家具制造业	0.2254
18	电气、机械及器材制造业	0.1282	17	交通运输设备制造业	0.2083
2	煤炭开采和洗选业	0.1193	29	信息传输、计算机服务和软件业	0.1864
17	交通运输设备制造业	0.0753	18	电气、机械及器材制造业	0.1308
11	石油加工、炼焦及核燃料加工业	0.0625	5	非金属矿采选业	0.1117
9	木材加工及家具制造业	0.0623	2	煤炭开采和洗选业	0.0805
15	金属制品业	0.0523	20	仪器仪表及文化办公用机械制造业	0.0723
30	批发和零售贸易业	0.0494	19	通信设备、计算机及其他电子设备制造业	0.0699
20	仪器仪表及文化办公用机械制造业	0.0479	12	化学工业	0.0600
14	金属冶炼及压延加工业	0.0379	28	邮政业	0.0576
13	非金属矿物制品业	0.0372	21	其他制造业	0.0550
5	非金属矿采选业	0.0344	15	金属制品业	0.0526
4	金属矿采选业	0.0311	14	金属冶炼及压延加工业	0.0496

3. 调出及出口

调出及出口比重计算了通过调出及出口对行业的拉动情况。用行业产值在调出及出口中分配的比重来描绘。其中调出及出口部分包括：总调出及总出口。

$$i\text{行业调出及出口比重} = \frac{i\text{行业产品分配用于调出及出口}}{i\text{行业总产出} + i\text{行业进口/调入额}}$$

从表 13-7 中可以看出调出及出口比重较高的行业有：邮政业、其他制造业、科学研究事业、金融保险业、信息传输、计算机服务和软件业、交通运输设备制造业、综合技术服务业等。比重较高的行业多为高新技术产业，对技术以及贸易的需求较高。而基础工业则调出、出口比重较低，比如建筑业、金属矿采选业、燃气生产和供应业等。调出及出口较高的行业具有更高的区域协作功能。北京市的产业结构中同样以这些行业为特色（第 11 章），这些行业的影响力系数以及感应度系数较高，说明北京市的经济发展具有区域合作的潜力。更好地发展这些具有较高出口的行业能够更快地推进区域一体化的发展。

表 13-7　北京市 2007 年各行业调出及出口部分比重

代码	行业名称	比重	代码	行业名称	比重
28	邮政业	0.7100	13	非金属矿物制品业	0.1805
21	其他制造业	0.6857	14	金属冶炼及压延加工业	0.1800
36	科学研究事业	0.6236	39	教育事业	0.1796
32	金融保险业	0.5875	9	木材加工及家具制造业	0.1777
29	信息传输、计算机服务和软件业	0.5115	3	石油和天然气开采业	0.1005
17	交通运输设备制造业	0.4398	2	煤炭开采和洗选业	0.0978
37	综合技术服务业	0.4324	10	造纸印刷及文教用品制造业	0.0879
27	交通运输及仓储业	0.4225	5	非金属矿采选业	0.0770
19	通信设备、计算机及其他电子设备制造业	0.4187	1	农业	0.0597
7	纺织业	0.4020	35	旅游业	0.0519
8	服装皮革羽绒及其制品业	0.3848	42	公共管理和社会组织	0.0392
34	租赁和商务服务业	0.3801	40	卫生、社会保障和社会福利业	0.0284
30	批发和零售贸易业	0.3745	22	废品废料	0.0215
11	石油加工、炼焦及核燃料加工业	0.3528	33	房地产业	0.0174

(续表)

代码	行业名称	比重	代码	行业名称	比重
6	食品制造及烟草加工业	0.3360	38	其他社会服务业	0.0074
31	住宿和餐饮业	0.3014	25	水的生产和供应业	0.0041
41	文化、体育和娱乐业	0.2950	15	金属制品业	0.0021
16	通用、专用设备制造业	0.2939	23	电力、热力的生产和供应业	0.0001
12	化学工业	0.2760	4	金属矿采选业	0.0000
20	仪器仪表及文化办公用机械制造业	0.2110	24	燃气生产和供应业	0.0000
18	电气、机械及器材制造业	0.2046	26	建筑业	0.0000

表 13-8 比较了 2002 年和 2007 年调出及出口的比重变化。除批发零售业以外，各行业的出口和调出比重有普遍升高，邮政业、其他制造业、科学研究事业、金融保险业的出口比重明显增加。北京市拥有全国最多的科研机构，第二产业以高新科技产业群为主，第三产业以新兴第三产业为主。这样的产业结构使得北京拥有大量的可出口技术，而需要外界的第二产业支持。表 13-8 中，科研、信息技术、金融业的出口较高，也说明了北京市正处于技术出口的阶段。相应的，出口行业也在发展自己的专业化优势，出口比例不断增加。批发零售业则由于北京市的经济侧重点而不断降低出口份额。说明北京正在从传统第三产业向新兴的技术密集型第三产业发展。

表 13-8　部分行业调出及出口比重历史变化

2007 年			2002 年		
代码	行业名称	比重	代码	行业名称	比重
28	邮政业	0.7100	30	批发和零售贸易业	0.8276
21	其他制造业	0.6857	35	旅游业	0.4951
36	科学研究事业	0.6236	7	纺织业	0.4667
32	金融保险业	0.5875	8	服装皮革羽绒及其制品业	0.4413
29	信息传输、计算机服务和软件业	0.5115	19	通信设备、计算机及其他电子设备制造业	0.4389

（续表）

| \multicolumn{3}{c|}{2007 年} | \multicolumn{3}{c}{2002 年} |

代码	行业名称	比重	代码	行业名称	比重
17	交通运输设备制造业	0.4398	18	电气、机械及器材制造业	0.3872
37	综合技术服务业	0.4324	29	信息传输、计算机服务和软件业	0.3829
27	交通运输及仓储业	0.4225	27	交通运输及仓储业	0.3737
19	通信设备、计算机及其他电子设备制造业	0.4187	12	化学工业	0.3617
7	纺织业	0.4020	20	仪器仪表及文化办公用机械制造业	0.3461
8	服装皮革羽绒及其制品业	0.3848	32	金融保险业	0.3303
34	租赁和商务服务业	0.3801	6	食品制造及烟草加工业	0.2923
30	批发和零售贸易业	0.3745	31	住宿和餐饮业	0.2900
11	石油加工、炼焦及核燃料加工业	0.3528	34	租赁和商务服务业	0.2824
6	食品制造及烟草加工业	0.3360	14	金属冶炼及压延加工业	0.2791
31	住宿和餐饮业	0.3014	11	石油加工、炼焦及核燃料加工业	0.2780
41	文化、体育和娱乐业	0.2950	37	综合技术服务业	0.2525

4. 最终使用中最重要部分比较

表 13-9 对各个行业的最终使用中最重要的部分进行了分析。可以看出北京市第三产业（27—42 号）的整体最终消费比重较大。邮政业的出口达到了 71%，北京市具有大量的出口邮政业务。科研事业与技术服务业的出口比重也较大。社会服务业、教育事业、文化、卫生、公共管理事业则更多地服务于居民和政府，拥有较高的居民和政府比重。第二产业中，食品、纺织、服装制造业的比重较大。交通设备、通信设备和其他制造业的出口份额也较大。

表 13-9　北京 2007 年各行业最重要的最终需求部分

行业代码	行业名称	最重要部分	比重
1	农业	居民及政府消费	0.2621
2	煤炭开采和洗选业	固定资本及库存	0.1193
3	石油和天然气开采业	调出及出口	0.1005
4	金属矿采选业	固定资本及库存	0.0311
5	非金属矿采选业	调出及出口	0.0770
6	食品制造及烟草加工业	居民及政府消费	0.4008
7	纺织业	调出及出口	0.4020
8	服装皮革羽绒及其制品业	居民及政府消费	0.4309
9	木材加工及家具制造业	调出及出口	0.1777
10	造纸印刷及文教用品制造业	调出及出口	0.0879
11	石油加工、炼焦及核燃料加工业	调出及出口	0.3528
12	化学工业	调出及出口	0.2760
13	非金属矿物制品业	调出及出口	0.1805
14	金属冶炼及压延加工业	调出及出口	0.1800
15	金属制品业	固定资本及库存	0.0523
16	通用、专用设备制造业	调出及出口	0.2939
17	交通运输设备制造业	调出及出口	0.4398
18	电气、机械及器材制造业	调出及出口	0.2046
19	通信设备、计算机及其他电子设备制造业	调出及出口	0.4187
20	仪器仪表及文化办公用机械制造业	调出及出口	0.2110
21	其他制造业	调出及出口	0.6857
22	废品废料	固定资本及库存	0.2154
23	电力、热力的生产和供应业	居民及政府消费	0.0564
24	燃气生产和供应业	居民及政府消费	0.3148
25	水的生产和供应业	居民及政府消费	0.3079
26	建筑业	固定资本及库存	0.8886
27	交通运输及仓储业	调出及出口	0.4225
28	邮政业	调出及出口	0.7100
29	信息传输、计算机服务和软件业	调出及出口	0.5115
30	批发和零售贸易业	调出及出口	0.3745
31	住宿和餐饮业	调出及出口	0.3014
32	金融保险业	调出及出口	0.5875
33	房地产业	固定资本及库存	0.5729
34	租赁和商务服务业	调出及出口	0.3801
35	旅游业	居民及政府消费	0.5502

(续表)

行业代码	行业名称	最重要部分	比重
36	科学研究事业	调出及出口	0.6236
37	综合技术服务业	调出及出口	0.4324
38	其他社会服务业	居民及政府消费	0.3026
39	教育事业	居民及政府消费	0.6826
40	卫生、社会保障和社会福利业	居民及政府消费	0.9630
41	文化、体育和娱乐业	居民及政府消费	0.3105
42	公共管理和社会组织	居民及政府消费	0.9230

北京市的行业最终使用中调出及出口的比重较大。第二产业和第三产业均有许多行业的调出及出口是最为重要的最终使用,说明北京市的经济一体化有发展的潜力。利用行业间的贸易,促进周边地区的发展。第二产业由于总体最终需求比重较低,因此不论在居民和政府消费,还是调出和库存方面,其需求部分的比重都较低。第三产业除了社会服务、教育、娱乐等行业,都以调出和出口为最重要的最终使用部分。

在促进北京市产业的发展时,应该考虑到产业的最终需求,并依据行业的特殊情况考察发展行业的方向。

13.1.2 主导产业

产业投入产出配置的另一个重要方面便是产业间的相互联系。合理配置资源在产业间的流动对发展地区经济有重要意义。对于各地区产业结构的分析显示,各个行业在国民经济中的作用不一,按照产业间的关联、各产业对国民经济的推动拉动作用、对区域经济技术发展的促进作用等,可以将区域产业结构分解为主导产业、辅助产业和基础性产业(吴传清等,2009)。主导产业是区域经济发展的支撑力量,因此确定区域经济中的主导产业是区域经济分析的重点。

选择合适的主导产业是地方工业化进程的需求。在工业化进程中,合理选择主导产业,确定其发展方向,将更快地推动工业化发展。从产业结构高度的视角来审视中国工业化的进程,我国在2007年整体产业结构高度为0.453,即已经完成了工业化进程45.3%的任务,距离工业化完成还有54.7%的历程需要完成;从全国省市自治区来看,到2007年也只有上海、北京等少数省市产业结构高度大于1,即完成了工业化(张辉,2010)。与上海市相比,虽然北京市于2006年按照总产业结构高度来看,已经完成工业化,但第二产业的产业结构高度距离完成工业化水平还有一定距离,第一产业的产业结构高度则距离完成工业化水平更远。及至 2007 年,北京的第一产业和第二产业的产业结构高度也没有达到工业化完成时的水平。与钱纳里等(Chenery, Robinson and Syrquin,1986)所描述的一般工业化进程不同的是,从 1987 年以来,也即北京市进入工业化起步阶段后,第三产业一直是引领北京市总体产业结构高度提升的主要力量,而且第三产业的产业结构高度的波动直接影响着总体产业结构高度的波动(刘伟、张辉和黄泽华,2008;刘伟、张辉,2008)。北京市第一产业和第二产业的产业结构高度不但严重滞后于总体产业结构高度,而且与上海和天津相比,北京第二产业的产业结构高度也明显偏低(张辉,2009;张辉,2010)。

为了阐释北京市这一独特的地方工业化进程,本章主要通过研究驱动地方产业结构高度化进程的主导产业变迁轨迹来阐释北京市产业结构高度演化进程的微观产业基础及其特殊性。虽然各个产业对国民经济的健康持续发展都十分重要,但是只有主导产业才是国民经济发展的核心,其直接决定着国民经济的发展方向、速度、性质和规模。

1. 驱动地方产业结构高度化的主导产业集界定

产业的关联效应指标是一国或地区选取和界定主导产业的一项关键原则。例如,罗斯托(1988)认为就应该选择具有扩散效应(前向、后向和旁侧)的部门作为主导产业部门,将主导产业的产业优势辐射传递到产业链的各产业中,以带动和促进区域经济的全面发展;美国经济学家艾伯特·赫希曼(1991)在《经济发展战略》一书中,主张不均衡发展战略,提出将产业关联效应作为主导产业选择的基准,即产业关联基准,发展政策的目标应挑选和集中力量发展那些在技术上相互依赖、产业关联效应强烈的"战略部门",即主导产业部门,这种产业才是前向和后向联系的有机结合。

主导产业作为区域经济发展的核心,学术界对主导产业的选择也有一定的标准(关爱萍、王瑜,2002;张同升,2008),其应具有如下特点:(1)能带动国民经济的发展,支撑国民经济各个行业;(2)国民经济份额较大,对国民经济有显著影响力,是区域经济的支柱;(3)发展速度快,经济效益较高;(4)技术份额较大,与新技术相关;(5)有较高的专业化水平。

主导产业的选择方法也有了成型的范式(吴传清等,2009),建立指标体系后,选择适当的多变量分析模型,由此获得对各产业的综合评价及确立主导产业。指标体系以全面描绘主导产业应具有的特点为宜,具体指标体系的设立则根据数据获得情况而定。主要包含市场需求、技术进步、产业关联、市场规模、经济效益和发展速度等维度。而多变量分析模型的选择则更为广泛,主要有主成分分析、德尔菲法(专家打分法)、层次分析法(AHP)、灰色聚类法、模糊综合评价法等。由于主导产业的选择是对行业的多维度评价,故多变量的综合评价是主导产业选择的难点。不论采用何种多维度分析方法,都存在人为主观因素,当然在获取数据有限的基础上,如何使用多维度分析方法,减少主观偏差则是最令人关注的。本研究对北京市主导产业的选择,希望通过对分析范式的修正,增加主导产业选择的合理性。

本研究首先从产业关联角度找到相关的可以作为北京市主导产业考虑范畴的行业集,然后再对该行业集按主导作用大小排序。主导产业应该有辐射效应,对国民经济有带动力,具有市场扩张作用(魏后凯,2006),因此我们从1987年到2005年北京投入产出表分析中得到可以作为主导产业考虑范畴的行业集,这些行业应该不但在关联度总量指标上,而且还在关联度结构指标上都比较突出。

首先,关联度的总量指标:① 对国民经济有强大的拉动力,即影响力系数(F_i)要高,该指标反映了该行业对国民经济的发展有强大的拉动作用;② 对国民经济有强大的推动力,即感应度系数(E_i)要高,该指标反映了该行业对国民经济具有比较厚实的支撑面,对国民经济有强大的推动作用(列昂惕夫,1990)。

$$F_i = \frac{\sum_{j=1}^{n} b_{ji}}{\frac{1}{n}\sum_{i=1}^{n}\sum_{j=1}^{n} b_{ji}} \quad (1)$$

其中,b_{ji}是第i部门对第j部门的完全消耗系数,$\sum_{j=1}^{n} b_{ji}$为完全消耗系数矩阵的第i列之和,即第i部门对国民经济各部门的影响力,$\frac{1}{n}\sum_{i=1}^{n}\sum_{j=1}^{n} b_{ji}$为完全消耗系数矩阵的列和的平均值。

$$E_i = \frac{\sum_{j=1}^{n} w_{ij}}{\frac{1}{n}\sum_{i=1}^{n}\sum_{j=1}^{n} w_{ij}} \qquad (2)$$

其中 w_{ij} 是第 i 部门对第 j 部门的完全分配系数，$\sum_{j=1}^{n} w_{ij}$ 为完全分配系数矩阵的第 i 行之和，即第 i 部门对国民经济各部门的感应度，$\frac{1}{n}\sum_{i=1}^{n}\sum_{j=1}^{n} w_{ij}$ 为完全分配系数矩阵的行和的平均值。

其次，关联度的结构指标：该指标反映该行业对国民经济的影响范围比较广，也可称为影响范围指标。该指标要求选取的行业对国民经济影响范围广，对各个行业都有带动作用（拉动力和推动力），本研究中选取完全消耗系数和完全分配系数均大于平均值的行业所占的产量百分比来衡量。

之所以采用上述主导产业集的研究思路，主要在于：将这三个关联指标从各类指标分析指标中凸显出来，有助于把主导产业最关键的市场辐射带动作用凸显出来；此外，部分产量、人均产值等指标较高，但是产业关联度小的行业，会在原有分析方法下成为"伪主导产业"，毕竟这些行业的发展并没有给国民经济带来比较广泛的辐射扩张作用，特别是其影响范围一般仅限于行业内部；最后，选取主导产业集的方法有利于在不损失行业各项信息的情况下比较该产业集内各行业的一些特征。

北京市主导产业集，选取采用投入产出分析中影响力系数、感应度系数和影响范围三项指标。其中影响范围系数 η_j 表示 j 行业的影响范围。

$$\eta_j = \frac{\sum_{i} X_i}{\sum_{k=1}^{n} X_k} \qquad (3)$$

其中 i 满足：$B_{ij} > \underset{k=1:n}{\text{average}}(B_{kj})$ & $W_{ij} > \underset{k=1:n}{\text{average}}(W_{jk})$

X_i 为 i 产业的总产量

按照以往依据多变量对行业分层的方法，一般采用聚类分析等，然而仅仅依据这三个变量对 42 个行业（投入产出表行业分类）聚类的结果并不理想，因此改用选取影响力系数 + 感应度系数 > 2 或者影响范围大于平均的行业为主导产业集。也就是说,这两类行业将被列入主导产业集:① 对国民经济的推动或拉动力较大(如石油天然气开采业);② 对国民经济的影响范围较大(如房地产业)。

本研究囿于2002年以前的第三产业在统计年鉴上的分类与投入产出表难以匹配(统计年鉴上的分类与投入产出表的分类有普遍的交叉,譬如统计年鉴上是交通运输仓储及邮政通信,而投入产出表则是交通运输仓储业、邮政业、电子通信计算机软件服务业,类似的有很多产业),所以仅较全面地研究了2003—2007年北京市主导产业的变迁轨迹。当然,2003年、2004年也有类似交叉问题,但由于数量较少,本研究尝试采用从业人数比例将多个行业的总产值拆分出来。基于此分析思路,依托北京市2002年和2005年投入产出表,分析结果如下:表13-10为北京市2005—2007年主导产业集;表13-11为北京市2003—2004年主导产业集。①

表13-10 北京市2005—2007年主导产业集

行业	代码	行业	代码	行业	代码
煤炭开采和洗选业	02	通用、专用设备制造业	16	信息传输、计算机服务和软件业	29
石油和天然气开采业	03	交通运输设备制造业	17	批发和零售贸易业	30
金属矿采选业	04	电气、机械及器材制造业	18	住宿和餐饮业	31
非金属矿采选业	05	通信设备、计算机及其他电子设备制造业	19	金融保险业	32
纺织业	07	仪器仪表及文化办公用机械制造业	20	房地产业	33
服装皮革羽绒及其制品业	08	其他制造业	21	租赁和商务服务业	34
木材加工及家具制造业	09	电力、热力的生产和供应业	23	旅游业	35

---

① 北京市2005—2007年主导产业集(表13-10)通过2005年北京市投入产出延长表计算;北京市2003—2004年主导产业集(表13-11)通过2002年北京市投入产出表计算。

(续表)

行业	代码	行业	代码	行业	代码
造纸印刷及文教用品制造业	10	燃气生产和供应业	24	综合技术服务业	37
石油加工、炼焦及核燃料加工业	11	水的生产和供应业	25	其他社会服务业	38
化学工业	12	建筑业	26	教育事业	39
非金属矿物制品业	13	交通运输及仓储业	27	公共管理和社会组织	42
金属制品业	15	邮政业	28		

表13-11 北京市2003—2004年主导产业集

行业	代码	行业	代码	行业	代码
煤炭开采和洗选业	02	金属制品业	15	信息传输、计算机服务和软件业	29
石油和天然气开采业	03	通用、专用设备制造业	16	住宿和餐饮业	31
金属矿采选业	04	交通运输设备制造业	17	金融保险业	32
非金属矿采选业	05	电气、机械及器材制造业	18	房地产业	33
纺织业	07	通信设备、计算机及其他电子设备制造业	19	租赁和商务服务业	34
服装皮革羽绒及其制品业	08	仪器仪表及文化办公用机械制造业	20	旅游业	35
木材加工及家具制造业	09	电力、热力的生产和供应业	23	科学研究事业	36
造纸印刷及文教用品制造业	10	燃气生产和供应业	24	综合技术服务业	37
石油加工、炼焦及核燃料加工业	11	水的生产和供应业	25	其他社会服务业	38
化学工业	12	建筑业	26	教育事业	39
非金属矿物制品业	13	交通运输及仓储业	27	文化、体育和娱乐业	41
金属冶炼及压延加工业	14	邮政业	28	公共管理和社会组织	42

在确定好主导产业集(表13-10、表13-11)后,我们将对主导产业集内的行业进行主导产业综合分析。这里选择了17个主导产业判断指标(表13-12),采用多变量分析方法,对北京市各产业的产业关联、规模、技术指标等作全面的评估。主要结合因子分析等方法来判定2003年以来

北京主导产业群落的基本构成和变迁轨迹。

表13-12　北京市2003—2007年主导产业群选择指标[①]

类型	指标名称	说明
产业关联指标	1 感应度	依据2002年及2005年投入产出表
	2 影响力	依据2002年及2005年投入产出表
	3 影响范围	依据2002年及2005年投入产出表
规模指标	4 产值规模	国民生产总值（工业为增加值）
	5 利税规模	利税总额
	6 就业规模	城镇从业人数
	7 固定资产规模	固定资产原值
发展指标	8 新增固定资产投资	全社会新增固定资产投资,不含农户投资
	9 资本形成直接分配系数	2002年及2005年投入产出表中存货和资本形成
	10 产值增速	产值（增加值）的增速
	11 就业增速	城镇从业人数的增速
比较劳动生产率	12 比较劳动生产率	以城镇从业人数表征劳动人数
技术指标	13 专业技术人员数	城镇单位每万从业人员拥有专业技术人员
经济效益指标	14 总资产贡献率	利税总额/总资产
	15 产值利税率	利税总额/产值（工业增加值）
需求弹性指标	16 需求弹性	投入产出表计算得到该行业总需求增速/所有行业总产出增速
专业化指标	17 区位熵	按投入产出表的总产出计算（北京、全国）

2. 北京2003—2007年主导产业排序

以北京市2007年为例,介绍在主导产业集的基础上,如何从中选出北京市的主导产业,以及各产业的主导性排序,并比较北京市主导产业的历史变化。

（1）因子分析过程。第一,测度主要指标之间的相关性（参见表13-13）。

---

① 没有特殊说明的指标中统计数据来源于北京市当年的统计年鉴。

表 13-13　主要指标之间相关性

类别	感应度	影响力	影响范围	产值规模	利税规模	就业规模	固定资产规模	新增固定资产投资	资本形成直接分配系数	产值增速
感应度	1.000	-0.065	-0.549	-0.393	-0.177	-0.591	-0.151	-0.289	-0.411	-0.474
影响力	-0.065	1.000	0.035	-0.309	-0.351	-0.127	-0.062	-0.256	0.030	-0.272
影响范围	-0.549	0.035	1.000	0.364	0.304	0.445	0.217	0.144	0.120	0.539
产值规模	-0.393	-0.309	0.364	1.000	0.815	0.699	0.622	0.275	0.253	0.651
利税规模	-0.177	-0.351	0.304	0.815	1.000	0.383	0.338	0.127	0.049	0.462
就业规模	-0.591	-0.127	0.445	0.699	0.383	1.000	0.524	0.213	0.247	0.777
固定资产规模	-0.151	-0.062	0.217	0.622	0.338	0.524	1.000	0.321	0.153	0.429
新增固定资产投资	-0.289	-0.256	0.144	0.275	0.127	0.213	0.321	1.000	0.560	0.261
资本形成直接分配系数	-0.411	0.030	0.120	0.253	0.049	0.247	0.153	0.560	1.000	0.176
产值增速	-0.474	-0.272	0.539	0.651	0.462	0.777	0.429	0.261	0.176	1.000

从表 13-13 中分析,可以简要看出,各个变量之间存在明显的相关性,因此传统的主导产业选择模型简单地使用最大特征值的特征向量加权各个指标并不能很好地综合表现指标的意义。因此我们考虑通过因子分析,求出公因子,并以此为依托建立指标分析的综合框架。通过 KMO 检验和 Bartlett 检验表明适合进行因子分析。

第二,提取因子,分析因子分析法是否适用,结果因子旋转后较主成分分析法更显著。通过比较旋转前后的因子荷载矩阵,发现旋转后的系数的绝对值 >0.5,并且旋转前的矩阵并没有表现出明显的向 0、1 靠近的趋势,也就是说,使用因子分析法较主成分分析法更为有效,更能将相应的变量归类分析。

第三,使用 SPSS 中 Analyze→Data Reduction→Factor 工具进行因子分析。这里使用 Principal Components(主成分法)的方法进行公因子提取,并采用 Varimax 旋转,使得每个因子上具有最高载荷的变量数最小,以方便对各个变量进行归类。选择了特征值大于 1 的相应公因子,记为 fac_1,fac_2,fac_3,fac_4,fac_5 和 fac_6,方差总和达到 76%,从而具有较高的解释力(参见表 13-14)。并由此获得旋转后的因子荷载矩阵,确定

各变量对应的公因子(参见表13-15,黑体数据为对应的公因子)

表 13-14 总体方差解释(部分)

Component	Initial Eigenvalues			Rotation Sums of Squared Loadings		
	Total	% of Variance	Cumulative%	Total	% of Variance	Cumulative%
1	5.277	31.042	31.042	3.455	20.322	20.322
2	2.643	15.549	46.591	2.923	17.195	37.517
3	1.560	9.177	55.769	2.265	13.322	50.839
4	1.335	7.851	63.619	1.658	9.754	60.593
5	1.197	7.044	70.663	1.445	8.502	69.095
6	1.043	6.132	76.796	1.309	7.701	76.796
7	0.862	5.068	81.864			

表 13-15 旋转主成分矩阵

指标	Component					
	1	2	3	4	5	6
感应度	**−0.827**	0.122	0.075	−0.257	0.211	0.144
影响力	0.195	**−0.613**	−0.085	−0.180	0.308	−0.148
影响范围	**0.708**	0.104	−0.051	−0.019	−0.118	0.282
产值规模	0.552	**0.611**	0.465	0.121	−0.124	−0.055
利税规模	0.348	**0.854**	0.164	−0.068	−0.095	−0.025
就业规模	**0.796**	0.209	0.211	0.166	0.012	0.061
固定资产规模	0.293	0.175	**0.732**	0.225	0.069	0.103
新增固定资产投资	0.076	0.143	0.088	**0.893**	−0.079	0.151
资本形成直接分配系数	0.259	−0.063	0.071	**0.778**	−0.083	−0.258
产值增速	**0.708**	0.278	0.205	0.138	0.022	0.447
就业增速	−0.076	0.182	**0.850**	0.033	0.022	0.232
比较劳动生产率	−0.310	**0.642**	0.547	−0.036	0.066	−0.132
专业技术人员数	0.381	0.053	**0.501**	−0.106	−0.378	−0.334
总资产贡献率	−0.385	0.059	−0.189	−0.015	**0.653**	−0.105
产值利税率	0.243	**0.880**	0.071	0.039	0.173	−0.059
需求弹性	0.020	−0.099	0.167	−0.132	**0.800**	0.010
区位熵	0.238	−0.087	0.172	−0.079	−0.067	**0.827**

注：提取方法：主成分分析法。旋转方法：最大方差与凯瑟标准化。9阶迭代次数旋转收敛。

根据表13-16分析情况，对各指标或变量主要划分为六大对应因子。

因子一:感应度、影响范围、就业规模、产值增速;因子二:影响力、产值规模、利税规模、比较劳动生产率、产值利税率;因子三:固定资产规模、就业增速、专业技术人员数;因子四:新增固定资产投资、资本形成直接分配系数;因子五:总资产贡献率、需求弹性;因子六:区位熵。

表 13-16 主成分得分系数矩阵

指标	Component					
	1	2	3	4	5	6
感应度	-0.293	0.099	0.072	-0.053	0.024	0.194
影响力	0.202	-0.281	0.102	-0.121	0.256	-0.187
影响范围	0.226	0.029	-0.129	-0.091	-0.006	0.158
产值规模	0.121	0.134	0.102	-0.029	-0.011	-0.115
利税规模	0.070	0.336	-0.122	-0.118	-0.031	-0.042
就业规模	0.257	-0.002	0.012	0.006	0.127	-0.047
固定资产规模	0.022	-0.112	0.371	0.092	0.104	0.003
新增固定资产投资	-0.125	0.035	-0.041	0.599	0.012	0.172
资本形成直接分配系数	0.024	-0.083	0.027	0.475	0.041	-0.201
产值增速	0.177	0.053	-0.035	0.022	0.106	0.283
就业增速	-0.129	-0.107	0.466	0.005	-0.003	0.134
比较劳动生产率	-0.169	0.181	0.219	-0.024	0.009	-0.097
专业技术人员数	0.114	-0.132	0.307	-0.195	-0.236	-0.356
总资产贡献率	-0.037	0.092	-0.098	0.090	0.453	-0.046
产值利税率	0.062	0.374	-0.182	-0.008	0.170	-0.052
需求弹性	0.127	-0.086	0.128	-0.037	0.607	-0.052
区位熵	-0.013	-0.061	0.042	-0.045	-0.058	0.630

注:提取方法:主成分分析法。旋转方法:最大方差与凯瑟标准化。

(2)综合得分排名。通过 regression 法得到了各个因子的得分函数,相应的矩阵如表 13-16 所示。根据上述分析结果,这里计算各个行业得到的每个因子的得分如表 13-17 所示。

表 13-17 因子综合得分排序（由高到低）

分类	编号	fac_1	fac_2	fac_3	fac_4	fac_5	fac_6	综合得分
金融保险业	32	0.82	4.53	0.40	−1.28	−1.05	−0.42	0.75
房地产业	33	0.20	0.99	0.01	5.16	−0.56	0.54	0.71
租赁和商务服务业	34	1.87	1.37	−0.63	−0.55	0.65	0.84	0.60
批发和零售贸易业	30	1.56	0.91	0.06	−0.20	0.64	−0.13	0.51
交通运输及仓储业	27	0.84	−0.14	1.09	0.59	0.85	0.73	0.48
信息传输、计算机服务和软件业	29	0.66	−0.80	3.99	−0.19	−0.65	0.23	0.47
旅游业	35	1.12	−0.79	0.46	−0.49	2.71	0.49	0.37
电力、热力的生产和供应业	23	−0.91	0.39	2.71	−0.38	0.61	−0.32	0.23
公共管理和社会组织	42	1.07	0.20	−0.82	0.09	0.10	0.53	0.20
建筑业	26	1.70	−0.63	−0.08	1.12	−0.28	−1.59	0.19
综合技术服务业	37	0.12	−0.84	−0.31	−0.39	−0.86	4.30	0.06
邮政业	28	−0.49	0.11	−0.26	−0.08	0.10	2.07	0.04
住宿和餐饮业	31	0.35	−0.19	−0.39	−0.02	−0.06	0.64	0.03
教育事业	39	1.40	−0.52	0.54	−0.74	−1.41	−0.79	0.01
金属矿采选业	04	−1.58	0.57	−0.09	0.10	2.97	−0.37	0.00
其他社会服务业	38	0.61	−0.47	−0.94	−0.47	0.59	0.48	−0.04
通用、专用设备制造业	16	0.32	−0.55	−0.34	1.08	0.00	−1.15	−0.06
其他制造业	21	−0.17	−0.59	0.20	0.03	0.67	−0.57	−0.09
煤炭开采和洗选业	02	−1.35	0.39	−0.45	0.07	1.96	−0.11	−0.10
通信设备、计算机及其他电子设备制造业	19	−0.17	−0.71	0.86	−0.20	−0.11	−0.65	−0.12
交通运输设备制造业	17	−0.20	−0.53	0.02	0.03	0.55	−0.79	−0.14
仪器仪表及文化办公用机械制造业	20	−0.33	−0.09	−0.35	−0.34	0.12	−0.08	−0.16
电气、机械及器材制造业	18	−0.16	−0.18	−0.43	−0.21	−0.04	−0.41	−0.18
化学工业	12	−0.12	−0.21	−0.32	−0.15	−0.43	−0.47	−0.19
燃气生产和供应业	24	−0.75	0.60	−0.53	−0.20	−0.77	−0.26	−0.22
石油加工、炼焦及核燃料加工业	11	−0.65	0.50	−0.99	−0.33	−0.13	−0.34	−0.25

(续表)

分类	编号	fac_1	fac_2	fac_3	fac 4	fac_5	fac_6	综合得分
服装皮革羽绒及其制品业	08	0.60	-0.78	-0.94	-0.41	-0.43	-0.56	-0.26
造纸印刷及文教用品制造业	10	-0.28	-0.20	-0.75	-0.23	-0.30	-0.32	-0.26
金属制品业	15	-0.28	-0.34	-0.64	-0.24	-0.47	-0.26	-0.28
木材加工及家具制造业	09	-0.20	-0.70	-0.44	-0.16	-0.55	-0.49	-0.32
石油和天然气开采业	03	-3.01	1.01	0.82	0.24	-0.98	0.44	-0.36
非金属矿物制品业	13	-0.64	-0.33	-0.48	-0.34	-0.59	-0.51	-0.37
纺织业	07	-0.25	-0.56	-0.84	-0.32	-0.69	-0.66	-0.40
非金属矿采选业	05	-1.21	-0.27	-0.35	-0.11	-0.54	-0.10	-0.40
水的生产和供应业	25	-0.50	-1.15	0.20	-0.49	-1.62	0.05	-0.45

从表13-17中可以看出2007年北京市前十位的主导性产业分别为：金融保险业，房地产业，租赁和商务服务业，批发和零售贸易业，交通运输及仓储业，信息传输、计算机服务和软件业，旅游业，电力、热力的生产和供应业，公共管理和社会组织，建筑业；此外2007年排名靠后的后十位产业分别为：石油加工、炼焦及核燃料加工业，服装皮革羽绒及其制品业，造纸印刷及文教用品制造业，金属制品业，木材加工及家具制造业，石油和天然气开采业，非金属矿物制品业，纺织业，非金属矿采选业，水的生产和供应业。

下面使用同样的方法对北京市2003—2006年主导产业集中的产业进行主导产业排序（篇幅有限，部分统计表格未列出），得到2003—2007年北京市主导产业排序表（见表13-18）。

表13-18 2003—2007年北京市主导产业位次变化情况

分类	编号	2007年排名	2006年排名	2005年排名	2004年排名	2003年排名	2003—2007年位次变化
金融保险业	32	1	15	12	9	12	11
房地产业	33	2	7	15	22	13	11
租赁和商务服务业	34	3	6	1	3	18	15
批发和零售贸易业	30	4	12	9	—	—	5*
交通运输及仓储业	27	5	1	35	14	28	23

（续表）

分类	编号	2007年排名	2006年排名	2005年排名	2004年排名	2003年排名	2003—2007年位次变化
信息传输、计算机服务和软件业	29	6	3	4	2	2	-4
旅游业	35	7	8	2	8	25	18
电力、热力的生产和供应业	23	8	2	5	10	26	18
公共管理和社会组织	42	9	16	21	20	17	8
建筑业	26	10	11	7	5	1	-9
综合技术服务业	37	11	20	25	12	4	-7
邮政业	28	12	29	26	36	29	17
住宿和餐饮业	31	13	17	30	29	24	11
教育事业	39	14	27	17	26	16	2
金属矿采选业	4	15	18	18	1	35	20
其他社会服务业	38	16	26	19	31	8	-8
通用、专用设备制造业	16	17	9	8	16	10	-7
其他制造业	21	18	13	3	—	—	-15*
煤炭开采和洗选业	2	19	21	29	15	19	0
通信设备、计算机及其他电子设备制造业	19	20	5	6	11	6	-14
交通运输设备制造业	17	21	10	11	7	5	-16
仪器仪表及文化办公用机械制造业	20	22	23	14	19	15	-7
电气、机械及器材制造业	18	23	30	16	18	14	-9
化学工业	12	24	22	20	4	7	-17
燃气生产和供应业	24	25	28	32	24	31	6
石油加工、炼焦及核燃料加工业	11	26	34	10	17	11	-15
服装皮革羽绒及其制品业	8	27	32	13	33	30	3
造纸印刷及文教用品制造业	10	28	25	24	25	21	-7
金属制品业	15	29	31	22	23	20	-9
木材加工及家具制造业	9	30	19	23	32	27	-3

（续表）

分类	编号	2007年排名	2006年排名	2005年排名	2004年排名	2003年排名	2003—2007年位次变化
石油和天然气开采业	3	31	4	34	35	36	5
非金属矿物制品业	13	32	24	31	27	32	0
纺织业	7	33	33	28	30	33	0
非金属矿采选业	5	34	14	33	28	34	0
水的生产和供应业	25	35	35	27	34	22	-13

注：＊数值为2005—2007年排名变化情况；2005—2007年与2003—2004年由于产业集选取略有差异，以致产业排位上有所差别，2003—2004年产业分类中科学研究事业(36)，金属冶炼及压延加工业(14)，文化、体育和娱乐业(41)未入选2005—2007年产业集。

3. 北京2003—2007年前六位主导产业因子分析

我们可以根据需要选择主导产业的数量，排名的先后为各项指标综合考虑的结果。这里通过图13-4，详细分析2007年前六个行业的各项指标情况。由此可以看出金融保险业在fac_2经济辐射拉动和经济效益等方面较为突出；房地产业在fac_4新增资本投资方面较为突出；信息传输、计算机服务和软件业在fac_3专业技术人员、就业增速上较为突出。

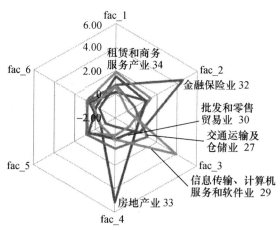

图13-4　北京市2007前六位主导产业六因子分析

根据2006年的情况，同样选择了六个公因子，方差综合达到74.5%。各变量对应的因子如下。因子一：利税规模、就业规模、固定资产规模、产值利税率;因子二:影响力、影响范围、产值增速、就业增速;因子三:产值规模、比较劳动生产率;因子四:新增固定资产投资、区位熵;因子五:感应度、资本形成直接分配系数;因子六:专业技术人员数、总资产贡献率、需求弹性。按照上述步骤得到各行业的主导产业排名,具体位次见表13-18。

下面根据需要选择主导产业的数量,排名的先后为各项指标综合考虑的结果。这里通过图13-2,详细分析2006年前六位主导产业的各项指标情况。由此可以看出租赁和商务服务业,信息传输、计算机服务和软件业在fac_1利税等经济效益方面比较突出;石油和天然气开采业在fac_2经济辐射拉动等方面比较突出;电力、热力的生产供应业,通信设备、计算机及其他电子设备制造业在fac_3劳动力比较优势等方面比较突出。

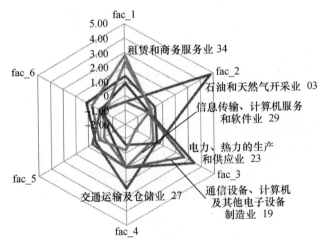

图13-5　北京市2006前六位主导产业六因子分析

根据2005年的情况,同样选择了六个公因子,方差综合达到73.9%。各变量对应的因子如下。因子一:利税规模、专业技术人员数;因子二:产值规模、产值增速、就业增速、比较劳动生产率;因子三:感应度、就业规模、资本形成直接分配系数;因子四:固定资产规模、新增固定资产投资;因子五:影响力、影响范围、区位熵;因子六:产值利税率、需求弹性。按照上述步骤得到各行业的主导产业排名,具体位次见表13-18。

下面根据需要选择主导产业的数量,排名的先后为各项指标综合考虑的结果。这里通过图13-3,详细分析2005年前六位主导产业的各项指标情况。由此可以看出租赁和商务服务业,信息传输、计算机服务和软件业在 fac_1 利税规模和专业技术人员等方面比较突出;电力、热力的生产和供应业,通信设备、计算机及其他电子设备制造业在 fac_2 产值规模、就业增速等方面比较突出;旅游业在 fac_6 需求弹性等方面比较突出。

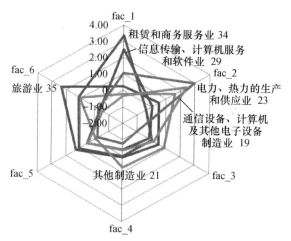

图 13-6　北京市 2005 年前六位主导产业六因子分析

根据 2004 年的情况,同样选择了六个公因子,方差综合达到 75.2%。各变量对应的因子如下。因子一:感应度、总资产贡献率、产值利税率、需求弹性;因子二:影响范围、固定资产规模、新增固定资产投资;因子三:利税规模、就业规模;因子四:影响力、资本形成直接分配系数、就业增速;因子五:产值增速、区位熵;因子六:产值规模、比较劳动生产率、专业技术人员数。按照上述步骤得到各行业的主导产业排名,具体位次见表 13-18。

下面根据需要选择主导产业的数量,排名的先后为各项指标综合考虑的结果。这里通过图 13-4,详细分析 2004 年前六位主导产业的各项指标情况。由此可以看出金属矿采选业在 fac_1 感应度等经济推动力方面较为突出;租赁和商务服务业在 fac_3 就业规模等方面较为突出;建筑业在 fac_4 影响力等经济拉动力方面较为突出。

根据 2003 年的情况,同样选择了六个公因子,方差综合达到 77.2%。各变量对应的因子如下。因子一:新增固定资产投资;因子二:感应度、影响范围;因子三:利税规模、就业规模、固定资产规模、就业增速;因子四:

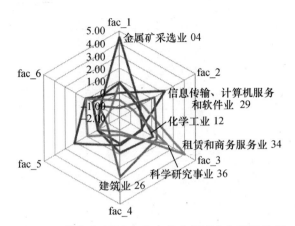

图 13-7　北京市 2004 年前六位主导产业六因子分析

产值规模、比较劳动生产率、总资产贡献率;因子五:影响力;因子六:专业技术人员数、需求弹性。按照上述步骤得到各行业的主导产业排名,具体位次见表 13-18。

2003 年北京市前十位的主导性产业分别为:建筑业,信息传输、计算机服务和软件业,科学研究事业,综合技术服务业,交通运输设备制造业,通信设备、计算机及其他电子设备制造业,化学工业,其他社会服务业,文化、体育和娱乐业,通用、专用设备制造业;此外 2003 年排名靠后的后十位产业分别为:木材加工及家具制造业,交通运输及仓储业,邮政业,服装皮革羽绒及其制品业,燃气生产和供应业,非金属矿物制品业,纺织业,非金属矿采选业,金属矿采选业,石油和天然气开采业。下面根据需要选择主导产业的数量,排名的先后为各项指标综合考虑的结果。这里通过图 13-5,详细分析 2003 年前六位主导产业的各项指标情况。由此可以看出综合技术服务业在 fac_1 新增固定资产投资等方面较为突出;建筑业、科学研究事业在 fac_3 就业等方面较为突出。

北京市 2007 年按主导性排名前十位的产业分别为:金融保险业,房地产业,租赁和商务服务业,批发和零售贸易业,交通运输及仓储业,信息传输、计算机服务和软件业,旅游业,电力、热力的生产和供应业,公共管理和社会组织,建筑业;排名后十位的产业分别为:石油加工、炼焦及核燃料加工业,服装皮革羽绒及其制品业,造纸印刷及文教用品制造业,金属制品业,木材加工及家具制造业,石油和天然气开采业,非金属矿物制品业,纺织业,非金属矿采选业,水的生产和供应业。由此可见,北京社会经

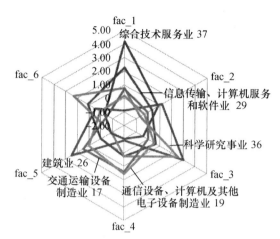

图 13-8　北京市 2003 年前六位主导产业六因子分析

济的发展主要依赖于第三产业,特别是以金融保险业为代表的现代服务业,而服装、家具等传统制造业和石油加工等重化产业在北京都已经处于比较弱势的地位。

进一步从表 13-18 的分析结果来看,北京市从 2003 年以来,新兴的或获得长足发展的行业主要也是以现代服务业为代表的第三产业,而第二产业,无论是轻工业还是重化工业都处于不断削弱过程中,相对地位都处于下降过程中,由此表明北京市从社会经济发展阶段上来看已经明显地进入了后工业化社会阶段。例如,从 2003 年到 2007 年,北京主要产业主导位次上升前十位的分别是:交通运输及仓储业,金属矿采选业,旅游业,电力、热力的生产和供应业,邮政业,租赁和商务服务业,金融保险业,房地产业,住宿和餐饮业,公共管理和社会组织;主导位次下降最严重的十位产业分别是:化学工业,交通运输设备制造业,石油加工、炼焦及核燃料加工业,其他制造业,通信设备、计算机及其他电子设备制造业,水的生产和供应业,金属制品业,电气、机械及器材制造业,建筑业,其他社会服务业。

北京从 2003 年以来,一方面第三产业对地方经济的引领和辐射带动作用呈现不断增强的趋势;另一方面,第二产业无论是轻工业还是重化工业都处于弱化的趋势。与此对应天津市则基本呈现出与其相反的产业发展趋势(张辉,2010)。如此一来,北京的地方工业化进程不但迥异于世界一般规律,而且也会有别于上海市的工业化进程(Chenery, Robinson and Syrquin,1986；Chenery and Syrquin,1977；Kumar and Russell,2002；陈和、隋广军,2010)。本研究认为北京和天津只有走一体化发展的道路,才能最终克服双方第二产业和第三产业不平衡发展的窘境,天津通过借助北京第三产业发展的绝对优势来弥补自身第三产业发育不足的问题,而北京则可通过借助天津第二产业不断增强的发展优势来弥补自身第三产业缺乏第二产业有效支撑的问题。也就是说,京津双头联动发展模式下,主要由天津来完成钱纳里等所界定的工业化内容,而由北京来完成后工业化乃至现代化阶段的主要内容。更进一步从空间发展形态来看,以京津为核心的环渤海经济圈,将走出一条有别于长江三角洲上海单核驱动的大都市连绵区模式。未来北京必须在与天津紧密分工合作中,加强区域整合力度,通过这种"双头驱动模式"努力打造北方经济中心乃至世界性的大都市连绵区。

13.2 北京市能源的配置——节能减排

城市的能源有效配置是建设和谐城市的重要方面。降低能源消耗对城市环境非常重要,对合理的资源配置也很重要。这里通过对节能减排在行业间的问题分析,考察北京能源配置的方案。把2002年投入产出表中的42个产品部门归并成三大部门,分别为采掘业、能源和资源产品加工和供应业以及其他部门。其中,采掘业包括四个大类一级的部门：煤炭开采和洗选业,石油和天然气开采业,金属矿采选业和非金属矿采选业；能源和资源产品加工和供应业也包括四个子部门：石油加工、炼焦及核燃料加工业,电力、热力的生产和供应业,燃气生产和供应业以及水的生产和供应业；一般生产部门则包括未包括在以上两个大分类在内的所有生产部门。按照这一分类,我们可以把2002年42×42产品部门的投入产出表归并为一个反映能源、资源产业和国民经济一般生产部门关系的投入产出表(见表13-19)。

表 13-19 2002 年采掘业、能源和资源工业以及一般生产部门的投入产出表

(单位:亿元,按当年生产者价格计算)

	产品部门	中间需求				最终需求	总产出
		采掘业	能源和资源工业	一般生产部门	合计		
中间投入	采掘业	352.26	5 103.85	5 135.50	10 591.61	−274.42	10 317.1
	能源和资源工业	934.94	1 220.90	11 566.91	13 722.74	1 203.81	14 926.5
	一般生产部门	3 063.39	3 235.34	160 958.51	167 257.2	120 929.52	288 186.7
	合计	4 350.59	9 560.08	177 660.92	191 571.6	121 858.9	313 430.5
	增加值	5 966.60	5 366.47	110 525.84	121 858.9		
	总投入	10 317.19	14 926.55	288 186.76	313 430.5		

从表 13-19 中,采掘业的最终需求为负数。这说明这个部门的净出口小于最终消费和投资之和,或者说净进口大于国内需求。这说明 21 世纪以来,中国在经济增长中对国外能源和资源的依赖已经大大增加。对于资源和能源产业对国民经济活动的影响,可以从两个大的方面观察,先看国民经济对于采掘业、能源和资源工业的投入产出关系。表 13-20 列出的是三个部门的直接消耗系数扩展矩阵。

表 13-20 2002 年采掘业、能源和资源工业以及一般生产部门的直接消耗系数矩阵

	产品部门	中间需求			
		采掘业	能源和资源工业	一般生产部门	合计
中间投入	采掘业	0.0341	0.3419	0.0178	0.0338
	能源和资源工业	0.0906	0.0818	0.0401	0.0438
	一般生产部门	0.2969	0.2168	0.5585	0.5336
	合计	0.4217	0.6405	0.6165	0.6112

从表 13-20 中看出,能源和资源工业对于采掘业有较强的依赖,每生产 1 单位的总产值,需要消耗 0.3419 单位的采掘业产品。而一般生产部门对于采掘业的直接消耗相对较小,只有 0.0178,但对于能源和资源工业的依赖较大,每生产 1 单位的总产值,需要消耗的能源和资源工业的产品为 0.0401,二者合计为 0.0579。也就是说,一般生产部门的总产值中,对采掘业、能源和资源工业的中间消耗为 5.79%。由于在采掘业、能源和资源工业的生产过程中也要发生相互消耗的情况,因此,从整个国民经济的角度观察,对这两个部门的消耗比例还要更大一些,从表 13-20 右边

合计栏中可以看到,整个国民经济每生产一个单位的总产值,所需要消耗的采掘业、能源和资源工业的产品为 0.0338 + 0.0438 = 0.0776,也就是说,在国民经济总产值中,采掘业、能源和资源工业的中间消耗所占的比例为 7.76%。对表 13-20 中的前三行和前三列的数据计算列昂惕夫逆阵,得表 13-21:

表 13-21　对 2002 年采掘业、能源和资源工业以及
一般生产部门计算的列昂惕夫逆阵

	采掘业	能源和资源工业	一般生产部门
采掘业	1.101361	0.429855	0.083536
能源和资源工业	0.144169	1.169234	0.112120
一般生产部门	0.811513	0.863157	2.376346

从表 13-21 的计算结果中可以推算出,一般生产部门每增加 1 单位的最终需求,需要采掘业提供 0.0835 单位的产品,需要能源和资源工业提供 0.1121 单位的产品。换句话说,一般生产部门生产的每一个单位的 GDP,需要这两个部门提供的产品为 8.36% 和 11.21%。这说明我国经济增长中对这两个部门的依赖是相当大的。

再看更加具体的部门对采掘业、能源和资源产品加工和供应业的需求。从前面的分析中可以看出,我国目前每形成一元钱的最终需求(消费、投资或净出口),需要对采掘业、能源和资源工业的直接或间接消耗为 0.2 元左右(8.36% + 11.21% = 19.56%),但是不同的产业部门,对能源和资源消耗的程度是不一样的。表 13-22 分别列出了 2002 年对采掘业、能源和资源产品加工和供应业产品需求最大的 10 个部门。先看采掘业,采掘业的产品 50% 左右提供给能源和资源产品加工和供应业。然后是金属冶炼及压延加工业,所占的比重为 17.87%,再接下来是化学工业,所占的比重为 9.35%。仅仅这三个部门的需求,就使用了采掘业近 75% 的产品。再看能源和资源产品加工和供应业(如电力部门),这一产业首先是用采掘业提供的资源进行生产,然后再提供给其他部门。可以看出,交通运输部门是能源和资源产业加工和供应业最大的用户,所占的比重达到 13.39%,接下来是化学工业和金属冶炼及压延加工业,分别占 11.78% 和 9.23%。这三个部门对能源和资源加工和供应业的需求占的比重超过 30%。和采掘业情况不同的是,各个部门对这一产业的需求比例的集中度不那么高。

表 13-22 2002 年对采掘业、能源和资源产品加工和供应业产品需求最大的 10 个部门

	部门	占采掘业总产品的比重（%）	部门	占能源和资源产品加工和供应业总产品的比重（%）
1	能源和资源产品加工和供应业	49.47	交通运输及仓储业	13.39
2	金属冶炼及压延加工业	17.87	化学工业	11.78
3	化学工业	9.35	金属冶炼及压延加工业	9.23
4	建筑业	6.81	能源和资源产品加工和供应业	8.18
5	非金属矿物制品业	5.44	建筑业	7.59
6	采掘业	3.41	采掘业	6.26
7	金属制品业	1.41	农业	4.10
8	通用、专用设备制造业	1.25	批发和零售贸易业	3.71
9	农业	0.95	非金属矿物制品业	3.57
10	交通运输及仓储业	0.74	通用、专用设备制造业	2.68
	合计	96.7	合计	70.5

交通运输业、化学工业、金属冶炼及压延加工业、建筑业，是影响我国能源和资源消耗的大部门。如果要降低整个国民经济的对能源和自然资源的单位消耗水平，一是使这些能源和资源消耗较大的部门进一步降低单位消耗，如在交通运输部门，应该考虑如何通过更加有效地安排交通工具、实现人流和物流更有效率地移动；二是在经济增长中，能源和资源的消耗主要应该服从内需的要求，应该降低对能源和自然资源依赖较大的产品在出口产品中所占的比重；三是在经济增长中，促进那些对能源和资源依赖较低的产业的发展，通过产业结构的调整和升级，来逐步降低整个国民经济中单位产出中的能源和资源消耗。

专题13

全国产业结构的变迁对经济效率的影响[①]

正如前文所述,合理畅通的资源配置需要合理的产业结构以及合理的资源配置。产业之间比例关系的变化并不一定意味着经济效率的提升。在不同发展阶段,产业结构变迁对经济效率提升和经济增长的贡献是不同的:

1. 从投入产出分析看产业结构变迁对经济效率的影响

直接消耗系数矩阵研究的是中间投入和总投入间的技术关系,而中间需求系数则衡量各个部门总需求中的中间需求和最终需求之间的比例关系。这两者都在一定程度上表明经济效率的变化。直接消耗系数矩阵主要反映的是国民经济中的技术关系,它的变动需要通过长期的技术进步而逐渐反映出来,而中间需求系数矩阵则反映了生产活动中各个部门间的经济关系,对它的改善的时效性相对较强。

我们用历年的投入产出数据,对中国1992年以来直接消耗系数和中间需求系数的变化趋势进行了分析,通过三大产业部门直接消耗系数矩阵和中间需求消耗矩阵时间序列研究了技术进步、产业结构变迁及价格变化对整个国民经济中间消耗水平的影响(刘伟、蔡志洲,2008)。

研究表明,在这一时期,技术进步对降低国民经济中间消耗的水平和改善经济增长效率做出了贡献,但由于价格关系的改变和中间消耗水平较高的部门比重增加,用现行价格反映的整个国民经济的中间消耗率反而是上升的。要改变这一趋势,保持我国的可持续发展,应将提高各部门的投入产出效率要和产业结构升级结合起来。

(1) 如果用现行价格编制的投入产出表进行动态分析比较,1992—2005年的国民经济的中间消耗水平整体上是上升的。中间消耗率由0.6060上升为0.6223,其中,由于技术因素使中间消耗因素提高了0.38%,而由于部门结构因素使中间消耗系数提高了1.25%,二者共同作用的结果使整个国民经济的中间消耗系数提高了1.63%。这说明,在

[①] 本部分内容是北京市哲学社会科学"十一五"规划重点项目《中国都市经济研究报告2008》的阶段性成果,项目编号:08AbJG228。摘自 刘伟,蔡志洲,张辉. 结构高度化、经济效率化与经济持续增长——中国改革开放30年经验和启示[C]. 2008.原文录于《社会主义理论研究精粹——纪念中国改革开放30周年(2008)》论文集。

对包含价格变动在内的国民经济投入产出价值量的分析中,结构变动对于中间消耗水平的影响大于技术因素。

(2) 按可比价格计算,1992 年至 2005 年整个国民经济的中间消耗率即直接消耗系数由 0.6060 下降到 0.5745,这反映了在消除价格变动因素之后,技术进步对降低经济增长过程中的中间消耗的贡献。其中,技术进步使国民经济的中间消耗水平降低了 4.56%,由产业结构变动所形成的影响为 -1.41%(即使中间消耗水平提高了 1.41%),二者共同作用的结果使整个国民经济的中间消耗率降低了 3.15%。这说明技术进步对提高这一阶段中国经济增长的效率做出了贡献。

(3) 对比按照不变价格和现行价格分别进行的分析,我们看到,对于技术进步,不仅要从技术角度考察投入产出关系,还要从经济角度考察产品价格和成本的关系。即使在技术进步的条件下,由于市场原因,还是可能出现一个部门单位产品的中间消耗比率上升的现象。我国近些年的发展就反映出了这一点,这就需要通过更大的技术进步,来抵消这种由于市场条件的变化造成的中间消耗的提高。

(4) 第二产业是改革开放以来在国民经济中所占比重最大,同时又是增长最快的生产部门。由于第二产业本身的生产性质,无论从现行价格还是可比价格来看,它的中间消耗率都是国民经济各部门中最高的。从新兴工业化国家和地区的经验看,在工业化进程中,国民经济中间消耗水平会随着轻纺工业替代农业成为主导产业的第一次产业升级、制造业替代轻纺工业成为主导产业的第二次产业升级而有所提高,但是随着第三次产业升级,即中间消耗水平较低的高新技术产业和第三产业逐渐成为经济增长的主导产业,整个国民经济的中间消耗水平会逐渐下降。中国目前正在进入这一阶段。在改善各个部门中间消耗水平的同时,注重新兴产业的发展和部门结构的优化,是降低整个国民经济中间消耗水平,实现可持续发展的重要途径。

2. 从要素生产率的分解,看产业结构变迁对经济效率的贡献

如果将技术进步和产业结构变迁从要素生产率中分解出来,我们可以将产业结构变迁对中国经济效率的贡献与技术进步的贡献相比较。研究表明,改革开放以来,产业结构变迁对中国经济增长的影响一度十分显著,但是,随着我国市场化程度的提高,产业结构变迁对经济增长的推动作用正在不断减弱(刘伟、张辉,2008)。20 世纪 80 年代,结构变迁效应的贡献率一直大于 50%,产业结构变迁对经济增长的贡献甚至超过了技

术进步的贡献;20世纪90年代初期和中期,产业结构变迁对经济增长的贡献和技术进步的贡献基本持平;1998年以后,产业结构变迁对经济增长的贡献变得越来越不显著,逐渐让位于技术进步,即产业结构变迁所代表的市场化的力量已经逐步让位于技术进步的力量。这样,克鲁格曼(Krugman,1994)所指出的不可持续的东亚增长模式与我国1998年之前的经济增长模式是比较类似的。不过1998年之后我国经济增长过程中,一方面要素投入增长的贡献率逐步降低而全要素生产率增长的贡献率不断提升;另一方面,在全要素生产率内部,产业结构变迁效应和净技术进步效应也呈现出了此消彼长的关系。由此可见,1998年之后我国经济增长模式已经越来越体现出了其自身的可持续性。

(1) 劳动生产率的分解

我们利用劳动生产率的分解式实证研究了改革开放以来结构效应(产业结构变迁对要素生产率提高的贡献度被称为结构效应)的趋势以及结构效应对劳动生产率增长的贡献度及其趋势。这些研究得出了以下几个结论:

在28年(1978—2006年)的改革开放历程中,三次产业的结构效应对总体劳动生产率增长的累积贡献度为38.5%。第一产业的结构效应是负值,但第一产业的产业内增长效应更显著,因为第一产业有内生的技术进步和技术效率提升。第二产业的结构变迁起到正面效应,但低于第二产业的产业内增长效应,说明第二产业的劳动生产率提高更大程度上取决于产业内的技术效率提升和技术进步。在三次产业中,第三产业的结构效应最显著。第三产业极大地解放了农村剩余劳动力的劳动生产力,提高了经济总体的劳动生产率,但第三产业的结构效应大于产业内增长效应,表明第三产业的劳动生产率的增长主要依赖于结构效应导致的资源配置效率的改善,而不是技术效率变化和技术进步。

结构效应受到宏观经济和有效需求的影响而呈现波动性。当经济处于繁荣时期,结构效应进一步放大了劳动生产率的增长;当经济处于低迷时期,结构效应呈现负值。结构效应的波动性表明产业结构的变迁是由需求结构的变化而推动的,这一特征对于二元经济特征明显的发展中国家尤其明显。

在1978—2006年中,第二、三产业的结构效应的贡献度是逐渐降低的。1991年之前,第二、三产业的结构效应的贡献度都大于50%。从1991年开始,第二产业的劳动生产率的增长开始摆脱依赖结构效应的状态,资本积累、技术进步和组织效率提高等导致的产业内增长效应开始在第二产业的劳动生产率增长中占据主导地位。1998年之前,第三产业依赖于粗放式增长,1998—2002年的通货紧缩对第三产业则是因祸得福,有效需求的萎缩和供过于求的状况促进优胜劣汰,逼迫企业在剧烈的市场竞争中降低生产成本、提高技术效率、加快技术进步,因此1998年是中国第三产业提高产业内技术效率、加快技术进步、转变经济增长方式的起点。

结构效应的贡献度呈现下降的趋势,主要是因为资源非效率配置和资源有效率配置之间的落差(不同产业的劳动生产率的差距)在不断减少。不过,结构效应并不会趋向于零,它仍会持续存在,仍将是未来中国经济增长中不可或缺的一个因素。

(2) 全要素生产率的分解

通过全要素生产率的分解,我们将技术进步和产业结构变迁从全要素生产率中分解出来,对产业结构变迁和技术进步对经济增长的推动作用进行横向和纵向的对比分析。通过全要素生产率的分解,我们不仅度量了结构变迁的作用及其在经济增长中的相对重要性,而且还分析了资本和劳动要素在三次产业之间的结构变迁,可以得出以下结论:

改革开放以来,产业结构变迁对中国经济增长的影响一度十分显著,结构变迁对全要素生产率的贡献度为43.5%。但是,随着我国市场化程度的提高,产业结构变迁对经济增长的推动作用正在不断减弱。1998年以后,产业结构变迁对经济增长的贡献变得越来越不显著,逐渐让位于技术进步,即产业结构变迁所代表的市场化的力量已经逐步让位于技术进步的力量。

资本要素的结构变化的分析表明中国经济出现资本深化过快的现象,资本劳动比增长远快于资本产出比,但更致命的是,资本边际报酬呈现下降的趋势,这对于依赖投资推动经济增长的中国经济而言是一个危险信号,因为投资增速一旦下降,经济增长就会减速。劳动要素的结构变化的分析显示单位资本所能带动的劳动正在减少,这从另外一个角度说明了资本正在迅速地替代劳动。这一方面可能导致资本边际报酬的下降,另一方面则限制了劳动就业规模的进一步扩大和农村剩余劳动力的转移,同时也加大了城市的第二、三产业与农村的第一产业的劳动收入差距。

对三次产业的比较研究发现,第一产业的资本和劳动边际报酬上升很慢,中国的工业化和城市化的道路仍很漫长。第二产业的高速的资本存量积累是出现资本深化过快和资本边际报酬递减的恶劣后果的主要原因。工业部门(第二产业的主体)资本深化速度过快,一方面导致资本边际报酬递减过快以及投资需求的增长趋缓,产出增长率可能会下降;另一方面,随之而来的是工业化所能带动的劳动就业增长率正在下降,这不利于劳动工资水平和人均收入水平的提高。与第二产业相比,第三产业的资本深化速度比较合理,资本和劳动要素的组合比例也在一个合理的范围内,而且第三产业创造就业的能力远大于第二产业,约为第二产业的四倍。尽管如此,第三产业的技术效率并不高,依然以外延式的增长为主,提高经济效率的任务仍很漫长。

第14章 建设和谐发展的世界性城市

14.1 高速发展的北京——经济密度的提高与城市化

2008年北京市的城镇化率已经达到了84.9%,不过城市化的水平不是一个城镇化率能够完全描述和衡量的,北京还有许多方面需要改进。

城乡差距是全国都面临的一个普遍问题,对于北京而言也是如此。城乡居民收入差距的绝对值在扩大,而二者的比值也在不断增大,如表14-1所示。

表14-1 北京市城乡居民收入差距

年份	城镇居民可支配收入（元）	农村居民可支配收入（元）	城镇居民收入/农村居民收入
1978	365.4	224.8	1.6254
1979	415	250	1.6600
1980	501.4	308.1	1.6274
1981	514.1	361.4	1.4225
1982	561.1	430.2	1.3043
1983	590.5	519.5	1.1367
1984	693.7	664.2	1.0444
1985	907.7	775.1	1.1711
1986	1 067.5	823.1	1.2969
1987	1 181.9	916.4	1.2897
1988	1 437	1 062.6	1.3523
1989	1 597.1	1 230.7	1.2977
1990	1 787.1	1 297.1	1.3778
1991	2 040.4	1 422.3	1.4346
1992	2 363.7	1 568.8	1.5067
1993	3 296	1 854.8	1.7770
1994	4 731.2	2 422.1	1.9533

(续表)

年份	城镇居民可支配收入（元）	农村居民可支配收入（元）	城镇居民收入/农村居民收入
1995	5 868.4	3 208.5	1.8290
1996	6 885.5	3 562.7	1.9327
1997	7 813.1	3 762.4	2.0766
1998	8 472	4 028.9	2.1028
1999	9 182.8	4 316.4	2.1274
2000	10 349.7	4 687	2.2082
2001	11 577.8	5 274.3	2.1951
2002	12 463.9	5 880.1	2.1197
2003	13 882.6	6 496.3	2.1370
2004	15 637.8	7 172.1	2.1804
2005	17 653	7 860	2.2459
2006	19 978	8 620	2.3176
2007	21 989	9 559	2.3003
2008	24 725	10 747	2.3006

正所谓"冰冻三尺非一日之寒"，北京的城乡二元结构的形成也是有历史渊源的，要解决农村问题，就必须从制度上入手：既然是价格管制剪刀差限制了农民收入的提高，那就应该放开管制，让市场自行调节农产品价格和农业生产；既然农民不具有土地的产权，进而不能享受到改革开放带来的福利，那就赋予农民产权，让其能够在城市化过程中得到收入；既然城乡隔离的户籍管理制度限制了农民的流动，进而限制了农村土地的流转，影响到规模经济的实现，那就应该改革这种户籍制度并完善社会保障体系，促进劳动力的自由流动。

14.2 自由发展的北京——开放畅通的城市发展

北京的交通拥堵是众所周知的，而这拥堵既有城市规划缺乏远见的原因，也是城市发展人口数量增长和密度提高的后果。在这样的背景下，加快北京周边区县的发展、建设卫星城就应该提上议事日程。卫星城可以有效缓解城市化带来的污染、拥堵等问题。

14.3 特色发展的北京——区县一体化与京津唐一体化

14.3.1 北京各区县的区域一体化

区县间的和谐发展作为北京市和谐发展的一个重要方面,正在获得社会以及政府的有效重视。城市的区县发展体现了城市内(intra-urban)的公平,也能反映城市增长模式(urban growth)的方向,同时也将对城市经济(urban economy)和城市交通系统(transportation system)产生间接影响。北京市内城到外城的发展,以及经济增长极从单核心到多核心的变化,都附带着对城市区县的影响。从上文中已经看到在产业结构方面,北京区县的发展主要分为三个层次:第一层次为,东城、西城、宣武、崇文;第二层次为,海淀、朝阳、丰台;第三层次为剩余的郊区县。而这仅仅是从产业结构和专业化生产角度,从整体经济发展而言,需要通过聚类分析考察其经济一体化程度。本部分将对各区县的经济及社会发展结构进行聚类分析,考察各个区县是否能有效形成有机经济体,以及将来发展的方向。

考虑到经济开发区的特殊性,这里选择了18个区县的经济社会变量进行聚类分析。考虑的变量主要为经济总量、经济结构、贸易指标、资本投资、人均收入和就业指标。考虑到各个变量之间可能存在的显著相关性,首先通过因子分析建立综合评价的指标体系。选择的变量为:GDP、存款总额、贷款总额、从业人员数、财政收入、财政支出、二产产值、三产产值、进出口总额、使用外资、全社会固定资产投资、工业企业资产利润率、限额以上第三产业资产利润率、地均GDP、人均GDP、从业人员人均报酬、失业率。通过对变量进行主成分分析和因子荷载矩阵分析,得到三个主要因子,对应的因子旋转矩阵如表14-2所示。

表14-2 旋转主成分矩阵

	主成分		
	1	2	3
GDP	**0.874**	0.448	0.066
存款总额	0.610	**0.760**	0.034
贷款总额	0.393	**0.879**	0.042
从业人员数	**0.907**	0.316	0.065

(续表)

	主成分		
	1	2	3
财政收入	**0.800**	0.576	0.044
财政支出	**0.951**	0.243	-0.097
二产产值	**0.915**	0.014	-0.229
三产产值	**0.828**	0.509	0.121
进出口总额	**0.736**	0.402	0.389
使用外资	**0.896**	0.263	0.251
全社会固定资产投资	**0.869**	0.080	0.376
工业企业资产利润率	-0.170	-0.033	-0.111
限额以上第三产业资产利润率	0.165	0.015	**0.887**
地均 GDP	-0.060	**0.991**	0.066
人均 GDP	0.162	**0.970**	-0.049
从业人员人均报酬	0.428	**0.838**	0.093
失业率	-0.359	**-0.462**	0.373

注：提取方法：主成分分析法。旋转方法：最大方差与凯瑟标准化。4阶迭代次数旋转收敛。表中黑体数据为对应的公因子。

通过聚类分析，使用三个因子对18区县进行聚类分析，得到的聚类结果并不明显，区县的区域一体化并没有明显形成，呈现出较为分散的结构，如表14-3所示。另外东城、西城、崇文、宣武不论在何种聚类分析结果中都位于同一类，这也说明了这四个区县的经济社会结构非常接近。其他区县则由于经济发展不平衡、经济没有形成有机结构而呈现分散的聚类分布。

表14-3　经济变量聚类结果

城区	Cluster	城区	Cluster	城区	Cluster
东城	2	石景山	1	昌平	1
西城	2	海淀	1	大兴	1
崇文	2	门头沟	1	怀柔	2
宣武	2	房山	1	平谷	1
朝阳	1	通州	1	密云	2
丰台	1	顺义	2	延庆	2

另一方面，当我们仅对经济生活变量进行聚类分析时，我们选择的变量为：人均GDP、人均存款、人均贷款、从业人员报酬、失业率。结果如表14-4所示。

表 14-4 生活变量聚类结果

城区	Cluster	城区	Cluster	城区	Cluster
东城	2	石景山	1	昌平	1
西城	2	海淀	1	大兴	1
崇文	1	门头沟	1	怀柔	1
宣武	1	房山	1	平谷	1
朝阳	1	通州	1	密云	1
丰台	1	顺义	1	延庆	1

各城区的经济社会变量同样难以反映出明显的聚类结果,这在另一层面验证了北京地区人口分布、收入分布的不均匀以及没有形成区域一体的经济社会发展。以海淀区为例,海淀区的中关村地区是北京发展的一个核心,或者说城市增长极,但海淀仍然存在着区县内的不平等,如百望山地带的经济发展相对薄弱。区县之间同样如此,因此建设良好的区域一体化经济社会结构将有助于解决城市内部问题:城市不平等、城市交通、混合功能区等。在目前产业结构出现专业化发展的同时,经济总体和居民生活仍然难以形成一体化发展的经济。因此北京市的发展应该在现有产业结构的基础上,增加宏观调控,刺激地区之间的贸易,促进区域之间的联系,以此提高北京内部区县间一体化程度。

14.3.2 北京与京津唐地区的发展

北京与天津的发展表现为紧密的贸易结构、紧密的人才市场、紧密的地理位置以及紧密的社会合作。北京与天津的地理位置和历史注定为这块古老的土地设定了紧密合作的未来。改革开放以来,天津作为直辖市,特别是以第二产业为主的直辖市,在物质材料的建设上功不可没,在第三产业的发展和支持中,作用也蔚为可观。北京市以第三产业为主的发展战略,与天津市以第二产业为主的经济结构是京津唐地区发展的基础,同时也是两地合作的枢纽。从产业结构的高度而言,两地的经济高度都位列全国前茅,经济建设的效率高,经济建设的方向也向着高附加值产业迈进。

进一步的经济发展,特别是贸易密切行业的发展将会为京津唐地区的区域一体做出重要贡献。从投入产出角度,第二产业,特别是与其他行业关联密切的行业(如装备制造业等)将作为两地国民经济发展的支撑力量。同样,两地的开放型市场是两地贸易以及经济建设的基础,同样

1992 年以来的投入产出表表现出的各行业的影响力系数和感应度系数都有普遍的提高。正是这样,行业间的合作以及地区间的合作使得两地的经济发展紧密结合。

不论是从区县角度还是区域角度,北京都存在着自身的特色。区县间经济结构未形成明显的一体化,京津唐地区的经济发展达到的新一轮高度,都注定着北京市和谐发展的特色道路。就北京个体而言,发展北京市特色产业,特别是第三产业,对北京经济建设有着重要作用。在提高比较优势方面,北京市第三产业在全国乃至世界都存在着举足轻重的作用。另一方面,提高北京经济建设的全面能力,需要第二产业的全力支撑。天津市的有效地理位置,以及经济发展背景,都奠定了其作为北京市经济依托的地位。强大的第二产业,以及快速的贸易通道使得天津市的经济发展对北京市的发展意义重大。建设以区域一体化为目标,有特色的北京经济发展道路是北京市和京津唐地区发展的重要途径。

14.4 京津唐城市群一体化进程研究

张辉(2010)对京津地区的产业结构进行了详细细致的研究,认为北京和天津只有走一体化发展的道路,才能最终克服双方第二产业和第三产业不平衡发展的窘境,天津需通过借助北京第三产业发展的绝对优势来弥补自身第三产业发育不足的问题。在以后很长一段时间内,区域经济的一体化进程将是基地面临的新课题。

从空间发展形态来看,以京津为核心的环渤海经济圈,在未来北京与天津的紧密分工合作中,将通过"双头驱动模式"努力打造北方经济中心乃至世界性的大都市连绵区,这有别于长江三角洲的上海单核驱动模式。而就目前的区域经济发展水平来看,不宜把整个环渤海地区作为一个经济联系紧密的完整城市群来看待,因此在进行城市群一体化研究时,我们选取了环渤海经济圈核心地带的京津唐地区。在京津唐城市群范围的划分上,我们参考了代合治(1998)从城市化角度出发对我国城市群进行的界定,他将环渤海地区分为京津唐城市群、辽中南城市群以及山东半岛城市群等三个独立的城市群,其中京津唐城市群包括北京、天津、唐山、廊坊和秦皇岛五个城市。近年来,随着该地区的发展,尤其是交通格局的完善,京津对于周边城市的影响也在进一步加强,因此我们认为有必要对京津唐城市群进行部分调整,所运用的方法将会在后面详细说明;在选定了城市群城市以后,进一步运用中心性指数模型以及城镇等级—规模模型构建区域城市的空间模型,对京津唐城市群的一体化进程进行实证研究。

14.4.1 研究区域的再界定——断裂点模型的应用

传统意义上的京津唐城市群包括北京、天津和唐山组成的核心区,以及河北省的廊坊、秦皇岛共计五个城市,然而随着城市经济的迅猛发展以及国家级发展战略的制定,京津唐工业基地在环渤海经济区的中心地位日益凸显,其市场范围也在进一步扩大,为了更好地研究该地区区域经济一体化进程,我们有必要对京津唐地区的范围进行重新划定。结合我国的行政区划,我们发现位于华北平原的保定市与沧州市距离北京、天津较近,有可能在经济属性上可以划为京津唐地区的市场范围,其中保定大致位于北京与石家庄之间的连线上,沧州市大致位于天津市与济南市之间的连线上。为了确定这两个地级市在空间引力模型下究竟属于哪个中心城市的市场范围,我们应用断裂点公式加以计算。

断裂点(breaking point)是城市地理学的一个重要概念,是康弗利(P. D. Converse)于1949年对赖利(W. J. Reilly)的"零售引力规律"加以发展而得,因此又被称为赖利-康弗利(Reilly-Convers)分界点。

按照空间引力模型,一个城市对周围地区的吸引力,与城市的规模成正比,与距城市距离的平方成反比。照这一思路我们可对两个城市间的断裂点进行推导,首先,设定城市 i 吸引消费者在 i 地消费所产生的贸易额为 A_i,贸易额同 i 的人口成正比,同城市 i 到断裂点 x 的距离 d_{ix} 的平方成反比;其次再假设城市 i 和 j 的吸引力分别为 A_i 和 A_j,在分界点上,二者相等;最后由 $d_{ix} = d_{ij} - d_{jx}$,则可推导出出赖利-康弗利分界点或断裂点计算公式:

$$d_{ix} = d_{ij}/1 + \sqrt{P_j/P_i}$$

其中 d_{jx} 为断裂点距离 i 市的距离,d_{ij} 为两个城市间的公路里程,P_i 为 i 城市人口数量,P_j 为 j 城市的人口数量。在实际计算中,往往取两个城市间的直线距离,人口数据也可用地区生产总值等其他表示城市规模的数据代替。

从上式可以看出,基于赖利"零售引力规律"的断裂点实际上是对两个城市之间的市场范围加以区分,从而判定一片区域在经济属性上究竟属于哪个城市的市场范围,借以实现资源的优化配置。对于京津唐地区,我们亦会通过断裂点模型对研究的城市范围进行再度划定,确定北京与天津两市新的市场范围。

我们从《2009 年全国分市县人口统计资料》一书中查阅了四个城市的非农业人口数据,同时,运用 Google Earth 软件测量了北京市与石家庄市、天津市与济南市之间的距离。由于计算过程较为简单,这里不再详细叙述,最终计算出北京市与石家庄市之间的断裂点距离北京市约 200 公里,天津与济南之间的断裂点距离天津市约 200 公里,而保定市与北京市之间的距离为 140 公里,沧州市到天津市的距离为 130 公里。因此,这两个城市受到来自京津两市的影响大于自身省份中心城市的影响,从经济属性上可划分为京津的市场范围,故将其纳入城市群的范围进行计算。

14.4.2 中心性指数的计算

本部分将利用中心性指数的计算公式,结合京津唐地区七个主要城市的地区生产总值、人口数量和面积三项指标,以及各城市间公路里程来计算每个城市的中心性指数,借以分析京津唐地区城市群的总体结构。中心性指数的计算公式如下:

$$CI_j = \frac{\sqrt{GDP_j \times POPU_j}}{D_{jj}} + \sum_{i \neq j, i=1,2,\ldots,n} \frac{\sqrt{GDP_i \times POPU_i}}{D_{ij}}$$

公式中每个部分的具体含义已经在前面的部分中加以说明,这里不再详述。计算所涉及的统计数据由表 14-5 和表 14-6 给出,其中表 14-5 中的数据来源于中经网统计数据库,表 14-6 中的公路里程源自 Google Earth 软件的测算。

表 14-5　2009 年京津唐地区主要城市市区生产总值、人口与面积

城市	GDP(亿元)	人口(万)	面积(平方公里)	半径(公里)
北京	11 972	1 174.63	12 187	20.76
天津	7 030	802.9	7 399	16.18
唐山	1 919	307	1 230	6.60
秦皇岛	467	82.63	363	3.58
保定	481	106.25	312	3.32
沧州	327	53.29	183	2.54
廊坊	284	81.03	292	3.21

表 14-6　京津唐地区主要城市间公路里程　　　（单位：公里）

	北京	天津	唐山	秦皇岛	保定	沧州	廊坊
北京	0						
天津	138	0					
唐山	178	138	0				
秦皇岛	292	279	155	0			
保定	158	183	293	433	0		
沧州	214	115	237	376	157	0	
廊坊	56	110	172	312	150	176	0

将以上两个表格中的数据代入城市中心性指数的计算公式，分别得出七个城市的中心性指数数值，每个城市中心性指数 A、B 两个部分的构成情况如表 14-7 所示。

表 14-7　2009 年京津唐地区主要城市中心性指数构成情况与分级

城市	A 部分	B 部分	加总	等级
北京	180.63	49.76	230.39	1
天津	146.86	45.85	192.71	2
唐山	116.37	28.22	144.60	2
保定	68.05	16.26	84.32	3
廊坊	47.2	29.61	76.81	3
秦皇岛	54.82	10.10	64.92	3
沧州	51.89	12.54	64.43	3

将各城市中心性指数输入 ArcGis 软件，可得到图 14-1。

下面将根据计算结果简要分析京津唐地区城市群的总体结构特点。首先可以看出北京、天津以及唐山这三个核心城市的中心性指数要远高于余下四个城市，这种差异主要来源于 A 部分的数值。在 A 部分数值的核算中，我们发现排在第三位的唐山市的数值已经大约达到第四位保定市数值的两倍，这与三座核心城市在区域经济中的绝对领导地位是分不开的。从表 14-5 中可以看出，秦皇岛、保定、沧州以及廊坊四个城市市辖区在 2009 年的地区生产总值均不足 500 亿元，而唐山市的数值已经接近 2 000 亿元，北京市甚至超过了 10 000 亿元。七个城市自身经济实力以及规模上的巨大差异导致了 A 部分数值，即基于城市自身经济实力的中心性指数的巨大差异，并最终导致了城市中心性指数上的巨大差距。

第 14 章
建设和谐发展的世界性城市

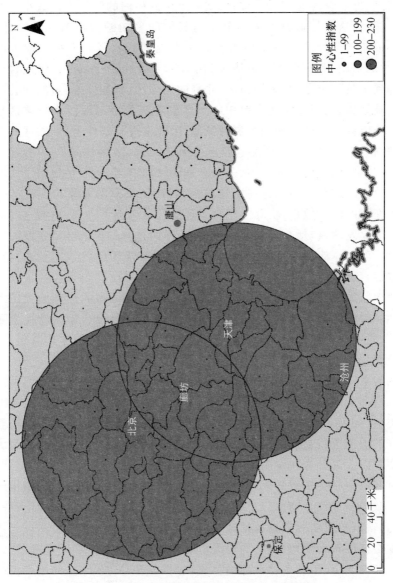

图 14-1　2009 年京津唐地区各城市中心性图示

需要指出的是,由于北京、天津两个直辖市的经济数据在统计口径上与其余五个地级市之间存在差异,会导致两个城市 A 部分的数值偏小。观察表 14-5 中的数据,对城市人口和面积之间的关系进行一个简单的计算,我们可以发现北京、天津两个城市单位面积内的居住人口远小于其他五座城市,这样的低密度人口分布与我们印象中的城市概况并不相符。这一偏差的产生源自直辖市与地级市在内部行政区划上存在较大的不同,举例来说,北京市作为地级市,在2009年的行政区划中,仅包含密云县与延庆县两个县,其余均为区;北京的远郊区,例如怀柔,虽然在行政级别上被划为区,但它和北京市中心城区的经济关系与地级市行政区划中的县级市县和主城区的关系更为类似,因此在经济属性上,怀柔区并不应该被划为市区的范围,但就地理学的概念而言,市区应该包括所有市辖区。在中经网统计数据库中,也未对远郊区加以区分,而是给出了所有市辖区数据的加总。由于存在上述原因,我们所获取的北京市与天津市两个直辖市的经济数据,实际上把众多远郊区也包括了进来,然而这些远郊区经济欠发达,包括众多农业地区,冲淡了两个直辖市的经济密度与人口密度。而对于唐山等地级市,我们所获得的市辖区经济数据大致与市区数据相符,地级市市区的经济密度与人口密度并没有因为包括了大量的农业地区而被冲淡,这一差异会导致直辖市与地级市的计算结果缺乏可比性。对于北京市,我们认为城八区的概念与地级市市辖区的概念更为相符,我们通过另外的途径获取了2009年北京城八区的生产总值、人口以及面积数据,发现城八区生产总值为9 572亿元,人口为772.29万,面积约为1 383平方公里,根据这些数据,北京市中心性A部分的数值约为405,远高于表14-7中的数值180。对于天津市,由于统计口径上与北京市类似,如果对天津市市区的概念重新厘定,可以预见,天津市中心性A部分的数值也将会远高于表14-7中的数值,与唐山市的指数拉开很大的差距。以上部分意在说明,北京、天津两个城市在该区域的经济地位强于通过城市中心性指数的反映,但这并非指数的设定存在问题,而是由于我国行政区划导致直辖市与地级市在市辖区经济数据的统计口径上存在差异,直辖市的市辖区数据包括远郊区等经济欠发达地区,经济密度与人口密度会被很大程度地冲散,而地级市的数据并不存在这样的影响。

  随着2010年城乡建设部编制的《全国城镇体系规划》的出台,北京、天津两个城市均被确立为全国中心城市,旨在通过双头模式驱动环渤海地区经济的发展。虽然从上面的计算结果来看,天津市与唐山市相比并不具备绝对的中心性优势,但正如上文所指出的那样,如果将数据的统计口径统一,天津市的中心性数值将会远高于排在第三位的唐山市,北京市与唐山市之间的差距也会进一步拉大。综合以上考虑,我们将北京、天津

第 14 章
建设和谐发展的世界性城市

两个城市作为区域的中心城市,其中北京市具有绝对核心的地位,而天津市则偏向相对核心,天津与其他城市相比更具备区域核心的性质,对外可为区域其他城市提供服务功能,但是服务功能不及北京,亦应该在产业规划上考虑与北京进行差异化发展,合理分配区内资源。

在确立了区域的中心城市以后,分别以北京、天津两个城市为圆心,100 公里为半径在图 14-1 中做出两个圆,从图中可以看出廊坊、沧州两个城市距离中心城市最近,然而这两个城市的生产总值在区域最低,中心性指数 A 部分的数值也位于末两位。按照增长极理论的观点,可以认为极化效应在京津唐地区现阶段的发展中占据了主要地位,京津双核城市的迅速发展促成周边城市的生产要素向核心城市聚集,反而促使周边地区与增长极间的贫富差距愈发明显,区域经济的一体化进程堪忧。近年来,随着京沪高铁建成通车,廊坊、沧州等城市与京津两个核心城市的交流也愈发密切,然而这一交流是会加快周边低等级城市的经济发展还是促使生产因素更快地向中心城市聚集,还需更多数据来观察。

以上就区域城市中心性 A 部分的数据进行了说明,并指出了京津唐地区城市圈在发展中存在的一些问题,接下来,我们将详细列出每个城市中心性 B 部分数值的构成情况,对城市群结构的总体特点做进一步分析。

表 14-8 中,每一纵列的数值均为 X 轴城市的人口乘以 Y 轴城市的地区生产总值开方,再除以两个城市之间的公路里程所得,即每一纵列的数值均为 X 轴城市中心性指数 B 部分的构成部分。因此我们将每一纵列的数值加总即可得到 X 轴城市 B 部分中心性指数的数值,而每一横行的数据可以看做 Y 轴城市对其他城市施加的影响。在上面的内容中,我们已经指出在该区域中,北京市为绝对核心城市,天津市偏向相对核心,对比表 14-8 前两个横行的数据,可以发现,在北京、天津两个城市对其余城市施加的影响力中,北京对秦皇岛、保定、廊坊三个城市的影响力均大于天津市,天津市仅在沧州市的数值大于北京,而对于唐山市,两个城市的影响力相当,因此北京市的市场区域范围要大于天津市,符合两个城市主要中心和次要中心的定位。对于余下的五个地级市,中心性 B 部分的数值明显小于北京与天津市,它们的数值也主要来源于这两个区域中心城市的影响,五个地级市之间的相互贡献值很小。因此,从 B 部分数值的构成情况,我们可以判定两个中心城市与其他城市之间的经济联系较为紧密,然而低等级城市间的相互联系较弱。

表 14-8 2009 年京津唐地区主要城市 B 部分中心性指数的构成情况

	北京	天津	唐山	秦皇岛	保定	沧州	廊坊
北京	0	22.47	10.77	3.41	7.14	3.73	17.59
天津	20.82	0	10.65	2.73	4.72	5.32	6.86
唐山	8.43	8.99	0	2.57	1.54	1.35	2.29
秦皇岛	2.54	2.19	2.44	0	0.51	0.42	0.62
保定	4.76	3.40	1.31	0.46	0	1.02	1.32
沧州	2.90	4.46	1.34	0.44	1.19	0	0.92
廊坊	10.31	4.34	1.72	0.49	1.16	0.70	0

以上部分我们计算了京津唐地区各城市的中心性指数,并界定了北京、天津两个城市在区域的主要影响范围,通过分析我们发现地区城市群为双中心结构,其中北京为绝对中心城市,天津偏向副核心位置,区域城市的经济联系呈现自上而下的结构,极化效应在经济的发展中占据了主要地位。由于资源向中心城市的聚集,低等级城市与中心城市的经济规模差距过于明显,城市的等级划分存在断层。在下面部分的内容中,我们将利用京津唐地区 1997—2009 年间城市首位度数据的变化,主要关注数据的动态变化规律。

14.4.3 城市规模的相对变化——城市首位度的计算

城市首位度(Primacy Level)是衡量城市规模的重要指标,最早由杰弗逊于 1939 年提出,为了计算简化和易于理解的需要,杰克逊提出了"两城市指数",用公式可以表示为 $S = \dfrac{P_1}{P_2}$,其中 S 为首位度,P_1、P_2 分别为一区域内最大城市的人口规模。根据我国城市人口的统计方法,人口规模一般采用市区非农业人口数。由于城市首位度的计算方式所限,一些学者认为难以全面衡量一国(一区域)的城市规模分布规律。因此,在对城市首位度进行修正的基础上,部分学者又提出了四城市与十一城市首位度。计算公式分别为:四城市首位度:$S = \dfrac{P_1}{(P_2 + P_3 + P_4)}$;十一城市首位度:$S = \dfrac{2P_1}{\sum_{i=2}^{11} P_i}$。

其中,$P_1, P_2, \cdots, P_{11}$ 是该区域各城市内人口规模按照由大到小进行排序后的各城市的人口数量。根据位序—规模法则,正常的规模分布四城市以及十一城市首位度指数应该接近于1,而两城市首位度为2。

首位度在一定程度上代表了城镇体系中的城市发展要素在最大城市的集中程度,通过首位度的动态变化,我们可以掌握区域城市规模的变化趋势,并大致判定京津唐城市群城市的规模分布是否合理。

首先需要说明的是,为了防止行政区划的变动对计算结果造成影响,并进一步影响我们对京津唐地区城市首位度的评价,我们人为地将行政区划固定在2010年不变,若之前某些年份不存在这一行政区,则保持行政区所包含的县级单位不变,例如2009年数据中的通州区与1997年的通县等同。由于模型要求,这里数据的处理方式与下面分形模型部分的处理方式一致,我们将七个城市进行拆分,得到了79个市县的样本。

由于计算涉及了12年的时间跨度,3年为一间隔,包括5组数据,碍于篇幅限制,不再将其一一列举,所有市县的非农业人口数据均源自《全国分市县人口统计资料》一书,表14-9为计算出的首位度数值。

表14-9 1997年到2009年京津唐地区城市首位度的变化

	1997	2000	2003	2006	2009
2城市首位度	1.47	1.49	1.41	1.61	1.65
4城市首位度	1.00	1.01	0.90	1.13	1.03
11城市首位度	1.47	1.45	1.21	1.43	1.34

根据位序法则,两城市首位度的理想值为2,而四城市和十一城市首位的理想值接近于1。对京津唐地区7个城市的计算结果显示,两城市首位度低于2,四城市首位度接近于1,十一城市首位度大于1。

根据公式的内涵,可以认为在京津唐地区的双核模式下,两城市的首位度的模型值并非处于理想状况。因此要实现区域经济的一体化进程,需要合理的产业安排,天津借助北京第三产业发展的绝对优势来弥补自身第三产业发育不足的问题,而北京则可借助天津第二产业不断增强的发展优势来弥补自身第三产业缺乏第二产业有效支撑的问题,即由天津来完成钱纳里等所界定的工业化内容,而由北京来完成后工业化乃至现代化阶段的内容是一个较为理想的选择(张辉,2010),是两个城市间的分工协作,而非相互挤占对方的市场空间。

就指数的动态发展而言,京津唐地区的城市规模结构日趋合理,两城市首位度呈上升趋势,向2靠拢,十一城市首位度呈下降趋势,向1靠拢,虽然动态数值显示城镇的规模趋于合理化,然而静态数值表明城市规模等级分布还需进一步优化。

14.4.4 基于分形理论的城镇等级—规模模型的应用

在这部分内容中,我们将运用城镇等级—规模模型对京津唐地区城市群的空间分布规则进行实证研究。由于这部分地区的地貌满足模型所需的均质平原假设,因此所有城市均可以包括在模型之内。确定了需要研究的城市以后,首先我们要对城市进行拆分,以便对研究区域所设计的市镇进行分级。在将两个直辖市和五个地级市拆分成市区以及地级市所辖的县级市县以后,一共得到了79个市镇样本。

需要指出的是,由于直辖市的行政区划与地级市相比较为特殊,直辖市所管辖的区包括了许多远郊区,这部分远郊区与中心城区的概念相距甚远,而类似于地级市下辖县市级的概念,因此在对北京与天津两个城市的数据进行处理时,我们对远郊区的概念加以区分,将远郊区单独出来而不作为城区的一部分,以便更准确地反映区域非农业人口的实际分布。例如,表14-10中北京市的数据为传统意义上的城八区(现为城六区)数据,北京市其他辖区与县均单独成为一个样本;天津市的数据为城六区与环城四区的加总,滨海新区的数据为天津市塘沽、汉沽、大港三区数据的加总,天津其他区县则单独成为样本。经过这样的处理,我们所得到的79个市县的非农业人口数量如表14-10所示。

表14-10　2009年京津唐地区79县非农业人口数量

城市	人口(万)	位序	城市	人口(万)	位序	城市	人口(万)	位序
北京市	736.20	1	蓟县	14.24	28	青龙满族自治县	7.72	55
天津市	445.44	2	迁安市	13.95	29	涞源县	7.54	56
唐山市	176.73	3	高碑店市	13.18	30	雄县	7.27	57
保定市	93.87	4	宝坻区	12.68	31	肃宁县	7.15	58
滨海新区	88.90	5	献县	12.22	32	满城县	7.08	59
秦皇岛市	82.63	6	怀柔区	11.90	33	沧县	6.99	60
廊坊市	51.15	7	徐水县	11.75	34	安新县	6.97	61
沧州市	50.51	8	延庆县	11.46	35	望都县	6.18	62
房山区	40.40	9	定兴县	11.45	36	固安县	6.16	63
任丘市	36.61	10	清苑县	11.38	37	孟村回族自治县	6.15	64
通州区	31.94	11	易县	11.11	38	吴桥县	6.03	65

第 14 章
建设和谐发展的世界性城市

（续表）

城市	人口（万）	位序	城市	人口（万）	位序	城市	人口（万）	位序
昌平区	31.24	12	静海县	10.78	39	大城县	5.82	66
大兴区	28.39	13	遵化市	10.73	40	南皮县	5.80	67
定州市	27.99	14	玉田县	10.65	41	海兴县	5.72	68
顺义区	27.31	15	盐山县	10.28	42	文安县	5.18	69
霸州市	24.70	16	蠡县	10.10	43	迁西县	5.01	70
平谷区	19.10	17	安国市	9.99	44	博野县	5.00	71
三河市	19.03	18	抚宁县	9.99	45	顺平县	4.91	72
泊头市	18.94	19	宁海县	9.84	46	容城县	4.84	73
涿州市	18.61	20	滦县	9.41	47	高阳县	4.08	74
门头沟区	18.46	21	唐县	9.20	48	涞水县	4.05	75
武清区	17.81	22	青县	8.87	49	永清县	4.03	76
河间市	17.65	23	卢龙县	8.86	50	阜平县	3.75	77
密云县	16.92	24	香河县	8.83	51	大厂回族自治县	3.25	78
黄骅市	16.38	25	滦南县	8.56	52	唐海县	1.82	79
昌黎县	15.32	26	乐亭县	8.49	53			
曲阳县	15.11	27	东光县	7.72	54			

得到表 14-10 以后，我们按照模型要求，以市县的非农业人口数量为依据，对所有市县进行分级，保证最高等级城市仅有一个。余下的城市，我们将排在第 N 位的城市人口与第 $N+1$ 位的城市人口数据相减，用得到的值除以第 N 位城市的数值，得到一个百分比，将明显的峰值作为划分城市等级的依据。通过这样的处理以后，我们共将 79 个城镇划分为 6 个等级，各等级城镇的个数以及平均人口如表 14-11 所示。

表 14-11 2009 年京津唐地区 79 市县人口分级

等级	人口范围（万）	城镇数量	平均人口
1	500 +	1	736.20
2	100—500	2	311.08
3	55—100	3	110.53
4	20—55	10	35.02
5	15—20	12	17.48
6	0—15	55	8.45

根据方程 $\ln N(r) = C - D\ln P_r + u$，对上述分组数据进行计量回归，求取分维数 D。其中 $N(r)$ 对应各等级城镇数量，P_r 对于平均人口。根据

EViews 6.0 软件的输出结果,求得的分维数 $D = 0.818$,$C = 5.225$,其 p 值分别为 0.0017 和 0.0005,说明回归所得的 D 值与 C 值较为显著;同时模型的 $R^2 = 0.9330$,拟合程度较高。根据 D 不同取值的经济学含义,此处 D 值小于 1,意味着京津唐地区城镇人口的分布并不均匀,首位城市北京的垄断力较强,而中等规模城市数量很少。

进而利用所求得的 D 值和公式 $P_r = P_1 \left(\sum_{i=1}^{r-1} K^i \right)^{-1/D}$,计算出不同分布规则下各级城市平均人口数预测值,并与各等级城市的实际值比较,初步判定京津唐地区城市的分布原则。

通过表 14-12 我们发现,采用回归所得分维数,对 $K = 3$ 即市场配置时的齐普夫公式进行修正后得到的结果是第二等级城市平均人口的模型预测值为 135.27 万人,距离实际的 311.08 万人差距较大,第三等级到第六等级城市的预测值与实际值也存在很大的偏差。而在 $K = 4$ 交通原则和 $K = 7$ 行政原则下,由于分母变大,各等级城市平均人口的模型预测值与实际值偏离更大。

表 14-12 实际 D 值下京津唐地区 79 个市县人口分布模型

(单位:万人)

等级	实际值	$K = 3$	$K = 4$	$K = 7$
1	736.20	736.20	736.20	736.20
2	311.08	135.27	102.99	57.99
3	88.47	32.04	17.83	5.26
4	35.02	8.11	3.23	0.49
5	17.48	2.10	0.59	0.05
6	8.45	0.55	0.11	0.00

在不改变最高等级城市划分的情况下,我们又尝试了其他划分方式,如表 14-13 所示,发现无论是增加城市分级的级数,还是扩大各等级城市间实际平均人口的差额都无法缩小模型预测值与实际值间的差距。因此,我们认为该差距的产生原因与最初的城市等级划分是不显著相关的。回到模型本身来说,分维数对于不同等级的城市平均人口数的影响是相对固定的,在第一级城市人口规模一定时,下级城市的平均人口规模是与分维数成正比的,也就是分维数越大,下级城市的人口规模越大。这是与经济地理学的基本理论相一致的。

对于差距产生的原因,结合区域现状,我们认为是由于北京与天津两个特大型城市在仅仅 100 公里的范围内,相互联系太过密切,出现了同城化趋势。在上面的城市分级中,我们将天津市作为第二等级城市,然而这一第二等级城市表现得太过强势,侵占了第一等级城市北京市的市场空间,部分北京市的人口也会转移到天津市。这两个超大型城市仅仅相距 100 公里左右,近年来随着城际铁路的开通,城市间的经济交流更加密切,出现了同城化趋势。如果我们将北京市与天津市主城区作为一个整体来考虑,对于第二以及第三等级的城市,模型的预测值与实际值的差距会得到明显的修正。

表 14-13 对京津唐地区 78 市县等级的重新划分

等级	人口范围(万人)	城镇数量	平均人口
1	1 000 +	1	1 181.64
2	55—200	4	110.53
3	20—55	10	35.02
4	15—20	12	17.48
5	0—15	55	8.45

将上述分形数据按照前面的方法回归,求得新的分维度 $D = 0.740$,$C = 5.044$,回归所得的系数依然显著,同时模型 $R^2 = 0.9348$,拟合程度较高。通过这样的处理,我们可以看出 D 值进一步变小,京津的同城化,会导致区域的人口分布显得更不均衡,城市等级的脱节更为严重。利用新得到的 D 值和公式 $P_r = P_1 \left(\sum_{i=1}^{r-1} K^i \right)^{-1/D}$,可以计算出新 D 值下按照不同分布规则各等级城市平均人口数预测值,如表 14-14 所示。

表 14-14 新 D 值下京津唐地区 78 个市县人口分布模型(单位:万人)

等级	实际值	$K = 3$	$K = 4$	$K = 7$
1	1 181.64	1 181.64	1 181.64	1 181.64
2	110.53	181.37	134.14	71.06
3	35.02	36.86	19.27	5.00
4	17.48	8.07	2.91	0.36
5	8.45	1.81	0.45	0.03

注:此处将北京与天津作为一个城市来看待。

通过这样的数据处理,在京津同城化的趋势下,第二等级城市人口的平均值介于 $K = 4$ 交通原则与 $K = 7$ 行政原则的模型预测值之间,与交通原则的预测值更为接近;而对于第三等级的城市,人口的实际值与市场原则下的预测值更为接近。但对于更低等级的城市,模型的预测值再次与实际值出现偏差。对于这一现象产生的原因,我们认为是由于京津唐地区城市的空间相互作用较为复杂所致,这一划分方法的第二等级城市多为地级市,它们多沿着重要的交通线分布,因此人口的实际值与交通原则下的模型预测值较为接近,而第三等级城市就不具备这一属性。

就表14-14中城市的实际人口而言,我们可以明显看出城市等级存在断层,第一等级城市与第二等级城市之间,第二等级城市与第三等级城市之间的人口差距太大,就分形的结果来看,我们认为京津唐地区存在严重的失衡现象,具体表现为二、三等级城市的市场空间受到两个核心城市的严重侵蚀,极化现象严重。

14.4.5 小结

通过断裂点模型,我们对京津唐地区的范围进行了重新界定,将保定市与沧州市也纳入之后模型的测算中,在更大的范围内进行区域经济一体化的研究。

就中心性指数的情况来看,京津唐地区在区域发展中并没有出现明显的城市断层,但正如本研究所指出的那样,这是由直辖市与地级市的经济数据在统计口径上不一致所导致的,如果我们将这一影响加以修正,那么区域城市的中心性指数分级会成为214的结构,第二等级城市的个数严重不足,同时第一等级城市与第二等级差距明显,名义上为第二等级的唐山市从数值来看实则应该为第三等级甚至更低等级的城市,城市等级存在断层。

通过分析中心性B部分数值,我们发现北京、天津两个中心城市对其余城市存在较强的影响力,中心地功能很强,然而结合低等级城市的经济发展状况,不难发现京津两市对其他城市施加的影响更多地表现为极化效应,核心城市挤占了低等级城市的市场空间,导致区域差异化明显。

城镇等级—规模模型显示京津存在同城化趋势,然而同城化会进一步导致区域人口分布的不均衡,基于此,我们认为京津的同城化不可脱离周边城市而单独进行,如果缺乏两市间的分工协作,缺乏对周边城市经济增长的拉动效应,同城化所带来的结果将是更强的极化效应,导致更加不均衡的区域经济状况。

第15章 结　　论

"十一五"以来,区域经济一体化正逐步成为中国经济增长的可持续动力,经济增长日益从主要依靠东部地区"单一推动"向各大区域"多级推动"迈进。同时,国家也更加重视缩小区域发展的差距,截至2011年12月,我国已经正式确立了19个国家战略发展区域,"十二五"规划建议也将"促进区域协调发展"列为重要内容,提出要实施区域发展总体战略和主体功能区战略,构筑区域经济优势互补、主体功能定位清晰、国土空间高效利用、人与自然和谐相处的区域发展格局,逐步实现不同区域基本公共服务均等化。2010年,北京城市发展总体规划也获得国务院批准,提出了"到2050年左右,建设成为经济、社会、生态全面协调可持续发展的城市,进入世界城市行列"的战略目标。然而,当前北京市与世界城市标准还有很大的差距,北京市城乡之间、北京市与周边地区的一体化还远未完成,经济、财富越来越聚集到某些区域,各区县的经济发展速度与经济密度尚有很大的差异,同时带来了交通拥堵、房地产问题等一系列城市病,地区之间、城乡之间还存在着许多分割现象。尽管北京市在以金融保险业、房地产业等为代表的第三产业方面拥有比较优势,但其与行业间的关联较弱,在投资者热钱的影响下造成了房地产需求的虚高;另一方面,产业关联较强的第二产业,无论是轻工业还是重化工业都呈现不断衰落的趋势,与第三产业的发展严重不均衡。由此,分析近年来北京市产业空间结构的变化过程,不但对于更加深入理解我国地方城乡一体化进程具有代表性,而且有利于深化理解环渤海区域一体化进程中地区联动发展的特殊性和必要性。

在北京市工业化、城市化进程中,本书实证分析了产业专业化竞争优势和主导产业的变动趋势。1992年以来,北京市全力发展第三产业,目前已经达到较高的专业化水平,处于第三产业全国领先和区域领导的地位。北京市第三产业的专业化程度在第三产业的各个生产环节中都有体现,特别是信息传输、计算机服务业、科学研究事业等产业;同时,除了部分能源型行业外,北京市绝大多数第二产业都在往外转移,但在全国仍处于技术输出地位。就北京市内来看,第一、二产业基本位于郊区县,而第三产业则多位于建成区,产业在各区之间的分布不平衡,在空间上城区与郊区发展不连续,在产业结构上各个区之间差异较大:以第三产业为主的建成区专业化水平相对更高,而第一产业和第二产业份额更高的郊区县则产业发展更为多样化。当前,北京市前十位的主导产业大多是第三产业部门,包括金融保险业、房地产业以及租赁和商务服务业等,近年来新兴的或获得长足发展的行业也主要是以现代服务业为代表的第三产业,第三产业对地方经济的引领和辐射带动作用呈现不断增强的趋势,而第二产业无论是轻工业还是重化工业都处于不断削弱的过程中,与此对应天津市则基本呈现出与其相反的产业发展趋势。因此,未来北京和天津只有走一体化发展的道路,在紧密分工合作中加强区域整合力度,才能最终克服双方第二产业和第三产业不平衡发展的窘境,在京津"双头联动发展模式"下,以京津为核心的环渤海经济圈将走出一条有别于长江三角洲上海单核驱动的大都市连绵区模式。

在推动北京建设和谐发展的世界城市的进程中,不可否认区域一体化的巨大作用,这也是未来北京市乃至整个环渤海经济区发展的动力源泉。通过实施城乡经济一体化、产业结构一体化、产业链条发展一体化和贸易一体化,促进北京市的城市发展与周围地区协调,北京市建成区的发展与郊区县发展协调,北京市产业间发展协调。区域一体化的建设能够有效改善房地产行业的刚性需求,转移房地产行业的剩余资本,改变城市增长模式,有效缓解北京市的交通压力和环境压力,促进北京市经济的发展。同时,制定自由通畅的投入产出配置和能源配置方案,促进北京市和谐发展。最后,就北京个体而言,在现有产业结构的基础上,应深化地区之间的贸易,促进区域之间的联系,以此提高北京内部区县间一体化程度,同时大力发展北京市特色产业,特别是第三产业,进一步铸就北京市第三产业在全国范围内的比较优势;另一方面,提高北京经济建设的全面能力,也需要第二产业的全力支撑,有效的地理位置和经济发展背景奠定了天津成为北京市经济依托的地位,京津"双头联动发展模式"将推动环渤海区域一体化发展。

附 表

附表1 1987—2007年北京市各行业影响力系数比较

1987		1992		1997		2002		2007	
行业名称	影响力系数	行业名称	影响力系数	行业名称	影响力系数	行业名称	影响力系数	行业名称	影响力系数
缝纫及皮革制品业	1.56	缝纫及皮革制品业	1.46	电子及通信设备制造业	1.79	通信设备、计算机及其他电子设备制造业	1.84	通信设备、计算机及其他电子设备制造业	1.56
其他工业	1.50	炼焦、煤气及煤制品业	1.45	电气机械及器材制造业	1.53	交通运输设备制造业	1.48	煤炭开采和洗选业	1.41
电子及通信设备制造业	1.49	电子及通信设备制造业	1.38	仪器仪表及文化办公用机械制造业	1.44	木材加工及家具制造业	1.46	交通运输设备制造业	1.38
炼焦、煤气及煤制品业	1.41	金属制品业	1.31	交通运输设备制造业	1.43	电气、机械及器材制造业	1.44	金属制品业	1.37
造纸及文教用品制造业	1.38	其他工业	1.26	食品制造及烟草加工业	1.41	金属制品业	1.43	其他制造业	1.34

361

(续表)

1987		1992		1997		2002		2007	
行业名称	影响力系数	行业名称	影响力系数	行业名称	影响力系数	行业名称	影响力系数	行业名称	影响力系数
纺织业	1.37	机械设备修理业	1.24	化学工业	1.38	通用、专用设备制造业	1.41	木材加工及家具制造业	1.32
交通运输设备制造业	1.36	交通运输设备制造业	1.24	机械工业	1.36	非金属矿采选业	1.39	金属冶炼及压延加工业	1.27
食品制造业	1.33	纺织业	1.21	纺织业	1.33	纺织业	1.37	非金属矿物制品业	1.26
电气机械及器材制造业	1.26	电气机械及器材制造业	1.20	金属冶炼及压延加工业	1.33	金属冶炼及压延加工业	1.33	废品废料	1.26
建筑业	1.25	其他非金属矿采选业	1.16	服装皮革毛皮羽绒及其他纤维制品制造业	1.32	仪器仪表及文化办公用机械制造业	1.30	建筑业	1.24
饮食业	1.23	机械工业	1.14	旅客运输业	1.32	其他制造业	1.29	电气机械及器材制造业	1.24
木材加工及家具制造业	1.22	化学工业	1.13	木材加工及家具制造业	1.31	金属矿采选业	1.26	石油加工、炼焦及核燃料加工业	1.22
机械工业	1.21	建材及其他非金属矿物制品业	1.09	煤气生产和供应业	1.25	建筑业	1.25	仪器仪表及文化办公用机械制造业	1.20
金属制品业	1.19	建筑业	1.09	建筑业	1.24	化学工业	1.20	通用、专用设备制造业	1.16

(续表)

1987		1992		1997		2002		2007	
行业名称	影响力系数	行业名称	影响力系数	行业名称	影响力系数	行业名称	影响力系数	行业名称	影响力系数
文教卫生科研事业	1.17	木材加工及家具制造业	1.08	金属矿采选业	1.24	非金属矿物制品业	1.18	非金属矿采选业	1.14
化学工业	1.05	食品制造业	1.08	金属制品业	1.22	煤炭开采和洗选业	1.16	科学研究事业	1.14
仪器仪表及其他计量器具制造业	1.04	造纸及文教用品制造业	1.07	机械设备修理业	1.16	造纸印刷及文教用品制造业	1.07	电力、热力的生产和供应业	1.12
建材及其他非金属矿物制品业	0.99	饮食业	1.06	饮食业	1.12	食品制造及烟草加工业	1.07	食品制造及烟草加工业	1.11
机械设备修理业	0.99	商业	1.02	货物运输及仓储业	1.11	卫生、社会保障和社会福利业	1.04	造纸印刷及文教用品制造业	1.09
行政机关	0.99	文教卫生科研事业	0.99	非金属矿物制品业	1.06	石油加工、炼焦及核燃料加工业	1.03	水的生产和供应业	1.09
公用事业居民服务业	0.97	金属矿采选业	0.96	卫生体育社会福利事业	1.04	服装皮革羽绒及其制品业	0.96	其他社会服务业	1.08
旅客运输业	0.90	仪器仪表及其他计量器具制造业	0.96	房地产业	1.02	交通运输及仓储业	0.94	旅游业	1.05
金属冶炼及压延加工业	0.88	金属冶炼及压延加工业	0.96	自来水的生产和供应业	0.97	农业	0.92	信息传输、计算机服务和软件业	1.04

363

（续表）

1987		1992		1997		2002		2007	
行业名称	影响力系数	行业名称	影响力系数	行业名称	影响力系数	行业名称	影响力系数	行业名称	影响力系数
其他非金属矿采选业	0.76	公用事业及居民服务业	0.95	非金属矿采选业	0.97	综合技术服务业	0.88	纺织业	0.98
煤炭采选业	0.76	行政机关	0.89	金融保险业	0.92	信息传输、计算机服务和软件业	0.86	卫生、社会保障和社会福利业	0.96
电力及蒸汽、热水生产和供应业	0.68	煤炭采选业	0.84	社会服务业	0.91	住宿和餐饮业	0.86	租赁和商务服务业	0.94
货运邮电业	0.66	农业	0.73	科学研究事业	0.91	房地产业	0.84	化学工业	0.93
农业	0.60	电力及蒸汽、热水生产和供应业	0.72	其他制造业	0.89	科学研究事业	0.84	交通运输及仓储业	0.91
商业	0.57	石油加工业	0.63	石油加工及炼焦业	0.82	其他社会服务业	0.83	农业	0.89
金属矿采选业	0.55	货运邮电业	0.60	行政机关及其他行业	0.82	公共管理和社会组织	0.82	服装皮革羽绒及其制品业	0.87
石油加工业	0.51	金融保险业	0.58	造纸印刷及文教用品制造业	0.82	燃气生产和供应业	0.81	综合技术服务业	0.86
金融保险业	0.14	旅客运输业	0.51	农业	0.74	文化、体育和娱乐业	0.80	文化、体育和娱乐业	0.86

（续表）

1987		1992		1997		2002		2007	
行业名称	影响力系数	行业名称	影响力系数	行业名称	影响力系数	行业名称	影响力系数	行业名称	影响力系数
石油和天然气开采业	0.00	石油和天然气开采业	0.00	商业	0.62	邮政业	0.80	住宿和餐饮业	0.77
				教育文化艺术及广播电影电视事业	0.58	电力、热力的生产和供应业	0.75	公共管理和社会组织	0.72
				煤炭采选业	0.48	教育事业	0.74	教育事业	0.67
				电力蒸汽热水生产和供应业	0.45	旅游业	0.70	石油和天然气开采业	0.65
				综合技术服务业	0.41	水的生产和供应业	0.70	金属矿采选业	0.63
				邮电业	0.27	金融保险业	0.68	邮政业	0.62
				石油和天然气开采业	0.00	租赁和商务服务业	0.67	批发和零售贸易业	0.59
				废品及废料	0.00	批发和零售贸易业	0.60	金融保险业	0.41
						石油和天然气开采业	0.00	房地产业	0.39
						废品废料	0.00	燃气生产和供应业	0.26

附表 2 1987—2007 年北京市各行业感应度系数比较

1987		1992		1997		2002		2007	
行业名称	系数	行业名称	系数	行业名称	系数	行业名称	系数	行业名称	系数
金属矿采选业	2.76	石油和天然气开采业	2.48	石油和天然气开采业	2.38	石油和天然气开采业	2.58	电力、热力的生产和供应业	2.88
石油和天然气开采业	2.31	煤炭采选业	1.78	金属矿采选业	2.18	金属矿采选业	2.29	金属矿采选业	2.38
煤炭采选业	2.21	石油加工业	1.78	废品及废料	2.14	煤炭开采和洗选业	1.98	煤炭开采和洗选业	2.25
金融保险业	2.02	金融保险业	1.75	石油加工及炼焦业	1.81	废品废料	1.97	石油和天然气开采业	1.99
电力及蒸汽、热水生产和供应业	1.96	电力及蒸汽、热水生产和供应业	1.68	机械设备修理业	1.62	电力、热力的生产和供应业	1.76	燃气生产和供应业	1.94
其他非金属矿采选业	1.83	化学工业	1.51	化学工业	1.50	石油加工、炼焦及核燃料加工业	1.53	废品废料	1.83
金属冶炼及压延加工业	1.64	造纸及文教用品制造业	1.51	非金属矿采选业	1.39	造纸印刷及文教用品制造业	1.51	金属制品业	1.63
炼焦、煤气及煤制品业	1.32	其他非金属矿采选业	1.35	自来水的生产和供应业	1.37	水的生产和供应业	1.50	造纸印刷及文教用品制造业	1.59
造纸及文教用品制造业	1.17	炼焦、煤气及煤制品业	1.32	煤炭采选业	1.35	非金属矿物制品业	1.47	非金属矿采选业	1.50

(续表)

1987		1992		1997		2002		2007	
行业名称	系数	行业名称	系数	行业名称	系数	行业名称	系数	行业名称	系数
货运邮电业	1.13	其他工业	1.31	煤气生产和供应业	1.35	非金属矿采选业	1.42	金属冶炼及压延加工业	1.41
化学工业	1.12	货运邮电业	1.30	仪器仪表及文化办公用机械制造业	1.34	金属制品业	1.35	仪器仪表及文化办公用机械制造业	1.22
石油加工业	1.08	机械设备修理业	1.28	金属冶炼及压延加工业	1.32	租赁和商务服务业	1.30	农业	1.19
建材及其他非金属矿物制品业	1.07	金属制品业	1.15	电子及通信设备制造业	1.27	文化、体育和娱乐业	1.28	水的生产和供应业	1.19
金属制品业	1.02	金属矿采选业	1.14	货物运输及仓储业	1.25	燃气生产和供应业	1.24	其他社会服务业	1.16
其他工业	0.95	商业	1.05	造纸印刷及文教用品制造业	1.13	邮政业	1.16	非金属矿物制品业	1.15
机械设备修理业	0.86	金属冶炼及压延加工业	0.92	邮电业	1.10	金融保险业	1.15	化学工业	1.15
纺织业	0.86	农业	0.90	科学研究事业	1.08	金属冶炼及压延加工业	1.09	石油加工、炼焦及核燃料加工业	1.10
商业	0.85	建材及其他非金属矿物制品业	0.87	非金属矿物制品业	1.02	仪器仪表及文化办公用机械制造业	1.08	电气、机械及器材制造业	1.06

（续表）

1987		1992		1997		2002		2007	
行业名称	系数	行业名称	系数	行业名称	系数	行业名称	系数	行业名称	系数
电子及通信设备制造业	0.79	木材加工及家具制造业	0.84	电力蒸汽热水生产和供应业	1.02	交通运输及仓储业	0.98	交通运输及仓储业	1.04
农业	0.79	公用事业及居民服务业	0.84	房地产业	0.99	科学研究事业	0.94	木材加工及家具制造业	1.03
木材加工及家具制造业	0.72	文教卫生科研事业	0.78	社会服务业	0.99	房地产业	0.93	租赁和商务服务业	1.01
电气机械及器材制造业	0.66	纺织业	0.77	交通运输设备制造业	0.95	化学工业	0.91	通信设备、计算机及其他电子设备制造业	0.98
仪器仪表及其他计量器具制造业	0.66	旅客运输业	0.66	金属制品业	0.94	通信设备、计算机及其他电子设备制造业	0.86	批发和零售贸易业	0.91
食品制造业	0.60	仪器仪表及其他计量器具制造业	0.61	商业	0.93	综合技术服务业	0.84	通用、专用设备制造业	0.88
机械工业	0.59	饮食业	0.58	农业	0.74	木材加工及家具制造业	0.82	住宿和餐饮业	0.85
交通运输设备制造业	0.54	电气机械及器材制造业	0.54	金融保险业	0.74	住宿和餐饮业	0.82	交通运输设备制造业	0.81
文教卫生科研事业	0.41	机械工业	0.53	木材加工及家具制造业	0.73	交通运输设备制造业	0.81	文化、体育和娱乐业	0.69

(续表)

1987		1992		1997		2002		2007	
行业名称	系数	行业名称	系数	行业名称	系数	行业名称	系数	行业名称	系数
公用事业及居民服务业	0.40	食品制造业	0.51	其他制造业	0.67	纺织业	0.77	旅游业	0.66
旅客运输业	0.29	电子及通信设备制造业	0.50	纺织业	0.62	农业	0.72	纺织业	0.65
缝纫及皮革制品业	0.24	交通运输设备制造业	0.43	教育文化艺术及广播电影电视事业	0.56	信息传输、计算机服务和软件业	0.71	金融保险业	0.45
饮食业	0.14	缝纫及皮革制品业	0.29	旅客运输业	0.54	电气、机械及器材制造业	0.66	邮政业	0.44
建筑业	0.00	建筑业	0.08	行政机关及其他行业	0.49	其他社会服务业	0.57	食品制造及烟草加工业	0.43
行政机关	0.00	行政机关	0.00	食品制造及烟草加工业	0.46	通用、专用设备制造业	0.56	综合技术服务业	0.42
				机械工业	0.45	其他制造业	0.50	房地产业	0.39
				综合技术服务业	0.43	食品制造及烟草加工业	0.45	科学研究事业	0.39
				电气机械及器材制造业	0.33	卫生、社会保障和社会福利业	0.38	其他制造业	0.33
				饮食业	0.31	旅游业	0.28	信息传输、计算机服务和软件业	0.31
				服装皮革毛皮羽绒及其他纤维制品制造业	0.25	批发和零售贸易业	0.26	服装皮革羽绒及其制品业	0.29

(续表)

1987		1992		1997		2002		2007	
行业名称	系数	行业名称	系数	行业名称	系数	行业名称	系数	行业名称	系数
				卫生体育和社会福利事业	0.15	服装皮革羽绒及其制品业	0.25	教育事业	0.20
				建筑业	0.10	教育事业	0.18	建筑业	0.13
						建筑业	0.10	公共管理和社会组织	0.07
						公共管理和社会组织	0.02	卫生、社会保障和社会福利业	0.01

附表 3　北京市各年份主导产业排序

1987		1990		1992		1995	
农业	01	农业	01	煤炭采选业	02	煤炭采选业	02
煤炭采选业	02	煤炭采选业	02	石油和天然气开采业	03	石油和天然气开采业	03
石油和天然气开采业	03	石油和天然气开采业	03	金属矿采选业	04	金属矿采选业	04
金属矿采选业	04	金属矿采选业	04	其他非金属矿采选业	05	食品制造业	06
其他非金属矿采选业	05	其他非金属矿采选业	05	造纸及文教用品制造业	10	纺织业	07
食品制造业	06	食品制造业	06	电力及蒸汽、热水生产和供应业	11	缝纫及皮革制品业	08
纺织业	07	纺织业	07	石油加工业	12	木材加工及家具制造业	09
缝纫及皮革制品业	08	缝纫及皮革制品业	08	炼焦、煤气及煤制品业	13	造纸及文教用品制造业	10
造纸及文教用品制造业	10	造纸及文教用品制造业	10	化学工业	14	电力及蒸汽、热水生产和供应业	11
电力及蒸汽、热水生产和供应业	11	电力及蒸汽、热水生产和供应业	11	建材及其他非金属矿物制品业	15	石油加工业	12
石油加工业	13	石油加工业	12	金属制品业	17	炼焦、煤气及煤制品业	13
炼焦、煤气及煤制品业	14	炼焦、煤气及煤制品业	13	机械工业	18	化学工业	14
化学工业	15	化学工业	14	电气机械及器材制造业	20	建材及其他非金属矿物制品业	15
建材及其他非金属矿物制品业	16	建材及其他非金属矿物制品业	15	仪器仪表及其他计量器具制造业	22	机械工业	18
金属冶炼及压延加工业	17	金属冶炼及压延加工业	16	机械设备修理业	23	交通运输设备制造业	19
金属制品业	18	金属制品业	17	其他工业	24	仪器仪表及其他计量器具制造业	22
机械工业	21	机械工业	18	建筑业	25	机械设备修理业	23
电子及通信设备制造业							

（续表）

1987		1990		1992		1995	
仪器仪表及其他计量器具制造业	22	电气机械及器材制造业	22		20	其他工业	24
机械设备修理业	23	仪器仪表及其他计量器具制造业	23	货运邮电业	22	建筑业	25
其他工业	24	机械设备修理业	24	商业	23	货运邮电业	26
货运邮电业	26	其他工业	26	饮食业	24	商业	27
商业	27	货运邮电业	27	旅客运输业	26	饮食业	28
旅客运输业	29	商业	29	公用事业及居民服务业	27	旅客运输业	29
文教卫生科研事业	31	旅客运输业	30	文教卫生科研事业	29	公用事业及居民服务业	30
金融保险业	32	公用事业及居民服务业	31	金融保险业	30	文教卫生科研事业	31
		文教卫生科研事业	32		31	金融保险业	32
		金融保险业			32		

1997		2000		2002		2005	
煤炭采选业	02	煤炭采选业	02	煤炭开采和洗选业	02	煤炭开采和洗选业	02
石油和天然气开采业	03	石油和天然气开采业	03	石油和天然气开采业	03	石油和天然气开采业	03
金属矿采选业	04	金属矿采选业	04	金属矿采选业	04	金属矿采选业	04
非金属矿采选业	05	非金属矿采选业	05	非金属矿采选业	05	非金属矿采选业	05
服装皮革羽绒及其他纤维制品制造业	08	纺织业	07	纺织业	07	纺织业	07
木材加工及家具制造业	09	服装皮革羽绒及其他纤维制品制造业	08	服装皮革羽绒及其制品业	08	服装皮革羽绒及其制造业	08
石油加工及炼焦业	11	造纸印刷及文教用品制造业	09	木材加工及家具制造业	09	木材加工及家具制造业	09

(续表)

1997		2000		2002		2005	
化学工业	12	石油加工及炼焦业	11	造纸印刷及文教用品制造业	10	造纸印刷及文教用品制造业	10
非金属矿物制品业	13	化学工业	12	石油加工、炼焦及核燃料加工业	11	石油加工、炼焦及核燃料加工业	11
金属冶炼及压延加工业	14	非金属矿物制品业	13	化学工业	12	化学工业	12
金属制品业	15	金属冶炼及压延加工业	14	非金属矿物制品业	13	非金属矿物制品业	13
机械工业	16	金属制品业	15	金属冶炼及压延加工业	14	金属制品业	15
交通运输设备制造业	17	电子及通信设备制造业	19	金属制品业	15	通用、专用设备制造业	16
电气机械及器材制造业	18	仪器仪表及文化办公用机械制造业	20	通用、专用设备制造业	16	交通运输设备制造业	17
电子及通信设备制造业	19	机械设备修理业	21	交通运输设备制造业	17	电气、机械及器材制造业	18
仪器仪表及文化办公用机械制造业	20	其他制造业	22	电气、机械及器材制造业	18	通信设备、计算机及其他电子设备制造业	19
机械设备修理业	21	废品及废料	23	通信设备、计算机及其他电子设备制造业	19	仪器仪表及文化办公用机械制造业	20
其他制造业	22	电力及蒸汽热水生产和供应业	24	仪器仪表及文化办公用机械制造业	20	其他制造业	21
废品及废料	23	煤气生产和供应业	25	电力、热力的生产和供应业	23	电力、热力的生产和供应业	23
电力及蒸汽热水生产和供应业	24	自来水的生产和供应业	26	燃气生产和供应业	24	燃气生产和供应业	24
煤气生产和供应业	25	货物运输及仓储业	28	水的生产和供应业	25	水的生产和供应业	25
自来水的生产和供应业	26	邮电业	29	建筑业	26	建筑业	26

（续表）

1997		2000		2002		2005	
货物运输及仓储业	28			交通运输及仓储业	27	交通运输及仓储业	27
商业	30	商业	30	邮政业	28	邮政业	28
饮食业	31	旅客运输业	32	信息传输、计算机服务和软件业	29	信息传输、计算机服务和软件业	29
旅客运输业	32	金融保险业	33			批发和零售贸易业	30
金融保险业	33	房地产业	34	住宿和餐饮业	31	住宿和餐饮业	31
房地产业	34	社会服务业	35	金融保险业	32	金融保险业	32
社会服务业	35	卫生体育和社会福利业	36	房地产业	33	房地产业	33
教育文化艺术及广播电影电视业	37	教育文化艺术及广播电视业	37	租赁和商务服务业	34	租赁和商务服务业	34
科学研究事业	38			旅游业	35	旅游业	35
综合技术服务业	39	综合技术服务业	39	科学研究事业	36		
				综合技术服务业	37	综合技术服务业	37
				其他技术社会服务业	38	其他社会服务业	38
				教育社会事业	39	教育事业	39
				文化、体育和娱乐业	41		
				公共管理社会组织	42	公共管理社会组织	42

参 考 文 献

[1] Arlinghaus. Fractals Take a Central Place [J]. Geografiska Annaler. Series B, Human Geography, 1985, 67(2): 83—88.
[2] Arthur, W. B. Competing technologies, increasing returns, and lock-in by historical events [J]. The Economic Journal, 1989,394(99): 116—131.
[3] Berry, B. J. L. City size distribution and economic development [J]. Economic Devleopment and Cultural Change, 1961, (9): 573—587.
[4] Chenery, H. B. & Syrquin. Patterns of Development: 1955—1975 [M]. Oxford U. K.: Oxford University Press, 1977.
[5] Chenery, H. B., Robinson, S. & M. Syrquin. Industrialization and Growth: A Comparative Study [M]. Oxford U. K.: Oxford University Press, 1986.
[6] Ellison, G. & E. L. Glaeser. Geographic concentration in U. S. manufacturing industries: A dartboard approach [J]. Journal of Political Economy, 1997, 105: 889—927.
[7] Fei, John C. H. & G. Ranis. A theory of economic development [J]. The American Economic Review, 1961, 51(4): 533—565.
[8] Friedmann, J. Regional Planning in Post-Industrial Society: Some Policy Considerations [J]. Journal of Farm Economics, 1963, 45: 1073—1079.
[9] Friedmann, J. An information model of urbanization [J]. Urban Affairs Review, 1968, (4): 235—244.
[10] Friedmann, J. The world city hypothesis [J]. Development and Change, 1986, 17: 69—83.
[11] Fujita, M., Krugman, P. & A. J. Venables. The spatial economy: Cities regions and international trade [M]. Cambridge, MA: The MIT Press, 1999.
[12] Gereffi, G. & M. Korzeniewicz. Commodity Chains and Global Capitalism [M], Westport: Praeger, 1994.
[13] Gottmann. Megalopolis or the Urbanization of the Northeastern Seaboard [J]. Economic Geography, 1957, 33(3): 189—200.
[14] Harris J. R. & M. P. Todaro. Migration, Unemployment and Development: A Two-Sector Analysis [J]. The American Economic Review, 1970, 60(1): 126—142.

[15] Keeble, D. The changing spatial structure of economic activity and metropolitan decline in the United Kingdom [A]. In: Ewers, H. J. , Goddard, J. B. , & H. Matzerath (szerk):The Future of Metropolis: Berlin, London, Paris, New Work: The Economic Aspects [C]. Berlin: Walter de Gruyter, 1986: 171—199.

[16] Kipnis, B. A. Dynamics and potentials of Israel's megalopolitan processes [J]. Urban Studies, 1997, 34: 489.

[17] Kogut, B. Designing global strategies: comparative and competitive value-added chains [J], Sloan Management Review, 1985, 26(4):15—28.

[18] Krugman, P. History and Industry Location: The Case of the Manufacturing Belt [J]. The American Economic Review, 1991, 81: 80—83.

[19] Krugman P. The Myth of Asia's Miracle: A Cautionary Fable [J]. Foreign Affairs, 1994, 73(6), 62—78.

[20] Krugman, P. Urban concentration: the role of increasing returns and transport costs [J]. International Regional Science Review, 1996, 19: 5—30.

[21] Krugman, P. The role of geography in development [J]. International Regional Science Review, 1999, 22: 142.

[22] Kumar, S. & R. Russell. Technological Change, Technological Catch-up and Capital Deepening: Relative Contributions to Growth and Convergence [J]. American Economic Review, 2002, 92(3):527—548.

[23] Lewis, W. A. Economic development with unlimited supplies of labor [J], The Manchester School, 1954, 11(1): 139—191.

[24] Soo, K. T. Zipf's law for cities: a cross country investigation [J]. Regional Science and Urban Economics, 2005, 35(3): 239—263.

[25] Malizia, E. , Ke, S. The influence of economic diversity on unemploy-ment and stability [J]. Journal of Regional Science, 1993, 33: 221—235.

[26] Mandelbrot. Fractals and the Geometry of Nature [M], W. H. Freeman & Co Ltd, 1982.

[27] Maurel, F. & B. Sedillot. A measure of the geographic concentration in french manufacturing industries [J]. Regional Science and Urban Economics, 1999, 29(5): 575—604.

[28] Parr J. Specialization, diversification and regional development [J]. Professional Geography, 1965, (6): 21—25.

[29] Porter, M. E. Competitive Advantage: Creating and Sustaining Superior Performance [M]. New York: The Free Press, 1985.

[30] Rodgers A. Some Aspects of industrial diversification in the United States [J]. Economic Geography, 1957, 33: 16—30.

[31] Siegel, P. , Johnson T. & J. Alwang. Regional economic diversity and diversification [J]. Growth and Change, 1995, 26: 261—285.

[32] Stark, O. The Migration of Labor [M]. Cambridge, USA & Oxford, UK: Basil Blackwell. 1991.

[33] Stark O. & D. Bloom. The new economics of labor migration [J]. The American Economic Review, 1985, 75: 173—178.

[34] Sturgeon, T. J. How do we define value chains and production network [J]. IDS Bulletin, 2001, 32(3): 9—18.

[35] Sturgeon, T. J. Modular Production Networks: A new American Model of Industrial Organization [J]. Industrial and Corporate Change, 2002, 3 (11): 451—496.

[36] Syrquin, M. Resource allocation and productivity growth[A]. In Syrquin, M., Taylor, L. & L. E. Westphal (eds.), Economic Structure Performance Essays in Honor of Hollis B. Chenery [C]. Academic Press, 1984: 75—101.

[37] Syrquin, M. Productivity growth and factor reallocation [A]. In Chenery, H. R. & M. Syrquin (eds.), Industrialization and Growth A Comparative Study[C]. Oxford University Press, 1986: 229—262.

[38] Vicino, Thomas J., Bernadette H. & R. S. John. Megalopolis 50 Years on: The Transformation of a City Region [J]. International Journal of Urban and Regional Research, 2007, 31(2): 344—367.

[39] Zhang Hui, Liu Hang, Wang Ma. A research on the integration process of Beijing-Tianjin-Tangshan urban agglomeration[J]. Contemporary Asian Economy Research, Vol. 3, No. 1, April 2012: 39—54.

[40] Zipf G. K. Human Behavior and the Principle of Least Effort [M]. Reading, MA: Addison-Wesley, 1949.

[41] 艾伯特·赫希曼. 经济发展战略[M]. 北京:经济科学出版社, 1991.

[42] 安虎森等. 新经济地理学原理[M]. 北京:经济科学出版社, 2009.

[43] 北京市哲学社会科学规划办公室,北京市教育委员会,北京市哲学社会科学研究基地. 北京市哲学社会科学研究基地成果选编2012(上)[C]. 北京:首都师范大学出版社, 2012.

[44] 彼得·迪肯. 全球性转变——重塑21世纪的全球经济地图[M]. 北京:商务印书馆, 2009.

[45] 布雷克曼等. 地理经济学[M]. 成都:西南财经大学出版社, 2004.

[46] 蔡昉,都阳,王美艳. 户籍制度与劳动力市场保护[J]. 经济研究, 2001(12): 41—49.

[47] 范金,郑庆武,梅娟. 应用产业经济学[M]. 北京:经济管理出版社, 2004.

[48] 国家统计局. 北京统计年鉴2008 [M]. 北京:中国统计出版社, 2008.

[49] 国家统计局. 中国统计年鉴2008 [M]. 北京:中国统计出版社, 2008.

[50] 陈和,隋广军. 产业结构演变与三次产业发展的关联度[J]. 改革, 2010(3): 36—42.

[51] 代合治. 中国城市群的界定及其分布研究[J]. 地域研究与开发,1998(2).
[52] G.L.克拉克,M.P.费尔德曼,M.S.格特勒. 牛津经济地理学手册[C],北京:商务印书馆,2005.
[53] 冯晓英. 北京地区流动人口的演变及特征[J]. 北京党史,1999(1):12—16.
[54] 关爱萍,王瑜. 区域主导产业的选择基准研究[J]. 统计研究,2002(12):37—40.
[55] 顾强等. 中国产业集群[M]. 北京:机械工业出版社,2007.
[56] 姜洪. 世界经济论纲——典型与非典型发展道路研究[M]. 北京:中国人民大学出版社,2012.
[57] 克里斯泰勒. 德国南部中心地原理[M]. 上海:商务印书馆,2010.
[58] 里昂惕夫. 投入产出经济学[M]. 北京:中国统计出版社,1990.
[59] 刘继生,陈彦光. 城镇体系等级结构的分形维度及其测算方法[J]. 地理研究,1998(1):82—89.
[60] 刘世锦. 中国产业集群发展报告 2007—2008[R]. 北京:中国发展出版社,2009.
[61] 刘水杏. 房地产业关联特性及带动效应研究[M]. 北京:中国人民大学出版社,2006.
[62] 刘伟. 工业化进程中的产业结构研究[M]. 北京:中国人民大学出版社,1995.
[63] 刘伟. 中国市场经济发展研究:市场化进程与经济增长和结构演进[M]. 北京:经济科学出版社,2009.
[64] 刘伟,蔡志洲. 技术进步、结构变动与改善国民经济中间消耗[J]. 经济研究,2008(4):4—14.
[65] 刘伟,蔡志洲,张辉. 结构高度化、经济效率化与经济持续增长——中国改革开放 30 年经验和启示[A]. 社会主义理论研究精粹——纪念中国改革开放 30 周年(2008)[C]. 2008.
[66] 刘伟,李绍荣. 产业结构与经济增长[J]. 中国工业经济,2005(5):14—21.
[67] 刘伟,张辉. 中国经济增长中的产业结构变迁和技术进步[J]. 经济研究,2008(11):4—15.
[68] 刘伟,张辉,黄泽华. 中国产业结构高度与工业化进程和地区差异的考察[J]. 经济学动态,2008(11):4—8.
[69] 刘再兴. 工业地理学[M]. 上海:商务印书馆,1997.
[70] 罗斯托. 从起飞进入持续增长的经济学[M]. 成都:四川人民出版社,1988.
[71] 世界银行. 2009 年世界发展报告:重塑世界经济地理[R]. 北京:清华大学出版社,2009.
[72] 史育龙,周一星. 关于大都市带(都市连绵区)研究的论争及近今进展述评[J]. 国外城市规划,1997(2):2—11.

[73] 宋吉涛,方创琳,宋敦江. 中国城市群空间结构的稳定性分析[J]. 地理学报,2006,64(12).

[74] 苏雪串. 城市化进程中的要素集聚、产业集群和城市群发展[J]. 中央财经大学学报,2004(1):49—52.

[75] 孙胤社. 大都市区的形成机制极其定界——以北京市为例[J]. 地理学报,1992,47(6).

[76] 王兴平. 都市区化:中国城市化的新阶段[J]. 城市规划汇刊,2002(4):56—59,80.

[77] 王缉慈等. 超越集群—中国产业集群的理论探索[M]. 北京:科学出版社,2010.

[78] 魏后凯. 现代区域经济学[M]. 北京:经济管理出版社,2006.

[79] 威廉·阿朗索. 区位和土地利用——地租的一般理论[M]. 北京:商务印书馆,2007.

[80] 吴传清,杨威,周志平等. 基于主成分法的区域主导产业选择评价[J]. 商业时代,2009(13):118—120.

[81] 吴启焰. 城市密集区空间结构特征及演变机制——从城市群到大都市带[J]. 人文地理,1999(1):15—20.

[82] 熊世伟. 经济全球化、跨国公司及其对上海城市发展的影响[J]. 城市规划汇,1999(2):21—24+81.

[83] 许学强,周春山. 论珠江三角洲大都会区的形成[J]. 城市问题,1994(3):3—6,24.

[84] 薛俊波,王铮. 中国17部门资本存量的核算研究[J]. 统计研究,2007(7):49—54.

[85] 阎小培,郭建国,胡宇冰. 穗港澳都市连绵区的形成机制研究[J]. 地理研究,1997(2):23—30.

[86] 杨吾扬,梁进社. 高等经济地理学[M]. 北京:北京大学出版社,1997.

[87] 姚士谋. 我国城市群的特征、类型与空间布局[J]. 城市问题,1992(1):10—15,66.

[88] 姚士谋,陈爽,陈振光. 关于城市群基本概念的新认识[J]. 现代城市研究,1998(6):15—17.

[89] 于涛方,李娜. 长江三角洲地区区域整合研究[J]. 规划师,2005(4):17—24.

[90] 约翰·弗里德曼,陈闽齐. 世界城市的未来:亚太地区城市和区域政策的作用[J]. 国外城市规划,2005(5).

[91] 张德常. 从金融危机谈推进产业多样化的必要性[J]. 商业时代,2010(12):94—95.

[92] 张德常. 产业多样性与经济稳定关系研究综述[J]. 当代经济管理,2012(3):

10—12.
[93] 张国富. 美国市场准入规则[M]. 南京:江苏人民出版社,2003.
[94] 张辉. 产业集群竞争力的内在经济机理[J]. 中国软科学,2003(1):70—74.
[95] 张辉. 全球价值链理论与我国产业发展研究[J]. 中国工业经济,2004(5):38—46.
[96] 张辉. 全球价值链下地方产业集群——以浙江平湖光机电产业为例[J]. 产业经济研究,2004(6):27—33.
[97] 张辉. 全球价值链下地方产业集群升级模式研究[J]. 中国工业经济,2005(9):11—18.
[98] 张辉. 全球价值链动力机制与产业发展策略[J]. 中国工业经济,2006(1):40—48.
[99] 张辉. 全球价值链下地方产业集群转型和升级[M]. 北京:经济科学出版社,2006.
[100] 张辉. 从中心城市技术价值角度来观察城乡统筹发展[J]. 改革,2009(5):137—140.
[101] 张辉. 中国都市经济研究报告2008——改革开放以来北京市产业结构高度演化的现状、问题和对策[M]. 北京:北京大学出版社,2010.
[102] 张辉,黄泽华. 北京市工业化进程中的产业结构高度[J]. 北京社会科学,2009(3):4—7.
[103] 张辉,喻桂华. 从产业集群的空间分层性来探讨上海对江、浙县域辐射[J]. 生产力研究,2005(7):137—139.
[104] 张军扩. "七五"期间经济效益的综合分析——各要素对经济增长贡献率测试[J]. 经济研究,1991(4):8—17.
[105] 张同升. 北京市主导产业的选择[J]. 统计与决策,2008(12):37—39.
[106] 赵峰,和朝东. 世界城市:北京的城市发展定位[J]. 北京规划建设,2010(4):30—32.
[107] 甄延临,陈怀录,文达其等. 城镇化的经济成本测算——以甘肃天水为例[J]. 现代城市研究,2005(10):57—61.
[108] 周昌林,魏建良. 产业结构水平测度模型与实证分析——以上海、深圳、宁波为例[J]. 上海经济研究,2007(6):15—21.
[109] 周林,杨云龙,刘伟. 用产业政策推进发展与改革——关于设计现阶段我国产业政策的研究报告[J]. 经济研究,1987(3):16—24.
[110] 周一星. 中国的城市地理学:评价和展望[J]. 人文地理,1991(2):54—58.
[111] 周一星. 城市地理学[M]. 北京:商务印书馆,1995.